U0617591

中国社会科学院创新工程学术出版资助项目

# 中国房地产发展报告 No.16（2019）

ANNUAL REPORT ON THE DEVELOPMENT OF CHINA'S REAL ESTATE No.16 (2019)

主　编／潘家华　王业强
副主编／董　昕　尚教蔚

社会科学文献出版社
SOCIAL SCIENCES ACADEMIC PRESS (CHINA)

图书在版编目（CIP）数据

中国房地产发展报告. No. 16，2019 / 潘家华，王业强主编. -- 北京：社会科学文献出版社，2019. 5

（房地产蓝皮书）

ISBN 978-7-5201-4785-9

Ⅰ. ①中… Ⅱ. ①潘… ②王… Ⅲ. ①房地产业-经济发展-研究报告-中国-2018 Ⅳ. ①F299. 233

中国版本图书馆 CIP 数据核字（2019）第 080764 号

房地产蓝皮书
中国房地产发展报告 No. 16（2019）

主　　编 / 潘家华　王业强
副 主 编 / 董　昕　尚教蔚

出 版 人 / 谢寿光
责任编辑 / 陈　颖
文稿编辑 / 王　煦

出　　版 / 社会科学文献出版社·皮书出版分社（010）59367127
　　　　　地址：北京市北三环中路甲 29 号院华龙大厦　邮编：100029
　　　　　网址：www. ssap. com. cn
发　　行 / 市场营销中心（010）59367081　59367083
印　　装 / 天津千鹤文化传播有限公司

规　　格 / 开　本：787mm × 1092mm　1/16
　　　　　印　张：30. 5　字　数：509 千字
版　　次 / 2019 年 5 月第 1 版　2019 年 5 月第 1 次印刷
书　　号 / ISBN 978-7-5201-4785-9
定　　价 / 158. 00 元

# 《中国房地产发展报告 No. 16（2019）》
# 编　委　会

# 主要编撰者简介

**潘家华**　中国社会科学院学部委员，城市发展与环境研究所所长，研究员，博士研究生导师。研究领域为世界经济、气候变化经济学、城市发展、能源与环境政策等。担任国家气候变化专家委员会委员，国家外交政策咨询委员会委员，中国城市经济学会会长，中国生态经济学会副会长，政府间气候变化专门委员会（IPCC）第三、第四、第五、第六次评估报告主要作者。先后发表学术（会议）论文200余篇，撰写专著4部，译著1部，主编大型国际综合评估报告和论文集8部；多项研究成果获奖，包括中国社会科学院优秀成果一等奖（2004）、二等奖（2002），孙冶方经济科学奖（2011）等。

**王业强**　中国社会科学院城市发展与环境研究所土地经济与不动产研究室主任，中国社会科学院生态文明研究智库资源节约与综合利用研究部主任，中国社会科学院西部发展研究中心副主任，中国城郊经济研究会常务理事，中国区域科学协会理事兼副秘书长，中国城市经济学会理事，中国区域经济学会理事，主要研究方向为城市与区域经济、房地产经济，在《管理世界》、《中国工业经济》、《财贸经济》等核心期刊发表学术论文50余篇，出版学术著作多部。主持国家自然科学基金项目、中国社会科学院重点项目及国情调研项目多项，主持多项地方城市（城市群）发展规划及产业规划项目，曾参与国务院"东北地区振兴规划"（综合组）研究工作。

**董　昕**　女，中国社会科学院生态文明研究智库资源节约与综合利用研究部副主任，中国社会科学院城市发展与环境研究所副研究员。主要研究方向为房地产经济、住房与土地政策。已在《中国农村经济》、《中国人口科学》、《经济地理》、《城市规划》等学术刊物发表论文40余篇；多篇论文被《中国人民大学复印报刊资料》、《高等学校文科学术文摘》等转载或摘录。出版学术专著1部，参著合著学术著作多部。主持或参与国家级、省部级等各类课题30余项。曾获“中国社会科学院优秀对策信息对策奖”、“中国社会科学院研究所优秀科研成果奖”、“钱学森城市学金奖”、“魏埙经济科学奖”、“谷书堂基金优秀论文奖”等奖项。

**尚教蔚**　女，经济学博士，中国社会科学院城市发展与环境研究所土地经济与不动产研究室副主任，副研究员，硕士研究生导师。近年来主要从事房地产金融、房地产政策、住房保障、城市经济等方面的研究。2003年开始组织参与房地产蓝皮书编撰工作。发表学术论文30多篇，出版学术专著1部，合著多部。主持并参与多项部委级课题。

# 摘　要

《中国房地产发展报告 No. 16（2019）》继续秉承客观公正、科学中立的宗旨和原则，追踪中国房地产市场最新动态，深度剖析市场热点，展望2018年发展趋势，积极谋划应对策略。全书分为总报告、市场篇、管理篇、城市篇、热点篇。总报告对2018年房地产市场的发展态势进行全面、综合的分析，其余各篇分别从不同的角度对房地产市场发展和热点问题进行深度分析。

在经历了2017年“最严调控年”之后，2018年房地产市场表现出政府调控与市场供需多方的博弈。具体体现在：住宅投资增速进一步加快，与商办类投资分化进一步加大，房地产开发投资在区域间增长不平衡；土地购置面积、成交价款、平均成交价等指标增速不同程度回落；房屋新开工面积增速上扬、竣工面积增速下降；商品房销售面积增速大幅回落，销售价格增速出现反弹；房地产开发企业到位资金中国内贷款增速及占比双降，房企资金承压上升。同时，2018年我国房地产市场面临以下较为突出的问题：国际国内经济形势变幻，房地产市场不确定性加大；大中城市市场总体较平稳，中小城市的市场风险有提升；土地成交价格增幅缩减，土地流标数量明显增加；企业贷款、个人按揭贷款双下降，供需双方融资难度加大；住房租赁价格稳中趋降，租房市场或面临集体土地租赁住房冲击。

展望2019年，在稳健货币政策框架下，央行将有可能从流量、流向以及期限等多个维度对经济进行有效“滴灌”，进一步提升组合型政策工具对于市场的传导效率，防止“大水漫灌”。但货币政策进一步放松的空间逐渐缩小，对楼市的刺激作用有限，加之“房住不炒、因城施政”的调控思路并未发生改变，预期2019年房地产市场平稳调整态势不会发生实质性的转变。就全国而言，商品住房销售增速可能会延续放缓趋势，房价涨幅整体回落，土地交易市场将回归理性，房地产投资增速将进一步回调。

2019年，房地产政策仍将坚持“房住不炒”和“因城施策”原则，但在行业内外部需求因素的影响下可能适度放松。房地产调控政策基调为：维稳、分化、放权。健康平稳发展是房地产市场重中之重；房地产调控政策分化是大势所趋；“一城一策”则体现了政策的灵活性，更加注重各地政府在房地产调控中的主体责任和自主权的扩大。预计政策调整以结构化方式进行，各地将充分发挥城市政府的主体责任，自下而上，实行局部试探性微调。不同城市的市场运行结果将明显分化：一二线城市以保障刚需和改善性需求为重点，适当松动过紧的行政管制措施，在政策边际改善之下，市场成交活跃度将有所提升，销售面积同比可能实现小幅增长；三四线城市区别对待棚改安置，已完成去库存的地区将逐步退出或减少货币化安置。由于失去强政策托底，加之市场需求透支，市场销售有可能进一步回落。

# 目　录

## Ⅰ　总报告



## Ⅱ　市场篇

## Ⅲ　管理篇



## Ⅳ　城市篇

## Ⅴ　热点篇



皮书数据库阅读使用指南

# 总 报 告

**General Report**

## B.1
## 2018年中国房地产市场分析与2019年展望

中国社会科学院城市发展与环境研究所“房地产蓝皮书”编写组*

### 一 2018年房地产市场总体运行特点①

2018 年，是我国房地产市场深度调整的一年。在经历了 2017 年“最严调控年”之后，2018 年房地产市场表现出政府调控与市场供需的多方博弈。具体来看：住宅投资增速进一步加快，与商办类投资分化进一步加大，房地产开发投资在区域间增长不平衡；土地购置面积、土地成交价款、平均成交价等指标增速不同程度回落；房屋新开工面积增速上扬、竣

* 总报告执笔：王业强、董昕、尚教蔚、张卓群，部分数据由傅郭鑫整理。

① 总报告资料来源：全国房地产开发投资和销售情况、70 个大中城市住宅价格指数来源于国家统计局网站；35 个大中城市 2017 年资料来源于《中国统计年鉴（2018）》、国家统计局网站，35 个大中城市 2018 年资料来源于 Wind、CREIS 数据库，并交叉核对。本报告其他数据如无特殊注明，均来自国家统计局。

工面积增速下降；商品房销售面积增速大幅回落，平均销售价格增速出现反弹；房地产开发企业到位资金中国内贷款增速、占比双降，房企资金承压上升。

## （一）住宅投资增速加快，拉动房地产开发投资增速继续上升

2018 年全国房地产开发投资为 12.0 万亿元，同比增长 9.5%，增速比 2017 年提高了 2.5 个百分点。占 2018 年全国固定资产投资（不含农户）的比重为 18.9%，较 2017 年提高 1.5 个百分点。其中，住宅投资占房地产开发投资的比重达到 70.8%，以同比增长 13.4% 的速度持续拉动房地产开发投资增速上涨。分季度来看，房地产开发投资累计同比增速在一季度由 2017 年 1~12 月的 7.0% 升至 10.4%，二至四季度的累计同比增速分别为 9.7%、9.9% 和 9.5%。住宅投资累计同比增速在一季度由 2017 年 1~12 月的 9.4% 升至 13.3%，二至四季度的累计同比增速分别为 13.6%、14.0% 和 13.4%（见图 1）。

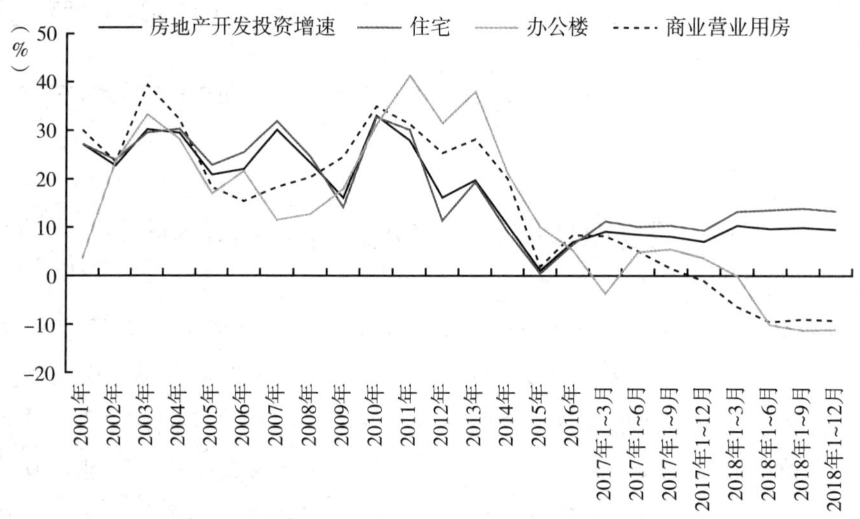


**图 1　2001~2018 年房地产开发投资累计同比增速变化**

相比住宅而言，商办类物业的投资增速出现明显下降。其中，办公楼投资为 0.6 万亿元，同比下降 11.3%，增速比 2017 年降低了 14.8 个百分点，占房地产开发投资的比重为 5.0%，较 2017 年降低 1.2 个百分点。商业营业用房投

资为1.4万亿元，同比下降9.4%，增速比2017年降低了8.1个百分点，占房地产开发投资的比重为11.8%，较2017年降低2.5个百分点。分季度来看，办公楼投资在2018年各季度的累计同比增速分别为-0.1%、-10.3%、-11.4%和-11.3%；商业营业用房投资增速分别为-6.5%、-9.7%、-9.1%和-9.4%。商办类物业投资增速均创2001年以来新低。

2018年住宅、办公楼、商业营业用房投资增速的走势实际上是延续了2017年"最严调控年"的走势，且有分化加剧的趋势。一方面，受政府调控和保障性住房供给的影响，住宅投资增速在近两年保持温和上升趋势；另一方面，商办类物业存量较大，并且受房地产调控政策、宏观经济下行等多重因素影响，去化较为缓慢，商办类物业投资增速出现持续下滑。

**表1　2017年和2018年分地区房地产开发投资情况**

| 年份 | 地区 | 投资额（亿元） | #住宅（亿元） | 投资增速（%） | #住宅增速（%） |
|---|---|---|---|---|---|
| 2017年 | 东部地区 | 58023 | 39770 | 7.2 | 9.3 |
| | 中部地区 | 23884 | 17006 | 11.6 | 14.1 |
| | 西部地区 | 23877 | 15510 | 3.5 | 6.2 |
| | 东北地区 | 4015 | 2862 | 1.0 | 1.7 |
| | 全国总计 | 109799 | 75148 | 7.0 | 9.4 |
| 2018年 | 东部地区 | 64355 | 45352 | 10.9 | 14.0 |
| | 中部地区 | 25180 | 18805 | 5.4 | 10.6 |
| | 西部地区 | 26009 | 17603 | 8.9 | 13.5 |
| | 东北地区 | 4720 | 3433 | 17.5 | 20.0 |
| | 全国总计 | 120264 | 85192 | 9.5 | 13.4 |

分地区来看，不同地区房地产开发投资增速走势各异。2018年东、西、东北地区房地产开发投资累计同比增速分别为10.9%、8.9%和17.5%，相较于2017年东、西和东北地区增速分别提高了3.7、5.4和16.5个百分点，中部地区2018年增速为5.4%，同比降低了6.2个百分点（见表1）。东北经济在经历了前几年的大幅度下降之后，2018年出现回暖态势，辽宁、吉林、黑龙江房地产开发投资累计同比增速分别达到13.5%、29.2%和15.8%。中部地区房地产开发投资增速低于其他地区，其中山西、湖南、江西、安徽、

湖北、河南的增速分别为 18.0%、15.2%、8.0%、6.4%、2.6% 和 -1.1%，内部分化明显。具体来看，山西、湖南是楼市“洼地”，投资总量不高且增速较快；安徽、湖北、河南投资总量之和占中部地区投资总量的七成，且库存压力较大。受2018年棚改政策走弱影响，中部地区房地产开发投资增速出现下滑趋势。

### （二）土地购置面积、土地成交价款、土地成交均价等增速均有不同程度回落

2018 年全国房地产开发企业土地购置面积为 2.9 亿平方米，同比增长 14.2%，增速比 2017 年降低了 1.6 个百分点，实现了连续两年的正增长。土地成交价款为 1.6 万亿元，同比增长 18.0%，增速比 2017 年降低了 31.4 个百分点。土地平均成交价格为 5526 元/平方米，同比增长 3.3%，增速比 2017 年降低了 25.7 个百分点。分季度来看，土地购置面积在 2018 年各季度的累计同比增速分别为 0.5%、7.2%、15.7% 和 14.2%；土地成交价款增速分别为 20.3%、20.3%、22.7% 和 18.0%；土地平均成交价格增速分别为 19.6%、12.2%、6.1% 和 3.3%（见图 2）。

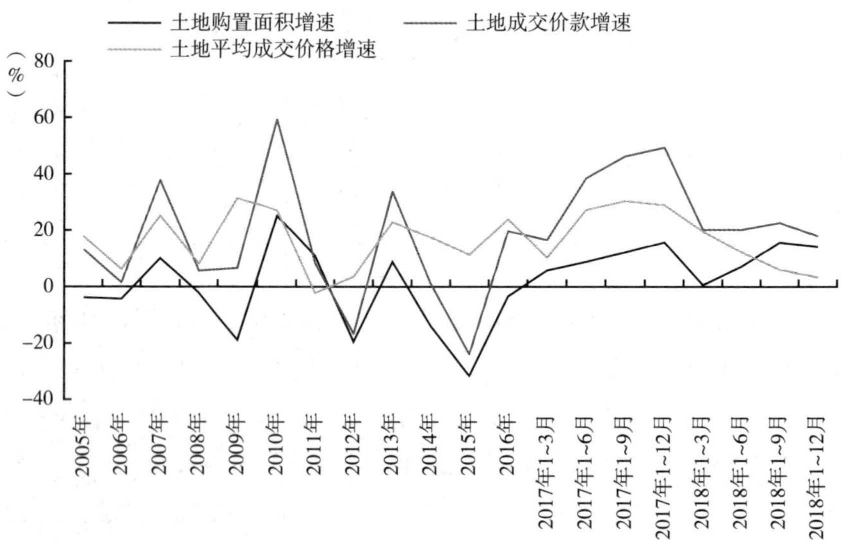


**图 2　2005～2018 年土地购置面积、土地成交价款、土地平均成交价等指标增速情况**

从历史情况来看，土地购置面积和土地成交价款增速基本上具有相同走势。值得注意的是，除2011年之外，2005年以来土地成交价款的增速持续高于土地购置面积增速，说明土地市场受价格因素的影响较大。土地平均成交价格逐年上涨，特别是2017年，土地均价增速达到29.0%的高点。进入2018年之后，一方面由于土地供给侧改革的进一步深化，土地供应附加条件增多；另一方面由于房企资金压力上升，拿地更为谨慎，土地市场转冷，土地成交价格上涨势头趋缓，增速降至3.3%。土地销售价格增速和土地购置面积增速逐渐收敛，标志着土地市场热度逐步下降。

### （三）房屋新开工面积增速上扬，竣工面积增速下降

2018年全国房地产房屋新开工面积为20.9亿平方米，同比增长17.2%，增速比2017年提高了10.2个百分点，创2011年以来新高。2018年全国房地产开发房屋竣工面积为9.4亿平方米，同比下降7.8%，增速比2017年降低了3.4个百分点，创2001年以来新低。分季度来看，2017年二季度之后房屋新开工增速超过竣工增速，且进入2018年之后二者差距进一步扩大，各季度分别达到19.8%、22.4%、27.8%和25.0%。新开工和竣工面积增速差值增大，推动全年施工面积增长至82.2亿平方米，同比增幅为5.2%，达到历史高点，进一步加强开发投资的韧性（见图3）。

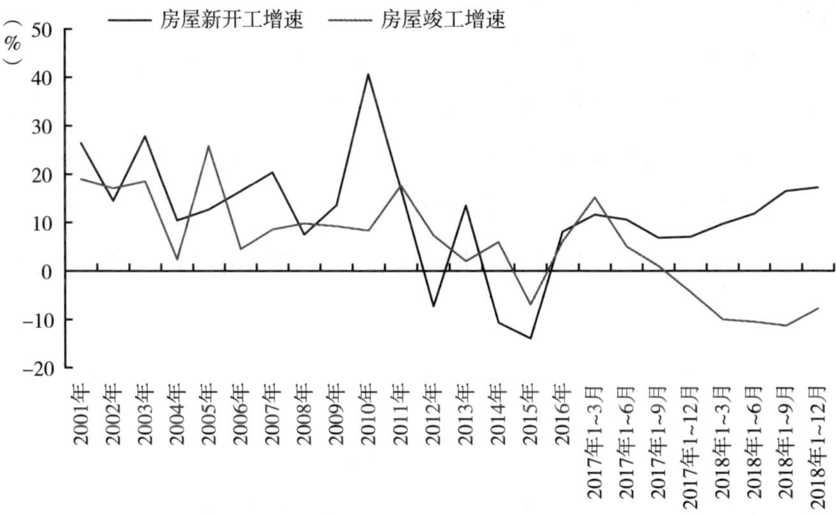


**图3　2001～2018年房屋新开工、竣工面积增速情况**

从物业类型来看，新开工面积方面，2018 年住宅、办公楼和商业营业用房增速的走势与房屋整体增速走势趋同。其中住宅增速在各季度全面高于房屋整体增速 2～3 个百分点，年底达到 19.7%；办公楼和商业营业用房增速全年为负，但具有转正趋势，年底分别达到 -1.5% 和 -2.0%。竣工面积方面，住宅增速早在 2017 年三季度已经进入负增长区间；办公楼和商业营业用房竣工面积增速进入负增长区间的时间较晚，为 2018 年一季度，三种类型物业 2018 年竣工面积增速分别为 -8.1%、-3.1% 和 -11.1%（见表 2）。

**表 2　2017～2018 年分物业类型房屋新开工、竣工面积增速情况**

单位：%

| 时间 | | 房屋新开工面积 | | | 房屋竣工面积 | | |
|---|---|---|---|---|---|---|---|
| | | 住宅 | 办公楼 | 商业营业用房 | 住宅 | 办公楼 | 商业营业用房 |
| 2017 年 | 1～3 月 | 18.1 | -18.9 | 2.9 | 13.7 | 29.4 | 22.6 |
| | 1～6 月 | 14.9 | -5.6 | -4.6 | 2.5 | 31.1 | 7.6 |
| | 1～9 月 | 11.1 | -9.5 | -8.0 | -1.9 | 36.1 | 7.5 |
| | 1～12 月 | 10.5 | -4.3 | -8.2 | -7.0 | 10.4 | 1.2 |
| 2018 年 | 1～3 月 | 12.2 | -2.3 | -10.7 | -14.0 | -0.2 | -7.2 |
| | 1～6 月 | 15.0 | -7.4 | -8.4 | -12.8 | -6.0 | -8.1 |
| | 1～9 月 | 19.4 | -3.3 | -6.0 | -12.3 | -13.6 | -12.7 |
| | 1～12 月 | 19.7 | -1.5 | -2.0 | -8.1 | -3.1 | -11.1 |

进入 2018 年之后，房屋新开工面积增速持续上涨，竣工面积增速大幅下降，房地产在建规模有所扩大、开发周期有所延长。从土地供给来看，2017 年土地购置面积增速达到 15.8% 的高点，这些土地有相当一部分在 2018 年进入了开发周期，推高了房屋新开工增速。

## （四）商品房销售面积增速大幅回落，平均销售价格增速出现反弹

2018 年全国商品房销售面积为 17.2 亿平方米，同比增长 1.3%，增速比 2017 年降低了 6.4 个百分点。分地区来看，一向是销售主力的东部地区，房地产销售面积明显下降。2018 年，东部地区商品房销售面积 67641 万平方米，比上年下降 5.0%。中部地区商品房销售面积 50695 万平方米，增长 6.8%。西部地区商品房销售面积 45396 万平方米，增长 6.9%。东北地区商品房销售面积 7922 万平方米，下降 4.4%（见表 3）。

**表 3　2017 年和 2018 年分地区商品房销售面积情况**

单位：万平方米，%

| 年份 | 地区 | 商品房销售面积 | 同比增长 |
|---|---|---|---|
| 2017 年 | 东部地区 | 71199 | 2.9 |
| | 中部地区 | 47460 | 12.8 |
| | 西部地区 | 42459 | 10.7 |
| | 东北地区 | 8289 | 7.0 |
| | 全国总计 | 169408 | 7.7 |
| 2018 年 | 东部地区 | 67641 | -5.0 |
| | 中部地区 | 50695 | 6.8 |
| | 西部地区 | 45396 | 6.9 |
| | 东北地区 | 7922 | -4.4 |
| | 全国总计 | 171654 | 1.3 |

2018 年全国商品房销售均价为 8737 元/平方米，同比增长 10.7%，增速比 2017 年提高了 5.1 个百分点，创 2010 年以来新高。住宅销售均价为 8544 元/平方米，同比增长 12.2%，增速比 2017 年提高了 6.5 个百分点；办公楼销售均价为 14387 元/平方米，同比增长 6.2%，增速比 2017 年提高了 11.7 个百分点；商业营业用房销售均价为 11151 元/平方米，同比增长 8.0%，增速比 2017 年提高了 2.5 个百分点（见图 4）。

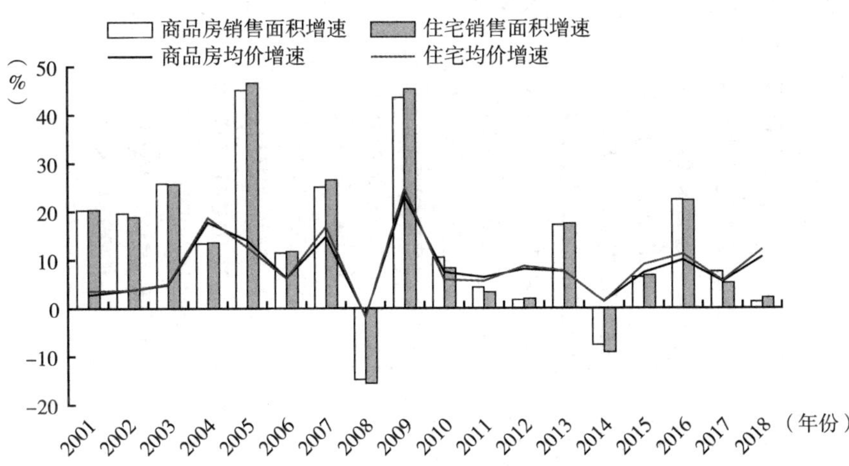


**图 4　2001～2018 年商品房、住宅销售面积、销售均价增速情况**

2018年下半年以来，房地产市场降温明显，销售面积增速明显下滑。商品房销售面积增速全面回落，主要是受到房地产调控政策的影响。通过一系列限购、限贷措施，房价快速上涨势头得到较为有效的遏制，市场预期发生了根本性的转变，市场观望情绪增加，销售增速逐渐回落。但从全国市场看，棚改等政策影响依然存在，部分三、四线城市依然处于去库存时期，房价上涨仍是主流。特别是中西部地区，销售面积和销售额上涨幅度均远超市场平均涨幅。

### （五）房地产开发企业到位资金中国内贷款增速、占比双降

2018年全国房地产开发企业到位资金为16.6万亿元，同比增长6.4%，增速比2017年降低了1.9个百分点。其中，国内贷款为24005亿元，同比下降4.9%，增速比2017年降低了22.2个百分点；利用外资为108亿元，同比下降35.8%，增速比2017年降低了55.5个百分点；自筹资金为55831亿元，同比增长9.7%，增速比2017年提高了6.2个百分点；其他资金为86019亿元，同比增长7.8%，增速比2017年降低了0.8个百分点。4项指标占比分别为14.5%、0.1%、33.6%和51.8%，相较于2017年，国内贷款占比降低了1.7个百分点，利用外资占比基本持平，自筹资金和其他资金占比提高了1.0%和0.7%。在中央提出“房住不炒”大方向的指导下，2018年以来银行大幅收缩开发贷款，房企融资渠道趋于收窄，融资成本逐渐升高，房企资金承压上升（见图5）。

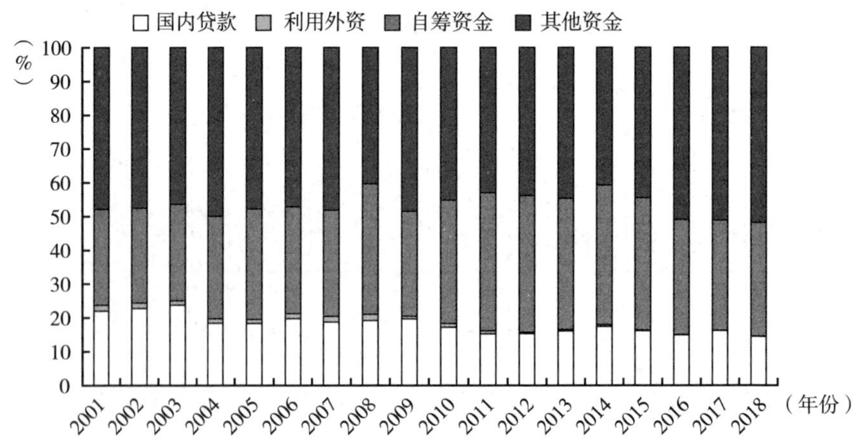


**图5　2001～2018年房地产开发企业到位资金占比情况**

## 二 主要城市房地产指标比较

主要城市的房地产指标比较主要从投资、土地购置面积、建设面积、销售情况、房价等方面进行城市间的比较。除了房价外，其他指标均是35个大中城市①之间的比较。

### （一）35个大中城市投资平均增速为5.1%，低于全国投资增速，投资额前三位的城市主要集中在直辖市，投资额增幅前三位的城市主要集中在西部地区和东北地区

2018年35个大中城市房地产投资达57690亿元，同比增长5.1%，远低于全国的9.5%。房地产开发投资额高居前三位的城市和2017年一样依次是重庆、上海和北京，投资额分别为4249亿元、4033亿元、3873亿元；房地产开发投资额居于后三位城市也和2017年一样依次是银川、西宁和呼和浩特，投资额分别为295亿元、292亿元、174亿元，投资额与2017年相比有较大幅度下降。从投资上看，资金青睐于人口众多经济发展较好的超大城市。35个大中城市中房地产开发投资增幅前三位的是乌鲁木齐、兰州和长春，这三个城市的投资额比2017年分别增加了55.9%、37.5%和35.7%；房地产开发投资增幅下降最大的城市是呼和浩特，其次是银川、西宁，2018年这三个城市投资额比2017年分别减少26.9%、26.7%和16.8%，下降幅度比2017年有所减缓（见表4）。事实上，大中城市也和全国情况类似（东部地区好于中西部地区），投资及其他主要指标的总量以一线城市、热点二线城市和个别二线城市为主，增速上涨较快的多数是西部的或不太发达城市。

① 35个大中城市中，一线城市包括北京、上海、广州、深圳4个，其余31个城市为二线城市。

**表4　2017～2018年35个大中城市房地产开发投资情况**

| 城　市 | 房地产开发投资额(亿元) | | | | |
|---|---|---|---|---|---|
| | 2017年 | 2018年 | 增幅(%) | 排序(2018) | 排序(2017) |
| 北　京 | 3692.5 | 3873.4 | 4.9 | 19 | 32 |
| 天　津 | 2233.4 | 2424.5 | 8.6 | 16 | 28 |
| 石家庄 | 1212.3 | 1010.7 | -16.6 | 32 | 4 |
| 太　原 | 470.6 | 529.4 | 12.5 | 11 | 34 |
| 呼和浩特 | 238.4 | 174.3 | -26.9 | 35 | 35 |
| 沈　阳 | 814.2 | 996.7 | 22.4 | 5 | 10 |
| 大　连 | 566.6 | 688.5 | 21.5 | 6 | 23 |
| 长　春 | 573.8 | 778.6 | 35.7 | 3 | 29 |
| 哈尔滨 | 498.6 | 585.0 | 17.3 | 7 | 30 |
| 上　海 | 3856.5 | 4033.2 | 4.6 | 20 | 25 |
| 南　京 | 2170.2 | 2354.2 | 8.5 | 17 | 6 |
| 杭　州 | 2734.2 | 3068.9 | 12.2 | 12 | 24 |
| 宁　波 | 1374.5 | 1587.5 | 15.5 | 8 | 18 |
| 合　肥 | 1557.4 | 1527.2 | -1.9 | 27 | 8 |
| 福　州 | 1694.2 | 1439.7 | -15.0 | 31 | 26 |
| 厦　门 | 879.9 | 884.6 | 0.5 | 24 | 9 |
| 南　昌 | 790.7 | 890.4 | 12.6 | 10 | 7 |
| 济　南 | 1232.6 | 1370.4 | 11.2 | 14 | 22 |
| 青　岛 | 1330.5 | 1485.2 | 11.6 | 13 | 27 |
| 郑　州 | 3358.8 | 3258.4 | -3.0 | 28 | 3 |
| 武　汉 | 2686.3 | 2780.0 | 3.5 | 21 | 20 |
| 长　沙 | 1493.4 | 1508.7 | 1.0 | 22 | 5 |
| 广　州 | 2702.9 | 2701.9 | 0.0 | 25 | 21 |
| 深　圳 | 2130.9 | 2640.7 | 23.9 | 4 | 2 |
| 南　宁 | 958.1 | 1106.4 | 15.5 | 9 | 13 |
| 海　口 | 603.2 | 609.4 | 1.0 | 23 | 17 |
| 重　庆 | 3980.1 | 4248.8 | 6.8 | 18 | 19 |
| 成　都 | 2492.7 | 2273.2 | -8.8 | 30 | 31 |
| 贵　阳 | 1024.1 | 985.3 | -3.8 | 29 | 15 |
| 昆　明 | 1683.3 | 1839.8 | 9.3 | 15 | 16 |
| 西　安 | 2234.8 | 2213.7 | -0.9 | 26 | 11 |
| 兰　州 | 418.3 | 575.2 | 37.5 | 2 | 12 |
| 西　宁 | 351.3 | 292.3 | -16.8 | 33 | 14 |
| 银　川 | 402.8 | 295.2 | -26.7 | 34 | 33 |
| 乌鲁木齐 | 422.7 | 659.2 | 55.9 | 1 | 1 |

## （二）35个大中城市土地购置面积同比增长6.9%，增速低于全国。土地购置面积前三位的城市主要在二线城市，土地购置面积增速超过110%的有3个城市

2018 年，35 个大中城市土地购置面积为 8331 万平方米，同比增长 6.9%，比全国增速低 7.3 个百分点。土地购置面积居前三位的城市依次是重庆、宁波和长春，土地购置面积分别为 1261 万平方米、570 万平方米、543 万平方米；土地购置面积居于后三位城市依次是太原、西宁和呼和浩特，土地购置面积分别为 44 万平方米、37 万平方米、5 万平方米。35 个大中城市中土地购置面积增速超过 100% 的有 5 个城市，前三位的是乌鲁木齐、海口和福州，这三个城市土地购置面积的增速均超过了 110%，2018 年的土地购置面积比 2017 年分别增加了 189.2%、155.7% 和 113.9%。同时，35 个大中城市中有 17 个城市的土地购置面积出现了负增长（数量上与 2017 年相同）。其中，降幅最大的三个城市是呼和浩特、太原和昆明，2018 年的土地购置面积比 2017 年分别下降了 67.7%、55.1% 和 48.8%（见表 5）。

**表 5　2017～2018 年 35 个大中城市土地购置面积情况**

| 城　市 | 土地购置面积(万平方米) | | | | |
|---|---|---|---|---|---|
| | 2017 年 | 2018 年 | 增幅(%) | 排序(2018) | 排序(2017) |
| 北　京 | 413.30 | 218.19 | -47.2 | 32 | 10 |
| 天　津 | 225.99 | 226.32 | 0.1 | 18 | 31 |
| 石家庄 | 124.14 | 146.45 | 18.0 | 14 | 4 |
| 太　原 | 98.70 | 44.35 | -55.1 | 34 | 29 |
| 呼和浩特 | 16.03 | 5.17 | -67.7 | 35 | 30 |
| 沈　阳 | 113.20 | 217.24 | 91.9 | 6 | 16 |
| 大　连 | 61.68 | 111.56 | 80.9 | 9 | 33 |
| 长　春 | 480.98 | 543.32 | 13.0 | 17 | 15 |
| 哈尔滨 | 133.72 | 119.06 | -11.0 | 20 | 3 |
| 上　海 | 179.73 | 144.58 | -19.6 | 23 | 26 |
| 南　京 | 288.62 | 186.36 | -35.4 | 29 | 17 |
| 杭　州 | 147.17 | 212.38 | 44.3 | 12 | 27 |
| 宁　波 | 278.64 | 569.60 | 104.4 | 5 | 9 |
| 合　肥 | 684.87 | 385.43 | -43.7 | 30 | 12 |

续表

| 城市 | 土地购置面积(万平方米) | | | | |
|---|---|---|---|---|---|
| | 2017 年 | 2018 年 | 增幅(%) | 排序(2018) | 排序(2017) |
| 福州 | 158.69 | 339.43 | 113.9 | 3 | 19 |
| 厦门 | 82.44 | 74.08 | -10.1 | 19 | 24 |
| 南昌 | 148.46 | 102.62 | -30.9 | 26 | 14 |
| 济南 | 144.77 | 265.91 | 83.7 | 8 | 23 |
| 青岛 | 187.63 | 384.01 | 104.7 | 4 | 21 |
| 郑州 | 442.47 | 301.58 | -31.8 | 27 | 20 |
| 武汉 | 104.80 | 77.05 | -26.5 | 24 | 32 |
| 长沙 | 205.85 | 354.13 | 72.0 | 10 | 18 |
| 广州 | 162.77 | 186.92 | 14.8 | 15 | 28 |
| 深圳 | 152.61 | 132.61 | -13.1 | 22 | 25 |
| 南宁 | 165.95 | 121.36 | -26.9 | 25 | 22 |
| 海口 | 33.68 | 86.10 | 155.7 | 2 | 34 |
| 重庆 | 1112.22 | 1260.92 | 13.4 | 16 | 13 |
| 成都 | 162.28 | 307.41 | 89.4 | 7 | 35 |
| 贵阳 | 221.71 | 120.63 | -45.6 | 31 | 1 |
| 昆明 | 408.90 | 209.21 | -48.8 | 33 | 5 |
| 西安 | 328.07 | 221.19 | -32.6 | 28 | 6 |
| 兰州 | 58.71 | 86.51 | 47.4 | 11 | 11 |
| 西宁 | 42.71 | 37.28 | -12.7 | 21 | 2 |
| 银川 | 74.42 | 95.69 | 28.6 | 13 | 7 |
| 乌鲁木齐 | 151.00 | 436.64 | 189.2 | 1 | 8 |

### （三）35个大中城市住宅施工面积同比增长3.8%，低于全国2.5个百分点。面积居前三位的城市是西部、中部地区的二线城市，面积增幅居前三位的城市主要在二线城市和一线城市

2018 年，35 个大中城市住宅施工面积为 194254 万平方米，同比增长 3.8%，比全国的 6.3% 少 2.5 个百分点。住宅施工面积超过 1 亿平方米以上的有 4 个城市，居前三位的是重庆、郑州和成都，分别为 17859 万平方米、12715 万平方米和 11149 万平方米；住宅施工面积居于后三位的分别是海口、

厦门和西宁，分别为 2143 万平方米、1965 万平方米和 1102 万平方米。从 35 个大中城市的住宅施工面积增幅来看，增幅居前三位的城市是天津、深圳和宁波，2018 年的住宅施工面积比 2017 年分别增加了 21.0%、16.4% 和 13.5%。同时，35 个大中城市中有 12 个城市的住宅施工面积出现了负增长，比 2017 年减少 5 个，且下降幅度在 18% 以内。其中，降幅最大的三个城市是呼和浩特、石家庄和西宁，2018 年的住宅施工面积比 2017 年分别下降了 17.7%、15.6% 和 11.2%（见表 6）。

**表 6　2017～2018 年 35 个大中城市住宅施工面积情况**

| 城　市 | 住宅施工面积(万平方米) | | | | |
|---|---|---|---|---|---|
| | 2017 年 | 2018 年 | 增幅(%) | 增幅排序(2018) | 增幅排序(2017) |
| 北　京 | 5390.89 | 5877.06 | 9.0 | 11 | 34 |
| 天　津 | 5911.03 | 7151.20 | 21.0 | 1 | 30 |
| 石家庄 | 3058.82 | 2582.88 | -15.6 | 34 | 4 |
| 太　原 | 3903.83 | 4315.31 | 10.5 | 9 | 28 |
| 呼和浩特 | 2729.47 | 2246.06 | -17.7 | 35 | 35 |
| 沈　阳 | 4920.09 | 4683.80 | -4.8 | 29 | 22 |
| 大　连 | 3319.06 | 3099.16 | -6.6 | 32 | 25 |
| 长　春 | 4395.42 | 4673.07 | 6.3 | 13 | 16 |
| 哈尔滨 | 2994.68 | 3109.40 | 3.8 | 16 | 33 |
| 上　海 | 8013.80 | 7520.39 | -6.2 | 30 | 21 |
| 南　京 | 5395.02 | 5602.71 | 3.8 | 15 | 15 |
| 杭　州 | 5944.15 | 6160.57 | 3.6 | 17 | 23 |
| 宁　波 | 3758.08 | 4264.07 | 13.5 | 3 | 5 |
| 合　肥 | 4854.62 | 4918.64 | 1.3 | 23 | 11 |
| 福　州 | 5070.58 | 4913.29 | -3.1 | 28 | 14 |
| 厦　门 | 2017.81 | 1964.96 | -2.6 | 27 | 13 |
| 南　昌 | 4202.43 | 4295.04 | 2.2 | 20 | 1 |
| 济　南 | 5336.74 | 5936.68 | 11.2 | 6 | 17 |
| 青　岛 | 6255.55 | 6832.27 | 9.2 | 10 | 7 |
| 郑　州 | 11231.26 | 12714.82 | 13.2 | 4 | 2 |
| 武　汉 | 8419.85 | 8263.94 | -1.9 | 25 | 18 |

续表

| 城　　市 | 住宅施工面积(万平方米) | | | | |
|---|---|---|---|---|---|
| | 2017 年 | 2018 年 | 增幅(%) | 增幅排序(2018) | 增幅排序(2017) |
| 长　　沙 | 6180.33 | 6842.98 | 10.7 | 7 | 19 |
| 广　　州 | 6399.47 | 6507.72 | 1.7 | 21 | 9 |
| 深　　圳 | 2964.67 | 3450.31 | 16.4 | 2 | 27 |
| 南　　宁 | 4704.22 | 5290.67 | 12.5 | 5 | 3 |
| 海　　口 | 2083.62 | 2143.40 | 2.9 | 19 | 8 |
| 重　　庆 | 16747.92 | 17859.42 | 6.6 | 12 | 31 |
| 成　　都 | 11261.57 | 11148.81 | -1.0 | 24 | 29 |
| 贵　　阳 | 3578.17 | 3750.43 | 4.8 | 14 | 32 |
| 昆　　明 | 6262.71 | 6445.15 | 2.9 | 18 | 6 |
| 西　　安 | 10846.77 | 10602.21 | -2.3 | 26 | 10 |
| 兰　　州 | 2720.47 | 2761.19 | 1.5 | 22 | 20 |
| 西　　宁 | 1240.83 | 1102.44 | -11.2 | 33 | 24 |
| 银　　川 | 2561.24 | 2398.97 | -6.3 | 31 | 26 |
| 乌鲁木齐 | 2554.28 | 2825.38 | 10.6 | 8 | 12 |

### （四）35个大中城市住宅竣工面积下降7.0%，降幅低于全国。住宅竣工面积居前三位的均为直辖市，增速居前三位的城市为二线城市

2018 年，35 个大中城市住宅竣工面积为 22797 万平方米，同比下降 7.0%，降幅低于全国的 8.1%。住宅竣工面积居前三位的是重庆、上海和天津，分别为 2785 万平方米、1730 万平方米和 1522 万平方米；住宅竣工面积居于后三位的是贵阳、石家庄和兰州，分别为 121 万平方米、118 万平方米和 67 万平方米。从 35 个大中城市的住宅竣工面积增速来看，增速最快的是济南、厦门和南宁，2018 年的住宅竣工面积比 2017 年分别增加了 82.7%、52.1% 和 32.6%。同时，35 个大中城市中也有 20 个城市的住宅竣工面积出现了负增长，比 2017 年多 1 个。其中，降幅最大的三个城市是西安、兰州和石家庄，2018 年的住宅竣工面积比 2017 年分别下降了 49.6%、50.4% 和 63.2%（见表 7）。

**表7　2017~2018年35个大中城市住宅竣工面积情况**

| 城　市 | 住宅竣工面积(万平方米) | | | | |
|---|---|---|---|---|---|
| | 2017年 | 2018年 | 增幅(%) | 增幅排序(2018) | 增幅排序(2017) |
| 北　京 | 604.04 | 731.20 | 21.1 | 7 | 33 |
| 天　津 | 1433.24 | 1522.27 | 6.2 | 12 | 29 |
| 石家庄 | 319.64 | 117.51 | -63.2 | 35 | 12 |
| 太　原 | 249.13 | 278.41 | 11.8 | 10 | 32 |
| 呼和浩特 | 240.14 | 237.66 | -1.0 | 16 | 13 |
| 沈　阳 | 688.26 | 495.71 | -28.0 | 22 | 25 |
| 大　连 | 236.56 | 218.08 | -7.8 | 19 | 2 |
| 长　春 | 592.77 | 751.67 | 26.8 | 5 | 9 |
| 哈尔滨 | 474.68 | 301.68 | -36.4 | 26 | 34 |
| 上　海 | 1862.74 | 1730.27 | -7.1 | 18 | 6 |
| 南　京 | 805.85 | 845.34 | 4.9 | 13 | 24 |
| 杭　州 | 1170.81 | 842.02 | -28.1 | 23 | 11 |
| 宁　波 | 622.09 | 364.44 | -41.4 | 29 | 21 |
| 合　肥 | 779.88 | 909.21 | 16.6 | 9 | 23 |
| 福　州 | 765.17 | 441.12 | -42.3 | 30 | 3 |
| 厦　门 | 228.78 | 347.87 | 52.1 | 2 | 20 |
| 南　昌 | 389.41 | 462.35 | 18.7 | 8 | 8 |
| 济　南 | 491.10 | 897.37 | 82.7 | 1 | 31 |
| 青　岛 | 968.60 | 1079.25 | 11.4 | 11 | 14 |
| 郑　州 | 1025.56 | 1357.10 | 32.3 | 4 | 19 |
| 武　汉 | 597.82 | 305.71 | -48.9 | 32 | 17 |
| 长　沙 | 805.06 | 976.82 | 21.3 | 6 | 27 |
| 广　州 | 831.83 | 867.63 | 4.3 | 14 | 16 |
| 深　圳 | 183.79 | 124.91 | -32.0 | 25 | 28 |
| 南　宁 | 440.47 | 584.23 | 32.6 | 3 | 5 |
| 海　口 | 316.94 | 190.96 | -39.7 | 27 | 4 |
| 重　庆 | 3316.37 | 2784.64 | -16.0 | 21 | 10 |
| 成　都 | 1075.10 | 1036.27 | -3.6 | 17 | 30 |
| 贵　阳 | 201.92 | 121.25 | -40.0 | 28 | 35 |
| 昆　明 | 394.52 | 209.92 | -46.8 | 31 | 1 |

续表

| 城市 | 住宅竣工面积(万平方米) | | | | |
|---|---|---|---|---|---|
| | 2017 年 | 2018 年 | 增幅(%) | 增幅排序(2018) | 增幅排序(2017) |
| 西安 | 1231.43 | 621.07 | -49.6 | 33 | 18 |
| 兰州 | 135.18 | 67.11 | -50.4 | 34 | 26 |
| 西宁 | 177.97 | 123.61 | -30.5 | 24 | 22 |
| 银川 | 526.89 | 547.99 | 4.0 | 15 | 15 |
| 乌鲁木齐 | 334.08 | 304.45 | -8.9 | 20 | 7 |

## （五）35个大中城市新建商品住宅销售面积略低于2017年，同比增长低于全国的2.2%。销售面积前三位的是二线城市，增速前三位的城市为中西部地区

2018 年，35 个大中城市的住宅销售面积为 45493 万平方米，下降 0.1%，比全国少 2.3 个百分点。新建商品住宅销售面积居前三位的依次是重庆、郑州和武汉，销售面积分别为 5425 万平方米、3331 万平方米和 3230 万平方米；新建商品住宅销售面积居后三位的是海口、西宁和厦门，销售面积分别为 331.44 万平方米、274 万平方米和 171 万平方米。从 35 个大中城市的住宅成交量增幅来看，2018 年比 2017 年新建商品住宅销售面积增幅居前三位的依次是呼和浩特、郑州和南昌，增幅分别为 37.0%、21.8% 和 19.1%，呼和浩特尽管增幅第一，但基数小，实际销售面积倒数第四。新建商品住宅销售面积出现负增长的有 19 个城市，比 2017 年增加 4 个。增幅下降最大的三个城市分别是南京、厦门和海口，2018 年比 2017 年增幅分别下降 18.7%、28.1% 和 32.0%，下降幅度低于 2017 年（见表 8）。

**表 8　2017～2018 年 35 个大中城市的新建商品住宅销售面积情况**

| 城市 | 销售面积(万平方米) | | | | |
|---|---|---|---|---|---|
| | 2017 年 | 2018 年 | 增幅(%) | 增幅排序(2018) | 增幅排序(2017) |
| 北京 | 608.78 | 526.76 | -13.5 | 29 | 33 |
| 天津 | 1342.87 | 1140.73 | -15.1 | 30 | 35 |
| 石家庄 | 816.94 | 723.90 | -11.4 | 27 | 2 |
| 太原 | 722.10 | 771.21 | 6.8 | 10 | 1 |
| 呼和浩特 | 249.97 | 342.43 | 37.0 | 1 | 31 |

续表

| 城市 | 销售面积(万平方米) | | | | |
|---|---|---|---|---|---|
| | 2017 年 | 2018 年 | 增幅(%) | 增幅排序(2018) | 增幅排序(2017) |
| 沈阳 | 1191.25 | 1202.67 | 1.0 | 16 | 13 |
| 大连 | 758.17 | 702.09 | -7.4 | 24 | 8 |
| 长春 | 951.83 | 1116.08 | 17.3 | 4 | 9 |
| 哈尔滨 | 1089.16 | 920.00 | -15.5 | 31 | 6 |
| 上海 | 1341.62 | 1333.29 | -0.6 | 18 | 32 |
| 南京 | 1208.98 | 982.65 | -18.7 | 33 | 23 |
| 杭州 | 1520.17 | 1329.40 | -12.5 | 28 | 26 |
| 宁波 | 1283.72 | 1299.17 | 1.2 | 15 | 10 |
| 合肥 | 960.46 | 1103.88 | 14.9 | 5 | 34 |
| 福州 | 1276.80 | 1255.68 | -1.7 | 20 | 3 |
| 厦门 | 237.28 | 170.68 | -28.1 | 34 | 30 |
| 南昌 | 1289.79 | 1536.52 | 19.1 | 3 | 7 |
| 济南 | 974.72 | 965.29 | -1.0 | 19 | 27 |
| 青岛 | 1633.84 | 1578.31 | -3.4 | 22 | 21 |
| 郑州 | 2735.37 | 3330.57 | 21.8 | 2 | 15 |
| 武汉 | 3085.78 | 3229.75 | 4.7 | 11 | 17 |
| 长沙 | 1823.81 | 1973.34 | 8.2 | 9 | 28 |
| 广州 | 1367.48 | 1138.20 | -16.8 | 32 | 25 |
| 深圳 | 520.97 | 572.99 | 10.0 | 6 | 29 |
| 南宁 | 1307.68 | 1438.25 | 10.0 | 7 | 11 |
| 海口 | 487.37 | 331.44 | -32.0 | 35 | 4 |
| 重庆 | 5452.65 | 5424.76 | -0.5 | 17 | 14 |
| 成都 | 2976.47 | 2660.02 | -10.6 | 26 | 22 |
| 贵阳 | 868.98 | 943.29 | 8.6 | 8 | 18 |
| 昆明 | 1387.77 | 1430.17 | 3.1 | 12 | 5 |
| 西安 | 2105.94 | 2141.12 | 1.7 | 14 | 12 |
| 兰州 | 609.40 | 565.93 | -7.1 | 23 | 24 |
| 西宁 | 305.11 | 274.02 | -10.2 | 25 | 19 |
| 银川 | 519.99 | 529.20 | 1.8 | 13 | 16 |
| 乌鲁木齐 | 525.97 | 509.28 | -3.2 | 21 | 20 |

重庆尽管不是热点二线城市，但在总量上均居第一位，表明重庆市近年来加大投资和建设力度，住房供应相对充足。而价格涨幅相对其他指标偏低，2017 年和 2018 年在 70 个大中城市中新建商品住宅价格指数中均排第 25 位；同期二手住宅价格指数分别排在第 27 位和第 14 位。

## （六）70个大中城市[①]中，新建商品住宅价格涨幅前三位是西安、海口、昆明，二手住宅涨幅前三位是乌鲁木齐、西安、济宁

鉴于数据的可获得性，以国家统计局公布的70个大中城市2018年1～12月的同比价格指数平均值（见表9）为依据，来判断各城市的住宅价格涨幅。西安、海口、昆明的新建商品住宅价格涨幅最大，乌鲁木齐、西安、济宁的二手住宅涨幅最大。

**表9　2018年1～12月70个大中城市住宅价格指数**

| 新建商品住宅 | | | 二手住宅 | | |
|---|---|---|---|---|---|
| 序号 | 城　市 | 各月同比价格指数平均值 | 序号 | 城　市 | 各月同比价格指数平均值 |
| 1 | 西　安 | 114.60 | 1 | 乌鲁木齐 | 114.21 |
| 2 | 海　口 | 114.31 | 2 | 西　安 | 111.31 |
| 3 | 昆　明 | 114.15 | 3 | 济　宁 | 111.03 |
| 4 | 贵　阳 | 113.08 | 4 | 昆　明 | 110.60 |
| 5 | 大　连 | 112.56 | 5 | 哈尔滨 | 109.52 |
|  | 哈尔滨 | 112.56 | 6 | 青　岛 | 109.44 |
| 7 | 呼和浩特 | 112.49 | 7 | 太　原 | 109.35 |
| 8 | 南　充 | 112.03 | 8 | 南　充 | 109.13 |
| 9 | 三　亚 | 111.93 | 9 | 呼和浩特 | 108.85 |
| 10 | 徐　州 | 111.74 | 10 | 宜　昌 | 108.07 |
| 11 | 大　理 | 111.73 | 11 | 烟　台 | 108.06 |
| 12 | 丹　东 | 111.66 | 12 | 遵　义 | 107.98 |
| 13 | 沈　阳 | 111.33 | 13 | 贵　阳 | 107.97 |
| 14 | 遵　义 | 110.71 | 14 | 重　庆 | 107.92 |
| 15 | 乌鲁木齐 | 110.40 | 15 | 大　理 | 107.88 |
| 16 | 烟　台 | 110.37 | 16 | 长　春 | 107.67 |

① 一线城市包括北京、上海、广州、深圳4个城市；热点二线城市包括天津、南京、无锡、杭州、合肥、福州、厦门、济南、郑州、武汉、成都11个城市；其余二线城市包括石家庄、太原、呼和浩特、沈阳、大连、长春、哈尔滨、宁波、南昌、青岛、长沙、南宁、海口、重庆、贵阳、昆明、西安、兰州、西宁、银川和乌鲁木齐21个城市；三线城市包括唐山、秦皇岛、包头、丹东、锦州、吉林、牡丹江、扬州、徐州、温州、金华、蚌埠、安庆、泉州、九江、赣州、烟台、济宁、洛阳、平顶山、宜昌、襄阳、岳阳、常德、惠州、湛江、韶关、桂林、北海、三亚、泸州、南充、遵义和大理34个城市。

**续表**

| 新建商品住宅 | | | 二手住宅 | | |
|---|---|---|---|---|---|
| 序号 | 城　　市 | 各月同比价格指数平均值 | 序号 | 城　　市 | 各月同比价格指数平均值 |
| 17 | 秦皇岛 | 110.25 | 17 | 三　亚 | 107.59 |
| 18 | 长　春 | 110.20 | 18 | 泸　州 | 107.48 |
| 19 | 北　海 | 110.09 | 19 | 长　沙 | 107.45 |
| 20 | 泸　州 | 109.37 | 20 | 大　连 | 107.39 |
| 21 | 包　头 | 109.25 | 21 | 金　华 | 107.20 |
| 22 | 宜　昌 | 109.23 | 22 | 武　汉 | 106.88 |
| 23 | 济　宁 | 109.11 | 23 | 沈　阳 | 106.70 |
| 24 | 扬　州 | 109.08 | | 徐　州 | 106.70 |
| 25 | 重　庆 | 108.94 | 25 | 平顶山 | 106.63 |
| 26 | 吉　林 | 108.73 | 26 | 海　口 | 106.49 |
| | 牡丹江 | 108.73 | 27 | 宁　波 | 106.48 |
| 28 | 太　原 | 108.67 | | 襄　阳 | 106.48 |
| 29 | 唐　山 | 108.54 | 29 | 秦皇岛 | 106.46 |
| 30 | 岳　阳 | 108.53 | 30 | 兰　州 | 106.44 |
| 31 | 西　宁 | 108.21 | 31 | 杭　州 | 106.21 |
| 32 | 襄　阳 | 108.09 | 32 | 北　海 | 106.13 |
| 33 | 常　德 | 107.79 | 33 | 扬　州 | 106.01 |
| 34 | 洛　阳 | 107.69 | 34 | 洛　阳 | 105.88 |
| 35 | 长　沙 | 107.66 | 35 | 岳　阳 | 105.73 |
| 36 | 青　岛 | 107.60 | 36 | 吉　林 | 105.51 |
| 37 | 兰　州 | 107.46 | 37 | 南　宁 | 105.38 |
| 38 | 桂　林 | 107.45 | 38 | 湛　江 | 105.36 |
| 39 | 银　川 | 107.40 | 39 | 南　昌 | 105.33 |
| 40 | 南　宁 | 107.39 | 40 | 常　德 | 105.30 |
| 41 | 平顶山 | 107.22 | 41 | 深　圳 | 105.25 |
| 42 | 金　华 | 106.93 | 42 | 丹　东 | 105.24 |
| 43 | 湛　江 | 106.91 | 43 | 蚌　埠 | 105.13 |
| 44 | 济　南 | 106.85 | 44 | 安　庆 | 105.09 |
| 45 | 九　江 | 106.73 | | 惠　州 | 105.09 |

续表

| 新建商品住宅 | | | 二手住宅 | | |
|---|---|---|---|---|---|
| 序号 | 城市 | 各月同比价格指数平均值 | 序号 | 城市 | 各月同比价格指数平均值 |
| 46 | 南昌 | 106.46 | 46 | 无锡 | 105.03 |
| 47 | 石家庄 | 106.31 | 47 | 赣州 | 104.62 |
| 48 | 锦州 | 105.98 | 48 | 韶关 | 104.55 |
| 49 | 宁波 | 105.88 | 49 | 九江 | 104.51 |
| 50 | 成都 | 105.62 | 50 | 西宁 | 104.39 |
| 51 | 安庆 | 105.45 | 51 | 唐山 | 104.34 |
| 52 | 韶关 | 105.09 | 52 | 包头 | 104.30 |
| 53 | 蚌埠 | 104.59 | 53 | 济南 | 104.13 |
| 54 | 武汉 | 104.09 | 54 | 桂林 | 104.09 |
| 55 | 温州 | 104.04 | 55 | 牡丹江 | 104.04 |
| 56 | 郑州 | 103.99 | 56 | 成都 | 103.43 |
| 57 | 赣州 | 103.33 | 57 | 银川 | 103.28 |
| 58 | 惠州 | 103.25 | | 泉州 | 103.28 |
| 59 | 广州 | 102.96 | 59 | 温州 | 103.13 |
| 60 | 福州 | 101.80 | 60 | 天津 | 103.01 |
| 61 | 杭州 | 101.43 | 61 | 广州 | 102.96 |
| 62 | 合肥 | 101.18 | 62 | 锦州 | 102.80 |
| 63 | 天津 | 101.16 | 63 | 石家庄 | 102.45 |
| 64 | 无锡 | 100.74 | 64 | 合肥 | 101.45 |
| 65 | 厦门 | 100.69 | 65 | 福州 | 100.87 |
| 66 | 泉州 | 100.63 | 66 | 南京 | 99.61 |
| 67 | 北京 | 100.16 | 67 | 郑州 | 99.40 |
| 68 | 上海 | 99.80 | 68 | 上海 | 98.24 |
| 69 | 南京 | 98.79 | 69 | 北京 | 96.17 |
| | 深圳 | 98.79 | 70 | 厦门 | 95.82 |

2018 年 70 个大中城市的新建商品住宅和二手住宅的涨幅比 2017 年均有所下降，2017 年 70 个大中城市新建商品住宅价格指数由高到低在 117.82～100.40，而 2018 年在 114.60～98.79，低于 100.00 的有 3 个城

市，包括2个一线城市和1个热点二线城市；2017年二手住宅价格指数由高到低为120.32～98.91，而2018年则在114.21～95.82，低于100.00的比2017年多4个城市，5个城市中包括2个一线城市和3个热点二线城市。

## （七）70个大中城市中，一线城市和热点二线城市住房同比价格指数微涨，其余城市涨幅远超前二者

从国家统计局公布的2018年全国70个大中城市住宅价格指数来看，无论是新建商品住宅还是二手住宅，价格变化趋势基本一致（见图6和图7），即一线城市涨幅很小，热点二线城市微涨，其余二线城市和三线城市涨幅远超过一线城市和热点二线城市，2018年一线城市和热点二线城市涨幅比2017年有较大幅度下降。2018年一线城市新建商品住宅价格的平均同比涨幅约为0.43%，二手住宅价格的平均同比涨幅约为0.65%；热点二线城市新建商品住宅价格的平均同比涨幅约为2.39%，二手住宅价格的平均同比涨幅约为2.35%；其余二线城市新建商品住宅价格的平均同比涨幅约为9.89%，二手住宅价格的平均同比涨幅约为7.55%；三线城市新建商品住宅价格的平均同比涨幅约为8.01%，二手住宅价格的平均同比涨幅约为5.91%。

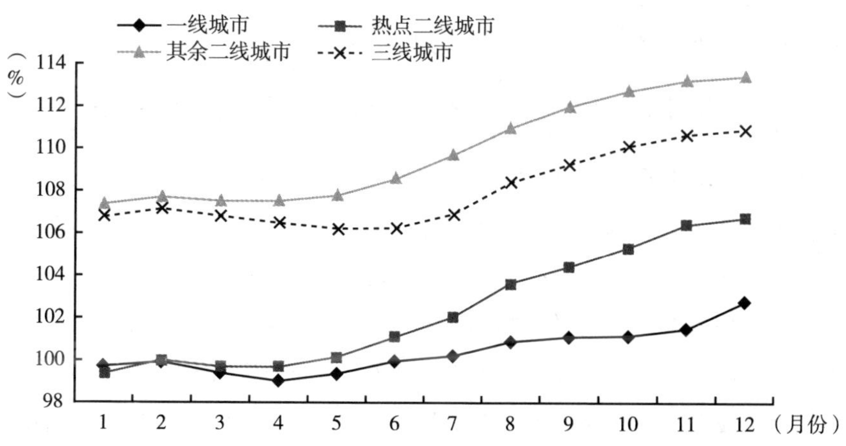


**图6　2018年70个大中城市新建商品住宅同比价格指数变化情况**

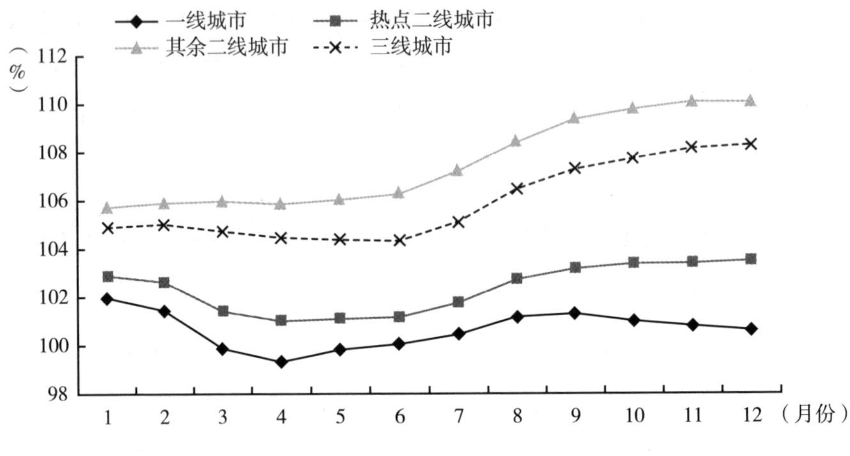


**图7　2018 年 70 个大中城市二手住宅同比价格指数变化情况**

## 三　2018年房地产市场的突出问题

2018 年我国房地产市场存在的问题，主要包括以下几个方面：国际国内经济形势变幻，房地产市场不确定性加大；大中城市市场总体较平稳，中小城市的市场风险有所提升；土地成交价格增幅缩减，土地流标数量明显增加；企业贷款、个人按揭贷款增幅双下降，供需双方融资难度加大；住房租赁价格稳中趋降，租房市场或面临集体土地租赁住房冲击。

### （一）国际国内经济形势变幻，房地产市场不确定性加大

从宏观环境来看，不同于以往年份，几乎贯穿 2018 年全年的中美经贸摩擦对中国经济产生深远影响，房地产市场也概莫能外。2018 年，中国全年国内生产总值比上年增长 6.6%，但货物和服务净出口的贡献率为 -8.6%。[①] 借用李克强总理 2019 年 3 月在政府工作报告中对国内外形势的判断："世界经济增速放缓，保护主义、单边主义加剧，国际大宗商品价格大幅波动，不稳定不确定因素明显增加，外部输入性风险上升。国内经济下行压力加大，消费增速

① 资料来源：国家统计局《2018 年国民经济和社会发展统计公报》。

减慢，有效投资增长乏力。”在错综复杂的国际国内形势变幻中，房地产市场的不确定性大大加强，必须警惕其中所蕴含的各种风险。对于房地产市场中的供需双方而言，不确定性的加强将使房地产开发企业投资更加谨慎，同时，也将影响购房者的心理预期，可能会使其观望态度有所增加。

从行业政策环境来看，2018 年的房地产调控基本延续了 2017 年“房子是用来住的，不是用来炒的”这一基调下的政策措施。2018 年底的全国住房和城乡建设工作会议提出，2019 年工作重点要以稳地价、稳房价、稳预期为目标，促进房地产市场平稳健康发展。这也反映出政府面对国际国内经济形势变幻的压力，选择以“稳”作为短期目标来防范房地产市场不确定性的加大。

## （二）大中城市市场总体较平稳，中小城市的市场风险有提升

销售价格方面，大中城市的房地产市场总体来说较为平稳，中小城市住宅销售价格的涨幅较大。从 70 个大中城市住宅销售价格指数来看，2018 年的 70 个大中城市的新建商品住宅和二手住宅销售价格相对平稳（见图 8），同比平均上涨了 7.3% 和 5.5%。而全国商品住宅平均销售价格上涨了 12.2%，主要由三四线乃至五六线中小城市住宅销售贡献。

销售量方面，去库存、棚户区改造的政策效果叠加，全国商品房待售面积继续大幅减少，相比大中城市而言，中小城市对房地产市场销售量增幅的贡献更大。2018 年全国商品房待售面积同比减少 11.0%，连续第三年实现了待售面积的负增长，但减少幅度从 2017 年的 15.3% 收窄至 11.0%，尤其是住宅待售面积从 2017 年的同比减少 25.1% 收窄至同比减少 16.8%。2018 年 40 个大中城市①的商品房销售面积由 2017 年的增长 -2.0% 转正，但只增加了 0.4%，对比全国商品房销售面积增幅的 1.3%，中小城市对销售量增幅的贡献更大。

中小城市市场表现较好的主要原因之一就是棚户区改造的推进，为保障棚户区改造的资金供给，抵押补充贷款（PSL）应运而生，在 PSL 的支持下，棚户区改造规模不断扩大。2015 ~ 2018 年，全国棚户区住房改造新开工累计

① 40 个大中城市包括：北京、上海、广州、深圳、天津、重庆、杭州、南京、武汉、沈阳、成都、西安、大连、青岛、宁波、苏州、长沙、济南、厦门、长春、哈尔滨、太原、郑州、合肥、南昌、福州、石家庄、无锡、贵阳、昆明、南宁、北海、海口、三亚、呼和浩特、兰州、温州、西宁、银川、乌鲁木齐。根据 Wind 数据库中的数据整理计算而得。

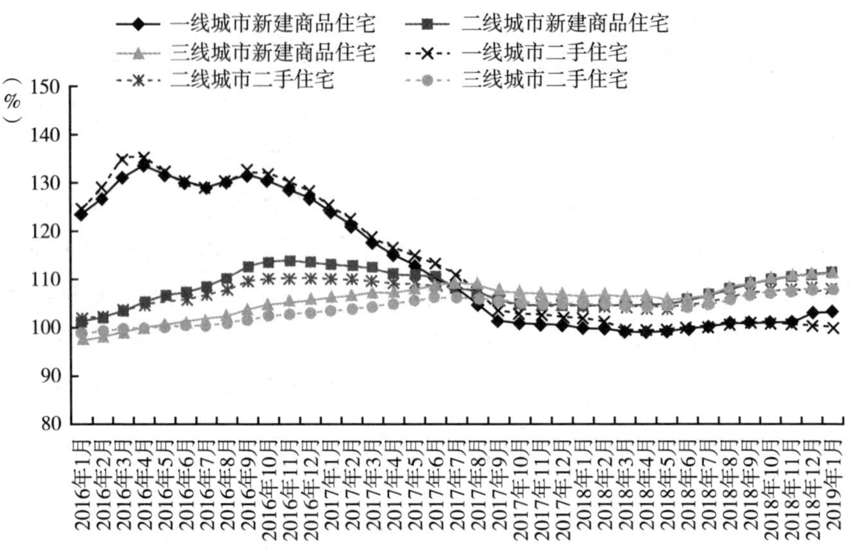


**图 8　70 个大中城市住宅销售价格同比指数（2016～2018 年）[*]**

＊70 个大中城市包括：一线城市 4 个，即北京、上海、广州、深圳；二线城市 31 个，即天津、石家庄、太原、呼和浩特、沈阳、大连、长春、哈尔滨、南京、杭州、宁波、合肥、福州、厦门、南昌、济南、青岛、郑州、武汉、长沙、南宁、海口、重庆、成都、贵阳、昆明、西安、兰州、西宁、银川、乌鲁木齐；三线城市 35 个，即唐山、秦皇岛、包头、丹东、锦州、吉林、牡丹江、无锡、扬州、徐州、温州、金华、蚌埠、安庆、泉州、九江、赣州、烟台、济宁、洛阳、平顶山、宜昌、襄阳、岳阳、常德、惠州、湛江、韶关、桂林、北海、三亚、泸州、南充、遵义、大理。下同。

资料来源：国家统计局。

2442 万套。但是，2018 年下半年较上半年明显收紧，下半年的新增抵押补充贷款共计 1944 亿元，仅占全年 PSL 新增规模的 28%。2018 年 10 月，住建部召开 2019 年棚改政策座谈会，安徽、江西、山东、四川、贵州五省和各省 1 个城市代表，以及国家发改委、财政部、中国人民银行等部委参加了这次会议。会议提出，未来棚改融资将由政府购买棚改服务模式转向以发行棚改专项债为主，鼓励国开行、农发行对收益能平衡的棚改项目继续贷款。这表明我国的棚改政策发生了重大变化，受棚改政策推动较大的中小城市，尤其是棚改货币化安置比例较高的中小城市，其房地产市场必然受到较大的影响。从市场表现来看，40 个大中城市以外的其他城市商品房销售面积增幅由 2017 年的 13.9% 大幅回落到 2018 年的 1.8%。这也说明随着去库存、棚户区改造政策的收紧、中小城市市场饱和度的增加，缺乏人口和产业支撑的中小城市房地产市场风险将有所提升。在中小城市对房地产市场销售价格和销售量做出较大贡献的同时，三四线甚至五六线城市房地产市场的隐忧已经逐渐开始显现。

## （三）土地成交价格增幅缩减，土地流标数量明显增加

土地市场方面，土地购置面积继续增加，但土地成交价格增幅缩减。2018年土地购置面积2.91亿平方米，比2017年增加了14.2%；土地平均成交价格增幅明显收窄，比2017年增加了3.3%，一改自2013年起土地平均成交价格增幅一直在10%～30%的快速上涨局面。2018年的土地平均成交价格增幅也是六年来首次低于商品房平均销售价格的增幅。

在土地成交价格增幅明显缩减的同时，土地流标的数量和比例明显增加。根据对全国300个城市的土地交易数据统计，2018年土地流拍地块总规划建筑面积达3.8亿平方米，是2017年的2.1倍、是2016年的4.5倍；2018年流拍地块宗数占推出地块宗数的比例也明显增加到5.2%（见图9）。

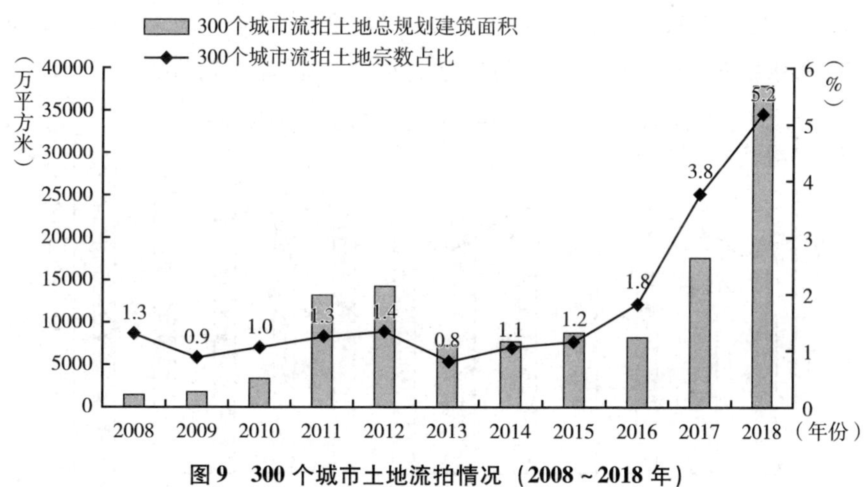


**图9　300个城市土地流拍情况（2008～2018年）**

资料来源：CREIS数据库。

土地成交价格增幅缩减，土地流标的数量明显增加：一方面是受土地本身区位等因素影响。这些土地往往位于城市郊区，近期开发价值不大，只能作为长期的土地储备。由于现在土地出让附带条件过多，如政府规定开发商必须在两年

内动工，否则收回土地，这些条件使开发商的拿地意愿降低，土地流拍增加。另一方面是房地产信贷资金总体收紧的情况并未改变，房地产企业融资成本较高，尤其是现在很多土地要求开发商增加自持比例，这使得开发商拿地态度趋于谨慎。

## （四）企业贷款、个人按揭贷款增幅双下降，供需双方融资难度加大

资金方面，从房地产开发企业资金来源来看，国内贷款、个人按揭贷款增幅双下降，而自筹资金、定金及预收款增幅双增加。2018 年房地产开发企业到位资金虽然比 2017 年增加了 6.4%，但是在房地产开发企业到位资金中，国内贷款和个人按揭贷款增幅双双出现负增长，分别比 2017 年下降了 4.9% 和 0.8%；同时，自筹资金、定金及预收款则分别增加了 9.7% 和 13.8%，两者合计占到房地产开发企业到位资金的 67.0%，超过 2/3。从个人住房贷款余额来看，从 2017 年开始个人住房贷款余额的增幅一直在不断下降（见图 10）。房地产开发企业的资金来源和个人住房贷款余额的变动情况，都说明无论是房地产开发企业还是购房者，融资难度都有所增加，从而对于自有资金的依赖都有所加大。在限购、限贷等政策措施下，自住型、改善型需求也将在一定程度上受到抑制。

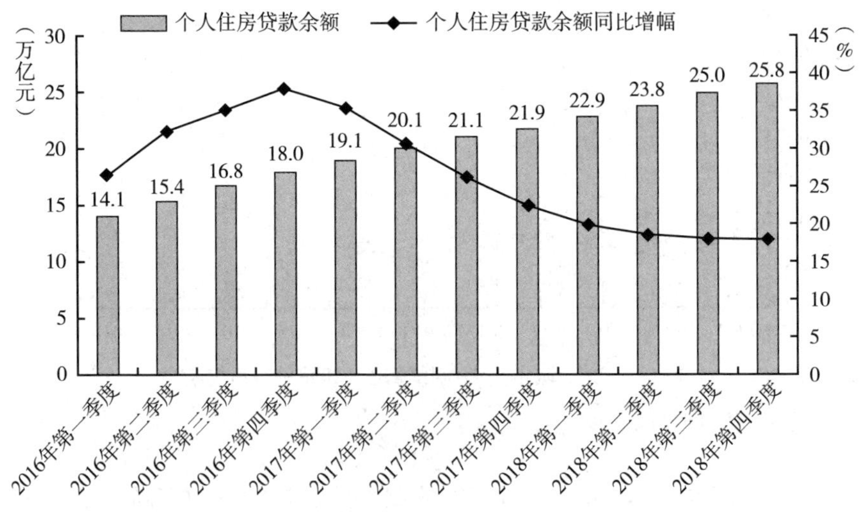


**图 10　个人住房贷款余额（2016～2018 年）**

资料来源：中国人民银行、Wind 数据库。

### （五）住房租赁价格稳中趋降，租房市场或面临集体土地租赁住房冲击

租赁市场方面，住房租赁价格总体平稳，并依稀可见稳中有降的趋势。国家统计局数据显示，2018 年全国住房租金涨幅为 2.5%，扣除当年 CPI 涨幅 2.1%，住房租金实际涨幅为 0.4%。从各月租金变化情况（见图 11）来看，与上年同期相比，城市住房租赁价格稳中趋降。总体上看，一线城市住房租赁价格小幅上扬，二线城市住房租赁价格有所下降。这与一系列发展租赁市场的政策措施息息相关。

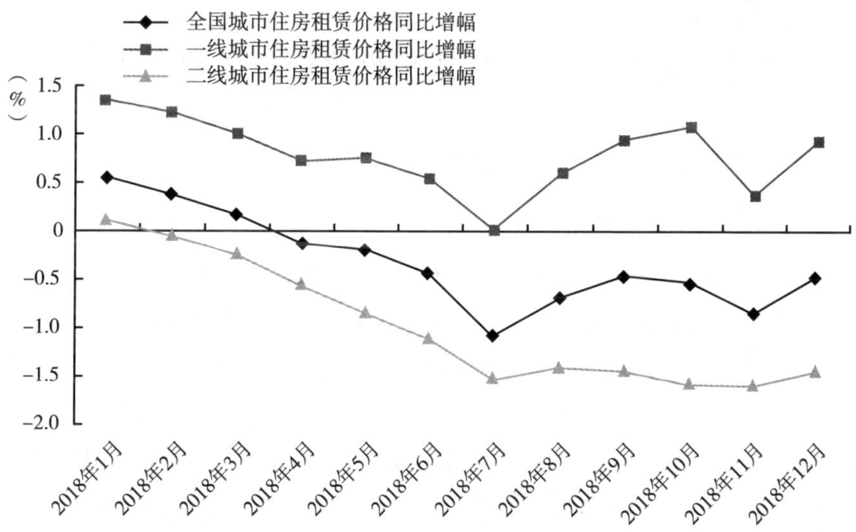


**图 11　城市住宅租赁价格月度同比增幅（2018 年）**

资料来源：Wind 数据库。

在“坚持房子是用来住的、不是用来炒的定位，加快建立多主体供给、多渠道保障、租购并举的住房制度”的政策导向下，各地纷纷出台大力发展住房租赁市场政策措施。其中，利用集体土地建设租赁住房对市场的影响不可小觑。2017 年 8 月，国土资源部、住房城乡建设部关于印发《利用集体建设用地建设租赁住房试点方案》的通知（国土资发〔2017〕100 号），确定在包括北京、上海、辽宁沈阳、江苏南京、浙江杭州、安徽合肥、福建厦门、河南

郑州、湖北武汉、四川成都，以及广东广州、佛山、肇庆在内的13个城市作为第一批利用集体建设用地建设租赁住房的试点。以北京市为例，计划自2017～2021年五年内供应1000公顷集体土地用于建设集体租赁住房，平均每年供地任务量约200公顷；2018年度北京市建设用地供应计划[①]中，计划供应国有住宅用地1000公顷、集体土地租赁住房用地200公顷，集体土地租赁住房用地占全部住宅用地的1/6，2018年底，已实现集体土地租赁住房用地供应209.2公顷，完成率达105%[②]。可以预期，在未来几年，随着集体土地租赁住房用地的供给与集体土地租赁住房的建设，相当数量的新增租赁房源将集中入市，这将给当地的住房租赁市场带来不小的冲击。

## 四 2019年中国房地产市场展望

### （一）宏观经济形势对房地产市场的影响

#### 1. 国际经济形势对资本市场的影响

2018年，除美国等少数经济体的经济增速继续上升之外，其他大部分经济体的经济增速都不同程度地出现了回落。渣打银行财富管理部发布2019年《全球市场展望》，报告预计2019年全球经济增长将呈现3年来的首次放缓，全球资本市场的波动幅度将进一步加剧。2018年10月国际货币基金组织预测，2019年按PPP计算的世界GDP增长率为3.7%。其中发达经济体GDP整体增长2.1%，其他发达经济体增长2.5%；新兴市场与发展中经济体GDP整体增长4.7%，其中，中国增长6.2%。新兴与发展中亚洲经济体仍然是世界经济增长最快的地区，GDP增长率为6.3%。

美联储通常是世界货币政策的风向标，美联储加息缩表将引起资本回流和美元升值。未来美联储进一步加息和缩表的可能性很大，这将引起资本进一步回流美国，推动美元进一步升值。因此，新兴市场国家爆发货币危机的可能性

---

① 北京市规划和自然资源委员会发布《关于印发北京市2018年度建设用地供应计划的通知》，http://ghgtw.beijing.gov.cn/art/2018/6/22/art_2287_557519.html。

② 陈雪柠：《北京集体土地租赁房已供地72公顷》，《北京日报》2019年3月13日，http://m.gmw.cn/2019-03/13/content_32634585.htm。

进一步加大。但是，美国历史上最长的加息周期通常是3年，即连续加息3年后经济会出现回落。这一轮加息周期是从2015年12月开始的，到2018年12月已经到3年。通常是加息周期的结束将伴随着经济增长再一次明显下行。一些国际组织纷纷预测美国经济增速在2019年将会出现下行（见表10）。如果美国经济近期内出现增速下行，则世界经济有可能陷入新一轮衰退。

**表10　国际组织预测美国经济增速**

单位：%

| 机构 | 2018年美国GDP增长率 | 预期2019年美国GDP增长率 |
|---|---|---|
| 世界银行 | 2.7 | 2.5 |
| 经合组织 | 2.9 | 2.8 |
| 国际货币基金组织 | 2.9 | 2.5 |
| 美联储 | 3.1 | 2.5 |

资料来源：作者搜集整理。

综合来看，2019年世界经济增速下行的可能性较大，金融市场可能进一步出现剧烈动荡，各主要国家应对下一轮经济衰退的政策空间受到限制，贸易战和逆全球化趋势还会带来较大负面影响。

2. 国内经济形势对房地产市场的影响

2018年受国内外环境出现重大变化的影响，中国经济下行压力增大，经济所面对的不确定性增加。美联储货币政策正常化给新兴市场带来的冲击及影响，中美贸易摩擦的升级，国内经济政策的严重波动性等，使中国经济的不确定性不断强化，企业及投资者对市场的信心减弱。总体来看，2019年中国经济将面临多重风险的压力，包括外部冲击的风险、失业压力增大的风险、地方财政收入下滑的地方债风险、房地产市场经济和金融风险、人民币汇率波动风险与民间投资增速回升不可持续的风险。

从经济增速来看，2018年中国经济全年增速6.6%，经济运行继续保持在合理区间，延续总体平稳的健康发展态势。展望2019年，各机构预测中国经济增速将进一步回落。渣打银行预测，2019年中国GDP增长将于第一季度触底，随后政府会通过刺激内需拉动经济增长，经济增速于2019下半年开始企稳回升。受益于个税下调，消费需求增长或是2019年中国GDP增长的主要原因。此外，预计2019年

中国 GDP 增速在 6% ~6.5%。中国社会科学院经济学部等机构在京举办 2019 年“经济蓝皮书”发布会，预计 2019 年我国 GDP 增长率为 6.3%，经济不会发生硬着陆。2018 年 10 月国际货币基金组织预测，2019 年中国经济增速为 6.2%。

在贸易保护主义抬头、全球经济增长放缓的背景下，预计 2019 年外需走弱压力明显加大。在“降杠杆、防风险”的大环境下，地方政府的各类融资渠道快速萎缩，从而影响了地方政府进行基建投资的融资能力。而民间投资意愿下降，将影响制造业投资增长。随着个税改革稳步推进，消费促进政策将逐步释放效力。服务业开放程度不断提升，下调和取消部分消费品进口关税，将为消费增长提供新的动能。但在整体经济与收入增速放缓的背景下，消费难以大幅上涨。因此，维护房地产行业的健康发展对于实现 2019 年中国经济“稳中求进”的目标至关重要。

## （二）2019年房地产调控政策变化

### 1. 宏观经济政策变化

2019 年政府工作报告中关于货币政策主要论述为：稳健的货币政策要松紧适度，广义货币 M2 和社会融资规模增速要与国内生产总值名义增速相匹配，以更好满足经济运行保持在合理区间的需要。在实际执行中，既要把好货币供给总闸门，不搞“大水漫灌”，又要灵活运用多种货币政策工具，疏通货币政策传导渠道，保持流动性合理充裕，有效缓解实体经济特别是民营和小微企业融资难融资贵问题，防范化解金融风险。深化利率市场化改革，降低实际利率水平。

由此可见，当前稳健的货币政策、松紧适度的总基调基本已经确定。未来在稳健货币政策框架下，央行将有可能从流量、流向以及期限等多个维度对经济进行有效“滴灌”，进一步提升组合型政策工具对于市场的传导效率，防止“大水漫灌”。虽然 2019 年存款准备金率仍有进一步下调的可能，但幅度和频率会小于 2018 年。一方面是因为经济仍然存在下行压力，需要加大金融支持力度，尤其是在非信贷融资存在瓶颈的情况下，信贷适度加快投放步伐的可能性较大；另一方面是经济需要通过降低存款准备金率来适度增加市场的流动性。但为了避免“大水漫灌”，一旦市场流动性基本达到合理充裕的条件，存款准备金率就不可能持续大幅下调。

在信贷增速逐渐上行、财政支出增速反弹、外汇占款小幅下降的态势下，央行定向调控政策将继续围绕增强信贷支持实体经济力度展开，货币政策将延续当前稳健基调，并保持宏观流动性处于合理充裕状态。预计 M2 增速 2019 年将逐渐回升。而结构性去杠杆的目标是要把企业的杠杆率明显降下来，同时要把居民家庭的杠杆率稳住。当前市场信贷层面的表现也与此目标大体相符，居民端表现为中长期贷款同比增幅总体趋稳。房贷占比自 2018 年末逐月下降至 25.13%，预判后期仍将在低位小幅波动。企业端则表现为房企融资环境显著“回暖”，尤其是境内发债量稳步增加，而融资成本也存在小幅回落趋势。

因此，我们认为 2019 年货币政策继续放松的空间逐渐缩小，对楼市的刺激作用比较有限，加之“房住不炒、因城施政”的调控思路并未发生改变，预计 2019 年房地产市场销售回落，投资增速放缓，行业平稳调整的趋势不会发生实质性较变。

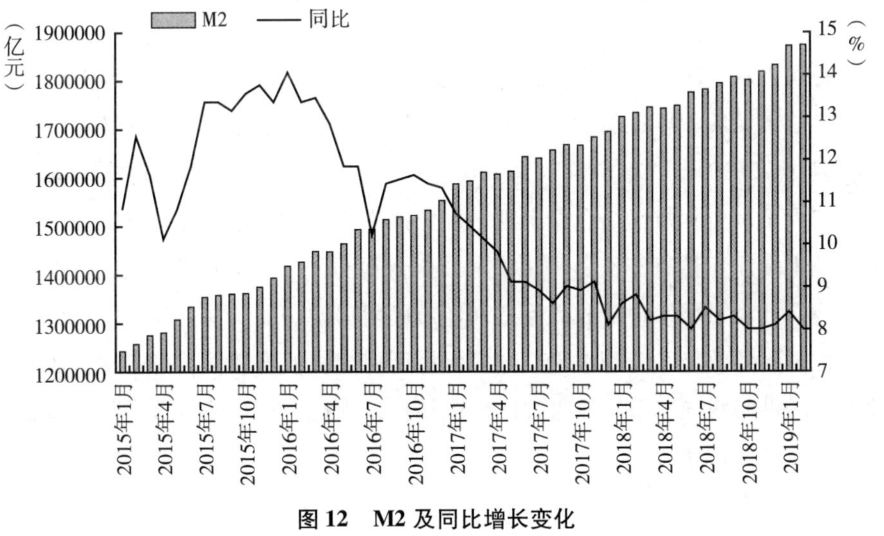


**图 12　M2 及同比增长变化**

数据来源：wind 数据库。

2. 房地产调控政策基调：维稳、分化、放权

（1）维稳——房地产市场健康平稳发展是重中之重

2018 年 12 月 24 日，住建部举行全国住房和城乡建设工作会议。住建部部

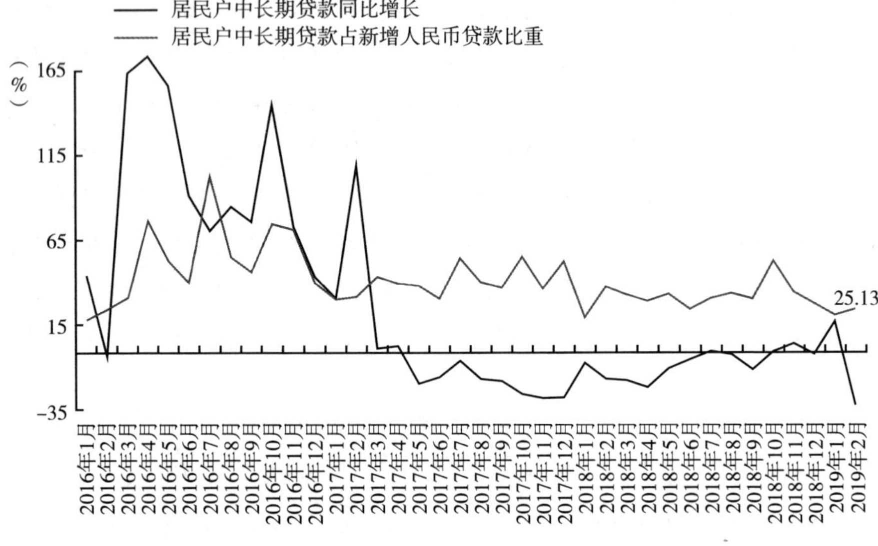


**图13　居民户中长期贷款同比增长及占比**

资料来源：wind 数据库。

长王蒙徽表示，2019 年将以稳地价、稳房价、稳预期为目标，促进房地产市场平稳健康发展，要以解决新市民住房问题为主要出发点，补齐租赁住房短板。因此，2019 年“稳房价”是基调。在人口流入量大、住房价格高的特大城市和大城市要积极盘活存量土地，加快推进租赁住房建设。继续推进集体土地建设租赁住房试点工作。深化住房公积金制度改革，研究建立住宅政策性金融机构，加大对城镇中低收入家庭和新市民租房购房的支持力度，全面提高住房公积金服务效能和管理水平。继续保持调控政策的连续性、稳定性，加强房地产市场供需双向调节，改善住房供应结构，支持合理自住需求，坚决遏制投机炒房，确保市场稳定。

（2）分化——房地产调控政策分化是大势所趋

房地产政策的松紧程度则取决于房地产市场发展的景气状况，带有逆周期调整的性质。前期严厉的调控政策取得了预期成效，使房地产市场看涨预期发生了根本性转变。在这种情况下，为了维持房地产市场健康平稳发展，多数城市根据实际市场状况放松调控，但这并不等于说是调控政策全面放松。目前，一二线热点城市房地产主要依靠市场、人口增量驱动，三四线城市则主要依靠棚改政策驱动。因此，房地产调控政策将出现明显的分化趋势，有的城市也许会适度放宽政策，有的城市或将继续加码。展望2019年，在市场压力较大的一二线热点城市，在防范房地产价格泡沫的同时，着眼于供给侧结构性改革，从土地、金融、税收等方面推进住房制度改革；而在其他三四线城市则将维持房地产市场稳定、防范房地产市场价格下跌过快作为首要任务。无论是“因城施策”还是“一城一策”，实际上就是要各个城市根据当地房地产市场的实际情况采取调控措施，这是未来房地产调控的基本原则，就是保持房地产市场健康平稳发展，不发生系统性风险。

（3）放权——更加注重地方政府在房地产调控中的主体责任

2018年12月19~21日，中央经济工作会议用66个字定位了房地产市场：“要构建房地产市场健康发展长效机制，坚持房子是用来住的、不是用来炒的定位，因城施策、分类指导，夯实城市政府主体责任，完善住房市场体系和住房保障体系。”在2018年的政府工作报告中将落实城市主体责任进一步明确，意味着地方政府调控房地产市场的自主权力进一步扩大。如果说“因城施策”带有中央定调的意味，那么地方政府在房地产调控过程中提出“一城一策”则体现了政策的灵活性。强调“一城一策”，更加注重各地政府在房地产调控中的主体责任和自主权的扩大。由于不同城市的房地产市场成交走势、库存状况、房价状况各不相同，城市政府根据实际情况制定政策，承担调控的主体责任。除了限制市场需求的行政性措施和市场管理权限之外，作为地方税种的房地产税也可能将是落实城市主体责任的一个重要手段。

## （三）2019年房地产市场发展变化趋势

### 1. 房地产市场仍存在较大发展空间

持续提高的城镇化水平仍然是中国房地产市场发展的根本驱动力，突出表现在由于人口增长和迁移、居住条件改善，以及城市更新改造所产生的住房需求。《国家新型城镇化规划（2014~2020年）》明确提出，到2020年，城镇化水平和质量稳步提升，常住人口城镇化率达到60%左右，户籍人口城镇化率达到45%左右，户籍人口城镇化率与常住人口城镇化率差距缩小2个百分点左右，努力实现一亿左右农业转移人口和其他常住人口在城镇落户。2018年中国大陆总人口139538万人，其中，城镇常住人口83137万人，比2017年末增加1790万人；城镇人口占总人口比重（城镇化率）为59.58%，比2017年末提高1.06个百分点。户籍人口城镇化率为43.37%，比上年末提高1.02个百分点。短期可以预见，2019年，城镇化率仍将比2018年提高1个百分点以上，房地产市场仍存在较大发展空间。

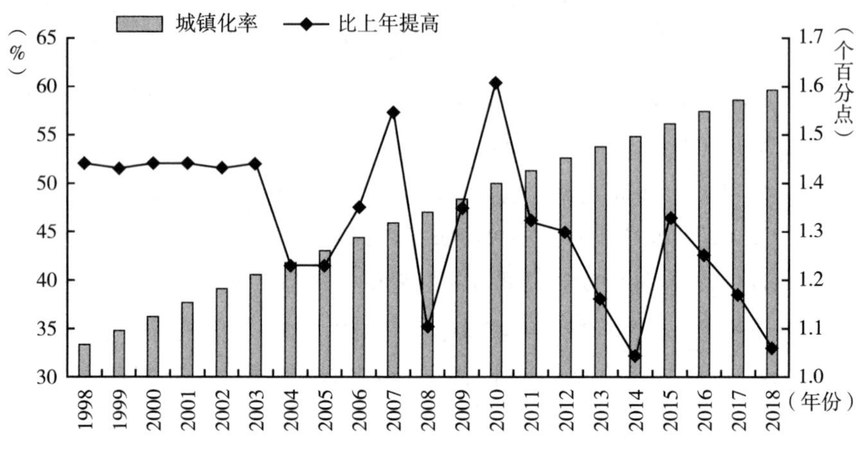


**图14　1998年以来城镇化率变化**

2. 房地产销售增速将逐渐放缓

2018年，商品房销售面积171654万平方米，创历史新高，比上年增长1.3%，增速比1~11月份回落0.1个百分点，比上年回落6.4个百分点。其中，住宅销售面积为144789万平方米，同比增长2.2%。受去库存红利消退、棚改货币化安置政策调整的影响，预计2019年销售增速将逐步放缓。一线城市销售面积增速从2017年3月开始下降，累计同比连续21个月为负，2017年同比-29.21%，2018年累计同比降幅持续缩小，2018年全年为-5.11%。近期北京、广州等地出现限价松动，表明调控力度将可能有所放松，叠加2018年低基数，预计2019年一线城市销售增速将筑底回升。二线城市销售增速在2016年初见顶后持续回落，2017年累计同比仅增1.91%。2018年全年处于低速增长的徘徊状态，全年销售面积累计同比增速为0.19%。随着政策层面的宽松，预计2019年二线城市销售增速将会略有回升。三四线城市销售增速在2017年初冲高后持续回落，2017年全年销售面积累计同比增13.09%。2018年三四线城市销售面积增速继续呈快速回落状态，全年跌至 2.11%。预计随着去库存红利消退、棚改货币化安置政策调整，三四线城市销售将面临较大的调整压力，2019 年销售增速跌幅有可能进一步放缓，不排除跌入负增长区间。

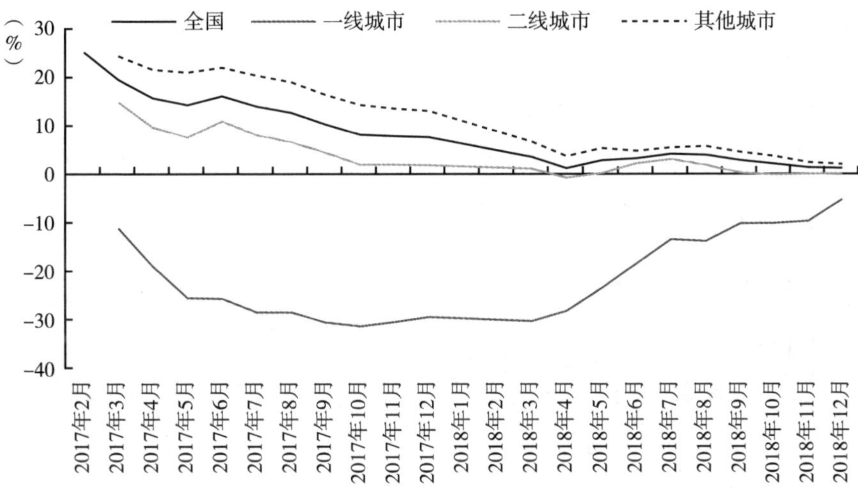


**图 15　商品房销售面积累计同比增速**

资料来源：wind 数据库。

3. 房地产开发投资面临较大回调压力

2018 年 1 ~ 12 月，全国房地产开发投资 120264 亿元，比上年增长 9.5%，增速比上年同期提高 2.5 个百分点。虽然 2018 年全年房地产开发投资依然保持高速增长，但增速比前 11 个月回落 0.2 个百分点。从不同城市看：2018 年一线城市投资增速稳步回升，2019 年有望延续这一趋势；二线城市投资低速徘徊，年底市场热度明显提升；三四线城市 2018 年投资增速不断放缓，2019 年仍将面临较大的回调压力。总体来看，投资增速放缓主要受两方面因素影响。一是政策因素。在 2018 年房地产市场整体调控政策不放松、各地调控手段不断升级的背景下，中小房企投资明显乏力。二是融资环境。虽然在 2018 年第四季度市场流动性有了较为明显的缓解，但对于房企的直接拉动作用仍有限，从而导致了房企投资增速放缓。2018 年下半年以来，土地拍卖市场持续转冷，企业拿地态度普遍谨慎，底价成交、流拍频现。鉴于市场下行压力不断积聚，商品房销售面积、土地购置面积增速双双下滑，将显著抑制企业新开工意愿，短期内新开工面积将进入下行通道，年内不排除步入负增长区间的可能性。展望2019年，由于房地产市场销售回落，土拍市场转冷，新开工意愿不足，全年投资增速将面临较大回调压力。

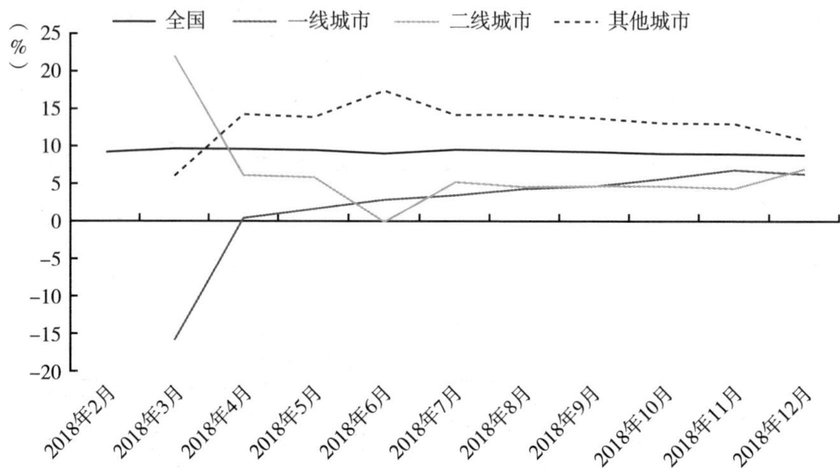


**图16　2018年房地产开发投资完成额累计同比增速**

资料来源：wind数据库。

4. 房地产价格指数总体平稳回升

从70个大中城市新建商品住宅看：一线城市价格指数在2018年4月达到本轮调控的历史低点，随后逐步回升；二三线城市价格指数则早于一线城市开始回升，但年底涨幅逐渐趋缓。随着调控政策的进一步放松，一线城市价格指数上涨速度将会明显快于二线城市，三线城市价格指数则由于缺乏人口的支撑，极有可能在2019年停止上行趋势，再次进入下跌区间。因此，2019年，新建商品住宅价格总体表现温和上涨态势。

从70个大中城市二手住宅价格指数看，2018年，一线城市价格指数全年处于低位徘徊，二三线城市价格指数下半年有明显回升，但年底增幅逐渐趋缓。受新房价格增长乏力的影响，2019年，二手住宅价格全年也难有抢眼表现。

全国租赁价格指数自2018年4月跌入负值区间，虽然下半年有所回升，但全年租赁价格指数仍维持跌势。一线城市租赁价格指数保持低速增长，二线城市租赁价格指数则明显下降。由于商品房销售回落，2019 年住房租赁价格指数将转负为正，呈缓慢增长态势。

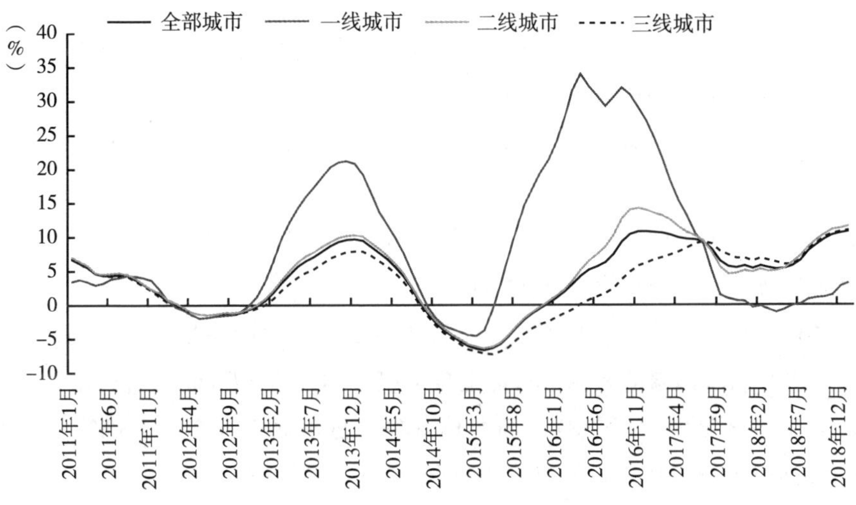


**图 17　70 个大中城市新建商品住宅同比价格指数**

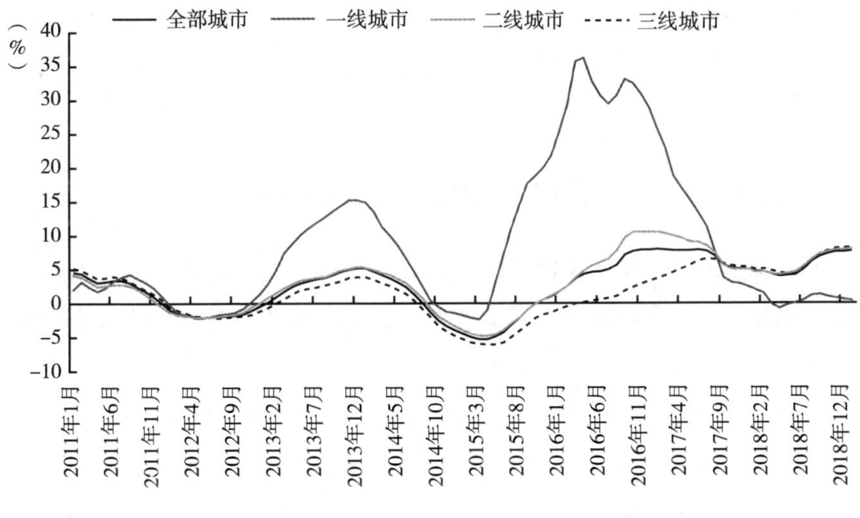


**图 18　70 个大中城市二手住宅同比价格指数**

总而言之，2019 年房地产市场整体看来仍将呈现平稳调整态势。自 2016 年中央经济工作会议提出“房住不炒”的定位以来，延续了两年多的从紧调控政策取得了预期的效果，使得长期形成的房价上涨预期发生了实质性的转变。尤其是2018年下半年以来，住房销售涨幅放缓、土地溢价率持续下降、土地流拍数量激增，房地产开发投资增速放缓，市场下行压力增大。各地纷纷出台措施放松限制性调控政策，缓解市场压力。同时，在稳健性货币政策基调下，货币政策定向调控力度持续增加，信贷和M2增速将逐渐回升。由于金融去杠杆和从严监管政策影响有所减弱，市场融资可得性逐步改善。但受宏观经济增速放缓影响，预期2019年房地产市场平稳调整态势不会发生实质性的转变。商品住房销售增速可能会延续放缓趋势，房价涨幅整体回落，土地交易市场将回归理性，房地产投资增速将进一步回调。

2019年，房地产政策仍将坚持“房住不炒”和“因城施策”原则，但在行业内外部需求因素的影响下可能适度放松。预计政策调整以结构化方式进行，各地将充分发挥城市政府的主体责任，自下而上，实行局部试探性微调。不同城市的市场运行结果将明显分化：一二线城市以保障刚需和改善性需求为重点，适当松动过紧的行政管制措施，在政策边际改善之下，市场成交活跃度将有所提升，销售面积同比可能实现小幅增长；三四线城市实行区别对待棚改安置，大部分已完成去库存的地区将逐步退出或减少货币化安置。由于失去强政策托底且市场需求明显透支，市场销售有可能进一步回落。

### （四）2019年中国房地产市场主要指标预测

在国家统计局发布的2018年2月至2019年2月房地产市场运行数据的基础上，采用ARIMA模型在R 3.5.3软件环境下，对2019年3～12月中国房地产市场的主要指标进行预测。

#### 1. 2019年中国房地产投资、资金来源和土地购置指标预测

从表11的预测情况来看，2019年中国房地产投资、住宅投资、开发企业到位资金、土地购置面积、土地成交价款、土地均价分别可能达到12.87万亿元、9.47万亿元、17.56万亿元、2.85亿平方米、1.60万亿元和5625元/平方米，同比增速分别为6.98%、11.15%、5.78%、－2.06%、－0.62%和1.81%，较2018年分别下降2.58、2.30、0.56、16.18、19.00和

1.48个百分点。

具体来看，房地产投资、住宅投资和开发企业到位资金预计在2019年6月前后达到单月投资高峰，随后回调，且与2018年相比，2019年底上述指标的回调力度可能更大。受政策调控影响，房地产投资可能会进一步企稳。土地相关指标方面，土地购置面积在2019年的单月增长幅度可能与2018年大致相同。房地产企业在2017年和2018年连续大面积拿地之后，2019年房企拿地规模大增的概率较小。此外，“稳地价”是2019年的工作重点，若土地购置面积增速放缓，在各地稳定地价调控力度加强的情况下，土地成交价款增幅同样可能放缓，土地均价在2019年可能保持温和上涨。鉴于2017年和2018年我国政府对于房地产采取严格调控措施，对于房地产投资与土地相关指标增速出现全面下降趋势的判断具备一定的现实合理性。

**表11　2019年中国房地产投资、资金来源和土地购置指标预测**

| 年度－月度 | 房地产投资 | 住宅投资 | 开发企业到位资金 | 土地购置面积 | 土地成交价款 | 土地均价 |
|---|---|---|---|---|---|---|
| | 万亿元 | 万亿元 | 万亿元 | 亿平方米 | 万亿元 | 元/平方米 |
| 2018－02 | 1.08 | 0.74 | 2.40 | 0.23 | 0.08 | 3388 |
| 2018－03 | 2.13 | 1.47 | 3.68 | 0.38 | 0.16 | 4297 |
| 2018－04 | 3.06 | 2.13 | 4.82 | 0.54 | 0.24 | 4419 |
| 2018－05 | 4.14 | 2.90 | 6.20 | 0.77 | 0.35 | 4549 |
| 2018－06 | 5.55 | 3.90 | 7.93 | 1.11 | 0.53 | 4750 |
| 2018－07 | 6.59 | 4.64 | 9.33 | 1.38 | 0.66 | 4790 |
| 2018－08 | 7.65 | 5.41 | 10.67 | 1.65 | 0.82 | 4970 |
| 2018－09 | 8.87 | 6.28 | 12.19 | 1.94 | 1.00 | 5165 |
| 2018－10 | 9.93 | 7.04 | 13.56 | 2.20 | 1.17 | 5325 |
| 2018－11 | 11.01 | 7.80 | 15.01 | 2.53 | 1.37 | 5428 |
| 2018－12 | 12.03 | 8.52 | 16.60 | 2.91 | 1.61 | 5525 |
| 2019－02 | 1.21 | 0.87 | 2.45 | 0.15 | 0.07 | 4466 |
| 2019－03 | 2.34 | 1.69 | 3.81 | 0.31 | 0.16 | 5213 |
| 2019－04 | 3.34 | 2.43 | 5.02 | 0.48 | 0.23 | 4805 |
| 2019－05 | 4.49 | 3.29 | 6.50 | 0.71 | 0.35 | 4859 |

续表

| 年度-月度 | 房地产投资 | 住宅投资 | 开发企业到位资金 | 土地购置面积 | 土地成交价款 | 土地均价 |
|---|---|---|---|---|---|---|
| | 万亿元 | 万亿元 | 万亿元 | 亿平方米 | 万亿元 | 元/平方米 |
| 2019-06 | 5.99 | 4.38 | 8.35 | 1.06 | 0.53 | 5021 |
| 2019-07 | 7.10 | 5.22 | 9.85 | 1.32 | 0.67 | 5023 |
| 2019-08 | 8.23 | 6.06 | 11.28 | 1.59 | 0.83 | 5238 |
| 2019-09 | 9.53 | 7.03 | 12.91 | 1.88 | 1.02 | 5422 |
| 2019-10 | 10.66 | 7.85 | 14.37 | 2.14 | 1.20 | 5604 |
| 2019-11 | 11.80 | 8.70 | 15.90 | 2.47 | 1.38 | 5604 |
| 2019-12 | 12.87 | 9.47 | 17.56 | 2.85 | 1.60 | 5625 |

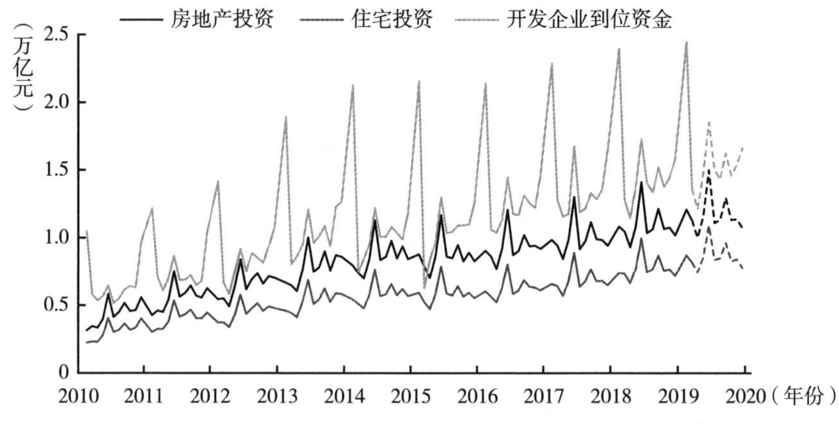


**图19　房地产投资、开发企业到位资金月度数据及2019年预测**

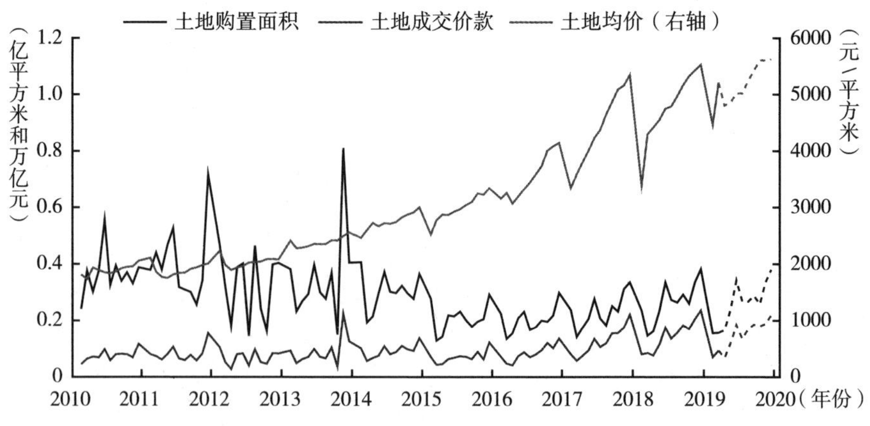


**图20　土地相关指标月度数据及2019年预测**

2. 2019年中国房地产建设进度与销售指标预测

从表12的预测情况来看，2019年中国房地产新开工面积、商品住宅新开工面积、房地产竣工面积、商品住宅竣工面积、商品房销售面积、商品房销售额、商品房均价分别可能达到21.17亿平方米、15.46亿平方米、9.23亿平方米、6.54亿平方米、17.11亿平方米、15.72万亿元和9188元/平方米，同比增速分别为1.15%、0.78%、-1.39%、-0.91%、-0.35%、4.80%和5.16%。其中房地产新开工面积、商品住宅新开工面积、商品房销售面积、商品房销售额、商品房均价等指标增速较2018年分别下降16.03、18.97、1.71、7.39和5.55个百分点，房地产竣工面积、商品住宅竣工面积较2018年增速分别上升6.39和7.17个百分点。

具体来看，房地产新开工面积增速在2017年和2018年分别达到7.02%和17.18%，且房地产企业在现阶段待开发土地较多，可供在2019年维持与2018年同水平的房屋新开工面积，但也很难出现大幅度上涨。房屋竣工面积增速方面，近两年房企在建工程面积较大，因此具有一定竣工压力，预计竣工面积增速不会出现2018年大幅度下滑的现象，竣工面积可能与2018年基本持平。商品房销售面积受目前政府严格调控和市场激烈博弈的影响，在2019年可能与2018年持平，在政策稳定的前提下，大幅度上涨和下跌的情况不容易出现。在房地产建设指标及商品房销售面积稳定的条件下，商品房销售额和均价可能温和上涨，符合“稳房价、稳预期”的工作目标。

**表12 2019年中国房地产建设进度与销售指标预测**

| 年度-月度 | 房地产新开工面积 | 商品住宅新开工面积 | 房地产竣工面积 | 商品住宅竣工面积 | 商品房销售面积 | 商品房销售额 | 商品房均价 |
|---|---|---|---|---|---|---|---|
| | 亿平方米 | 亿平方米 | 亿平方米 | 亿平方米 | 亿平方米 | 万亿元 | 元/平方米 |
| 2018-02 | 1.77 | 1.30 | 1.42 | 0.97 | 1.46 | 1.25 | 8511 |
| 2018-03 | 3.46 | 2.55 | 2.07 | 1.42 | 3.01 | 2.56 | 8507 |
| 2018-04 | 5.18 | 3.81 | 2.52 | 1.73 | 4.22 | 3.62 | 8585 |
| 2018-05 | 7.22 | 5.31 | 3.05 | 2.11 | 5.64 | 4.88 | 8647 |
| 2018-06 | 9.58 | 7.06 | 3.71 | 2.60 | 7.71 | 6.69 | 8678 |

续表

| 年度－月度 | 房地产新开工面积 | 商品住宅新开工面积 | 房地产竣工面积 | 商品住宅竣工面积 | 商品房销售面积 | 商品房销售额 | 商品房均价 |
|---|---|---|---|---|---|---|---|
| | 亿平方米 | 亿平方米 | 亿平方米 | 亿平方米 | 亿平方米 | 万亿元 | 元/平方米 |
| 2018－07 | 11.48 | 8.47 | 4.21 | 2.95 | 9.00 | 7.83 | 8701 |
| 2018－08 | 13.33 | 9.83 | 4.62 | 3.25 | 10.25 | 8.94 | 8724 |
| 2018－09 | 15.26 | 11.24 | 5.11 | 3.62 | 11.93 | 10.41 | 8728 |
| 2018－10 | 16.88 | 12.39 | 5.74 | 4.07 | 13.31 | 11.59 | 8708 |
| 2018－11 | 18.89 | 13.85 | 6.69 | 4.72 | 14.86 | 12.95 | 8715 |
| 2018－12 | 20.93 | 15.34 | 9.36 | 6.60 | 17.17 | 15.00 | 8737 |
| 2019－02 | 1.88 | 1.36 | 1.25 | 0.89 | 1.41 | 1.28 | 9079 |
| 2019－03 | 3.59 | 2.62 | 1.91 | 1.35 | 2.95 | 2.61 | 8837 |
| 2019－04 | 5.33 | 3.89 | 2.36 | 1.66 | 4.17 | 3.67 | 8800 |
| 2019－05 | 7.38 | 5.40 | 2.89 | 2.04 | 5.59 | 5.03 | 9003 |
| 2019－06 | 9.76 | 7.15 | 3.57 | 2.53 | 7.66 | 6.98 | 9114 |
| 2019－07 | 11.67 | 8.57 | 4.06 | 2.88 | 8.95 | 8.22 | 9193 |
| 2019－08 | 13.53 | 9.94 | 4.49 | 3.19 | 10.19 | 9.41 | 9229 |
| 2019－09 | 15.47 | 11.35 | 4.99 | 3.56 | 11.88 | 10.93 | 9202 |
| 2019－10 | 17.10 | 12.50 | 5.63 | 4.02 | 13.26 | 12.14 | 9160 |
| 2019－11 | 19.12 | 13.97 | 6.59 | 4.67 | 14.81 | 13.56 | 9158 |
| 2019－12 | 21.17 | 15.46 | 9.23 | 6.54 | 17.11 | 15.72 | 9188 |

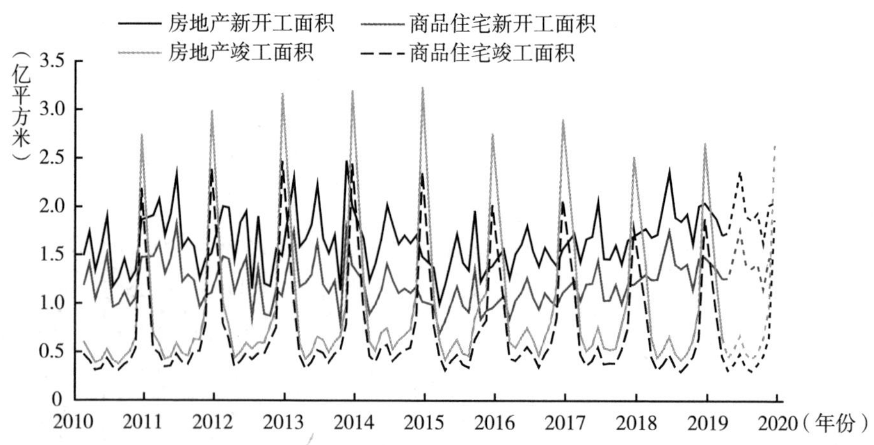


**图 21　房地产建设进度指标月度数据及 2019 年预测**

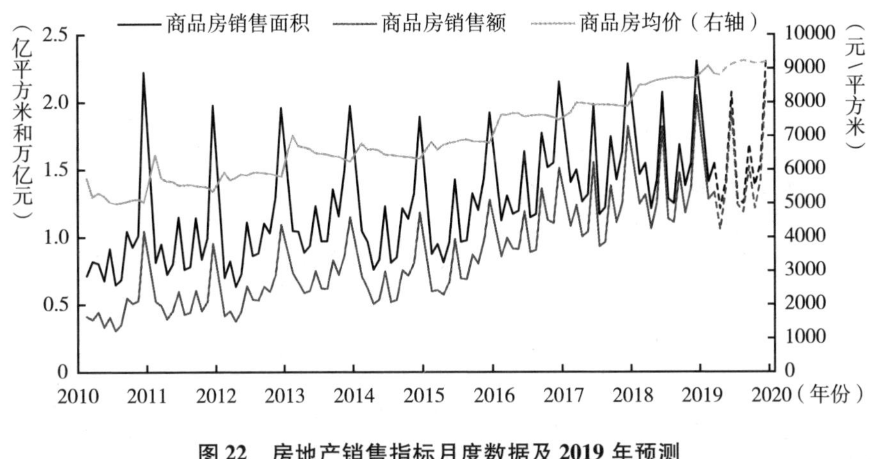


**图 22　房地产销售指标月度数据及 2019 年预测**

## 附录：中国房地产开发企业发展评价（2019）（Real-estate Enterprises Development Index，简称 REDI，2019）

在房地产行业的产业链条之中，房地产开发企业是市场供给的主体，也是房地产供给侧结构性改革实现房地产行业高质量发展的核心载体。房地产开发企业的质量和效益直接影响到房地产行业的发展状况。因此，从 2019 年开始，房地产蓝皮书项目组对中国房地产开发企业的发展情况开展系统性评价研究，致力于推动房地产行业转型升级，实现房地产市场健康平稳发展。

2019 版的评价体系主要包括 4 个一级指标，下辖 12 个二级指标，涵盖了企业的偿债能力（包括流动比率、速动比率、资产负债率）①、盈利能力（包括销售毛利率、总资产报酬率、净资产收益率）、营运能力（包括总资产周转率、固定资产周转率、营业周期）和成长能力（包括营业收入增长率、总资产增长率、净资产增长率）。选取的指标尽量简洁，并且在各方面能力中具有主要代表性。

① 流动比率、速动比率和资产负债率严格意义上来说应为适度指标，即偿债能力指标过高，企业的资金使用效率可能不高，但通过与盈利能力、营运能力和成长能力相平衡，可以测度房地产开发企业发展综合能力。

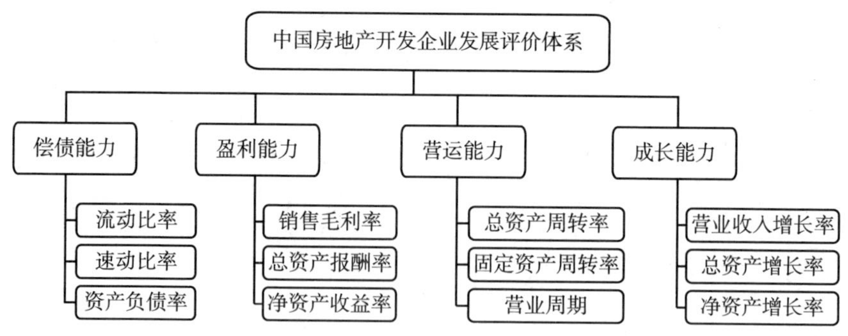


**附图1　中国房地产开发企业发展评价体系**

研究对象为2018年在沪深市场上市的房地产开发企业①，以各企业2017年年报披露的营业收入作为参考，选取前100家企业进行研究。具体二级指标采用各企业2016～2018年三年的年报数据②，取均值后采用秩和法评价企业的发展能力③，并按照企业营收规模分为三组进行分析，即营业收入100亿元以上组30家，35亿～100亿元组30家，35亿元以下组40家。

营收100亿元以上组房企的发展综合能力中，金地集团、招商蛇口、滨江集团、广宇发展、新城控股、保利地产、信达地产、光明地产、华夏幸福、荣盛发展居于前十位。金地集团以825分的总分领先第二名36分；第二名招商蛇口至第六名保利地产的差距不大，构成第二梯队；第七名信达地产至第十名荣盛发展构成第三梯队。值得注意的是，从营收来看，营收100亿元以上组的头部房企出现了显著分化，绿地控股、万科A、保利地产2017年营收分别达到2902、2429和1463亿元，大幅超过第二位招商蛇口的755亿元。保利地产和万科A的发展综合能力均较为良好，分列第六和第11位。绿地控股作为百名房企中营收第一的企业，其发展综合能力在大型房企组中仅排23位，与其近年来采取激进的扩张策略致使资产负债率持续居高不下有直接关系（见附表1）。

① 数据来源于Wind，按照Wind行业中房地产开发企业分类，共有127只股票，剔除B股和ST股之后，共有114只股票符合要求。

② 截至2019年4月23日，前100家企业中有72家企业公布了2018年年报，28家未公布企业采用2018年第三季度季报数据计算。

③ 秩和法即将该指标排第1名的企业记100分，排第2名的企业记99分，以此类推，满分为1200分（100家企业，12项二级指标）。秩和法的优势是能够缓解异常值对评价的影响，相对公正地反映被评价对象所处的位置，缺点是忽略了指标的领先或落后的幅度。

**附表1　营收100亿元以上组房地产开发企业发展综合能力**

| 排名 | 证券简称 | 得分 | 排名 | 证券简称 | 得分 | 排名 | 证券简称 | 得分 |
|---|---|---|---|---|---|---|---|---|
| 1 | 金地集团 | 825 | 11 | 万科A | 675 | 21 | 新湖中宝 | 559 |
| 2 | 招商蛇口 | 789 | 12 | 中天金融 | 658 | 22 | 福星股份 | 554 |
| 3 | 滨江集团 | 786 | 13 | 阳光城 | 656 | 23 | 绿地控股 | 533 |
| 4 | 广宇发展 | 785 | 14 | 大悦城 | 624 | 24 | 海航基础 | 528 |
| 5 | 新城控股 | 761 | 15 | 金科股份 | 613 | 25 | 华发股份 | 527 |
| 6 | 保利地产 | 738 |  | 蓝光发展 | 613 | 26 | 北京城建 | 506 |
| 7 | 信达地产 | 690 | 17 | 金融街 | 603 | 27 | 泰禾集团 | 500 |
| 8 | 光明地产 | 688 | 18 | 大名城 | 592 |  | 北辰实业 | 500 |
| 9 | 华夏幸福 | 680 | 19 | 首开股份 | 571 | 29 | 中南建设 | 477 |
| 10 | 荣盛发展 | 676 | 20 | 世茂股份 | 561 | 30 | 云南城投 | 417 |

营收35亿~100亿元组房企的发展综合能力中，华联控股、顺发恒业、粤泰股份、南山控股、中华企业、珠江实业、中国武夷、荣安地产、迪马股份、上实发展居于前十位，与营收100亿元以上组房企不同，本组房企前十名得分的离散程度较大，前四名之间，五、六名之间均有较大断层，说明35亿~100亿元组房企中华联控股、顺发恒业、粤泰股份等企业的发展综合能力较为突出。另一方面，因偿债压力较大、盈利能力欠佳，天房发展、鲁商置业等企业发展综合能力表现较为一般，且在得分上相较其他企业明显落后（见附表2）。

**附表2　营收35亿~100亿元组房地产开发企业发展综合能力**

| 排名 | 证券简称 | 得分 | 排名 | 证券简称 | 得分 | 排名 | 证券简称 | 得分 |
|---|---|---|---|---|---|---|---|---|
| 1 | 华联控股 | 914 | 11 | 苏州高新 | 639 | 21 | 京投发展 | 551 |
| 2 | 顺发恒业 | 867 | 12 | 华业资本 | 634 | 22 | 香江控股 | 538 |
| 3 | 粤泰股份 | 813 | 13 | 黑牡丹 | 613 | 23 | 泛海控股 | 526 |
| 4 | 南山控股 | 780 | 14 | 苏宁环球 | 605 | 24 | 雅戈尔 | 499 |
| 5 | 中华企业 | 772 | 15 | 华远地产 | 582 | 25 | 中洲控股 | 487 |
| 6 | 珠江实业 | 723 | 16 | 宁波富达 | 581 | 26 | 天地源 | 472 |
| 7 | 中国武夷 | 700 | 17 | 冠城大通 | 578 | 27 | 南京高科 | 441 |
| 8 | 荣安地产 | 687 | 18 | 中交地产 | 572 | 28 | 新华联 | 434 |
| 9 | 迪马股份 | 679 | 19 | 美好置业 | 556 | 29 | 天房发展 | 311 |
| 10 | 上实发展 | 676 | 20 | 陆家嘴 | 552 | 30 | 鲁商置业 | 245 |

营收 35 亿元以下组房企的发展综合能力中，深物业 A、万业企业、深深房 A、电子城、卧龙地产、世荣兆业、光大嘉宝、广宇集团、三湘印象、万通地产居于前十位。深物业 A、万业企业得分非常接近，分别为 972 和 971 分，构成第一梯队；第三名深深房 A 至第八名广宇集团得分均位于 800 ~ 900 分之间，构成第二梯队，三湘印象、万通地产为第三梯队（见附表 3）。与前两组相比，本组得分的离散情况更为明显，一个可能的解释是当房企规模较小时，企业发展的相关指标变化幅度较为剧烈，发展能力强的企业在规模和运营等方面易于突破，各项指标创造新高，发展能力弱的企业遭到市场淘汰，各项指标迅速降低。

**附表 3　营收 35 亿元以下组房地产开发企业发展综合能力**

| 排名 | 证券简称 | 得分 | 排名 | 证券简称 | 得分 | 排名 | 证券简称 | 得分 |
|---|---|---|---|---|---|---|---|---|
| 1 | 深物业 A | 972 | 15 | 凤凰股份 | 641 | 29 | 空港股份 | 482 |
| 2 | 万业企业 | 971 | 16 | 市北高新 | 636 | 30 | 财信发展 | 479 |
| 3 | 深深房 A | 899 | 17 | 城投控股 | 625 | 31 | 京能置业 | 465 |
| 4 | 电子城 | 859 | 18 | 宋都股份 | 617 | 32 | 张江高科 | 458 |
| 5 | 卧龙地产 | 853 | 19 | 浙江广厦 | 588 | 33 | 西藏城投 | 457 |
| 6 | 世荣兆业 | 825 | 20 | 京汉股份 | 586 | 34 | 浦东金桥 | 449 |
| 7 | 光大嘉宝 | 815 | 21 | 亚通股份 | 553 | 35 | 渝开发 | 372 |
| 8 | 广宇集团 | 807 | 22 | 中体产业 | 544 | 36 | 栖霞建设 | 351 |
| 9 | 三湘印象 | 738 | 23 | 大龙地产 | 542 | 37 | 中润资源 | 331 |
| 10 | 万通地产 | 733 | 24 | 华丽家族 | 538 | 38 | 南国置业 | 317 |
| 11 | 深振业 A | 725 | 25 | 新黄浦 | 532 | 39 | 天津松江 | 254 |
|  | 天保基建 | 725 | 26 | 合肥城建 | 520 | 40 | 嘉凯城 | 249 |
| 13 | 上海临港 | 714 | 27 | 大港股份 | 499 |  |  |  |
| 14 | 海南高速 | 666 |  | 格力地产 | 499 |  |  |  |

偿债能力方面，营收 35 亿元以下组得分最高，并且随着营收规模逐步增大，各组偿债能力得分逐步下降，营收 1000 亿元以上组平均得分最低。其可能的原因是规模较大的房企业务布局较广，资金体量更大，开发周期更长，因此负债比率更高，如万科 A 的流动比率在百家房企中处于第九低位，绿地控股的资产负债率处于第三高位等。同时也说明规模较小的房企存在资金运用不充分的问题，如万业企业、深深房 A、电子城的流动比率、速动比率显著高于

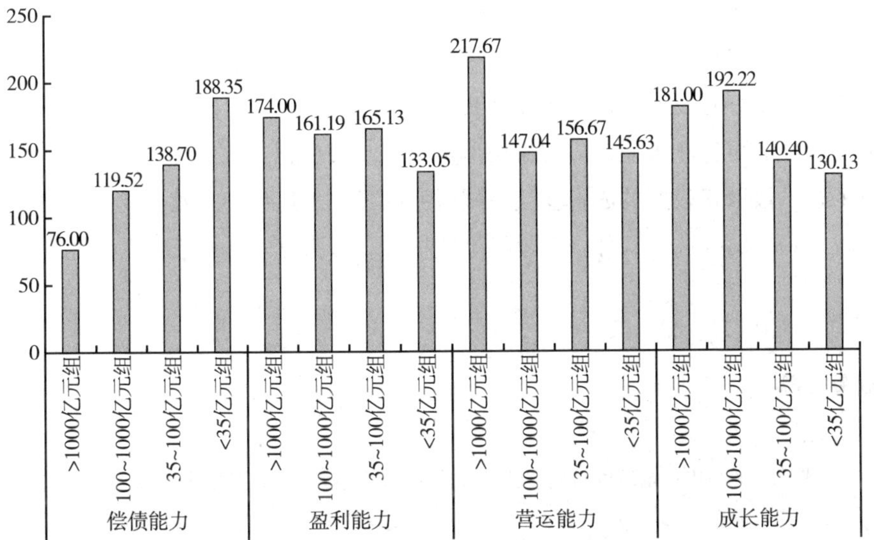


**附图2　基于营收分组的房地产开发企业发展分项能力平均得分**

资料来源：为了便于比较分析，在此将绿地控股、万科A、保利地产三家营收超千亿的企业单独成组计算均值，营收100～1000亿元组中包括27家企业。

行业均线，资产负债率显著低于行业均线。

盈利能力方面，营收1000亿元以上组平均得分最高，随后依次为营收35亿～100亿元组和营收100亿～1000亿元组，不过三组差距不大，营收35亿元以下组平均得分最低并与前三组差距明显。这说明我国的房地产开发企业可能存在规模经济，即随着规模扩大头部房企通过优化开发流程、提升资金效率、提高管理水平能够降低单位成本，获得较高收益。

营运能力方面，与盈利能力类似，营收1000亿元以上组高于营收35亿～100亿元组，高于营收100亿～1000亿元组，营收35亿元以下组平均得分最低。值得注意的是营收1000亿元以上组在本项目上的平均得分大幅领先于其他三组，而后三组的得分差距并不大。这与几家头部房企采用“高周转”模式具有直接关系，以绿地控股为例，其偿债能力、盈利能力均处于行业中下游水平，但营运能力位于行业前列。“高周转”模式可以提高资金效率、获得更高利润、取得规模效应、快速占领市场、降低经营风险，但需要警惕“以速度换质量”的潜在问题。

成长能力方面，营收1000亿元以上组和营收100亿~1000亿元组平均得分显著高于其他两组。从一般认知来看，小型房企成长能力应该更高，而数据结果与其正好相反。这进一步印证我国房地产开发企业可能存在规模经济，大型房企能够更为积极地适应国家房地产调控政策变化，抗风险能力更强，在经济下行阶段取得较好的成长业绩。同时我国近年来房地产开发企业的集中度具有较大程度的提高，头部企业规模迅速扩大，寡头竞争格局已经初步显现。

## 参考文献

姚枝仲：《2019：全球经济将受五大关键因素影响》，《中国经济时报》2019年1月7日。

莫莉：《2019年全球经济增长或将放缓》，《金融时报》2019年1月31日。

连平：《2019年中国经济十大预判》，《全球商业经典》2019年2月15日。

姜欣欣：《2019：中国经济有能力运行在合理区间》，《金融时报》2019年1月21日。

北京市规划和自然资源委员会：《关于印发北京市2018年度建设用地供应计划的通知》，http://ghgtw.beijing.gov.cn/art/2018/6/22/art_2287_557519.html，2019年3月31日。

陈雪柠：《北京集体土地租赁房已供地72公顷》，http://m.gmw.cn/2019-03/13/content_32634585.htm，2019年3月31日。

# 市 场 篇

**Market**

**B**.2

# 2018年住宅市场形势分析及2019年预测*

张　智**

**摘　要：** 2018年中国商品住宅市场的几个关键环节都发生了明显变化。在建设环节，住宅新开工面积大幅增长与竣工大幅下降并存；在投资环节，东、中、西部地区和各类城市住宅投资增速趋势明显分化；在销售环节，现房销售面积大幅下降，其销量占比显著降低，全年住宅销售单价显著高于预期，70个大中城市住宅销售价格指数增速离差加大等。从各方面数据变化看，房地产调控摈弃"一刀切"而采用因城施策、分类指导方式的效果已经显现，这是在构建长效机制过程中的重要一步，是调控和管理房地产市场的成功实践。根据模型预测分析，2019年住宅市场各类核心指标结构可能出现进一步分化，

* 如无特殊注明，本文数据均来自国家统计局。

** 张智，天津社会科学院研究员，研究方向为宏观经济预测、房地产经济、城市经济。（基金项目：2018年度天津社会科学院重点课题《天津市宏观经济预测分析系统研究》，项目编号：18YZD－06）

应对特定城市和出现异常的指标加以重点关注，制定针对性的应对策略和调控方案。

关键词： 住宅市场 商品住宅 住宅价格

## 一 宏观背景分析

### （一）2018年我国经济运行在合理区间，基础不断稳固增强

初步核算，2018 年国内生产总值 900309 亿元，按可比价格计算，比上年增长 6.6%。分季度看，一至四季度累计分别同比增长 6.8%、6.8%、6.7%和 6.6%，环比增幅各季度分别为 1.5%、1.7%、1.6%和 1.5%。制造业 PMI 前三季度平均为 51.2，第四季度平均 49.9。全国居民人均可支配收入 28228 元，比上年名义增长 8.7%；扣除价格因素实际增长 6.5%，比上年减少 0.8 个百分点。其中，城镇居民人均可支配收入 39251 元，扣除价格因素实际增长 5.6%；农村居民人均可支配收入 14617 元，扣除价格因素实际增长 6.6%。

2018 年，居民消费价格总体稳定，工业生产者价格涨幅回落。全年居民消费价格比上年上涨 2.1%，涨幅比上年扩大 0.5 个百分点。全年工业生产者出厂价格比上年上涨 3.5%，涨幅比上年回落 2.8 个百分点，如果说 2017 年是恢复性反弹，那么 2018 年是对上年反弹的一种回调，全年各月前高后低呈波浪式回落。

### （二）2018年宏观经济稳中有进，积极的财政政策力度显著加大，货币政策趋紧

2018 年以来，全国各地按照党中央部署，贯彻新发展理念，落实高质量发展要求，以供给侧结构性改革为主线，着力打好防范化解重大风险、精准脱贫、污染防治三大攻坚战，加快改革开放步伐，坚持稳中求进工作总基调，2018 年我国经济实现了总体平稳。

积极财政政策力度进一步加大。2018 年全国一般公共预算收入 183352 亿

元，同比增长6.2%；全国一般公共预算支出220906亿元，同比增长8.7%。全年财政赤字规模高达37554亿元，比上年增加6791亿元，实际赤字率4.2%，均创出历史新高，积极财政政策强劲发力，保障宏观经济平稳运行。目前，按照财政部公布的债务数据来看，中央政府债务余额14.96万亿元，政府债务的负债率（债务余额/GDP）为37%，低于欧盟60%的警戒线。地方政府债务余额18.39万亿元，地方政府负债的债务率（债务余额/综合财力）为76.6%，低于国际通行的100%～120%的警戒标准。政府性基金预算收入中，2018年土地使用权出让收入65096亿元，同比增长25%，增速明显下滑，2017年土地使用权出让收入52059亿元，同比增长40.7%。

2018年金融形势总体稳定。在当前新旧动能转换阶段，长期积累的风险隐患有所暴露，小微企业、民营企业融资难问题较为突出，经济面临下行压力。面对错综复杂的国内外经济金融形势，按照中央、国务院部署，坚持稳中求进工作总基调，实施稳健中性的货币政策，主动作为、创新操作、精准发力，坚持金融服务实体经济的根本要求，前瞻性地采取了一系列逆周期调节措施。激励引导金融机构加大对实体经济，尤其是对民营企业、小微企业的支持力度。2018年人民银行通过四次降准和增量开展中期借贷便利（MLF）操作等措施提供中长期流动性6万亿元，基本传导到实体经济。2018年，新增人民币贷款16.17万亿元，同比多增2.64万亿元，多增额是2017年的3倍，在一定程度上弥补了表外业务、影子银行收缩的影响，金融对实体经济的支持力度保持稳固。在稳增长的同时注重了平衡好调结构、促改革、防风险等方面的关系，发挥先行引导支持作用，为供给侧结构性改革和高质量发展营造了良好的货币金融环境。

### （三）2018年房地产调控政策保持稳定，有效把控调控目标

2018年，在中央“房住不炒”定位和因城施策、分类调控精神指导下，各地政策持续微调，各地方累计各项调控政策达450次。有人认为2018年是历史上房地产调控最密集的一年，这只是从数字表面上去理解。从深层理解，2018年调控政策数字背后包含了十分丰富的信息。第一，保持房地产市场基本稳定的调控目标没变，但调控措施和体制机制更加合理有效。为什么会出现各地累计450次调控，这显然是摆脱了全国“一刀切”的初级调控方式，因

城施策和分类调控必然导致调控次数增多，且调控措施更为细腻更加贴合本地实际。第二，保持房地产领域稳定，防止大起大落，调控力度必须松紧适度。调控次数上升并不等于力度加大，2018 年调控效能是通过政策的持续性来获得的。第三，构建房地产市场健康发展长效机制既是中长期方向，也是短期任务目标。长效机制的建立不可能一蹴而就，长效机制的核心特征之一就是因城施策，越贴近本地实际，政策就越稳定有效。地方政府稳定有效的调控是长效机制的重要组成部分，因此 2018 年各地累计 450 次调控看似短期调控，实际上也是构建长效机制的尝试与探索。

2018 年 5 月 19 日，住房和城乡建设部发布《关于进一步做好房地产市场调研工作有关问题的通知》，重申坚持房地产调控目标不动摇、力度不放松，并对进一步做好房地产调控工作提出明确要求：一是加快制定实施住房发展规划；二是抓紧调整住房和用地供应结构；三是切实加强资金管控；四是大力整顿规范市场秩序；五是加强舆论引导和预期管理；六是进一步落实地方调控主体责任。房地产领域存在一个囊括宏观与微观、中央与地方、政策与市场、金融经济与实体经济等等多层次、多角度、多主体的复杂系统，这个复杂系统的平稳高效运转需要理论与实际动态结合，全方位的调查研究→规划与政策实践→再研究→再实践，不断往复，在有效把控调控目标过程中，建立促进房地产市场平稳健康发展的长效机制。

## 二　2018年住宅市场运行状况

### （一）商品住宅建设新开工与竣工趋势分离，在建施工面积明显上升

2018 年商品住宅施工面积、新开工面积和竣工面积分别为 57.0 亿平方米、15.3 亿平方米和 6.6 亿平方米，分别同比增长 6.3%、19.7% 和 -8.1%，增幅分别比上年增加 3.3 个、9.2 个和 -1.1 个百分点。新开工面积大幅增长，竣工面积显著下降，出现趋势分离特征。从图 1 可见，2018 年商品住宅新开工面积累计增速由低到高，从 1 月的 5% 上升至 8 月的 19.7%，至年末增速一直保持在 19% 以上。同时，1 ~ 11 月竣工面积累计增速保持两位数负增长，至 12 月累计降幅缩小至 8.1%。新开工量与竣工量月平均增速差高达 28.3 个百

分点，此种新开工量增速远远高于竣工量增速的情形仅在2010～2011年上半年出现过一次。

由于2010～2013年的持续调控，2014～2015年商品住宅建设总体呈现低迷状态，2015年新开工和竣工增速同步大幅度负增长。伴随2014年四季度刺激房地产市场的政策出台，2016年开始房地产市场强力上扬，2016～2017年1季度，新开工和竣工面积增速基本同步处于高位。2017年二季度开始，各主要城市推出强力调控政策，竣工面积逐月减速，至下半年出现持续负增长，但新开工面积增速并未出现持续下跌。新开工和竣工面积增长趋势分离应该是多种调控措施综合影响的结果，本轮调控运用了限购、限售、限贷、限价、限土拍、限商改住升级和发展租赁市场等举措，房企为了可持续经营，一方面尽力拿地和开工建设，另一方面减缓工程进度，回避因交易量萎缩及限价带给企业的市场风险及成本增加。

在新开工量增长和竣工量下降的共同作用下，2018年商品住宅施工面积明显上升，2019年初施工面积46.63亿平方米，比上年初43.07亿平方米提高了8.3%，而前4年的年均增速仅为3.1%。除增速快外，由于基数大，2018年商品住宅施工面积增量也高，3.57亿平方米的年增量在我国20年房地产市场发展进程中排第六位。

上述新开工面积增速快、竣工面积跌幅大和施工面积增量高，也可以从上年模型预测值与统计值比较得到印证。2018年初，笔者对全国房地产市场主要指标进行了建模预测，预测结果和分析参见《中国房地产发展报告（2018）》第41～58页（下同）。模型预测施工面积、新开工面积和竣工面积分别为54.18亿平方米、12.88亿平方米和6.87亿平方米。预测值分别比上年增长1%、0.5%和－4.4%，而实际值比预测值分别高出5.3个、19.1个和－3.7个百分点，即施工面积超预期增长了5.3%，新开工面积超预期增长了19.1%，竣工面积超预期下跌了3.7%。

东、中、西部地区①商品住宅新开工面积2018年上半年同步加速上升。

① 东部地区：北京、天津、河北、辽宁、上海、江苏、浙江、福建、山东、广东、海南；中部地区：山西、吉林、黑龙江、安徽、江西、河南、湖北、湖南；西部地区：内蒙古、广西、重庆、四川、贵州、云南、西藏、陕西、甘肃、青海、宁夏、新疆。

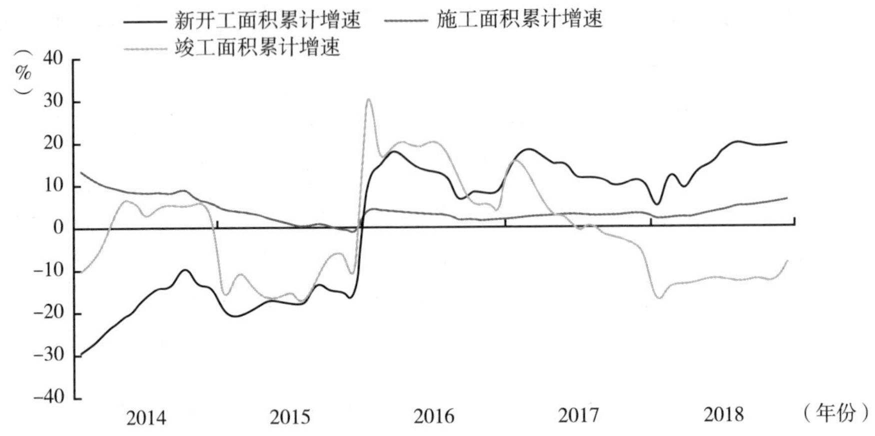


**图1　近5年来全国商品住宅建设指标变化趋势**

下半年东部和中部地区增速曲线趋于平缓，分别保持在19%和15%左右；而西部地区增速仍不断上升，到12月达到29.5%。2018年，东、中、西部地区商品住宅新开工面积增幅分别比上年增加7.8个、1.4个和22.9个百分点，西部和东部地区是拉动住宅新开工面积大幅增长的主要动力来源。

一、二线城市住宅新开工面积稳定增长，三四线城市增速大幅提高。2018年，一、二、三四线城市①商品住宅新开工面积分别同比增加9.5%、10.9%、23.8%，一线城市住宅新开工面积在连续4年减少后增长由负转正，二线城市住宅新开工面积增幅比上年提高4.8个百分点，三四线城市住宅新开工面积增幅比上年增加10.4个百分点。40个重点城市中，有13个城市商品住宅新开工面积同比负增长，分别是呼和浩特、西宁、南京、广州、西安、合肥、三亚、厦门、北海、郑州、南昌、石家庄、哈尔滨。

## （二）商品住宅投资增速高于房地产投资增速，三四线城市为增长主力

在房地产调控政策和我国宏观经济进入新常态双重作用下，2015年房地

① 一线城市为北京、上海、深圳、广州（4个）；二线城市为南京、杭州、宁波、重庆、温州、天津、武汉、成都、苏州、无锡、厦门、福州、济南、青岛、沈阳、大连、长沙、西安、昆明、郑州、合肥、石家庄、长春、哈尔滨、呼和浩特、南宁（26个）；三四线城市为除上述一二线以外的其他城市。

产开发投资接近零增长。图 2 显示，2015 年 12 月房地产开发投资和商品住宅投资增速双双低至 1% 以下。2014 年房地产刺激政策出台，约 1 年后宏观政策效果开始显现，2016 ~ 2017 年房地产开发投资和住宅投资同步波动回升，至 2018 年初两项投资额增速均回升至 10% 上下。2018 年两项投资增速出现分化，房地产开发投资增速全年围绕 10% 的水平上下波动，住宅投资增速则维持在 14% 左右。事实上，正是住宅投资的较快增长支撑了房地产投资近 10% 的增速，如果剔除住宅投资因素，非住宅类房地产投资 2018 年仅增长 1.2%。

2018 年初笔者从投资预测值与统计值比较看，2018 年全国城镇固定资产投资、房地产开发投资和住宅开发投资预测值分别为 66.45 万亿元、11.49 万亿元和 8.02 万亿元，实际统计值分别为 66.90 万亿元、12.03 万亿元和 8.52 万亿元。以预测值计算的三项投资指标年增速分别为 5.2%、4.7% 和 6.7%，实际值为 5.9%、9.5% 和 13.4%，预期增速比实际增速分别低了 0.7 个、4.8 个和 6.7 个百分点。三项投资指标不同程度地高于预期，其增长动力主要来自商品住宅投资。2018 年房地产开发投资拉动城镇投资增长了 0.8 个百分点，而住宅投资拉动房地产投资增长了 8.3 个百分点。

2018 年商品住宅完成投资 8.52 万亿元，比上年增长 13.4%，增幅增加 4 个百分点，比同期房地产开发投资增速高 3.8 个百分点。从月度变化来看，商品住宅投资累计增速总体稳定略有降低，由第二季度的最高 14.2% 小幅降至 12 月的 13.4%，增速下降 0.8 个百分点（见图 2）。

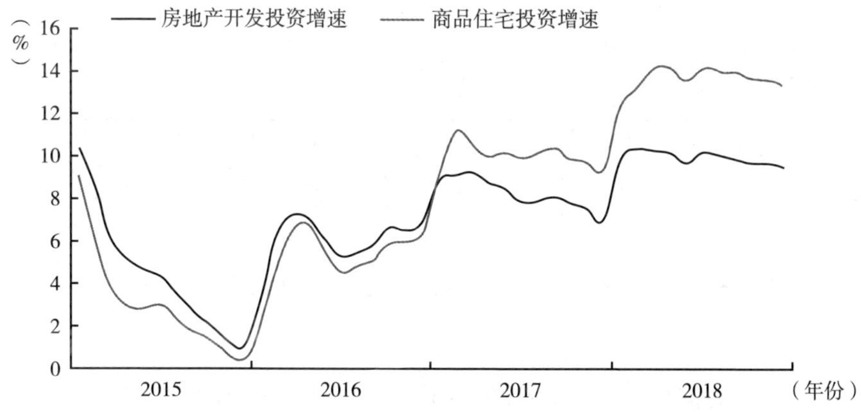


**图 2　近年房地产开发投资与商品住宅投资增速变化比较**

东、中、西部地区商品住宅投资增速出现明显区域分化。2018 年，东、中、西部地区商品住宅分别完成投资 4.73 万亿元、2.03 万亿元、1.76 万亿元，分别同比增长 14.1%、11.5% 和 13.5%，从数字表面看地区增速比较接近，但从月度变化看，各地区增速变化形态各异。从图 3 可见，东部地区住宅投资累计增速逐月变化比较平缓。中部地区先是快速上升，在第 1 季度末达到 20.2% 的增速峰值，随后从第 2 季度开始持续下降，至年末增速降到 11.5%，为三大地区中最低值。西部地区则从年初的 6.3% 一路上升，至年末达到 13.5%。

一线、三四线城市商品住宅投资增速明显上升，二线城市投资增速小幅下降。2018 年，一、二、三四线城市商品住宅投资分别增长 10%、7.4% 和 18.3%，分别比上年增加 8.5 个百分点、下降 3.2 个百分点和上升 8.4 个百分点。40 个重点城市中，有 10 个城市商品住宅投资负增长，分别是：呼和浩特、银川、石家庄、广州、成都、厦门、福州、西安、郑州、三亚。

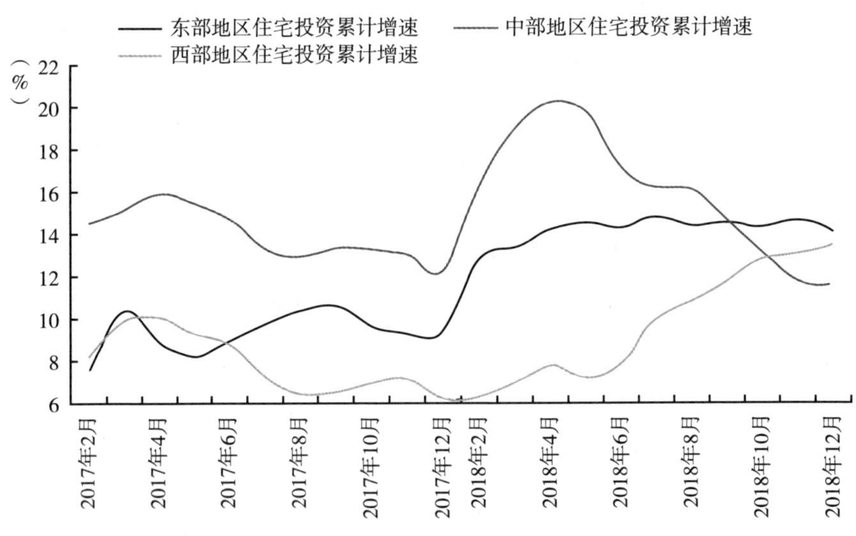


**图 3　2018 年东、中、西部地区住宅投资增速变化趋势比较**

## （三）商品住宅销售面积增速低迷，现房销售大幅下降

2016～2017 年，商品住宅销售面积持续回落，由 2016 年第二季度 39% 的

同比增速下降至2017年末的5%。如图4所示，2016～2017年商品住宅总销售面积与现房销售、期房销售增速相差无几。进入2018年，住宅销售形态与以往有明显变化。第一，尽管从2016年四季度开始的严厉调控给住宅销售市场大幅“降温”，但2018年住宅销售并未出现2008年、2012年和2014年曾经出现的大幅负增长，总销售面积增速虽然只有2%～4%，但始终保持在零度线以上。第二，现房销售增速大幅下降25%左右，是现房销售下降幅度最大、持续时间最长的一次。第三，现房销售与期房销售大幅背离，期房销售增速全年基本稳定在10%左右，而现房则为下降25%，增速差大约35个百分点。

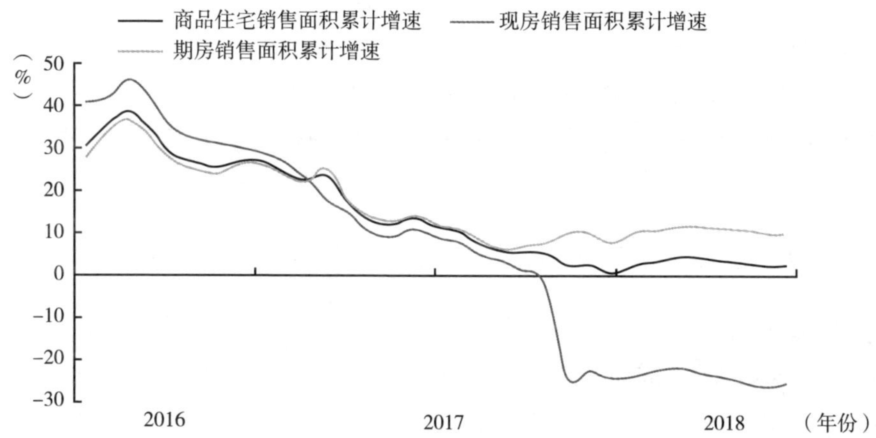


**图4　2018年商品住宅销售面积累计增速及现房与期房增速分化情况**

出现上述住宅销售新形态的原因主要有：本次调控主要采用因城施策和分类调控的方法，在一线、二线城市住房市场快速降温后，三四线城市仍给市场保留了相当大的发展空间，这样三四线城市的住房消费需求支撑起全国住宅销售保持了增速为正，没有出现大幅下跌，这也可以算是防止市场大起大落的一次成功实践。此外，现房销售出现大幅负增长应该是由于在中心城市和重点城市严厉的限售限制了大量投资资金进入房市，同时，这些城市大多处于城市化后期，邻近市中心的现房存量较少。即，一方面有资格的购买者大量减少，另一方面，现房资源逐渐减少导致现房销售量下降。还有一个可能的原因是，2018年三四线城市是住宅销售增长的主力，而三四线城市购房者大多对住房并没有时限上的严格需求，期房的销售方式更适合此类消费者。

如同现房销售与期房销售出现分化，东、中、西部地区商品住宅销售面积增长也表现出更多的差异，在东部地区出现小幅下降的同时，中部、西部实现了不同幅度的增长。2018 年，东、中、西部地区商品住宅销售面积分别为 6.1 亿平方米、4.95 亿平方米、3.74 亿平方米，分别比上年增长 -5%、9.7%、5.6%，东部较上年下降 5.6 个百分点，中部与上年持平，西部比上年下降 3.2 个百分点，中部地区对全国住宅销售面积增长的贡献最大。

在一线 4 个城市中有 3 个城市商品住宅销售面积负增长，二、三四线城市销售面积小幅增长。2018 年，一、二、三四线城市商品住宅销售面积分别同比减少 7%、增长 1.5% 和增长 2.8%，这种增速结构符合一、二线城市严控和三四线城市适度宽松的政策安排。40 个重点城市中，有 19 个城市商品住宅销售面积同比负增长，分别是：天津、北京、上海、厦门、南京、杭州、成都、福州、济南、青岛、广州、大连、石家庄、哈尔滨、重庆、西宁、兰州、海口、乌鲁木齐。

### （四）住宅销售价格明显上升，现房与期房差价进一步增大

住宅价格变化是全社会普遍关心的问题，2018 年全国商品住宅销售面积占全部房屋销售面积的 86%，因此，住宅价格对整体房地产市场价格起着关键性的主导作用。

图 5 是 2006～2018 年商品住宅现房销售与期房销售平均价格月度趋势比较。图中不论是现房还是期房，其平均销售均价由低到高变化的趋势并无异样，意外的是住宅期房平均销售单价始终高于现房价格，这与人们日常经验是相反的。因为现房可在购买后很快装修或入住，由于住房实物可见，通过验收的住房出现质量问题的可能性也相对较小，此外现房还在一定程度上降低了资金时间成本，所以一般日常经验是现房价格高于期房价格，有说法是差价在 10% 左右。笔者仔细核查了相关数据，数据并无错误，进一步核验单个城市数据，计算结果也是期房价格高于现房。比如，2018 年无锡商品房现房销售单价为 7158 元，期房销售单价为 13454 元，比现房单价高出 88%。

从图 5 看，不仅期房价格水平一直较高，而且 2017～2018 年期房与现房"差价"明显高于前些年。2015～2018 年当年 12 月住宅销售平均单价期房与现房差价分别为 1108 元、1256 元、1900 元和 2399 元。由于没有充足时间开

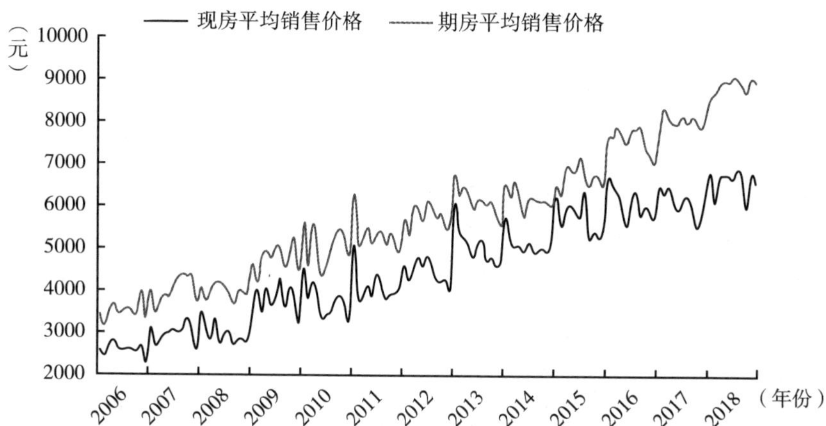


**图5　2006～2018年商品住宅现房销售与期房销售平均价格月度序列趋势比较**

展更深入调研，对此“反常”现象的认识，笔者并没有形成确定性的结论，这里笔者仅尝试提出一点分析研究思路。对于商品住宅项目，由于总投资体量过大，大多采用分期开发建设，前期楼盘和后期楼盘之间一般有一至两年的时间差。对于每期楼盘自身来说，现房价格可能是高于期房价格，这比较符合一般日常经验。由于住宅市场存在长期上升趋势，对于后期楼盘开盘销售时确定的期房价格，有可能比前期楼盘仍在销售的尾盘价格要高。这里还有一种可能，在卖方市场环境下，热门楼盘的好房型、好位置、好楼层的住宅往往在期房销售期间就已经以较高价格售出，而尾房条件较差，与后期楼盘条件更好的期房比价格可能偏低。当然还有一种可能，就是地区差异导致期房价格偏高。比如期房大量存在于一二线城市，一二线城市销售价格总体偏高；现房大多处于三四线城市，而三四线城市售价总体偏低，最终出现总平均价格期房高于现房。这里的分析思路和设想需要在深入调研和大量测算后才能得出符合现实的结论，笔者将进一步跟进住宅价格差价方面相关研究。

从年度数据看，2015年住宅平均售价、现房平均售价和期房平均售价分别为6472元、5667元和6714元，2016年三种售价分别为7203元、6025元和7559元，2017年分别为7614元、6109元和8028元，2018年分别为8544元、6611元和8904元。以上述价格计算，2017年商品住宅销售的三种价格比2016年分别上升了5.7%、1.4%、6.2%，2018年商品住宅销售的三种价格比2017

年分别上升了12.2%、8.2%和10.9%。2018年三种价格增幅比2017年分别高出6.5个、6.8个和4.7个百分点，而2017年增幅为-5.6个、-4.9个和-6.4个百分点。这说明，2017年住宅总体销售价格虽然也有所上涨，但涨幅仅为2016年涨幅的一半，2018年总体售价涨幅超出2017年涨幅两倍以上。事实上，2018年住宅价格12.2%的增速不仅高于增长趋缓的2017年（5.7%），而且高于价格大幅上升的2015年（9.1%）和2016年（11.3%）。商品住宅三种销售价格近5年增速变化情况参见图6。

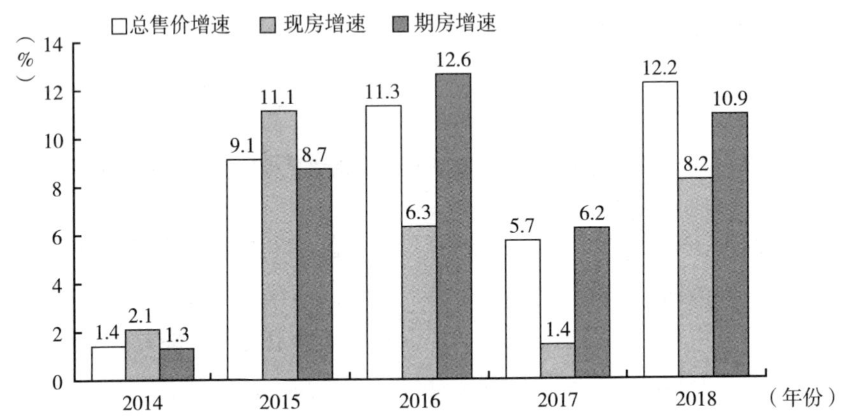


**图6　2014～2018年商品住宅销售均价和现房期房均价增速比较**

从70个大中城市住宅销售价格指数看，图7中给出了2018年价格指数上升最快的30个城市，成都和三亚分别以上升32.8%和32.3%遥遥领先，排名前9位的城市价格指数上升均超过20%，排第3至第10位的分别是西安25.6%、海口23.9%、呼和浩特23.7%、大理23.3%、贵阳22.2%、秦皇岛20.5%、徐州20.1%、丹东18.3%。

从一二三四线城市分类看，2018年一线城市价格指数较为平稳，上涨最快的是广州10.4%，北京指数上升2.7%，上海微涨0.8%，深圳下降不足0.07%基本持平。在二线城市中，有11座城市指数增长排名在前30以内，分别是成都、西安、呼和浩特、昆明、济南、石家庄、大连、哈尔滨、青岛、沈阳和长春。排前30名的另外19座城市为三四线城市。综上，2018年住宅销售价格指数领涨全国的以部分二三线城市为主，普遍上涨的是二三四线城市，一线城市涨幅较小，这与不同类别城市政府调控力度有关。

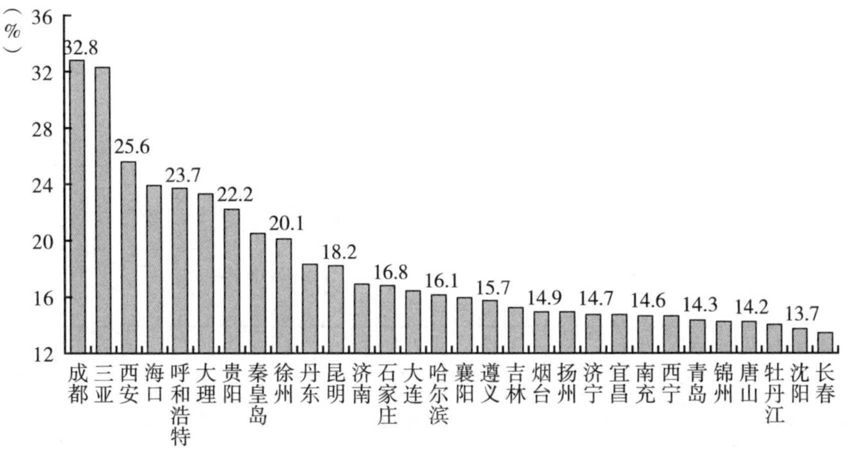


**图7　2018年70个大中城市新建商品住宅销售价格指数前30个城市排序**

## （五）住宅地价同比涨幅第四季度明显下降，环比涨幅在下半年逐季回落

2018年一至四季度，全国106个城市住宅地价分别环比上涨2.21%、2.48%、2.13%、1.4%，环比累计全年上涨8.4%，涨幅比上年下降1.6个百分点。其中，第二季度住宅地价环比涨幅最高，第三季度和第四季度涨幅逐季下降。从同比变化来看，一至四季度，住宅地价分别同比上涨10.43%、10.42%、10.15%、8.55%，涨幅逐季回落。2018年全年住宅地价平均涨幅为9.89%，比上年增加0.32个百分点（见图8）。

一二三线城市住宅地价增速均有所放缓。分区域看，2018年一至四季度，一、二、三线城市住宅地价分别环比累计上涨6.7%、7.6%、10%，涨幅分别比上年减少5.9个、减少2个、增加0.2个百分点。分季度来看，一至四季度，一线城市住宅地价分别环比上涨1.63%、1.95%、1.75%、1.26%，涨幅在第二季度达到最高，之后逐季回落；二线城市住宅地价分别环比上涨2%、2.08%、2.09%、1.22%，涨幅先平后降，在第四季度增幅明显回落；三线城市住宅地价分别环比上涨2.63%、3.08%、2.31%、1.63%，涨幅在第二季度达到最高后在第三季度快速回落。

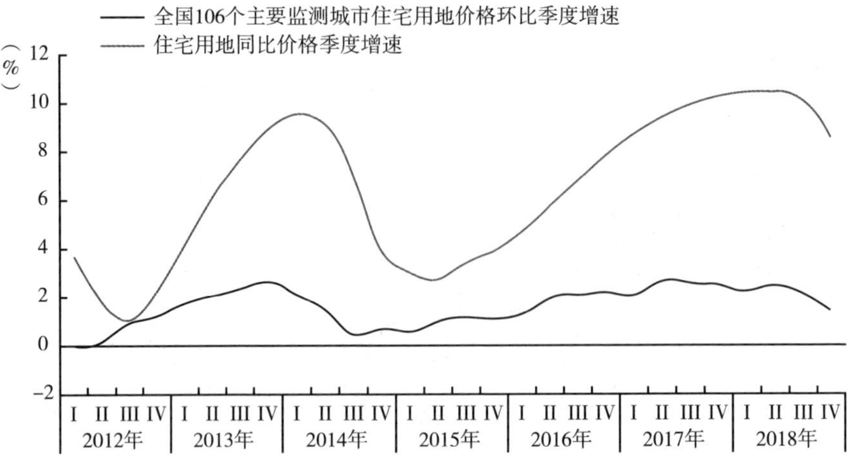


**图 8　全国 106 个城市居住用地价格变化情况**

## 三　2019年住宅市场发展预测分析

2019 年住宅市场变化有可能大于 2018 年，投资、建设和销售核心指标的增速和结构变化应引起重点关注。

### （一）2019年住宅市场主要相关指标模型预测

这里选定住宅投资额、住宅建设和住宅销售三大类指标进行建模预测。

1. 商品住宅投资模型预测

由于住宅投资与城镇固定资产投资密切相关，这里对城镇投资和住宅投资分别建模。选取 2003 年 9 月至 2019 年 2 月的城镇投资月度序列进行建模，共 170 个观测值。经过反复估计和检验，获得 4 个符合标准的备选模型。分别进行测算和比对，最终选取最佳模型，其表达式如下（以下模型不再列出表达式）：

$$D(\ln inv_t) = 0.936\ln gdp_{t-11} - 0.4108\nu_{t-1} - 0.2052\nu_{t-2} - 0.3223\nu_{t-4}$$

$$(79.6)\qquad(-5.7)\qquad(-2.6)\qquad(-4.2)$$

$$+0.2823\nu_{t-6} - 0.1206\nu_{t-7} + 0.2427\nu_{t-21} + \nu_t(2003M9, t=1)$$

$$(3.7)\qquad(-1.9)\qquad(6.6)$$

$$R^2 = 0.9853 \qquad Q_{(36)} = 34.4 < Q_{0.05(36-1-6)} = 42.56$$

根据模型预测，2019 年按月城镇累计投资分别为：3 月 10.31 万亿元、4 月 15.9 万亿元、5 月 22.36 万亿元、6 月 30.85 万亿元、7 月 37.04 万亿元、8 月 43.29 万亿元、9 月 50.42 万亿元、10 月 57.15 万亿元、11 月 63.6 万亿元、12 月 69.89 万亿元。2019 年全年城市投资增速预计为 4.5%。

建立 2019 年住宅投资预测模型。计算 2019 年按月住宅开发累计投资分别为：3 月 1.71 万亿元、4 月 2.47 万亿元、5 月 3.34 万亿元、6 月 4.44 万亿元、7 月 5.29 万亿元、8 月 6.17 万亿元、9 月 7.15 万亿元，10 月 8.01 万亿元、11 月 9.69 万亿元。2019 年商品住宅开发投资增速预计为 13.8%，预计显著高于城镇投资增速。

2. 商品住宅建设面积指标模型与预测

根据月度时间序列模型建立商品住宅施工面积模型，根据模型测算，2019 年 3 ~ 12 月住宅施工面积分别为 48 亿平方米、49.5 亿平方米、51.3 亿平方米、53.5 亿平方米、55.2 亿平方米、57 亿平方米、58 亿平方米、60.4 亿平方米、62.3 亿平方米、64 亿平方米。2019 年全年住宅施工面积增速为 12.37%。

根据月度时间序列模型建立商品住宅竣工面积模型，根据模型测算，2019 年 3 ~ 12 月住宅竣工面积分别为 1.3 亿平方米、1.58 亿平方米、1.9 亿平方米、2.33 亿平方米、2.66 亿平方米、2.94 亿平方米、3.26 亿平方米、3.67 亿平方米、4.26 亿平方米、5.85 亿平方米。2019 年全年住宅竣工面积预计比上年下降 11.4%。

3. 商品住房销售指标模型与预测

根据月度时间序列模型建立商品住宅销售面积模型，根据模型测算，2019 年 3 ~ 12 月住宅销售面积分别为 2.56 亿平方米、3.63 亿平方米、4.88 亿平方米、6.61 亿平方米、7.74 亿平方米、8.84 亿平方米、10.28 亿平方米、11.48 亿平方米、12.8 亿平方米、14.67 亿平方米。2019 年全年住宅销售面积预计比上年下降 0.84%。

根据月度时间序列模型建立商品住宅销售额模型，根据模型测算，2019 年 3 ~ 12 月住宅销售额分别为 2.31 万亿元、3.33 万亿元、4.52 万亿元、6.07 万亿元、7.11 万亿元、8.19 万亿元、9.53 万亿元、10.62 万亿元、11.87 万亿元、13.5 万亿元。2019 年全年住宅销售额累计预计比上年增长 6.8%。

### （二）当前住宅市场发展要点分析

综合前文分析和预测结果，2019 年商品住宅市场应关注以下几个问题。

1. 住宅市场去库存基本成功实现预期目标

2018 年住宅投资和住宅新开工面积实现较快增长，而竣工面积增速大幅下降，结果施工面积持续增长。从销售看，现房销售持续大幅下降，这就形成一个剪刀差，即竣工增长放缓，部分城市现房库存偏低，2019 年预测销售面积明显大于竣工面积，可售面积将进一步减少，可能对房价上升产生更大压力。应在相应城市增加和加快住宅供给。

2. 因城施策和分类调控实施效果开始显现

2018 年各地出台 450 余项调控政策，说明因城施策和分类调控已经深入推进。正是因城施策，使住宅市场建设、投资和销售指标的趋势和结构发生明显变化，其中有很多新的态势需要进一步调研和跟踪研究。中央提出的构建房地产长效机制虽然是有一个过程，但其紧迫性也是显而易见的。笔者认为，因城施策是房地产长效机制的重要环节，因城施策和分类调控的成功实践将有力推进长效机制的形成。

3. 住宅价格上涨趋势未变，防止价格刺激市场大幅波动应成为调控重点目标

2018 年商品住宅平均销售价格增长 12.2%，明显高于预期。2019 年预测住宅销售平均价格约 9206 元/平方米，预期价格增长 7.6%，这是全国平均水平。可以推测，部分重点城市价格将大幅超过这个预期水平。应对部分重点城市加强多层面的预测、监测和预警，将防止价格刺激市场引发大幅波动作为调控的重点目标。

### 参考文献

李斌：《预期对中国商品住宅市场的影响研究》，中国财政经济出版社，2019。

施昱年：《住宅市场宏观视角的理论与实证分析》，化学工业出版社，2014。

邓华宁：《高质量住房市场开新局》，《瞭望》2018 年第 14 期。

赵奉军：《住房市场的国民性与经济逻辑》，《中国房地产》2019 年第 2 期。

# B.3 2018年中国商业地产市场分析及2019年市场预测

杨泽轩　彭 辉*

**摘　要：** 2018年商业地产变革压力愈发迫切，传统零售业形势依旧严峻。全年商业地产投资额、新开工面积、销售规模等主要指标较2017年均出现下降，持续近一年的中美贸易摩擦对中国经济产生了不可预料的影响。面对这样的形势，预测2019年商业地产市场的不确定性增强、市场竞争加剧、商业创新加速、存量更新加速、资产证券化加速。写字楼市场与2018年中国经济起伏脉络相似，呈现先高后低趋势，共享办公继续扩张但增速放缓。酒店市场延续2017年的复苏势头，消费分化、资产坪效、技术革新仍是行业关注重点。长租公寓土地供应提速，租金稳中有涨，扩张速度整体放缓。资产证券化十分活跃，2019年也有望成为中国资产证券化的发展大年。

**关键词：** 商业地产　零售商业　长租公寓　房地产证券化

## 一　2018年中国商业地产发展总览

### （一）商业地产投资额出现十年来的首次负增长

过去几年我国商办用地供给规模较大，去化有限导致存量较高。加之电商交易模式的快速下沉，对实体零售商业的冲击愈发强烈，商业地产变革压力愈发

* 杨泽轩，万商俱乐部创始人，工商管理硕士；彭辉，华侨城商业管理有限公司研策部经理。

迫切。面对这样的形势，2018 年商业地产开发商正加速全产业链更新升级、加速高周转和结构性去化、加速打造联合航母、在加深护城河的基础上快速扩张。

近年来受宏观经济减速及房地产市场调控等政策因素的影响，商业地产投资增长持续放缓，2018 年全年商业地产（包括办公楼和商业营业用房，下同）投资额 20173 亿元，较 2017 年全年商业地产投资额的 22401 亿元减少 2228 亿元，投资增速下降为 -9.9%，十年来首次出现负增长。

**图 1　2008～2018 商业地产投资增速**

资料来源：国家统计局。

2018 年，办公楼的投资额十年来首次出现缩水，增速继续大幅下滑至 -11.3%，全年办公楼投资额 5996 亿元；商业营业用房的投资增速下降势头持续，全年投资增速 -9.4%，但商业营业用房的投资额为 14177 亿元，仍接近办公楼投资额的 2.5 倍，依旧是商业地产的重头戏。

### （二）新开工面积连续第五年负增长，但降幅有所减少

2014 年以来，商业地产新开工面积连续五年出现负增长，2018 年随着诸多限制政策落地的影响逐渐减小，新开工面积降幅回升至 -1.9%。综合来看，商业地产市场的供应量仍在逐年减少，形式依旧严峻。

2018 年，办公楼的新开工面积持续四年减少至 6049 万平方米，同比降幅 1.5%，比 2017 年 4.3% 的降幅有所好转；商业营业用房的新开工面积持续五年减少至 20066 万平方米，同比降幅 1.9%，同样比 2017 年 7.3% 的降幅有所好转。商业营业用房新开工面积占商业地产市场总量的 77% 保持不变，依旧是市场供应主力。

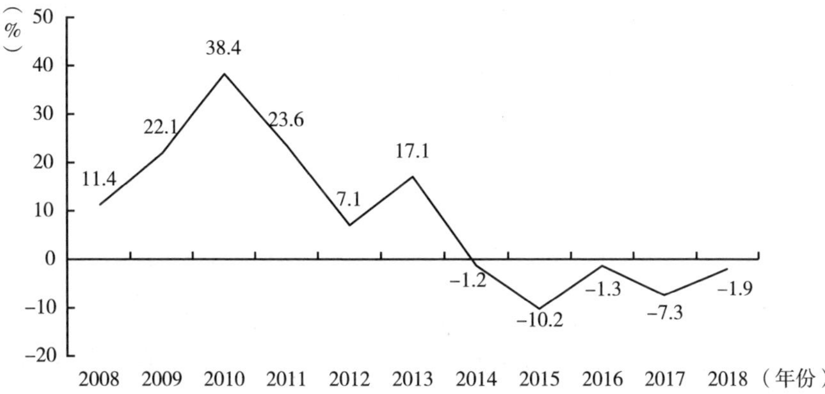


**图 2　商业地产新开工面积增速**

资料来源：国家统计局。

## （三）商业地产市场销售规模近十年内首次下降

2018 年，商业地产销售面积同比减少 7.2%，自 2009 年以来首次出现下降，且呈断崖式下降趋势，最终实现销售面积 16334 万平方米。一方面是宏观政策的调整，以及与美国贸易摩擦等大事件对宏观经济的影响，导致整体市场情况不佳、消费者信心不足；另一方面是商业地产需求增长有限而库存高企，同质化严重，导致去化困难。

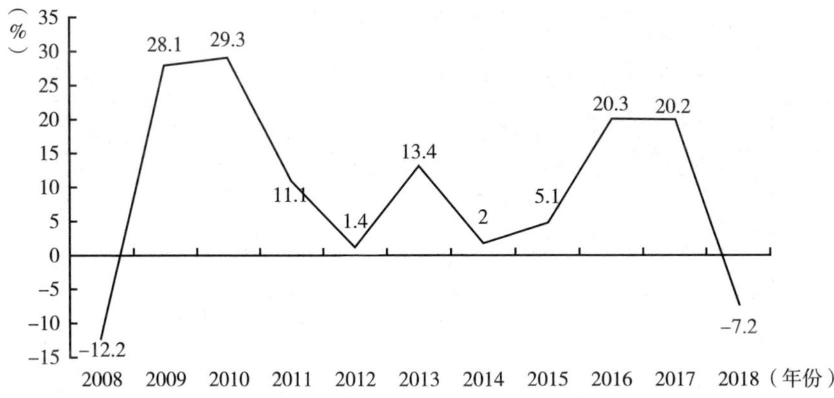


**图 3　2008～2018 商业地产销售面积增速**

资料来源：国家统计局。

办公楼销售面积在连续三年增长后出现大幅下降，2018 年同比增长幅度从 2017 年的 24.3% 断崖式下降至 -8.3%，最终完成年销售面积 4363 万平方米。2018 年商业营业用房销售面积 11971 万平方米，增长幅度为 -6.8%，为近五年内首次出现负增长。商业营业用房销售面积占商业地产销售面积的 73%，依旧远超办公楼市场。

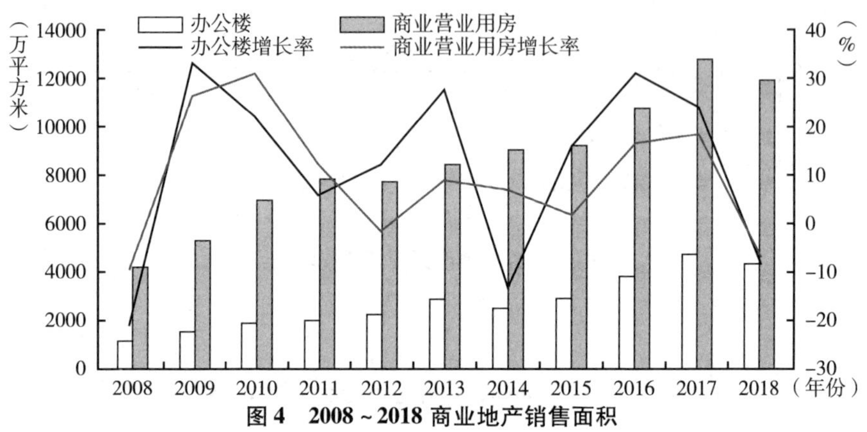


**图 4　2008～2018 商业地产销售面积**

资料来源：国家统计局。

## （四）办公楼售价触底反弹实现增长，商业售价总体保持增长

2018 年，办公楼市场售价触底反弹，平均销售价格回升至 14387 元/平方米，同比增长 6.2%；商业营业用房售价已经连续三年保持增长，同比增幅 8.0%，平均销售价格达到 11151 元/平方米。

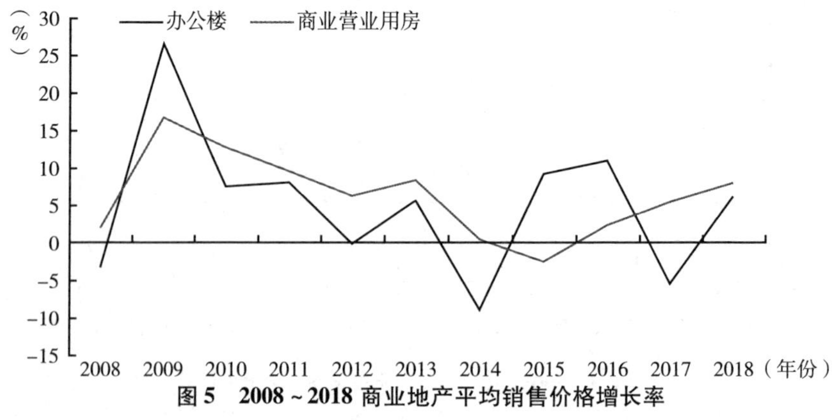


**图 5　2008～2018 商业地产平均销售价格增长率**

资料来源：国家统计局。

### （五）全国主要商业地产企业的持有规模增长不一，万达稳居第一

截至2018年底，全国知名商业不动产持有企业中，万达集团以3586万平方米的持有商业面积稳居行业第一，增长势头不减，同比增长13.8%。万科（含印力）2018年新增商业面积51.3万平方米，以超过900万平方米的商业规模位列全国第二，同比增幅6.04%；凯德集团以706万平方米的持有商业面积位列第三，同比增长6.17%；华润置地近年持续发力，以147.9万平方米的增量及35.85%的增速，超越银泰位居第四，持有商业面积达560.5万平方米；银泰以457.4万平方米的商业体量位列第五；新城控股以接近翻倍的增速直接跃居排行榜第六位，发展势头强劲，持有商业面积达456.2万平方米；世纪金源、龙湖、宝龙、百联集团以424.6万平方米、374.8万平方米、357万平方米、260.8万平方米的商业持有面积分列第七、第八、第九、第十位；大悦城地产以239.65万平方米的商业持有面积紧随其后，增速高达48.85%。

**表1　2018年主要商业地产企业持有商业规模排名**

| 企业 | 2018年底持有商业面积（万平方米） | 2018年新增商业面积（万平方米） | 同比增长（%） |
|---|---|---|---|
| 万达集团 | 3586 | 452 | 13.80 |
| 万科（含印力）* | 901.3 | 51.3 | 6.04 |
| 凯德集团* | 706 | 41 | 6.17 |
| 华润置地* | 560.5 | 147.9 | 35.85 |
| 银泰 | 457.4 | 38.6 | 9.22 |
| 新城控股 | 456.2 | 226.9 | 98.95 |
| 世纪金源* | 424.6 | 24.6 | 6.15 |
| 龙湖 | 374.8 | 53.6 | 16.69 |
| 宝龙* | 357 | 29.5 | 9.01 |
| 百联集团* | 260.8 | 23.5 | 9.90 |
| 大悦城地产 | 239.65 | 78.65 | 48.85 |

资料来源：根据各公司网站公报、2018年年报搜集整理，企业正式数据以2018年各公司年报公布为准。

说明：标注*企业数据未经证实；商业地产口径以国内购物中心为主，可能存在涵盖口径不统一状况。

## （六）2018年商业及商业地产十大影响力事件

根据万商俱乐部发布的《商业及商业不动产十大影响力事件》，中美贸易战荣登榜首，年度关键词为“并购”、“艺术”，年度商业不动产城市为西安。大事件中有不少是上年撒下的种子，今年发了芽。无论是宏观上中美贸易战影响社会方方面面，还是个税改革都与每个人息息相关。从过度扩张的遭遇发展瓶颈，到雄心勃勃的希望弯道超车，其实都在讲述“经济寒冬，虽冷但仍有春意”。十大影响力事件排名如下。

1. 持续近一年的中美贸易摩擦对现实中国经济和未来增添了无数未知。

2. 万科、保利、龙湖、万达等数十余家品牌房企，更名去“地产”标签，多元发展加速。

3. 腾讯、京东、苏宁、融创共投资340亿元收购万达商业14%股份。

4. 融创62.8亿元收购万达文化100%股权，含文旅集团和13个项目的设计建设管理公司。

5. 万科印力和Triwater以83.65亿元，共同收购凯德商用在国内的20家购物中心。

6. 个税改革将全面落地：减税效果加速体现，更多政策呼之欲出。

7. 影院高速发展恶果显现，星美集团国内经营约320家影院中的约140家短暂停业。

8. ofo濒临破产，摩拜大规模裁员，共享经济模式遇冷。

9. 新城吾悦广场加速布局，2018年新开19座累计42座，朝2020年100座目标迈进。

10. 盒马鲜生签约地产商加速线下扩张，包括新城、印力、恒大、碧桂园等14家地产商。

## （七）2018年部分商业地产标杆企业动向

2018年影响行业发展的主要商业地产企业动向包括了企业重构管理架构、并购活跃、企业轻资产化、实体商业发展两极分化、资产证券化空前活跃、线上线下融合发展等，这些龙头企业的动向都在表明行业正在发生快速的变化，面对新零售时代的到来，如何及时调整企业发展策略以适应市场需求、抓住市场机遇成为企业未来重点关注的问题。

万达：1 月 29 日，腾讯、苏宁、京东、融创与万达商业签订战略投资协议，计划以 340 亿元入股，而万达商业更名为万达商管集团，1 ~2 年内消化房地产业务，今后不再进行房地产开发，成为纯粹商业运营企业，尽快上市。

中粮：内部上市公司中粮地产以 147. 56 亿元对价，收购大悦城 91. 34 亿股股份，占大悦城已发行普通股总数的 64. 18%，大悦城成为中粮地产旗下公司。

新城：吾悦广场大力开店，连带推动新城地产再创新高，昂首进入 2000 亿梯队，2020 年计划完成百店目标。

## （八）2018年新开购物中心标杆项目 TOP10

根据万商俱乐部发布的《2018 年度新开影响力项目排行榜》，2018 年新开购物中心标杆项目 TOP10 排名依次如下。

1. 广州 K11：将艺术与人文融入购物空间，提出“博物馆零售”商业模式；逾 20 家全国首店、逾 30 家华南首店，超 48% 的品牌门店首次登陆广州，品牌引领性较强；从外立面到景观再到内装美陈甚至商户装修设计，都体现商业与艺术的完美结合。

2. 深圳湾万象城：华润首次在深圳实现万象城、万象汇、万象天地 3 大产品线全面布局。深圳湾万象城旨在打造集时尚、艺术、文化为一体的高品质购物中心。

3. 长沙 IFS：与国际艺术家 KAWS 合作，打造项目专属地标艺术作品——大中华区首个铜制永久巨型雕塑——SEEING/WATCHING，成为打卡新地标。云集 400 家商户品牌，引入 20 余家华中首店、70 家湖南首店、50 家旗舰店，超过 30 家双层概念店。

4. 西安大悦城：大悦城有史以来最大规模改建，被誉为“中国商业改造奇迹”，外立面采用仿古建筑风格，内部打造流光天幕、西安最大室内下沉广场，推出勿空等四条特色街区，引进品牌 30% 为西北首店，凸显“十三潮主场”定位，领跑西安乃至西北商业。

5. 上海长风大悦城：室内外相结合的半开放式建筑，中间有开阔的室外中庭广场，位于屋顶的高登公园将建一条粉红色 Starry Runway 星空跑道。

6. 西安 SKP：北京华联集团第二家 SKP，定位为西北首席文化体验中心，1300 多个知名品牌入驻，600 个品牌首进西安，一站满足城市高端购物需求，提升西安商业国际化水准。

7. 杭州大悦城："熟牌不熟"，大量概念店、跨界店、旗舰店；垂直动线，飞天梯将客群直接导向高层；"屏易近人"，大屏幕与主题场景融为一体，为品牌提供更好宣传服务；体验业态升级，包括室内滑雪训练场、风洞、潜水训练馆等。

8. 深圳壹方天地：项目采用"Mall + 街区"的创新建筑形态，定位"新趣乐游纷享空间"，聚焦"新家庭主义"，4 层共引进 147 家品牌，涵盖餐饮、零售、配套等多个业态，构造全新欢聚天地。

9. 北京凯德天宫院：商场打造多个主题区，宠物公园、篮球公园、网红拍照打卡地、灯光公园、匠人街区造意社等。

10. 上海世贸广场：存量改造很有特色典范，设计、品牌都值得行业借鉴。改造后的世贸广场，建筑开放性、高楼层可达性都明显增强。聚集多家旗舰店、概念店、创新店等。

### （九）2018年存量商业并购动态

存量购物中心并购趋于常态化，2018 年行业进入残酷激烈的竞争、并购、重组阶段。

融创收购万达文旅项目：中国商业地产最复杂、金额高达 501 亿元，历时一年半，于 2018 年 10 月底顺利完成。

印力联合万科、Triwater 出价 83. 65 亿元收购凯德 20 家购物中心。

黑石 93. 6 亿港元收购上海怡丰城。

北京盈科中心二次高价易主：105 亿元交易额打破北京商业地产成交价格记录。

凯德优化资产配置聚焦一线城市：2018 年 1 月出售中国 20 座购物中心后，多次出手拍下一线城市土地，以 127. 86 亿元收购上海第一高双子塔。

香港领展 25. 6 亿元并购北京通州罗斯福广场。

## 二　零售商业市场分析

2018 年，最终消费支出对经济增长的贡献率为 76.2%，高于 2017 年 17.4 个百分点，达到历史峰值，消费作为我国经济主增长极作用进一步巩固。全年社会消费品零售总额超过 38 万亿元，达到 380987 亿元，比上年名义增长 9.0%，增速回落 1.2 个百分点；扣除价格因素，实际增长 6.9%，增速比上年回落 1.9%，但高于 GDP 增速 0.3 个百分点。2018 年，房地产市场调控政策密集出台，调控政策体系不断完善。在此背景下，商业地产市场运行出现宏观环境和企业投资行为背离、商业地产销售和投资背离、商业开发和住宅开发背离现象，这背后折射出的是商业地产运行模式变革与商业供求关系调整，对市场运行带来的持续冲击。详述如下。

### （一）传统零售业态形势仍严峻，各大知名超市关店调整、百货业绩继续下降

整体来看，零售业已告别过去的高增长时代，出现经营业绩下滑、盈利水平下降以及关店调整等状况。从消费者渠道选择的变化上来看，总体表现为渠道选择更为广泛，百货、超市等传统业态减速明显，专业店、购物中心、新零售等新业态发展迅速。企业面临渠道、电商和消费需求变化等巨大挑战，亟须创新与转型。

2018 年，8 家知名超市品牌关闭共计 44 家门店，其中沃尔玛关店数量最多达 21 家；2018 年上半年营收排名前 15 的知名百货企业中有 6 家净利润实现负增长。

**表 2　2018 知名超市企业关店统计**

| 业态 | 企业 | 2018 关店数量(家) | 数量合计 |
|---|---|---|---|
| 超市 | 沃 尔 玛 | 21 | 44 |
| | 华润万家 | 7 | |
| | 家 乐 福 | 6 | |
| | 永　旺 | 3 | |
| | 永　辉 | 2 | |
| | 华润苏果 | 2 | |
| | 美思佰乐 | 2 | |
| | 大 润 发 | 1 | |

资料来源：赢商大数据中心。

表 3　2018 年上半年主要百货上市公司营收榜

| 排名 | 企业 | 营收(亿元) | 增幅(%) | 净利润(亿元) | 增幅(%) |
|---|---|---|---|---|---|
| 1 | 百联股份 | 248.36 | 0.81 | 5.91 | -6.61 |
| 2 | 重庆百货 | 180.52 | 6.78 | 6.96 | 49.05 |
| 3 | 王府井百货 | 131.99 | 3.04 | 7.56 | 145.42 |
| 4 | 大商股份 | 130.05 | -7.58 | 6.13 | 17.85 |
| 5 | 豫园商城 | 98.90 | 7.67 | 3.73 | 13.46 |
| 6 | 天虹股份 | 95.23 | 6.02 | 4.85 | 29.52 |
| 7 | 金鹰商贸 | 90.32 | 7.90 | 5.04 | -12.40 |
| 8 | 鄂武商 A | 88.53 | 0.01 | 5.76 | -12.48 |
| 9 | 供销大集 | 86.40 | -17.02 | 4.21 | 18.00 |
| 10 | 南京新百 | 85.38 | 9.21 | -15.93 | -1895.68 |
| 11 | 百盛集团 | 77.53 | -4.60 | 0.18 | 497.04 |
| 12 | 长春欧亚 | 76.22 | 13.91 | 1.28 | -3.64 |
| 13 | 银座股份 | 67.59 | 1.15 | 0.71 | 42.32 |
| 14 | 华地国际控股 | 59.62 | 5.13 | 2.38 | 4.85 |
| 15 | 合肥百货 | 55.76 | 3.25 | 1.63 | -7.25 |

资料来源：联商网。

### （二）网络零售规模不断扩张，但整体增速逐渐下行并接近合理区间

中国网络零售市场已开始由先前的疯狂增长逐渐进入相对成熟和稳定增长的阶段，且其规模在不断扩张的情形下，整体增速将逐渐下行并接近稳定合理区间。2018 年，全国网上零售额 90065 亿元，比上年增长 23.9%，较 2017 年 32.2% 的增长率略有下降，但仍保持较高总额及增长水平。2018 年，实物商品网上零售额 70198 亿元，增长 25.4%，占社会消费品零售总额的比重为 18.4%，占比继续上升。

### （三）全国购物中心新开超过530个，七大区域中仅华东占比接近40%

根据赢商网数据，2018 年全国开业 3 万平方米以上商业项目超过 530 个，商业总体量约 4600 万平方米。但全国各区域之间的发展并不平衡，华东区域

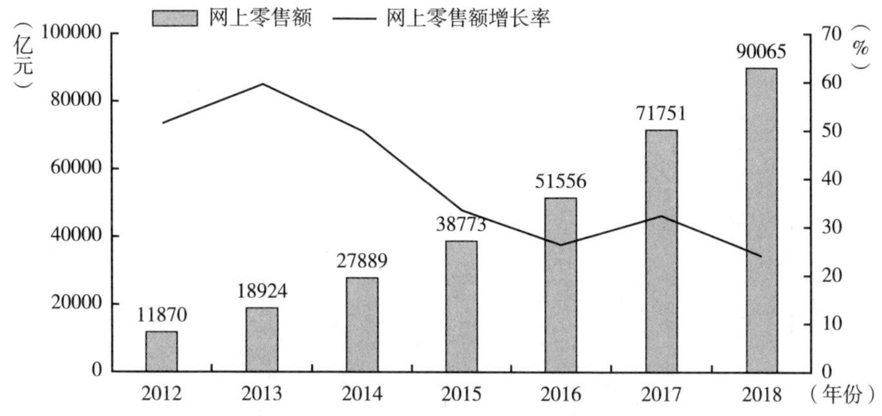


**图6　2012～2018网上零售市场规模**

资料来源：国家统计局。

新增供应量远高于其他区域，2018年共开业204个商业项目，共计1735万平方米，占全国新增供应数量的38.5%。而西南、华南、华中、西北、华北、东北等六个区域的新开业商业项目数量在17～87个不等，总商业面积在173～738万平方米不等。另外，西南区域表现十分抢眼，新开业商业项目87个，总商业面积738万平方米，跃居为第二大新开业区域。而西北受到国家总体发展政策的相关影响，新开业项目超过2017年的两倍，其中又以西安为重中之重，凭借大悦城、SKP等项目的开业，一举夺得2018年度商业城市桂冠。

从2018年新开业购物中心城市分布看，上海以195万平方米体量跻身全国第一，西安以183万平方米排第二位，杭州第三，长沙、重庆进入前五。前10个城市中，4个为一线城市，6个为新一线城市，成都超越深圳、广州排第六位，南京超越北京排第九位。

一线城市仅上海开业规模保持第一，深圳、广州、北京出现下行；新一线城市活跃度高企，尤其西安、杭州、长沙、重庆、成都五个城市；多个二线城市开业量进入前30。

2018年开业奥特莱斯项目19个，体量177万平方米，对比2017年的33家300万平方米、2016年的50家400万平方米出现大幅下降。连锁奥特莱斯品牌发展也发生大幅收缩，2018年仅开业首创奥特莱斯3个，砂之船奥特莱

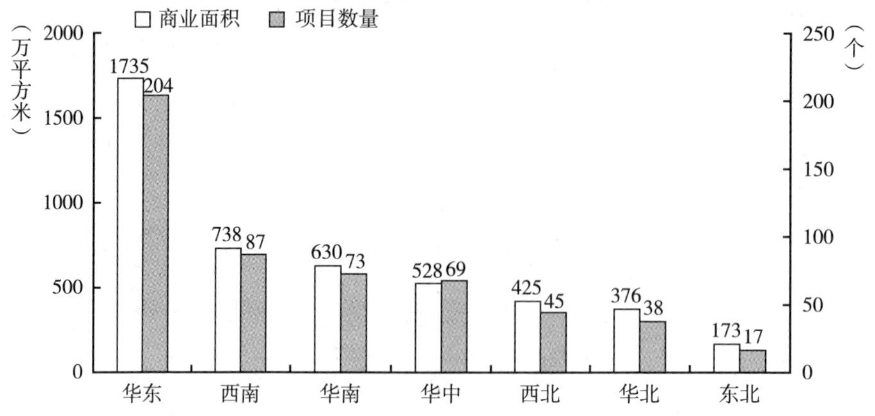


**图 7　2018 年新开业项目区域分布**

资料来源：赢商网，统计口径为 3 万平方米以上商业。

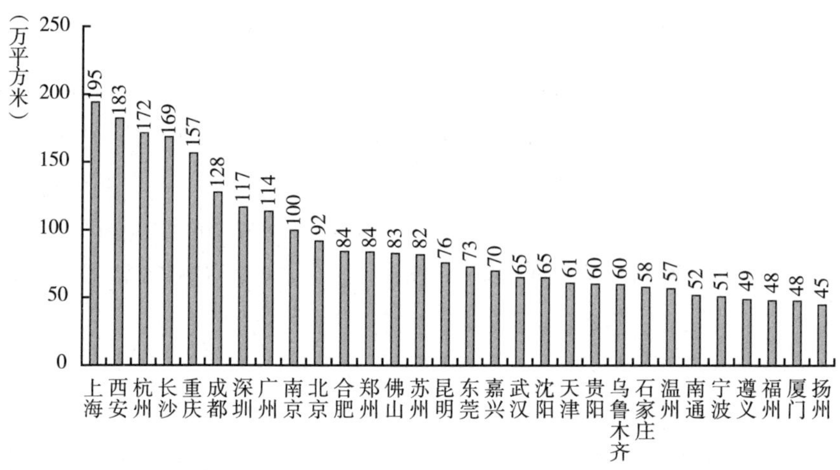


**图 8　2018 年开业购物中心体量 TOP30 城市**

资料来源：赢商网，统计口径为 3 万平方米以上商业。

斯 1 个，百联奥特莱斯 1 个。

从分布看，华东、华中奥特莱斯项目较多，市场下沉趋势明显，一线城市仅有上海巴黎春天七宝店城市奥特莱斯，而山东临沂、广西百色、河南漯河、湖南衡阳、四川绵阳等多个三线及以下城市均有所布局。

**表4　2018开业奥特莱斯购物中心清单**

| 大区 | 省/市 | 城市 | 项目名称 | 商业面积（万 $m^2$） | 开业时间 |
|---|---|---|---|---|---|
| 华东 | 上海 | 上海 | 上海巴黎春天七宝店城市奥特莱斯 | 3.66 | 2018/10/26 |
| | 浙江 | 宁波 | 宁波金沙码头奥特莱斯公园 | 10.00 | 2018/4/28 |
| | 山东 | 临沂 | 临沂银座奥特莱斯 | 8.00 | 2018/5/26 |
| | 江苏 | 扬州 | 扬州九久奥特莱斯城时广场 | 8.00 | 2018/12/31 |
| | | 常州 | 常州爱琴海购物公园奥特莱斯 | 15.60 | 2018/12/22 |
| | 福建 | 福州 | 福清亚商奥特莱斯 | 13.60 | 2018/12/28 |
| | 安徽 | 合肥 | 合肥首创奥特莱斯 | 7.46 | 2018/9/22 |
| 华南 | 广西 | 百色 | 百色恒宁城市广场奥特莱斯 | 3.60 | 2018/8/28 |
| | 海南 | 海口 | 海口观澜湖奥特莱斯购物中心 | 4.00 | 2018/9/15 |
| 华中 | 河南 | 漯河 | 漯河中王奥特莱斯 | 9.60 | 2018/1/12 |
| | | 郑州 | 郑州首创奥特莱斯 | 9.60 | 2018/10/23 |
| | 湖北 | 武汉 | 武汉首创奥特莱斯 | 11.00 | 2018/4/29 |
| | 湖南 | 长沙 | 长沙百联奥特莱斯 | 8.50 | 2018/12/21 |
| | | | 砂之船（长沙）奥特莱斯 | 21.00 | 2018/12/22 |
| | | 衡阳 | 衡阳星美奥特莱斯小镇 | 3.00 | 2018/6/2 |
| 东北 | 吉林 | 长春 | 长春远洋·王府井奥特莱斯 | 10.00 | 2018/12/24 |
| 西南 | 四川 | 绵阳 | 绵阳东辰·九宜城城市奥特莱斯 | 6.40 | 2018/7/5 |
| 西北 | 新疆 | 乌鲁木齐 | 乌鲁木齐太百奥特莱斯 | 13.50 | 2018/12/29 |
| 华东 | 福建 | 福州 | 福州东百优品城奥特莱斯 | 10.80 | 升级改造 |

资料来源：赢商网，统计口径为3万平方米以上商业。

### （四）奢侈品市场回暖，2018年中国人全球奢侈品消费额达1457亿美元

2018年，全球奢侈品市场规模约3470亿美元，虽然有全球经济放缓、人民币贬值、中美贸易战等因素的影响，全球奢侈品市场依然取得12%的增长，包括电商业务、高级定制业务，以及近两年开始重新焕发生机的传统高端小众品牌业务的增长。

2018年，中国人全球奢侈品消费额达到1457亿美元，增长7%，占全球奢侈品市场的42%。其中，境外消费奢侈品1073亿美元，增长率为4%，国

内消费额 384 亿美元，增长率为 17%，有 74% 的奢侈品购买行为发生在中国境外，消费外流仍非常严重。如何让高净值人群消费回流，是目前拉动内需、提振国内消费市场、促进品质消费的关键。

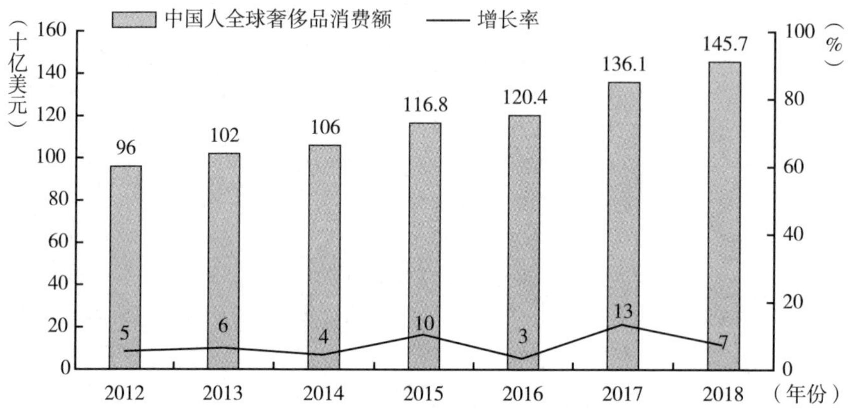


**图 9　2012～2018 年中国人全球奢侈品消费额**

资料来源：要客研究院。

2018 年奢侈品线上销售额达到 360 亿元人民币，比 2017 年增长 37%。未来大数据将成为奢侈品新零售变革最主要动力，体验场景将基于人工智能等技术由线下向线上迁移，线上线下界限将越来越模糊。

## 三　写字楼市场分析

### （一）中美贸易战对写字楼市场影响将更加清晰

与 2018 年中国经济起伏脉络相似，与服务高度相关的写字楼市场需求亦呈现先高后低趋势。共享办公继续扩张，但受下半年经济增长减速的影响，全年新增需求 537 万平方米，同比下跌 12%。2019 年，中国经济增速或将进一步放缓，中美贸易摩擦前景不明也给企业决策增添不确定性。预测 2019 年全国 17 个城市写字楼新增需求总量将小幅下滑至约 530 万平方米。

中美贸易摩擦是 2018 年全球大事件之一，其对市场预期影响不容小觑。

从2018年净吸纳量来看，对经济贸易依赖度更高的港口和沿海地区城市写字楼新增需求出现较为明显下降，而内陆城市则表现相对稳定；四个一线城市受到影响同样较大，写字楼存量需求直接影响为10%左右。

## （二）共享办公进入下半场，行业集中度不断提高

2018年，共享办公在国内主要城市继续跑马圈地，9个知名共享办公品牌在7个国内主要城市新增125个网点，新增工位数超过10万个，相比2017年均有明显增长。上海已成为最大的共享办公市场，共享办公在写字楼面积中占比达3.5%。

大举扩张之际，共享办公行业集中度不断提高，并购整合频繁出现。2018年，共享办公的大型并购交易达6笔，而2017年仅为2笔。同时，资本投向也呈现向头部企业集中趋势，2018年优客工场、氪空间、梦想加等国内共享办公规模排名前五的企业获得投资近95亿元，在行业总计获得投资额中占比超过九成。

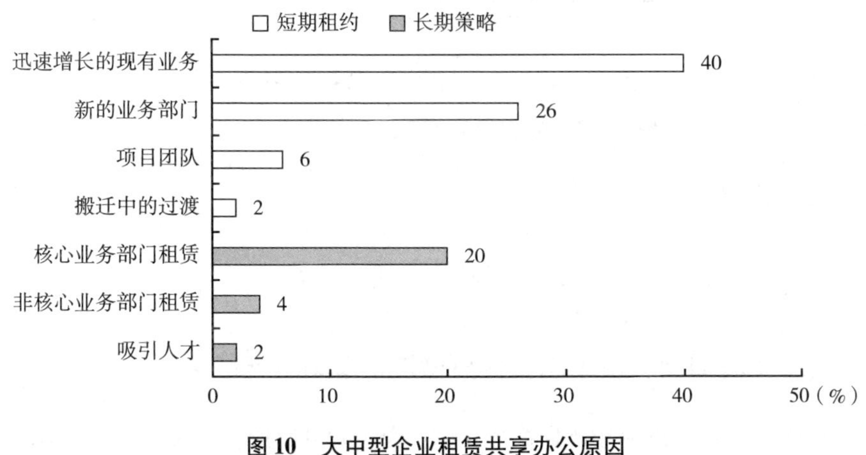


**图10 大中型企业租赁共享办公原因**

资料来源：世邦魏理仕研究部。

## （三）新增供应将持续井喷

2019年，全国17个城市的写字楼新增供应预计将突破1000万平方米，同比增长超过60%，上海新增供应持续超百万平方米，京津和成渝新增供应将大幅上升，广州市场也将走出前3年持续供应不足的局面。

经济增长放缓所导致写字楼需求下滑与持续充沛新增供应叠加，预计至2019年底，17个城市平均空置率将突破20%，其中15个城市空置率将同比上升。武汉、长沙、青岛将迎来历史空置率峰值，广州和南京两个城市空置率仍将保持在10%以下，而成都2019～2021年新一轮供应高峰来临将令其空置率重回上升通道。

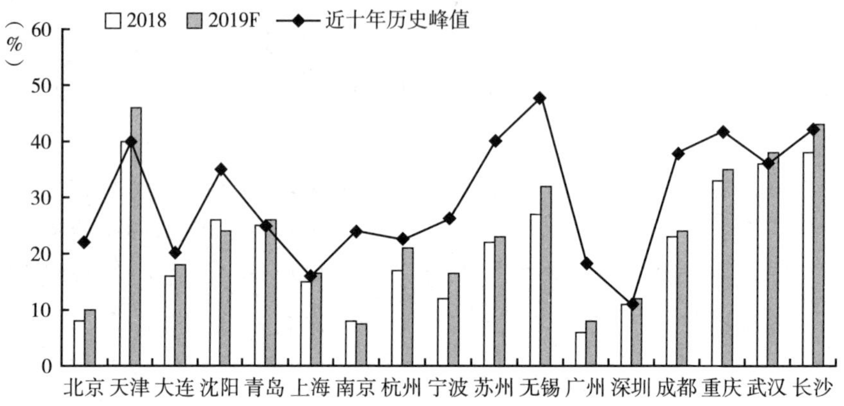


**图11　中国17个城市写字楼空置率预测**

资料来源：世邦魏理仕研究部。

## 四　酒店市场分析

### （一）高端酒店市场总量保持微增，市场趋于稳定

2018年，中国五星级酒店净增8家，总数达830家，增幅1%，总体保持逐年微增趋势。但分布很不均衡，其中东部沿海四省一市（广东、江苏、浙江、上海、福建）总数接近全国一半，上海以72家数量位居城市首位，高端酒店市场总体保持稳定发展。

2018年，共有9337家星级酒店通过省级旅游主管部门审核，包括一星级60家，二星级1583家，三星级4497家，四星级2367家，五星级830家。三星级基本占据酒店数量半壁江山，其次为占比25.35%的四星级，目前酒店市场供应多集中于中高端市场。

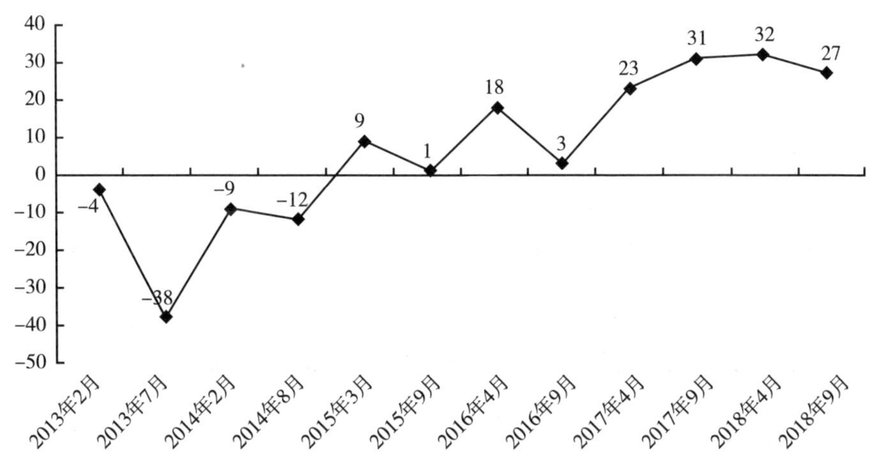


**图 12　2013～2018 年酒店市场景气指数**

资料来源：CHAT 资讯。

## （二）行业回暖持续，景气指数维持相对高位

2018 年，酒店市场延续 2017 年复苏势头，自 2016 年 4 月开始的两位数以上景气指数已保持 18 个月，并持续维持在相对高位。

锦江、首旅、华住三大酒店集团上市公司前三季度财报也从另一角度印证了行业景气程度，大部分核心指标与上年同期比较多实现了两位数增长。

## （三）万豪品牌在酒店集团中规模遥遥领先，锦江国际跃居全球第二

截至 2018 年底，万豪集团以 119.5 万间客房总数位居全球酒店管理集团规模第一位置，锦江国际在 2018 年 11 月完成拥有 1100 多家酒店的丽笙酒店品牌收购后，以 8200 多家开业酒店、89 万多间客房体量，从原来全球第五一举跃居为全球第二，希尔顿、洲际、温德姆三大集团分别以 85.6 万间、79.8 万间、75.3 万间客房总数分列 3～5 名。此外，国内的首旅如家、华住分别以 38.5 万间、38 万间客房总数位列第 8、第 9 位。

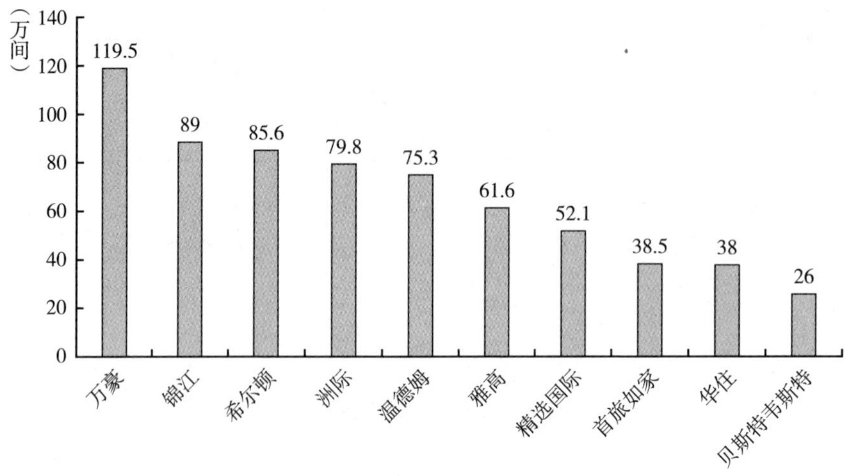


**图 13　2018 年酒店集团客房数**

资料来源：全球酒店集团 300 强榜单。

# 五　长租公寓发展

## （一）土地供应提速，租金稳中有涨

2018 年租赁相关用地持续加快入市，全年共计成交租赁相关用地 142 宗/647 万平方米，成交规划建面超过 2017 年的 176 宗/539 万平方米。更多城市推出用于建设租赁住房相关土地，同时热点城市供应力度进一步加大。

2016 年 11 月至 2018 年 12 月，共有 22 个城市成交了租赁相关用地，共计成交 322 宗，可提供租赁住房面积约为 1237 万平方米。其中上海、杭州、北京成交规模领先，3 城成交面积约占 22 城总成交面积 60%。

租金方面，十大城市中多个城市租金上涨，上涨原因和近年来人口持续流入、城市更新改造密切相关，同时大量资本涌入租赁市场也是推动租金上涨的因素。

深圳 2018 年月租金保持在 4000 元以上，北京、上海、广州、杭州、南京在 3000 ~4000 元之间，成都、武汉、重庆、天津在 2000 ~3000 元之间。

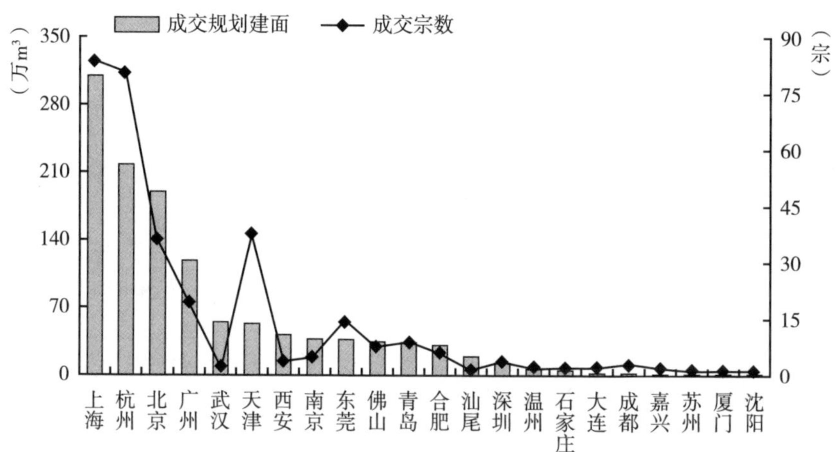


**图 14 2016 年 11 月至 2018 年 12 月各城市租赁相关用地成交情况**

资料来源：CREIS 中指数据。

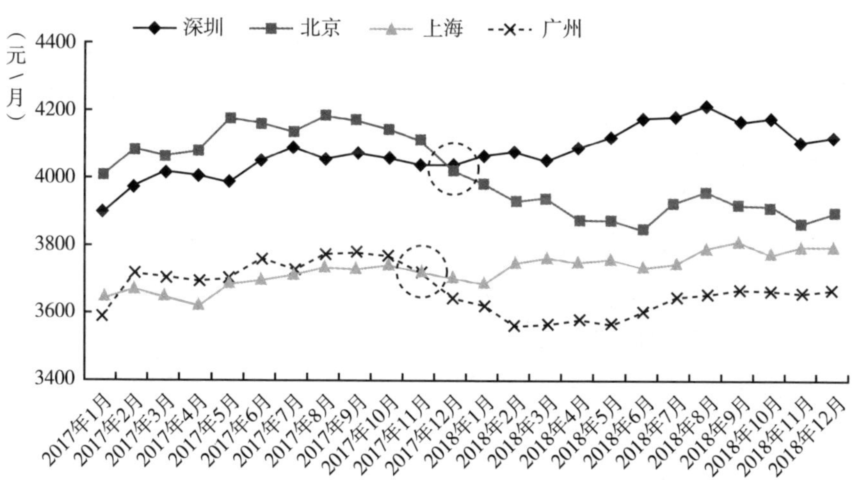


**图 15 2017～2018 年一线城市住宅租金走势**

资料来源：CREIS 中指数据。

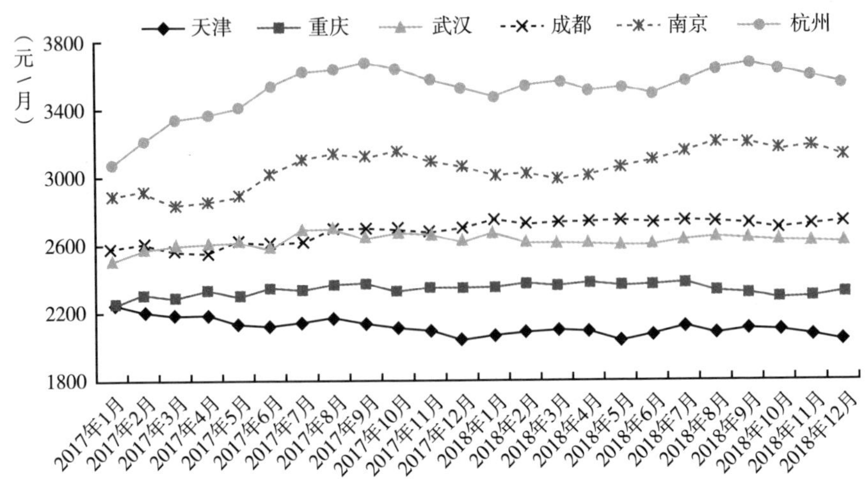


**图 16　2017～2018 年以来热点二线城市住宅租金走势**

资料来源：CREIS 中指数据。

## （二）企业布局把握热点需求，探索核心盈利模式

1. 布局城市：人口流入量大、发展有潜力、租房需求旺盛的一线和新一线城市是企业布局重点。北京、上海、杭州是企业布局长租业务最热门 3 个城市，典型企业中有 70%～80% 均在这三个城市布局。整体来看，长三角、京津冀、珠三角是热门地区，尤以长三角为最。

2. 产品线：覆盖全生命周期，面向白领的中高端产品是主力，占比达 80%～90%。打造覆盖多类人群的丰富产品线是领军企业的共同特点。

3. 盈利模式：轻、中、重三种运营模式对企业提出不同要求，想尽办法降成本、增收益是扩大盈利的必要条件。

## （三）公寓品牌规模扩张速度整体放缓

2018 年，面对多品牌竞争、行业市场亟待规范、盈利模式不明晰、社会关注和舆论不断增多等诸多因素影响，整个长租行业充满挑战和变化。

截至 2018 年上半年，“酒店系”、“房企系”、“中介系”、“品牌系”及“国家队”公寓企业阵营不断丰满，品牌数量已经超过 2000 个。

**表5　2018 年 TOP 10 房企长租公寓已拓房源排行榜**

单位：套

| 序号 | 品牌 | 已拓房源 | 已开房源 |
|---|---|---|---|
| 1 | 万科泊寓 | 230000 | 50000 |
| 2 | 龙湖冠寓 | 100000 | 54000 |
| 3 | 旭辉领寓 | 50000 | 15000 |
| 4 | 朗诗寓 | 40000 | 13000 |
| 5 | 碧桂园碧家国际社区 | 40000 | 5700 |
| 6 | 招商公寓 | 24000 | 11700 |
| 7 | 华润有巢 | 20000 | 2000 |
| 8 | 金地商置草莓社区 | 15000 | 8000 |
| 9 | 中骏方隅 | 10000 | 2000 |
| 10 | 上海地产城方 | 10000 | 1200 |

资料来源：易居克而瑞。

**表6　2018 年 TOP 10 集中式公寓运营商已开房源排行榜**

单位：套

| 序号 | 品牌 | 已开房源 | 序号 | 品牌 | 已开房源 |
|---|---|---|---|---|---|
| 1 | 魔方 | 70000 | 6 | V 领地 | 20000 |
| 2 | 世联红璞 | 35000 | 7 | 雅诗阁 | 20000 |
| 3 | 乐乎 | 30500 | 8 | 安歆·YU | 60000(床位) |
| 4 | 未来域 | 30000 | 9 | 中富旅居 | 14000 |
| 5 | 湾流国际 | 20000 | 10 | 城家 | 10000 |

资料来源：易居克而瑞。

**表7　2018 年 TOP 5 分散式公寓运营商管理房源排行榜**

单位：套

| 序号 | 品牌 | 管理房源 | 序号 | 品牌 | 管理房源 |
|---|---|---|---|---|---|
| 1 | 自如 | 800000 | 4 | 青客 | 100000 |
| 2 | 相寓 | 700000 | 5 | 美丽屋 | 70000 |
| 3 | 蛋壳 | 400000 | | | |

资料来源：易居克而瑞。

## 六　商业不动产证券化发展

### （一）2018年商业不动产证券化市场总览

房地产证券化的发展与商业地产密不可分，一是由于商业地产本身具有稳定现金流，天生具备优势，二是由于商业物业在中国物业存量中，是仅次于住宅的第二大板块，因此在 CMBS/REITs 的发行上具有绝对优势。

国内已获批不动产证券化产品额度4200亿元，其中已发行2500亿元，已获批待发行1700亿元；美国上市REITs共197只，总市值超过1.3万亿美元。2018年，中国资产证券市场发行量较2017年大幅增长，同比增长率高达35.6%。融资收窄趋势下，资产证券化成为商业地产金融创新重要工具，同时也涌现出一批先锋机构，如高和资本、中联基金等。

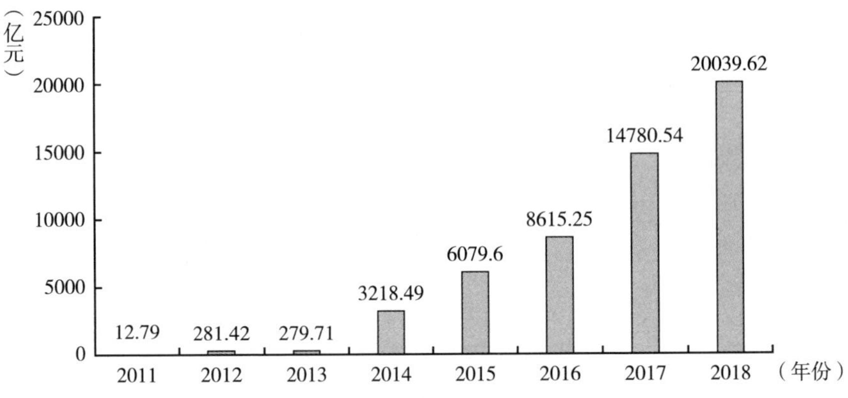


**图17　2011～2018年中国资产证券市场发行量**

资料来源：Wind，易居克而瑞整理。

### （二）国内市场动态

国内 CMBS/REITs 于2014年开始逐步兴起，并于2016年下半年迎来较快增长期，CMBS、类 REITs 和 CMBN 规模均稳步上升，而租金收益权类产品一直处于萌芽期，尚未形成规模。

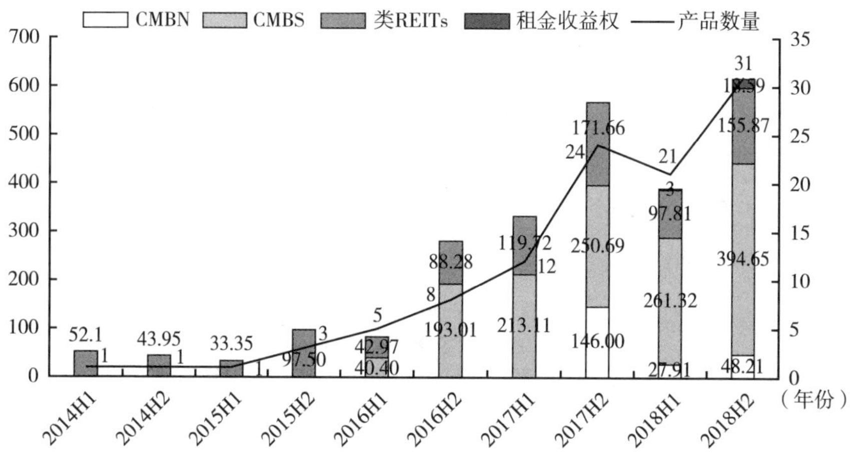


**图 18　2014～2018 年市场发行规律**

资料来源：中联同策不动产证券化团队。

说明：H1、H2 分别指上半年、下半年。

从产品底层物业来看，办公楼和商业物业在 CMBS/REITs 的发行上具有绝对优势，一是由于该两类物业本身具有稳定现金流，天生适合发行 CMBS/REITs 产品，二是由于上述两类物业在中国物业存量中，是仅次于住宅的两大板块。

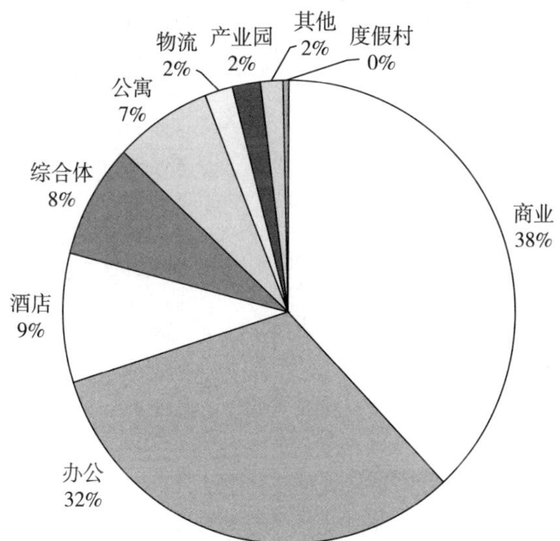


**图 19　各类物业发行规模占比**

资料来源：中联同策不动产证券化团队。

## （三）海外市场同期动态

海外国家 REITs 市场较为活跃，其中以美国、英国、日本等国家尤为突出，总体市场规模分别为 9950.63 亿美元、1450 亿美元、1129.4 亿美元。以美国 REITs 市场为例，零售商业产品总市值占比达 17.3%，排名第一，住宅产品以 12.82% 的占比排名第二。

**表 8　主要国家 REITs 市场规模**

| 国家/地区 | 上市 REITs 数量 | 总市值(亿美元) | 平均市值(亿美元) |
|---|---|---|---|
| 美　国 | 197 | 9950.63 | 50.51 |
| 日　本 | 60 | 1129.4 | 18.82 |
| 英　国 | 112 | 1450 | 12.95 |
| 新加坡 | 36 | 270.75 | 7.52 |
| 香　港 | 10 | 341.65 | 34.17 |
| 合计/平均 | 415 | 13142.43 | 31.67 |

资料来源：中联同策不动产证券化团队。

**表 9　美国 REITs 市场情况**

| 物业类型 | 产品数量 | 总市值(亿美元) | 占比(%) |
|---|---|---|---|
| 仓　储 | 6 | 560.11 | 5.86 |
| 多元化 | 22 | 600.34 | 6.29 |
| 房　贷 | 21 | 389.13 | 4.07 |
| 工业园区 | 10 | 688.36 | 7.21 |
| 基础设施 | 5 | 1140.34 | 11.94 |
| 酒　店 | 20 | 495.88 | 5.19 |
| 林　区 | 4 | 275.21 | 2.88 |
| 零售商区 | 35 | 1652.54 | 17.30 |
| 数字中心 | 4 | 349.52 | 3.66 |
| 特殊用途 | 7 | 226.05 | 2.37 |
| 未　知 | 1 | 19.47 | 0.20 |
| 写字楼 | 24 | 932.56 | 9.76 |
| 医　疗 | 18 | 952.11 | 9.97 |
| 政府资产 | 1 | 44.28 | 0.46 |
| 住　宅 | 19 | 1224.73 | 12.82 |
| 总　计 | 197 | 9550.63 | 100.00 |

资料来源：中联同策不动产证券化团队。

## 七　商业地产市场发展展望

放眼未来，商业地产仍然存在结构性机遇，唯有不断进化才能立于不败之地。

### （一）零售商业市场预测

2019 年，全国预计新开 3 万平方米以上商业项目将高达974 个，新开业面积为 8608 万平方米，按经验实际开业数量仍将砍半。从城市分布看，2019 年拟开业购物中心体量 TOP 30 城市中，13 个为新一线城市，13 个为二线及以下城市；新一线城市相当活跃，重庆 2019 年拟开业购物中心以 44 个、体量 386 万平方米一举超越上海，成都仅次于上海、广州排第四位，超越深圳，杭州、苏州、西安均排在 TOP 30 城市前 10；三四线城市购物中心拟开业情况有集中爆发之势。

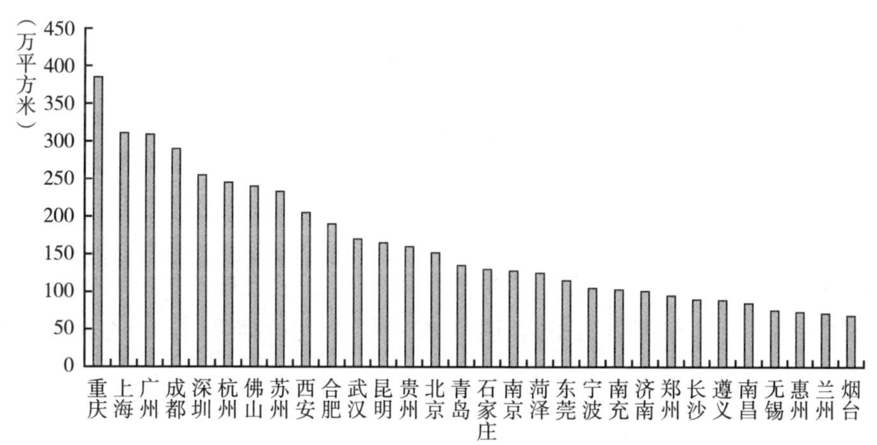


**图 20　2019 年拟开业购物中心体量 TOP 30 城市**

资料来源：赢商网，统计口径为 3 万平方米以上商业。

2019 年预计新开购物中心总数比 2018 年上涨 5.9 个百分点，其中华东、华南、华中、华北、东北五大区域拟开业数量同比出现上涨，华南、华中地区涨幅最大，分别为 43.8%、60.1%，西南、西北两区域有所下降，西北区域因上年数量激增后降温十分明显，达 52.9%，华东、西南、华南等区域仍为商业地产增长主要动力，将吸引更多品牌进入，而三北市场仍表现乏力。

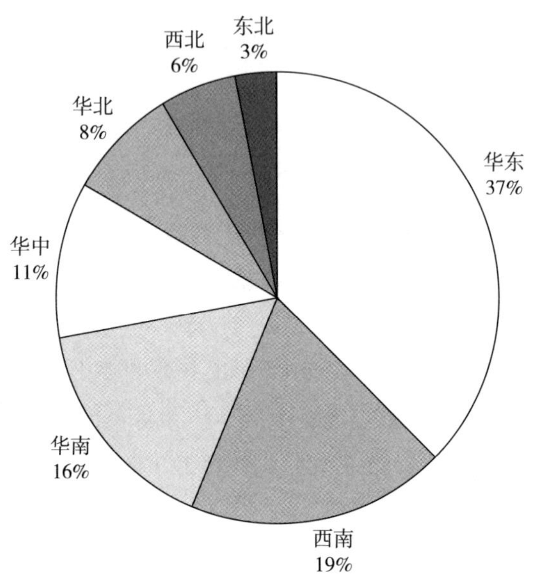


**图 21　2019 年全国拟开业购物中心区域分布**

资料来源：赢商大数据中心。

2019 年拟开业项目体量区间与 2018 年总体基本一致，5 万 ~10 万平方米的体量仍是主流。

20 万平方米以上项目经历 2018 年大幅下降之后占比略有回升，比上一年增长 2 个百分点。最明显的变化则是 3 万 ~5 万平方米体量购物中心占比逐年上涨。

对于 2019 年，主要预测如下。

不确定性增强。全球局势和宏观环境的变化，预计将有更多黑天鹅事件暴发。

增速缓、竞争加剧。2019 年全国预计新开商业项目 974 个，面积为 8608 万平方米，与 2018 年基本持平（938 个，体量 8400 万），增速连续趋于零增长；但市场仍保持高位发展，竞争仍在加剧。

市场压力增强。资本市场数百位上市公司董事长辞职，反映商业资本市场

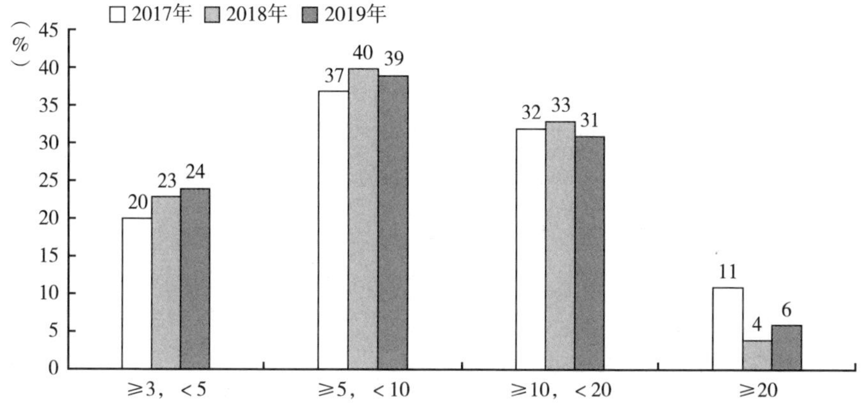


**图22　2017~2019年拟开业项目体量区间对比**

资料来源：赢商大数据中心。

和企业（民企尤盛）生存压力不断加大，且滞后效应开始显现，年底最后一个季度出现被动失业潮。2019年《经济蓝皮书》显示居民储蓄率下降，预测2019年消费力可能下降，市场压力严峻。

税改效果待观望。对企业和个人的税改政策是否真正能达到预期效果，仍待观望。

商业空置提升。预计未来3~5年商业项目平均空置率将达到20%以上。

合作并购加速。整合、并购、参股仍是2019年主旋律，合作将成为主要趋势。

凯德模式引领。地产公司转型城市运营商，强化资本运作和资产运营能力，像凯德一样强化资产证券化和精细化运营将成为主流。

资本证券化加速。商业地产融资渠道逐步打开，各种类REITS产品创新和数量将不断增多，一二三线城市NOI、ROE、EBITDA等资管指标漂亮的头部项目，将全部进入资本的投资“蓄水池”。

商业创新加速。实体商业零售在建筑形态、品类布局、体验营销等方面不断创新及尝试，未来会看到更多优秀项目；同时收购自建IP也成为头部企业持续动作。

线上线下极速融合。电商法出台导致电商成本增加，电商业或将迎来大洗牌，预计2019年会有更多电商试水线下开店；同时线上线下企业融合速度加快，越来越多实体商业借助移动互联网、新技术和大数据实现跨越。

轻资产模式加速。商业轻资产模式更加普遍，在管项目50家以上企业将会越来越多，第一梯队的商业地产企业在行业内的地位将更加稳固。

城市下沉加速。在凯德回归一线城市的同时，万达、新城、爱琴海、世纪金源等商业地产品牌会加速向二三线甚至四五线城市扩张的步伐。

存量更新增多。旧项目改造增加，激活困难的休克商业不动产有利于品牌迅速占领市场，实现规模化优势，因此也将会出现更多的典型案例，存量资产改造、城市更新会有更多亮点，量质皆升。

## （二）写字楼市场预测

各地的写字楼市场预测如下。

北京：CBD和丽泽商务区诸多项目于2019年集中入市，将拓宽租户选择，市场空置率将略有上升，并对现有老旧项目租金形成一定压力，预计租金仅微幅上涨。

上海：去化仍是2019年上海市场关键词。随着新增供应分布进一步向核心拓展区和新兴商务区倾斜，北外滩、前滩、徐汇滨江、虹桥商务区等板块将加速崛起，对优质租户的争夺将是业主间的主题，新兴区域租金将面临更直接的下行压力。

深圳：前海等新兴板块供应将持续放量，但交通和配套不足令租户仍偏好福田等CBD区域，尤其是金融租户升级需求将利好核心区甲级写字楼需求。预计2019年深圳写字楼租金走势将在核心区与新兴区域间出现分化。

广州：2018年广州写字楼租金上涨10.7%，领先全国。2019年较低空置率将使广州延续业主市场态势。随着新增供应不断入市，写字楼租金增速将有所放缓。

二线城市：近30%的空置率意味着大部分二线城市供过于求的状况并未得到改善，2019年二线城市写字楼平均租金预计将下跌超过1%。需求走弱及供应高峰将使华北和华中二线城市租金呈现加速下跌趋势。华东仍是二线城市表现最稳健区域，南京将领涨全国二线城市，杭州、苏州租金也将小幅上涨。

### （三）酒店市场预测

酒店市场预测如下。

消费分化带来新机遇。从需求端来看，消费分化是大趋势，未来消费会更加呈现出本土化、个性化、价值多样化特点；从产品端来看，需针对不同细分市场，培育更多元化酒店品牌。每类产品都需有明确个性表达、价值体现，才能与新一代消费者产生共鸣。

酒店投资和资产更新以坪效为驱动。在去地产化的整体经济形势下，未来酒店投资和资产更新会更加以坪效为驱动。组织架构创新，包括管理扁平化、职能复合化、集中运营中心的建造以及专业外包管理等，会是未来酒店业主和服务方着重考虑的问题。

重视技术革新，显著提升运营效率。越来越多酒店智能化解决方案都在关注如何帮助酒店更好地服务客户，未来将会有更多解决方案着重于运营流程优化和酒店空间合理配置，以促进运营效率、人员效率以及能源效率提升。

### （四）长租公寓市场预测

2018 年在长租公寓行业整体高量级增长的同时，部分数据表现并没有达到 2018 年年初目标预期。自 2018 年下半年房源获取白热化，部分资产价格非理性走高，公寓品牌规模扩张速度有放缓趋势，这也是行业各大品牌商基于企业长远健康可持续发展综合考量、主动调整的结果。

在行业前期对规模盲目扩张的影响下，2018 年下半年长租公寓行业频发“资金链断裂、经营不善爆仓、租金贷、城中村改造、甲醛门”等问题。“不唯规模论，关注品牌成长”成为住房租赁市场发展主流，各品牌重点转向真正对行业发展更具意义的运营、服务和产品。

### （五）商业地产证券化发展预测

2019 年中国经济需要从经济去杠杆转为稳杠杆和结构化去杠杆，这意味着有些经济和产业领域仍然需要大幅增加资金供给。资产证券化作为一类边际货币政策，可以通过滴灌的方式给实体经济提供资金，通过增加资产周转速度的方式给企业提供资金。在此背景下，2019 年有望成为中国资产证券化的发展大年。

在 2019 年资产证券化的具体发展机会上，商业银行将会以“信贷资产出表”的方式挪出银行的资本，支持实体经济的发展。此外，供应链金融、消费金融、长租公寓、非标资产转标准化资产等方面，也将有望成为 2019 年资产证券化发展的重点发力领域。

## 参考文献

万商俱乐部：《商业及商业不动产十大影响力事件》2019 年第 1 期。

万商俱乐部：《2018 年度新开影响力项目排行榜》2019 年第 1 期。

要客研究院：《2018 中国奢侈品报告》2019 年第 1 期。

世邦魏理仕：《2019 大中华区房地产市场展望》2019 年第 1 期。

CHAT 资讯：《2018 年下半年中国酒店市场景气调查报告》2018 年第 9 期。

CREIS 中指数据：《2018 年长租公寓市场年报》2019 年第 1 期。

易居克而瑞：《2018 中国长租公寓排行榜》2019 年第 1 期。

中联同策不动产证券化团队：《中联同策不动产证券化市场周报》2018 年第 52 周（12/17 - 12/24）。

CHAT 资讯：《2018 酒店业市场新风向解读》2018 年第 12 期。

赢商网：《2019 年全国 974 个 mall 拟开业》2019 年第 1 期。

# B.4

# 2018年中国住房租赁行业状况及2019年发展趋势

柴 强 罗忆宁*

**摘 要：** 在一系列培育和发展住房租赁市场的政策引导下，2018 年住房租赁市场规模快速扩大，住房租赁企业快速增长。但该年下半年，受房租上涨、租金贷、甲醛超标、少数企业资金链断裂等影响，住房租赁行业扩张速度有所放缓。预计 2019 年住房租赁行业仍将保持较快发展势头，并逐渐进入品牌和品质竞争阶段；政策上，仍会大力培育和发展住房租赁市场，同时会加强监管和规范。

**关键词：** 住房租赁 租购并举 租赁市场

住房租赁行业属于房地产业中的房地产租赁经营以及生活性服务业，相对于房地产开发经营、物业管理和房地产中介服务，它是一个新兴行业。住房租赁可分为商品住房租赁和保障性住房租赁，本文主要涉及其中的商品住房租赁。目前，人们习惯上将从事住房租赁经营的企业称为长租公寓企业，将其租赁经营的住房称为长租公寓。自 2015 年 12 月中央经济工作会议提出“建立购租并举的住房制度，发展住房租赁市场，鼓励发展以住房租赁为主营业务的专业化企业”之后，特别是 2017 年 10 月十九大报告提出“加快建立多主体供给、多渠道保障、租购并举的住房制度”以来，住房租赁企业逐渐成为住房供给的一个重要主体。

* 柴强，中国房地产估价师与房地产经纪人学会副会长兼秘书长；罗忆宁，中国房地产估价师与房地产经纪人学会研究人员。

# 一　住房租赁行业发展的市场环境

## （一）住房租赁市场规模快速扩大

基于中国总人口、城镇化率、城镇租住率、住房租金水平、城镇家庭可支配收入、租金收入比率、测算出的目前城镇租住人数为1.6亿~1.9亿人，年租收入为1.3亿~1.9万亿元，城镇住房租赁市场已是3亿级的规模，此外还有服务费等大量其他收入。

中国2018年的城镇化率为59.58%，比上年末提高1.06个百分点。据有关专家预测，2030年城镇化率将达到70%，未来10年仍然是城镇化快速发展期。

由于过去房价上涨过快，居民的购房支付能力降低，更多的居民选择租房住。

近年来，随着城镇居民可支配收入不断增加，租赁住房品质提高等，全国各地的住房租金总体上平稳上涨。2014年以来，深圳、广州、杭州、成都、武汉、合肥、南京、郑州、厦门、沈阳的住房租金年均上涨率分别为10.79%、9.29%、8.1%、7.43%、7.17%、6.58%、6.44%、5.27%、3.31%、1.49%。从世界上看，租金上涨是一种长期趋势。

城镇人口增加，租住率上升，以及租金上涨的长期趋势，都会使住房租赁市场规模不断扩大。

## （二）住房租金的回报率很低且季节波动较大

目前，全国平均的住房租金回报率在2%左右，长期低于CPI和基准利率。一线城市的租金回报率更低，据36氪等媒体报道，在北上广深中，北京的租金回报率最低，仅为1.37%，依次是深圳（1.38%）、上海（1.48%）和广州（1.69%）。据克而瑞研究中心测算，目前住房租赁行业的平均利润率仅为2%~4%，现金流回正周期至少需要6年，上述微薄的盈利水平还是在企业整体出租率保持在95%以上的前提下，但目前住房租赁行业前10强的企业平均出租率也仅约90%。

住房租金存在较大的季节性波动，特别是在人口净流入的大中城市，季节性波动特征更为明显。因春节后进城务工和大学生毕业等季节性因素，租金通常会在3月和7月前后出现两个峰值。以上海市为例，根据上海房屋租赁指数，上海2018年全年的房屋市场租金月度环比先抑后扬。从6月大学生毕业季开始，上海房屋租赁指数连续6个月小幅上升。

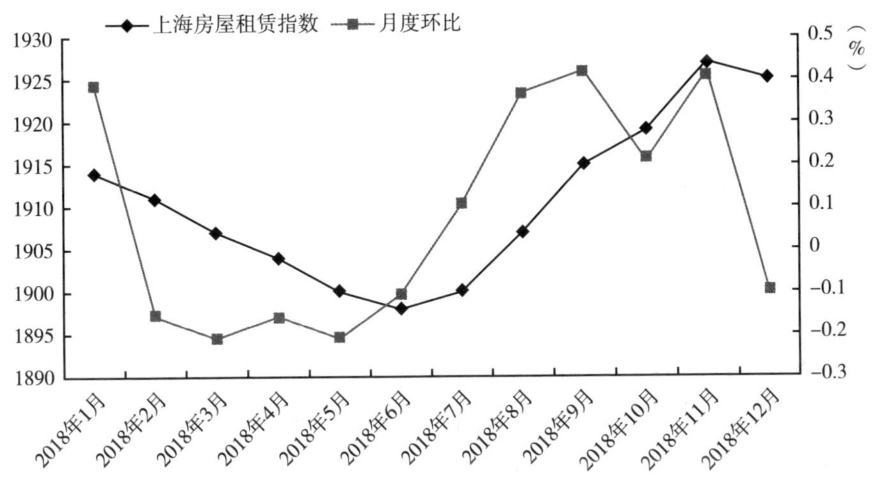


**图1　2018年上海房屋租赁指数**

资料来源：上海房屋租赁指数办公室。

### （三）住房租赁存在品质升级的客观需求

随着住房租赁消费群体的更新换代，原有的租赁产品难以跟上市场需求。一是新就业大学生对品质租赁住房的需求不断增加。据教育部数据，2018年7月有超过820万名高校应届毕业生，而“90后”对品质住房生活的要求越来越高。二是城镇居民住房消费升级的改善型需求。除了年轻白领的品质租赁需求，全人群、全生命周期的品质租赁需求不断释放。三是流动人口对住房租赁已不满足于住得便宜，还要求住得好、住得安全、住得舒心。

### （四）住房租赁行业与发达国家比潜力巨大

对比发达国家，中国住房租赁行业的潜力还很大。

一是从租金回报率看，目前的住房租金回报率过低是很不正常的，在市场作用下，租金回报率最终要回归到合理水平，如为4%～6%。待租金回报率逐渐回归到合理水平，企业的盈利状况将大为好转，现金流回正周期也会明显缩短。

二是从住房租赁企业数量看，还有很大的增长空间，未来的市场地位也会越来越重要。根据中国国家统计局数据，2016 年我国有 9.49 万家房地产开发企业，而根据中国房地产存量资产暨城市更新理事会统计，2016 年全国仅有 600 家住房租赁企业。根据德国统计局数据，2016 年德国有 0.78 万家房地产开发企业，有 8.76 万家住房租赁企业。

## 二　2018年培育和发展住房租赁市场的相关政策

中国最早的一批专业化、机构化住房租赁企业产生于 2010 年前后，但直到 2015 年 1 月住房城乡建设部《关于加快培育和发展住房租赁市场的指导意见》、2016 年 5 月《国务院办公厅关于加快培育和发展住房租赁市场的若干意见》发布后，以及在 2017 年 4 月住房城乡建设部、原国土资源部《关于加强近期住房及用地供应管理和调控有关工作的通知》、2017 年 7 月住房城乡建设部等八部委《关于在人口净流入的大中城市加快发展住房租赁市场的通知》、2017 年 8 月原国土资源部、住房城乡建设部印发《利用集体建设用地建设租赁住房试点方案》等一系列培育和发展住房租赁市场的政策引导下，住房租赁市场规模才快速扩大，住房租赁行业快速发展，住房租赁企业进入快速增长阶段。

尽管住房租赁企业发展在 2018 年 8 月中旬后因房租过高上涨成为舆论热点，引发对住房租赁企业哄抬房租、垄断房源、违规开展“租金贷”（也称“租房贷”）的质疑等而遇到一定挫折，但国家培育和发展住房租赁市场的政策方向没有变，支持和鼓励专业化、机构化住房租赁企业发展的政策导向没有变，住房租赁行业仍然是国家政策重点扶持的行业。

### （一）总结住房租赁试点经验，发展专业住房租赁企业

住房租赁试点城市工作有序推进。截至 2018 年 3 月，试点城市已培育国有住房租赁企业 122 家，新增租赁住房用地 256 宗，商改租盘活存量房源 7.2 万套，住房租赁信息服务与监管平台录入房源 113 万套。10 月 10～12 日，住房城乡建设部在合肥、佛山分别召开了住房租赁试点工作推进会。

发展住房租赁市场，激活消费潜力。2018 年 9 月 20 日《中共中央国务院关于完善促进消费体制机制进一步激发居民消费潜力的若干意见》提出：“大

力发展住房租赁市场特别是长期租赁。总结推广住房租赁试点经验，在人口净流入的大中城市加快培育和发展住房租赁市场。加快推进住房租赁立法，保护租赁利益相关方合法权益。”

总结推广试点经验，支持专业租赁机构发展。2018 年 9 月 24 日，国务院办公厅印发的《完善促进消费体制机制实施方案（2018～2020 年）》提出：“大力发展住房租赁市场。总结推广住房租赁试点经验，加快研究建立住房租赁市场建设评估指标体系。发挥国有租赁企业对市场的引领、规范、激活和调控作用，支持专业化、机构化住房租赁企业发展。加快建设政府主导的住房租赁管理服务平台。”

## （二）不断改善土地供应结构，增加租赁住房用地供应

租赁住房用地列入新增住房用地供应计划。住房城乡建设部 2018 年 5 月发布的《关于进一步做好房地产市场调控工作有关问题的通知》提出，热点城市力争用 3 到 5 年时间，公租房、租赁住房、共有产权住房用地在新增住房用地供应中的比例达到 50% 以上。

集体建设用地入市扩大租赁住房土地供应。2018 年 1 月，原国土资源部、住房城乡建设部在《国土资源部办公厅、住房城乡建设部办公厅关于沈阳等 11 个城市利用集体建设用地建设租赁住房试点实施方案意见的函》提出规范集体建设用地建设租赁住房的审批和监管程序，明确项目申报主体，户型以 90 平方米以下中小户型为主。北京市土地供应规模和开工建设数量均位于全国前列，2018 年度共实现集体土地租赁住房用地供应 209.2 公顷，全年共开工 12 个项目、房源约 1.2 万套。

## （三）稳步推进住房租赁资产证券化

2018 年 4 月 25 日，中国证监会、住房城乡建设部联合发布《关于推进住房租赁资产证券化相关工作的通知》，对开展住房租赁资产证券化的基本条件、政策重点支持的区域、资产证券化开展的程序以及资产价值评估方法等方面做出明确规定。该《通知》还鼓励住房租赁企业结合自身运营现状和财务需求，开展资产证券化，并将重点支持这些企业发行以其持有不动产物业作为底层资产的权益类资产证券化产品，积极推动多类型具有债权性质的资产证券化产品，试点发行房地产投资信托基金（REITs）。

### （四）将住房租金纳入税收抵扣项目

2018 年 8 月 31 日通过的《个人所得税法》修正案规定：“专项附加扣除包括子女教育、继续教育、大病医疗、住房贷款利息和住房租金等支出。”住房租金被列入个人所得税抵扣项，既为承租人提供了切实的经济支持，也释放出继续支持住房租赁市场发展的强烈信号。

### （五）多地出台和实施“租售同权”政策

所谓“租售同权”，指的是明确租赁当事人的权利义务，保障当事人的合法权益，建立稳定租期和租金等方面的制度，逐步使租房居民在基本公共服务方面与买房居民享有同等待遇。继 2017 年广州等城市出台“租购同权”政策后，2018 年更多的城市也出台了相关政策和实施细则。

例如 2018 年 4 月 3 日，武汉市在《2018 年建立租购并举住房制度实施方案》中明确：承租人可按规定申领居住证，并享受义务教育、医疗、就业、法律援助等基本公共服务。2018 年 4 月 25 日，北京市教委在《2018 年义务教育阶段入学工作意见》中提出，在幼升小阶段“京籍无房家庭可在租住地入学”。

## 三　2018年住房租赁企业发展概况

### （一）多元化供应主体格局初显

住房供应多元化。市场化租赁住房作为住房多元化供应的渠道之一，地位越来越重要。据各地住房城乡建设部门统计，2018 年，北京共有住房 700 万套，其中租赁住房 150 万～200 万套，占 21.4%～28.6%，公租房 20 万套；上海共有住房 750 万套，其中租赁住房 180 万套，占 24%左右，公租房 10.5 万套。

企业背景多元化。住房租赁企业中，有中介背景的，如自如、相寓；有房地产开发背景的，如万科泊寓、龙湖冠寓；也有互联网背景的，如蛋壳公寓；有酒店背景的，如铂涛“窝趣”。同时，国企背景的企业也开始入场，如上海地产集团旗下租赁住房运营服务品牌“城方”，旗下涵盖城寓、城享、城创和城智四大品牌，规划项目数量超过 20 个，总建筑面积约 110 万平方米。

## （二）企业规模扩大，行业集中度提高

2018 年，住房租赁企业规模持续扩大，管理房源数量较 2017 年有大幅上升。万科、旭辉、自如等企业的房源数量较 2017 年均增加了一倍以上，市场占有率大幅上升。

按照管理房源的数量，据住房租赁企业官网披露的信息和媒体报道综合统计，目前集中式、分散式、宿舍式租赁住房品牌的排名如下。

**表 1　集中式租赁住房品牌 TOP5**

| 排名 | 企业 | 品牌 | 已拓房源数量(万间) |
|---|---|---|---|
| 1 | 珠海市万沙科技有限公司 | 万科泊寓 | 23 |
| 2 | 冠寓商业管理有限公司 | 冠寓 | 10 |
| 3 | 魔方生活服务集团 | 魔方公寓 | 7 |
| 4 | 上海领昱公寓管理有限公司 | 旭辉领寓 | 5 |
| 5 | 朗诗集团股份有限公司 | 朗诗寓 | 3.5 |

资料来源：企业官网信息和媒体报道综合统计。

**表 2　分散式租赁住房品牌 TOP5**

| 排名 | 企业 | 品牌 | 房源数量(万间) |
|---|---|---|---|
| 1 | 北京自如资产管理有限公司 | 自如 | 90 |
| 2 | 伟业我爱我家集团 | 相寓 | 80 |
| 3 | 紫梧桐(北京)资产管理有限公司 | 蛋壳公寓 | 40 |
| 4 | 上海青客电子商务有限公司 | 青客公寓 | 10 |
| 5 | 四川优客投资管理有限公司 | 优客逸家 | 4 |

资料来源：企业官网信息和媒体报道综合统计。

**表 3　宿舍式租赁住房品牌 TOP3**

| 排名 | 企业 | 品牌 | 床位数量(万) |
|---|---|---|---|
| 1 | 安歆集团 | 安歆公寓 | 6 |
| 2 | 魔方生活服务集团 | 9 号楼 | 1.5 |
| 3 | 杭州市蓝领公寓 |  | 1.05 |

资料来源：企业官网信息和媒体报道综合统计。

2018 年，一些经营不善、盈利能力差的住房租赁企业被市场竞争所淘汰，宣告破产。据环球网统计，长租公寓关店率达到 3.6%，关店的主要原因是资金链断裂、消防不合规、产权法律风险等。2018 年下半年开始，行业并购增多，洗牌开始。

## （三）企业融资渠道拓宽，融资规模扩大

住房租赁企业的资金来源除了风险投资、企业自有资金、银行贷款外，还在积极探索资产证券化的融资模式。

2018 年，在政策利好下，住房租赁企业融资规模持续扩大。自如获得 40 亿元 A 轮融资，V 领地获得 2 亿美元 A 轮投资，优客逸家获得 10 亿元 C 轮投资。据 2018 年 10 月《经济参考报》统计，金融机构已为住房租赁市场提供了 3 万亿元授信。资本为住房租赁行业的快速发展注入了强劲的动力。

2018 年住房租赁资产证券化的数量和规模均大幅超过 2017 年，一是轻资产的租金收益权 ABS；二是重资产的 CMBS；三是类 REITs。据中国证券投资基金业协会统计，2018 年共计发行备案住房租赁资产证券化产品 19 只，规模合计 178.93 亿元。

## （四）市场竞争加剧，头部企业错位竞争

目前很多住房租赁企业采取传统的二房东模式，即主要依靠收房和出房的租金差获利。在激烈的市场竞争下，二房东模式拿房成本较高，回报周期长，造血能力差，越来越难以生存。而头部企业已经开始寻找自身优势，实现错位竞争。

得益于房地产开发企业背景，万科在自持租赁住宅上形成了独特的优势。万科多次通过公开招拍挂的方式获取自持性住宅用地。重资产并不意味着无法退出，万科已经规划未来通过 REITs 的方式降低资产重量。万科长租公寓业务已形成青年公寓“泊寓”、家庭公寓、服务式公寓三类产品，为不同阶段客户提供长期租住解决方案。

蛋壳公寓以商业智能（Business Intelligence，BI）系统为核心优势。在其 BI 系统的支持下，每个房源都要经过严格的风控系统考验和筛选，确保符合核心用户人群的需求。从设计方案定稿开始，BI 系统就会进行整体规划，生

成一套完整的工单，体现从装修队进场到最后交房过程中所有的重要时间节点。

魔方生活服务集团在集中式公寓上形成了成熟的运营模式。通过提供“标准化+定制化”的产品和专业化的运营，为企业解决员工住宿问题，帮助企业降低用工成本，为都市年轻人打造理想、稳定的居所。目前，魔方生活服务集团拥有魔方公寓、摩尔公寓、V客公寓、9号楼多条产品线，同时还投资了窝趣公寓等品牌公寓。

安歆公寓专注于蓝领公寓，致力于为企业提供酒店式、连锁化、专业性的一站式员工住宿服务。开发了为企业基层员工提供的“乐寓”、为园区基层员工提供的“智寓”，为企业中高层提供的升舱产品“美域”、服务园区企业中高层和跨区域差旅的“品御”共4条产品线。目前已在9大城市拥有超过100家门店，累计服务1000家企业。

包租婆女性公寓致力于为女性提供住房租赁服务。其以“住”为入口，打造女性租住生活平台，除了拥有符合女性审美的房间外，更有年轻女性最感兴趣的各类社交活动以及集合热门好物的Biggirl福利社，目前已拥有20万女性会员。

### （五）服务价值提高，服务内容拓展

目前，住房租赁企业的利润主要来源于四个方面：一是整套租进、分间出租，赚取分租与整租之间的租金差价；二是将客厅打隔断改造为一间卧室后出租，即所谓的“N+1”，赚取新增卧室的租金；三是与房东约定每年1~2个月的住房空置期不计租金，通过缩短实际空置期获取收益；四是通过重新装修、配置家具家电、提供服务等提升住房品质而获取租金溢价。

2018年以来，住房租赁企业的服务价值不断提高，服务内容不断拓展。服务价值从单一的住房转租，到房源经过专业设计、空间布局合理、统一装修改造、配置家具家电，完善的管理服务，提升了房屋的整体价值。服务内容不断拓展，从单一的住房租赁服务，拓展到租赁、维修、搬家、健身等多种服务。从目前行业情况看，公寓租后生活服务的营收占比平均只有5%左右，而魔方等企业已将该比例提高到10%~20%，未来还有很大的提升空间。

## （六）受多种不利因素影响，下半年扩张速度放缓

2019 年 8 月 1 日，有网友在水木论坛发帖称自己在天通苑的三居室住房被自如、蛋壳两家企业加价哄抢房源。由于正值大学生毕业季，属于每年受需求增加引起的租金上涨时期，该帖成为导火索，不满情绪迅速在互联网上蔓延，引发舆论对住房租赁企业垄断房源、哄抬房租的质疑乃至声讨。8 月 17 日，北京市住建委联合市银监局、金融局、税务局等部门集中约谈了自如、相寓、蛋壳公寓等住房租赁企业。约谈会要求住房租赁企业不得利用银行贷款等融资渠道获取的资金恶性竞争抢占房源；不得以高于市场水平的租金或哄抬租金抢占房源；不得通过提高租金诱导房东提前解除租赁合同等方式抢占房源。

8 月 31 日，有自媒体发布《阿里 P7 员工得白血病身故，生前租了自如甲醛房》，引起巨大反响。文章称，阿里一名 P7 员工今年 7 月因白血病去世，而他此前租住了自如的房屋。针对自如房源甲醛超标的问题，自如回应称将从 9 月 1 日起下架全国 9 城全部首次出租房源，待 CMA 认证机构检验合格后再上架，未来所有新增房源都将 100% 检测合格后上架出租，并在自如 App 详情页展示检测合格报告。

部分企业租金倒挂、房屋空置和资金期限错配、挪用等违规操作引发了资金链断裂。8 月 20 日，长租公寓鼎家发出通知，称公司因经营不善导致资金断裂，已停止运营，印证了此前舆论关于“长租公寓爆雷”的警告。据《华夏日报》统计，2018 年资金断裂的长租公寓达 11 家，包括杭州鼎家、上海寓见公寓、好租好住、长沙优租客、恺信亚洲、石家庄众客驿家、北京昊园恒业等。

2018 年下半年开始，行业监管更为严格，不少投资方暂缓投资或撤资，企业融资计划受阻，行业进入资本寒冬。住房租赁专项债屡屡遭中止或终止，如花样年 50 亿元的住房租赁专项公司债券在 11 月底宣告终止，朗诗集团拟发行的“中山证券 - 东兴企融 - 朗诗寓长租公寓一期资产支持专项计划”于 7 月和 12 月两度被上交所中止审查。

受到抬高房租、甲醛超标和企业资金链断裂等影响，尽管 2018 年住房租赁行业仍处于大幅扩张阶段，但房源扩张速度未达预期。以万科为例，至 2018 年底万科泊寓共有房源 23 万套，较 2017 年房源增长近 3 倍，但万科原计划在 2018 年拓展房源至 45 万间，只达成了当年目标的一半。一些企业还选择

收缩规模，世联行红璞公寓 2017 年在管运营公寓约 3.5 万间，2018 年则缩减至近 3 万间。

## 四　住房租赁行业发展中存在的主要问题

### （一）市场秩序混乱，安全质量把关不严

总体而言，住房租赁行业仍然处于发展初期，经营模式尚不成熟，行业标准还欠缺，规模效益不显著，品牌特色不突出。

租赁市场秩序较为混乱，消费者投诉增多。上海市消费者权益保护委员会 2019 年 1 月披露的数据显示，上海市 2018 年全年共受理长租公寓类投诉 3167 件，同比增长 2.2 倍。投诉问题主要集中在装修完毕即对外租赁造成消费者产生身体不适、押金退还不守约、诱导办理“租金贷”。

特别是，部分住房租赁企业不能很好地把控相关产品的安全质量，给租客健康和行业信誉都带来很大的风险。部分企业为了盈利，房源从收房、装修到入住的时间不到 1 个月，使用的材料多为成本很低的胶合板、细木工板、中密度纤维板等人造板材，甲醛等有害气体超标。

### （二）各地对政策理解不同，有关政策落地难

近几年，国家层面各类加快培育和发展住房租赁市场的政策密集出台，但住房租赁行业在实际操作中仍面临政策落地难的问题。

“N+1”模式合法性不明确。“N+1”模式是住房租赁企业的常见做法。上海、成都、武汉等城市发布过对允许“N+1”模式的地方性政策文件。“N+1”模式在一些城市被允许或默许，而在北京等城市则不允许，甚至有时被认为是群租房而加以整治。

租赁住房及租赁服务缺乏标准。在诸如工商、消防、税务、建筑施工、从业人员资格等方面，住房租赁没有一个完善、明确的标准规范。特别是，对于“商改住”“厂改住”的长租公寓和蓝领公寓，各地实际操作中消防验收标准不明确。企业不得不参照酒店的标准或自己的标准进行施工改造，这导致部分物业改造后无法通过当地消防验收。

企业资金来源不稳定。尽管国家多次发文，但行业仍缺乏长期稳定的融资方式。在租金回报率低的情况下，由于银行贷款利率、企业债券利率均高于租金回报率，企业难以通过银行、发行债券获取长期资金，部分企业过度依赖风险投资。

### （三）资金监管不到位，易引发行业危机

我国尚未出台住房租赁行业的租金、押金、租金贷监管办法，在监管不到位的情况下，部分住房租赁企业利用租金、租金贷、押金等扩大规模，如因经营不善资金链断裂，房东、租客的租金、押金等交易资金就会蒙受损失。房东收不到租金就会驱逐租客，租客无房可住还要偿还租金贷，很易引起群体性事件，进而引发全行业危机。

### （四）社会认可度不高，偶然事件易引起舆论质疑

由于住房租赁行业仍然处于发展初期，社会了解程度和认可程度均不高，不少自媒体在报道时甚至将房地产中介机构和住房租赁企业混为一谈，同时企业探索经营方式、偶然性事件也容易招致舆论批评。

企业探索新型经营方式时引发舆论批评。以万科“万村计划”为例，万村团队提出“整村运营、开放式社区管理”的理念，希望帮助政府改造城中村。但在 2018 年 6 月，深圳流传的一封《致富士康员工的公开信》称，万科主导的城中村改造后租金将翻番、加重员工负担。公开信引发了社会舆论批评，而万科回应称改造后的泊寓涨幅仅在 10% 左右。11 月初，万科综合舆论压力、工程滞后、收益率低等因素多方考虑，决定在深圳全面暂停签约新房源，重启时间待定。

偶然性事件也会引起社会舆论对住房租赁企业的不信任。2018 年下半年，有媒体陆续报道自如租客投毒、砍人等事件。从社会舆论看，偶然性事件很快演变为对自如管理不利的批评质疑。

## 五　2019年住房租赁行业发展展望

2018 年 12 月 24 日，全国住房和城乡建设工作会议提出：“以解决新市民

住房问题为主要出发点，补齐租赁住房短板。人口流入量大、住房价格高的特大城市和大城市要积极盘活存量土地，加快推进租赁住房建设，切实增加有效供应。在总结试点经验基础上，指导大中城市全面培育和发展住房租赁市场。继续推进集体土地建设租赁住房试点工作。”2019 年 3 月 12 日，住房城乡建设部部长王蒙徽在十三届全国人大二次会议部长通道上说：“坚持调结构、转方式，特别是要大力培育和发展住房租赁市场，重点是要解决新市民的住房问题。”这些为 2019 年的住房租赁市场及行业的发展指明了方向。

## （一）租赁需求强劲，行业前景良好

在流动人口租房需求、新就业大学生租房需求和现有租赁人群的改善型需求影响下，住房租赁市场需求强劲，行业前景良好。

在此，对未来两年内的住房租赁市场规模进行简单估算。首先，以 2016 年底全国城镇人均住房建筑面积 36.6 平方米的 70% 计算人均租赁住房面积，约为 25 平方米。以 2015 年全国套均住房面积 109 平方米的 70% 估算租赁住房面积，约为 76 平方米。其次，将租赁住房需求增加分为新增城镇居民的新增需求和现有城镇居民的改善型需求分别计算。一是新增需求，根据国务院《人口发展规划（2016～2030）》，至 2020 年，我国城镇居民达 8.52 亿人，较 2018 年 8.3137 亿人新增城镇居民 2063 万人，按照流动人口 75% 的租房比例计算，共需要租赁住房 75% ×2063 万人 ×25 平方米/人 = 3.8681 亿平方米。二是改善型需求，按照第六次全国人口普查城镇人口 21% 的租住率估算，2018 年我国城镇有 1.75 亿人租房居住，共需要 43.64 亿平方米住房，现有市场供给约为 4600 万套，以套均面积 76 平方米推算共 34.9 亿平方米，故市场缺口约 8.74 亿平方米。以上，合计新增租赁住房需求约 12.6 亿平方米，折合住房 1658 万套。目前全国套均月租金约为 2000 元，以每年租金涨幅 5% 计算，至 2020 年套均月租金约为 2205 元。由此计算，至 2020 年，住房租赁新增的市场价值潜力为 2205 元/月 ×12 月 ×1658 万套 =4387 亿元。可见，在短期内住房租赁市场的规模仍将以每年至少 2000 亿元的速度快速增长。

## （二）培育与监管并重的政策趋向

政策上，我国仍会大力培育和发展住房租赁市场，支持专业化、机构化特

别是自持型住房租赁企业发展，同时加强对分散式住房租赁企业的监管。

鼓励集体土地入市。2019 年 2 月，自然资源部、住房城乡建设部联合发文，原则同意福州、南昌、青岛、海口、贵阳等 5 个城市利用集体建设用地建设租赁住房试点实施方案，目前已有 18 个城市试点集体建设用地建设租赁租房。

公募 REITs 试点加速。2019 年伊始，上交所对外披露了 2019 年的工作部署，其中包括推动公募 REITs（房地产投资信托基金）试点，加快发展住房租赁 REITs。3 月 31 日，国务院发展研究中心证券化 REITs 课题组秘书长王步芳也表示，公募 REITs 首批试点产品近期将推出。

《住房租赁条例》有望出台。2017 年 5 月 19 日，《住房租赁和销售管理条例（征求意见稿）》向社会公开征求意见。据悉，该条例一分为二为《住房租赁条例》《住房销售管理条例》，有望较快出台。

加强租赁市场监测。在住房租赁市场规模不断扩大、租赁服务事关民生的情况下，势必要加强对住房租赁市场的监测，在重点城市建立租金监测机制，及时追踪市场动态，分析市场供求关系。

### （三）挖掘蓝领市场潜力，推动行业品质竞争

蓝领公寓市场潜力巨大。目前，90% 的住房租赁企业均集中在白领公寓市场，而蓝领市场潜力巨大，据魔方公寓预测，一线城市中蓝领人口一般占外来人口的 15% ~20%，蓝领公寓是租房市场中千亿级的分支。蓝领公寓布置公共设施改造成本低于白领公寓，客单价低但单位面积收益高于白领公寓，可能成为行业在 2019 年的增长点。

行业将逐步实现“重收储、轻出租”“重规模、轻产品”向“重产品、重运营”的转变，推动行业进入品质竞争阶段。行业已经逐渐步入品质竞争阶段，单纯赚取租金差价、盲目扩大规模的企业生存空间将越来越小，消费者将更看重住房服务的品质和内涵，提供优质的租赁产品、保持较高的出租率、拥有稳健的现金流、管理运营完善的企业才能在品质竞争中生存、扩张。在品质竞争阶段，行业洗牌还将进一步加剧，这种趋势已经出现。2019 年 1 月 17 日，蛋壳公寓以 2 亿美元（包含现金和债务）全资战略收购爱上租，此次交易为业内迄今为止最大的一桩收购案。

### （四）建立行业自律管理体系，制定行业标准

住房租赁行业还没有全国性、专门性的自律管理组织，地方性住房租赁行业组织也不健全且影响力有限。为加强行业自律，规范从业行为，维护市场秩序，有必要在全国各级建立健全住房租赁行业组织；长期来看，有必要学习日本、我国台湾地区等的管理经验，建立住房租赁从业人员职业资格体系。

亟待制定租赁住房标准和租赁服务标准，在产品设计、技术要求、质量监管等领域深入研究，将绿色环保、服务民生的理念与行业发展有效衔接，以规范住房租赁企业行为，为承租人提供健康、便利的居住环境。

**参考文献**

Statistisches Bundesamt. Strukturerhebung im Dienstleistungsbereich Grundstücks – und Wohnungswesen [R] . Bonn：Statistisches Bundesamt，2018.

中债资信 ABS 团队：《中国资产证券化市场发展报告 2018》，中债资信，2018。

谢敏敏：《长租公寓站上风口：上规模、赌明天》，https：//new. qq. com/omn/20180209/20180209A04WUX. html，2018 [2019 -4 -1]。

傅闻捷：《追真相：上海市消保委公布 2018 年消费投诉数据，共享单车、长租公寓等成为"重灾区"》，http：//www. cnr. cn/shanghai/tt/20190123/t20190123_ 524491731. shtml，2019 年 2 月 28 日。

# B.5

# 2018年全国城市地价动态监测分析报告

中国国土勘测规划院　全国城市地价监测组*

**摘　要：** 2018年，全国主要监测城市商服地价增速平缓提升，住宅地价增速明显回落，工业地价增速温和上行，重点监测城市住宅地价增长率首次低于主要监测城市。年内各季度间，主要监测城市商服地价环比增速持续下降，住宅、工业地价环比增长率均先升后降。除三线城市外，全年各区域、各类型城市住宅地价增速普遍回落，20热点城市中，仅6个城市住宅地价增长率上涨。全国主要监测城市各用途土地供应面积增长率均有所提升，保障性住房用地供应面积大幅增加，且占比提升。全国土地价格变化与土地市场供应变化、宏观经济变化及宏观调控政策导向密切相关，整体吻合。2019年，外部经济环境复杂严峻，经济面临下行压力，积极的财政政策重在提效加力，稳健的货币政策将松紧适度。在此背景下，土地市场与地价变化将整体趋稳；房地产调控政策导向保持连续，调控方式进一步优化，在"以稳为主"的目标下，住房及住宅用地市场明显波动的可能较小；供给侧结构性改革继续深化，先进制造业和现代服务业深度融合，或将引起工业、商服地价提升。

**关键词：** 土地价格监测　土地市场　土地供应

* 执笔人：赵松，中国国土勘测规划院地价所所长，研究员。

## 一　2018年全国主要监测城市地价状况分析

### （一）地价水平值分析

1. 各用途地价水平值继续提升，重点监测城市高于主要监测城市且差值进一步扩大

2018 年，全国主要监测城市综合地价水平值为 4335 元/平方米，较 2017 年提高 252 元/平方米，商服、住宅、工业地价水平值较上年分别提升 349 元/平方米、558 元/平方米、28 元/平方米。全国重点监测城市综合地价水平值为 6496 元/平方米，较 2017 年提高 379 元/平方米，商服、住宅、工业地价水平值较上年分别提升 515 元/平方米、698 元/平方米、54 元/平方米。全国主要监测城市和重点监测城市均表现为各用途地价水平值继续提升，住宅地价增量最大，工业地价增量最小。

全国重点监测城市各用途地价水平值均高于主要监测城市，且差值进一步扩大，商服、住宅、工业地价水平值分别高出 2747 元/平方米、3139 元/平方米和 319 元/平方米（见图 1）。

2. 长江三角洲地区“商住倒挂”现象进一步增加，环渤海地区商服、住宅地价水平值基本持平

三大重点区域地价水平值仍保持珠江三角洲地区最高，长江三角洲地区次之，环渤海地区最低的格局。除环渤海地区工业地价水平值略低于全国主要监测城市平均水平外，各区域各用途地价水平值均高于全国均值。珠江三角洲地区商服地价水平值为 22895 元/平方米，分别是长江三角洲地区和环渤海地区的 2.42 倍和 2.77 倍，与 2017 年相比，该值在长江三角洲地区继续扩大，在环渤海地区基本未变。

环渤海地区商服、住宅地价水平值的差距明显缩小，基本持平。长江三角洲地区“商住倒挂”现象进一步增加，差值达 1477 元/平方米，较 2017 年增加 207 元/平方米（见图 2）。

### （二）地价增长率分析

1. 主要监测城市住宅地价增速首次低于重点监测城市，增速明显回落，商服、工业地价增速平缓提升

2018 年，全国主要监测城市商服、住宅、工业地价增长率分别为 4.82%、

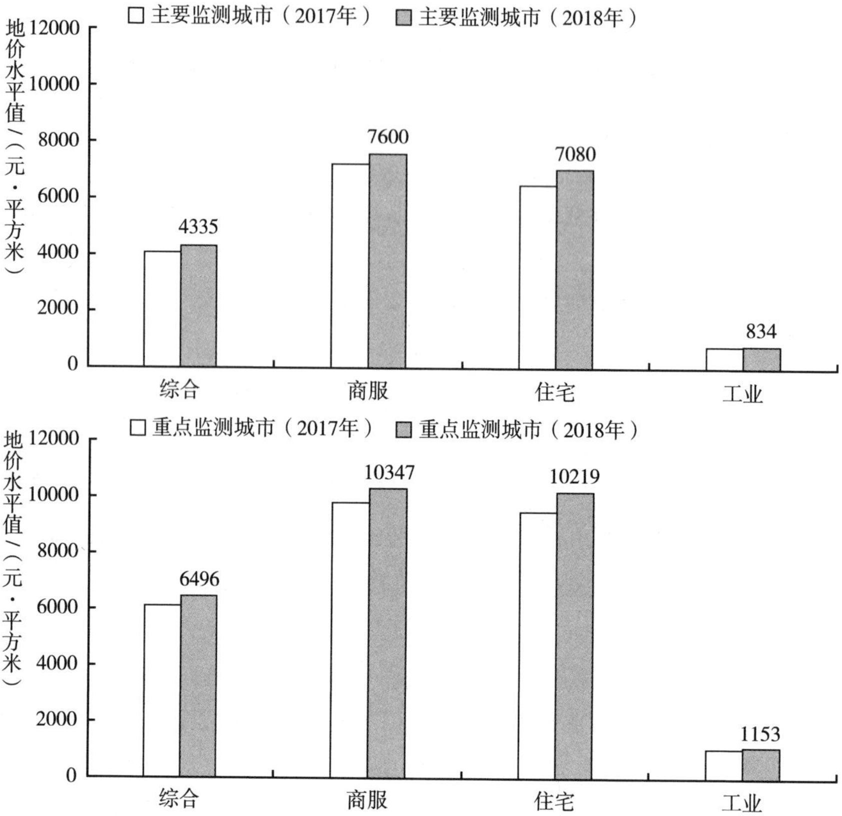

**图1　2017、2018 年全国主要监测城市和重点监测城市地价水平值**

说明：除了单独标注来源的，本文地价数据均来自“中国城市地价动态监测系统”。下同。

8.55%、3.53%。其中，住宅地价增速明显放缓，较上年回落 1.66 个百分点，商服地价和工业地价增速较上年分别平缓提升 0.30 和 0.51 个百分点。各用途地价增速差异缩小，住宅、工业地价增速差值为 5.02%，较上年减少 2.17 个百分点（见图 3）。

全国重点监测城市商服、住宅地价增长率分别为 5.24%、7.33%，较上年同期分别下降 0.76 和 3.06 个百分点，住宅地价增速回落较主要监测城市更为明显，增速首次低于主要监测城市；工业地价增长率为 4.90%，较上年提升 0.70 个百分点，与全国主要监测城市变化趋势一致。

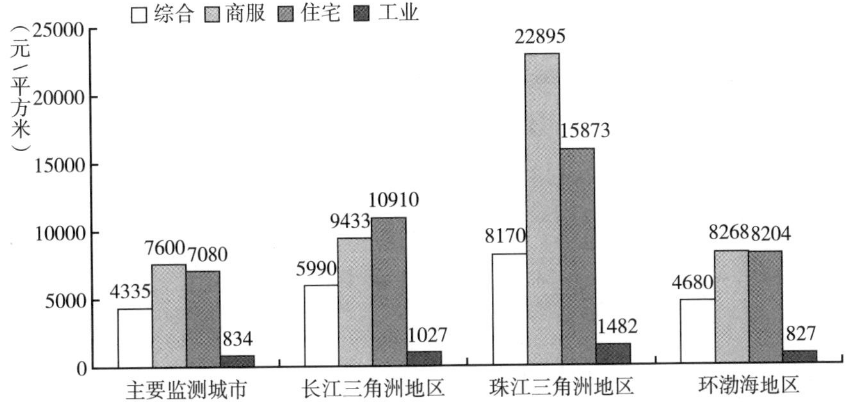


**图2　2018 年三大重点区域地价水平值**

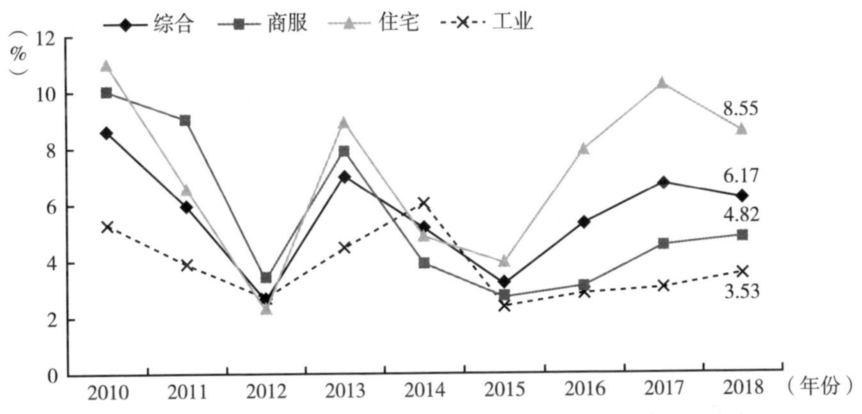


**图3　2010～2018 年全国主要监测城市各用途地价增长率**

2. 年内各季度间，商服地价环比增速持续下降，住宅和工业地价环比增速先升后降

2018 年，全国主要监测城市各季度商服地价环比增速持续放缓，从第一季度的 1.37% 降至第四季度的 0.96%，下降了 0.41 个百分点；综合、住宅和工业地价环比增速变化趋势均为先升后降，在第二季度达到高值后，第三季度、第四季度持续回落，年末分别降至最低值 1.09%、1.40% 和 0.73%；其中，住宅地价环比增速回落最为明显，第四季度较第二季度下降 1.08 个百分点（见图4）。

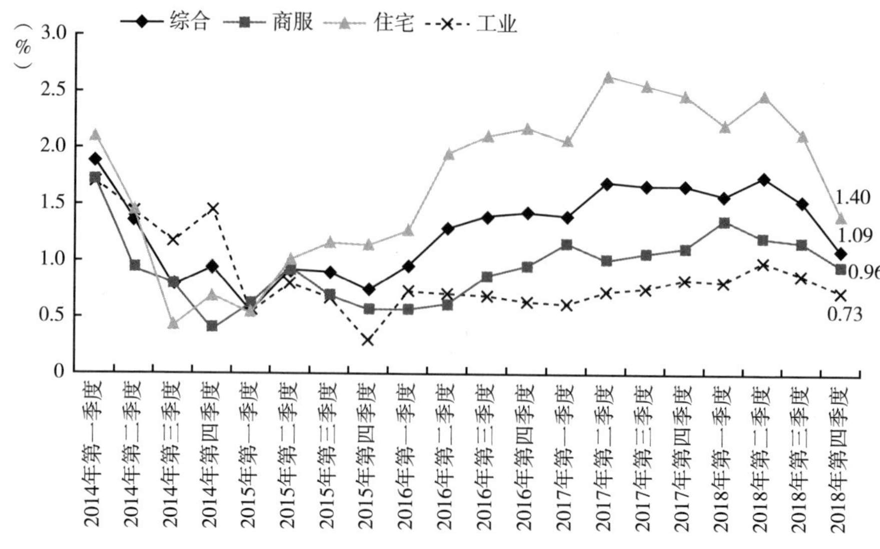


**图4　2014～2018年全国主要监测城市各用途地价季度环比增长率**

3. 一、二线城市①除工业地价外，其余各用途地价增速均有所回落，三线城市各用途地价增速持续提升；一线城市商服、住宅地价增长率近五年来首次处于各类城市最低值

2018年，一、二线城市除工业地价增长率较上年分别提升0.95、0.23个百分点外，其余各用途地价增长率较上年均有所下降。一线城市商服、住宅地价增长率较上年分别下降1.43和5.88个百分点，二线城市商服、住宅地价增长率较上年分别下降0.48和2.15个百分点，一线城市住宅地价增速回落最为明显；三线城市各用途地价增长率均不同程度提升，商服、住宅、工业地价增长率分别上升1.47、0.29和0.19个百分点。

2018年，商服地价增长率表现为二线城市最高、三线城市其次、一线城市最低；住宅地价增长率呈现三线城市、二线城市、一线城市依次降低的格局，分别为10.24%、7.50%、6.79%；工业地价增长率依然表现为一线城市

① 106个监测城市中，一线城市包括北京、上海、广州、深圳；二线城市包括除一线城市外的直辖市、省会城市和计划单列市，共32个；三线城市包括除一线、二线城市外的70个监测城市。

远高于二、三线城市；一线城市商服、住宅地价增长率近五年来首次处于各线城市末位（见图5）。

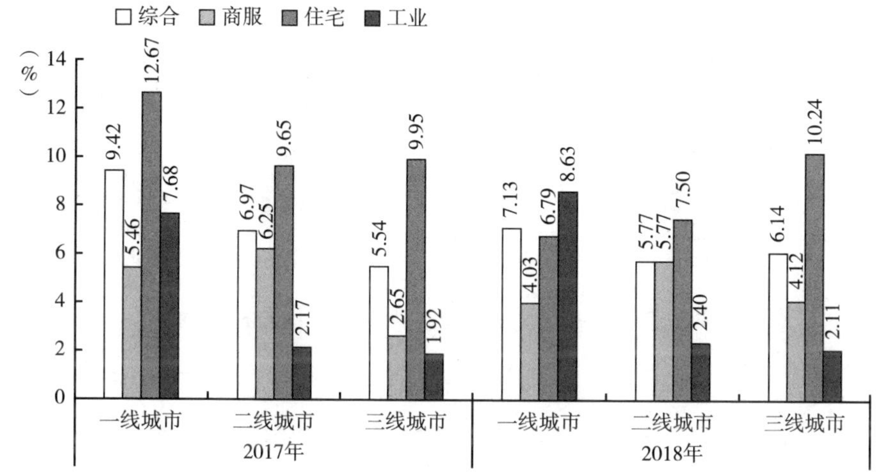


**图5　2017、2018年一、二、三线城市各用途地价增长率比较分析**

4. 东部地区住宅地价增长率首次处于最低值，除东、中部地区工业地价和西部地区商服地价增速有所上升外，各地区各用途地价增长率均有所下降

2018年，商服、住宅地价增长率均呈中部最高、西部其次、东部最低的格局，东部地区住宅地价增长率为6.99%，首次处于三大地区最低值，且低于全国重点监测城市住宅地价增长率均值。东部地区工业地价增长率远高于中、西部地区，分别高出4.98、4.16个百分点。各用途地价增速，东部地区住宅最高、工业其次、商服最低；中、西部地区住宅最高、商服其次、工业最低（见图6）。

增长率变动方面，东、中部地区除工业地价增长率较上年分别提升0.8和0.57个百分点外，其余各用途地价增长率均有所下降，其中东部地区住宅地价增速放缓最明显，较上年回落4.08个百分点。住宅地价增速大幅回落，工业地价增速小幅提升，致东部地区住宅、工业地价增速趋近；西部地区除商服地价增长率较上年提升2.07个百分点外，各用途地价增速均有所放缓（见表1）。

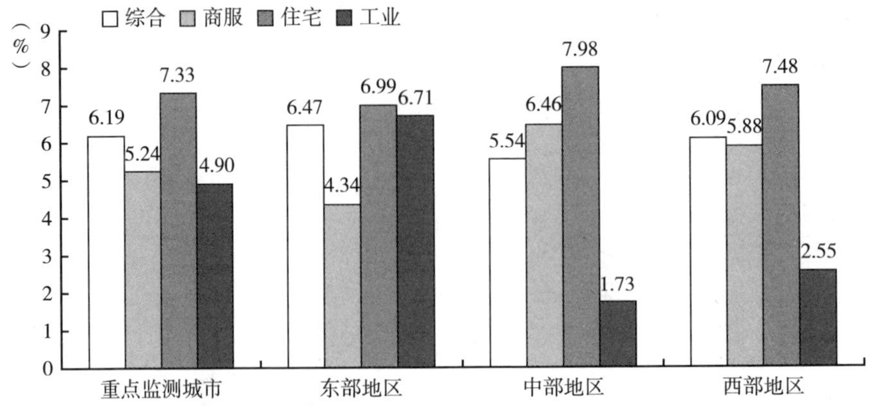


**图6　2018年东、中、西部地区重点监测城市各用途地价增长率**

**表1　2018年东、中、西部地区和重点监测城市各用途地价增长率同比变动情况**

单位：个百分点

| | 综合 | 商服 | 住宅 | 工业 |
|---|---|---|---|---|
| 重点监测城市 | -1.51 | -0.76 | -3.06 | 0.7 |
| 东部地区 | -1.9 | -1.16 | -4.08 | 0.8 |
| 中部地区 | -0.93 | -2.73 | -1.3 | 0.57 |
| 西部地区 | -1.23 | 2.07 | -2.47 | -0.04 |

5. 长江三角洲地区各用途地价增长率处于三大区域最低值，各区域工业地价增长率上升，商服、住宅地价增长率下降

三大重点区域各用途地价增长率分布格局同上年保持一致，长江三角洲地区各用途地价增长率均处于三大重点区域最低值，其中住宅地价差异最为明显，珠江三角洲、环渤海地区住宅地价增长率分别是长江三角洲地区的4.18和2.87倍，该比值较上年扩大。三大重点区域内部各用途地价增速从高到低依次为住宅、工业、商服，珠江三角洲地区住宅、商服地价增速差异显著，达9.07%（见图7）。

地价增长率变动方面，三大重点区域商服、住宅地价增长率均不同程度下降，工业地价增长率均有所上升。从工业地价增长率来看，珠江三角洲地区较上年上升1.80个百分点，提升最为明显，长江三角洲地区同上年基本持平；

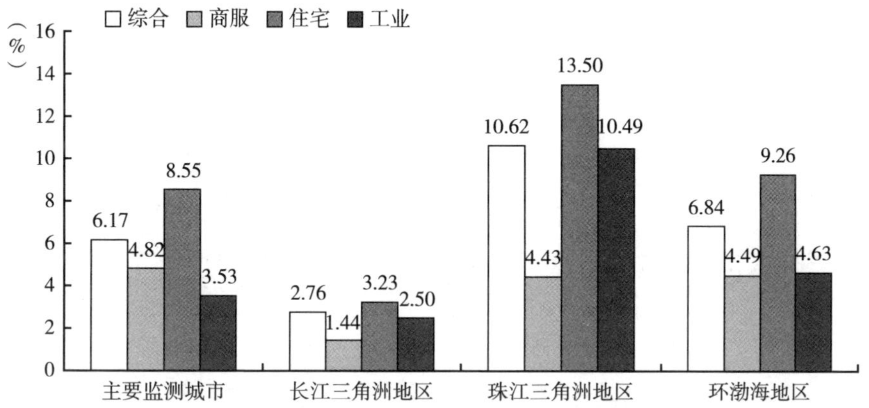


**图7　2018 年三大重点区域和主要监测城市各用途地价增长率**

从住宅地价增长率来看，长江三角洲地区较 2017 年回落 5.21 个百分点，回落最为突出（见表 2）。

**表 2　2018 年三大重点区域和主要监测城市各用途地价增长率同比变动情况**

单位：百分点

| | 综合 | 商服 | 住宅 | 工业 |
|---|---|---|---|---|
| 主要监测城市 | -0.54 | 0.3 | -1.66 | 0.51 |
| 长江三角洲地区 | -2.03 | -0.61 | -5.21 | 0.14 |
| 珠江三角洲地区 | -0.61 | -0.6 | -2.36 | 1.8 |
| 环渤海地区 | -0.22 | -1.44 | -1.1 | 1.21 |

6. 20个热点城市中，仅6个城市住宅地价增长率上升，厦门、成都、南京三市住宅地价较上年下降

2018 年，全国 20 个热点城市中仅合肥市、无锡市、武汉市、郑州市、石家庄市和长沙市的住宅地价增长率有所提升，6 个城市住宅地价增长率增量的平均值为 1.37%，提升幅度较小；其余 14 个城市中，成都市和厦门市住宅地价增速回落均超过 10 个百分点，成都市住宅地价增长率由上年的 11.99% 下降到 -2.31%，回落 14.30 个百分点；厦门市住宅地价增速较上年下降 15.02 个百分点，回落幅度最大；南京市亦呈 0.68% 的负增长。14 个城市住宅地价增长率平均回落 6.36 个百分点（见图 8）。

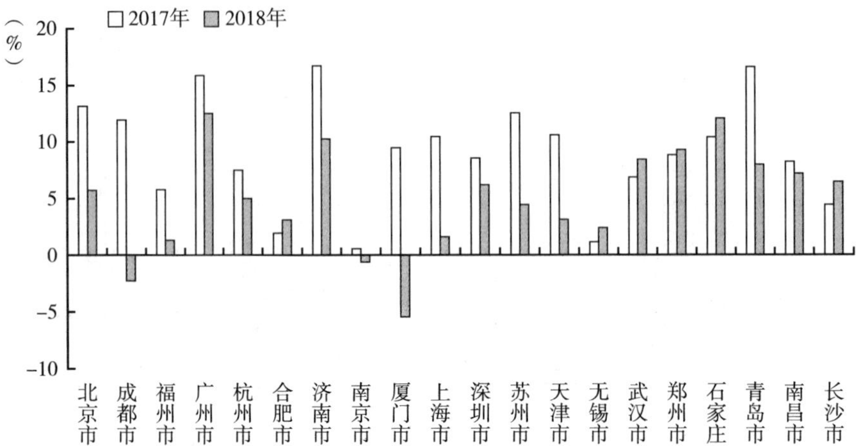


**图8　2017～2018年热点城市住宅地价增长率变化情况**

年内季度环比显示，20个热点城市中，北京市、成都市和上海市3个城市的住宅地价环比增长率连续四个季度持续下降，成都市第三、四季度及上海市第四季度住宅地价环比增速均为负值；广州市、杭州市、济南市、青岛市、南昌市5个城市的住宅地价环比增速波动下降，青岛市第四季度住宅地价环比增速为0.04%，较第一季度回落3.06个百分点，各城市中回落幅度最大，较第二季度峰值回落3.87个百分点，波动程度明显；南京市连续7个季度的住宅地价环比增速均为负值（见表3）。

## 二　2018年全国主要监测城市土地供应状况分析

### （一）主要监测城市各用途土地供应增长率提升，保障性住房用地供应增长率大幅增加，商服、工矿仓储和保障性住房用地供应增长率由负转正

2018年，全国主要监测城市建设用地供应总量进一步增加，全年达28.79万公顷，同比增长24.60%，较上年增加15.86个百分点。各用途土地供应量增长率均为正值，且有所提升，其中保障性住房用地供应量增长率为57.44%，在各用途中居于首位；保障性住房、商服、工矿仓储用地供应量增长率均由负

表3　2018年20个热点城市各季度住宅地价环比增长率及变动趋势

单位：%

| 城市 | 2018年第一季度 | 2018年第二季度 | 2018年第三季度 | 2018年第四季度 | 2018年各季度变动趋势 |
|---|---|---|---|---|---|
| 北京市 | 1.64 | 1.58 | 1.52 | 0.92 | |
| 成都市 | 2.28 | 1.97 | -1.65 | -4.76 | |
| 福州市 | 0.09 | 0.36 | 0.68 | 0.30 | |
| 广州市 | 2.67 | 4.30 | 2.91 | 2.17 | |
| 杭州市 | 1.06 | 1.98 | 1.01 | 0.98 | |
| 合肥市 | -0.08 | 1.21 | 0.97 | 1.07 | |
| 济南市 | 3.05 | 2.66 | 2.70 | 1.56 | |
| 南京市 | -0.21 | -0.15 | -0.25 | -0.07 | |
| 厦门市 | 0.53 | -1.52 | -2.84 | -1.77 | |
| 上海市 | 0.93 | 0.69 | 0.28 | -0.25 | |
| 深圳市 | 0.85 | 0.47 | 2.23 | 2.57 | |
| 苏州市 | 1.51 | 1.00 | 1.00 | 0.89 | |
| 天津市 | 1.00 | 0.31 | 0.70 | 1.11 | |
| 无锡市 | 0.64 | 0.56 | 0.69 | 0.59 | |
| 武汉市 | 1.49 | 1.84 | 2.64 | 2.27 | |
| 郑州市 | 2.29 | 2.29 | 2.24 | 2.23 | |
| 石家庄 | 2.92 | 2.92 | 2.90 | 2.88 | |
| 青岛市 | 3.10 | 3.91 | 0.81 | 0.04 | |
| 南昌市 | 1.88 | 1.86 | 1.68 | 1.65 | |
| 长沙市 | 0.90 | 1.51 | 2.01 | 1.96 | |

转正，较上年分别提升62.91、34.22、17.33个百分点，住宅用地供应量增长率较上年仅提升1.5个百分点（见图9）。

## （二）保障性住房用地供应量占比提升；年末供地总量显著高于前三季度

2018年，全国主要监测城市土地供应中，基础设施用地、房地产开发用地、工矿仓储用地供应面积占比分别为54.94%、23.96%和21.10%。建设用地供应总量和住宅用地供应量中，保障性住房用地供应量占比分别为3.26%、17.71%，占比较上年分别扩大0.68、4.01个百分点。供地节奏方面，各用途

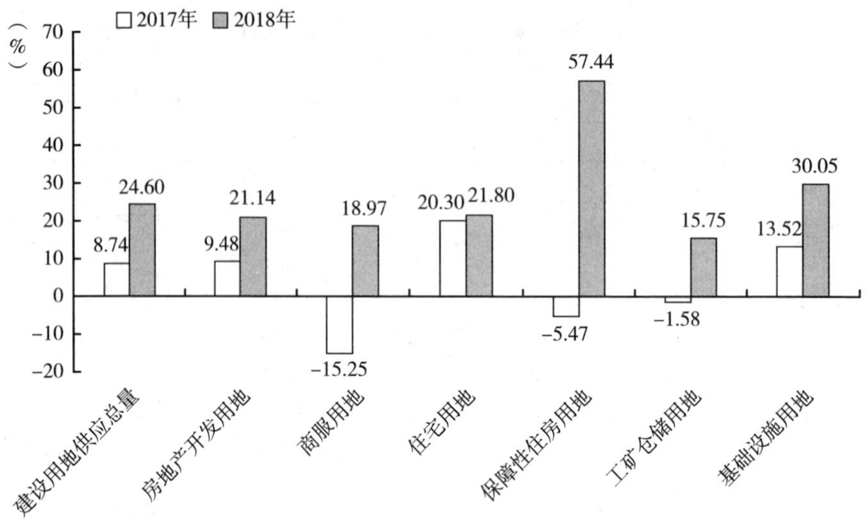


**图9　2017、2018 年全国主要监测城市各用途土地供应量增长率比较**

资料来源：自然资源部土地市场动态监测监管系统。

土地供应量均表现为第四季度最高。第四季度建设用地供应总量，基础设施用地、保障性住房用地供应量均显著高于前三季度，分别占全年供应总量的 43.67%、54.35% 和 47.75%（见图 10）。

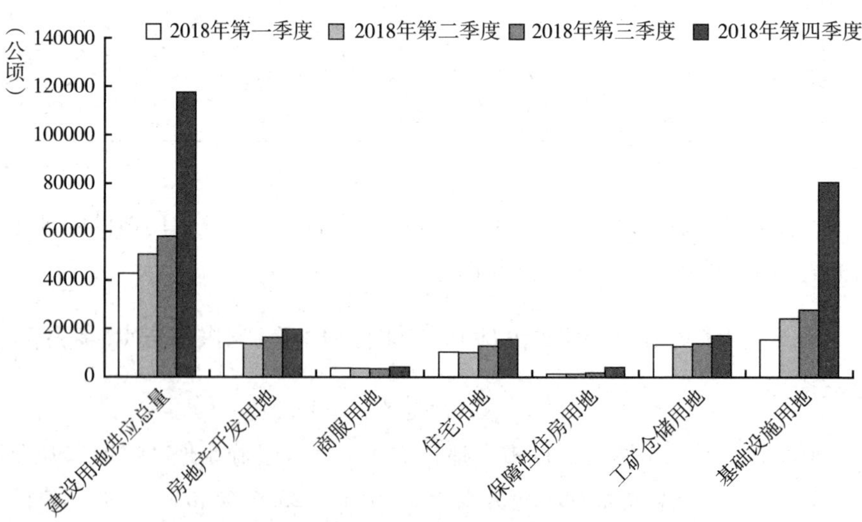


**图 10　2018 年各季度全国主要监测城市土地供应情况**

资料来源：自然资源部土地市场动态监测监管系统。

## （三）全国主要监测城市住宅用地市场中，“量”“价”同比变动一致性较强，季度环比变动一致性较弱

2018 年，全国主要监测城市住宅用地出让面积同比增长率近五年来首次下降，较上年下降 6.28 个百分点，同期住宅地价增速有所放缓，较上年回落 1.66 个百分点，住宅用地市场呈现“量价齐降”的局面。全国主要监测城市住宅用地出让面积同比增长率与住宅地价同比增长率相关系数为 0.90，变动趋势较为一致。2014～2018 年，住宅用地出让面积季度环比增长率与住宅地价季度环比增长率的相关系数为 0.17，变动一致性较弱（见图 11、12）。

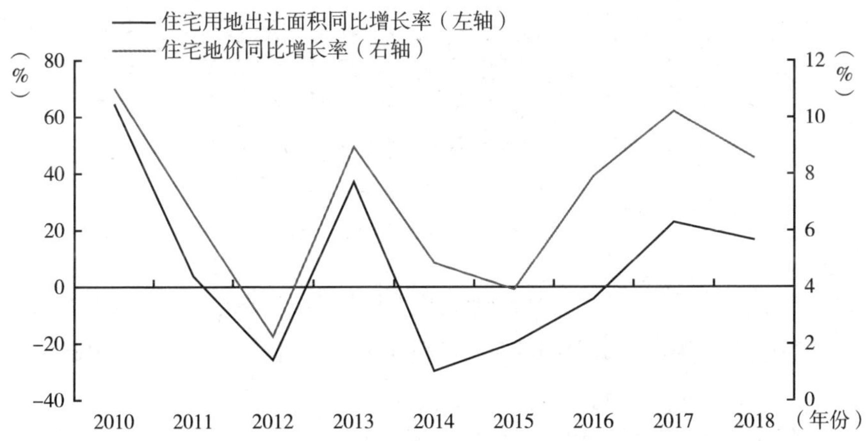


**图 11　2010～2018 年全国主要监测城市住宅用地出让面积同比增长率和住宅地价同比增长率变化情况**

## （四）一线城市住宅用地出让面积增长率大幅下降，住宅地价增速回落；二线城市增长率“量升价降”，三线城市增长率“量降价升”

2018 年，一、二、三线城市住宅用地出让面积增长率分别为 -0.32%、27.80% 和 10.12%。一线城市住宅用地出让面积增长率由正转负，较上年大幅下降 119.45 个百分点，同期住宅地价增速回落 5.88 个百分点；二、三线城市住宅用地出让面积较上年均有所增加，二线城市住宅用地出让面积同比增速继续提升，较上年增长 15.16 个百分点；三线城市住宅用地出让面积同比增速放缓，较上年回落

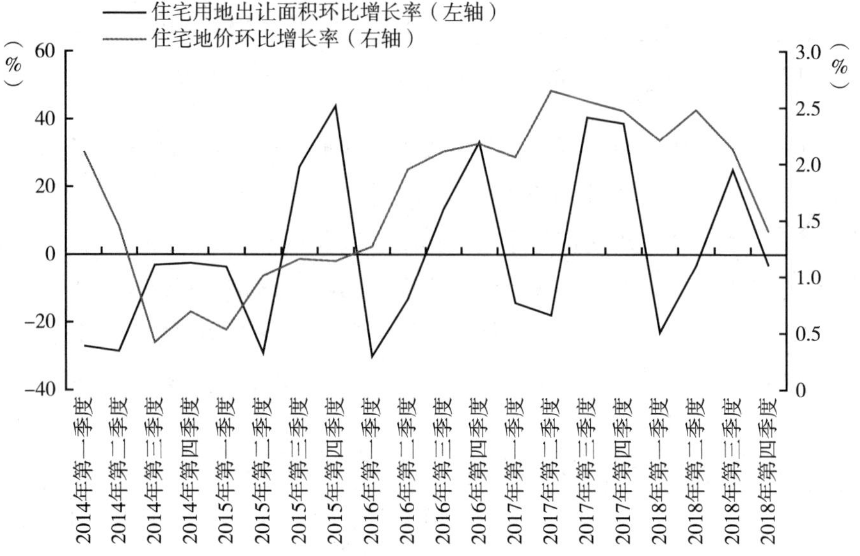


**图 12　2014～2018 年全国主要监测城市住宅用地出让面积季度环比增长率和住宅地价季度环比增长率变化情况**

资料来源：住宅用地出让面积资料来源于自然资源部土地市场动态监测监管系统。

17.31 个百分点，同期二线城市住宅地价增速回落，三线城市住宅地价增速提升。二、三线城市住宅用地市场分别呈现“量升价降”、“量降价升”局面（见图 13）。

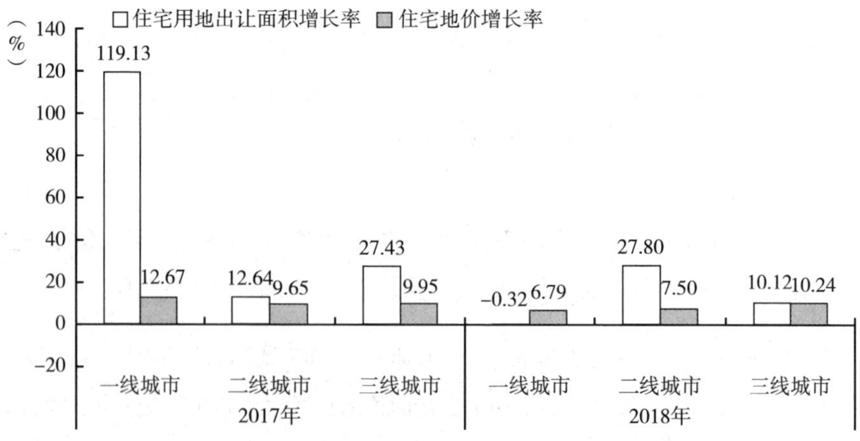


**图 13　2017、2018 年全国主要监测城市中一、二、三线城市住宅用地出让面积与住宅地价增长率**

资料来源：住宅用地出让面积资料来源于自然资源部土地市场动态监测监管系统。

## 三　2018年全国城市地价与房地产市场关系分析

### （一）重点监测城市住宅地价房价比总体上升，住宅物业租价比下降；东、中、西部地区间住宅地价房价比差异扩大，租价比差异缩小

2018 年，重点监测城市住宅地价房价比平均值和中位数分别为 33.88%、32.37%，较上年分别上升 0.82 和 0.78 个百分点，福州市、杭州市、厦门市、宁波市地价房价比均超过 50%。三大地区间，住宅地价房价比平均值呈东、西、中部地区依次降低格局，分别为 43.12%、30.11% 和 24.25%，东、西部地区较上年分别提升 2.51 和 1.15 个百分点，中部地区较上年下降 2.46 个百分点，地区间差异扩大。重点监测城市住宅物业租价比平均值、中位数均为 4.19%，较上年下降。三大地区间，住宅物业租价比平均值仍保持西部最高、中部次之、东部最低格局，西部地区与东、中部地区住宅物业租价比平均值分别相差 0.63 和 0.99 个百分点，差值较上年缩小（见图 14）。

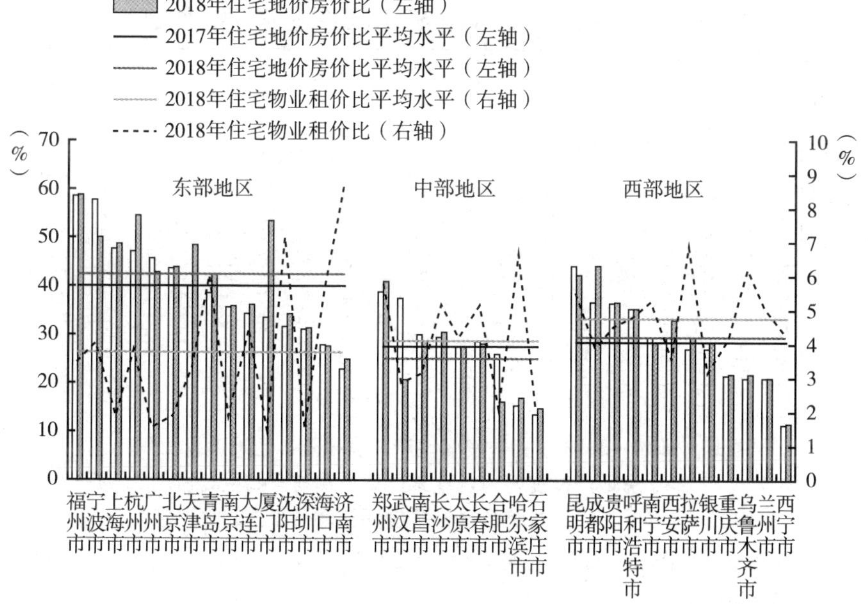


**图 14　2017、2018 年重点监测城市住宅用地地价房价比与住宅物业租价**

## （二）房地产开发投资累计增长率年内各季度波动较小，土地购置面积累计增长率除三季度外均低于上年同期，房地产投资国内贷款紧缩，综合地价增速下半年逐渐回落

2018 年，全国各季度房地产开发投资累计增长率均高于上年同期，年内各季度波动下降，12 月末房地产开发投资累计增长率为 9.5%。房地产投资国内贷款累计增长率和土地购置面积累计增长率均在第一季度大幅下降，较上年末分别回落 16.4 和 15.3 个百分点，其中，房地产投资国内贷款累计增长率自 2017 年第二季度以来保持下降趋势，于 2018 年第二季度达最低值 -7.9%，三、四季度有所回升，但为负增长，房地产业土地购置面积累计增长率除第三季度外，其余各季度均低于上年同期。综合地价增速上半年缓慢提升，下半年逐渐回落，四季度较上年同期下降 0.54 个百分点（见图 15）。

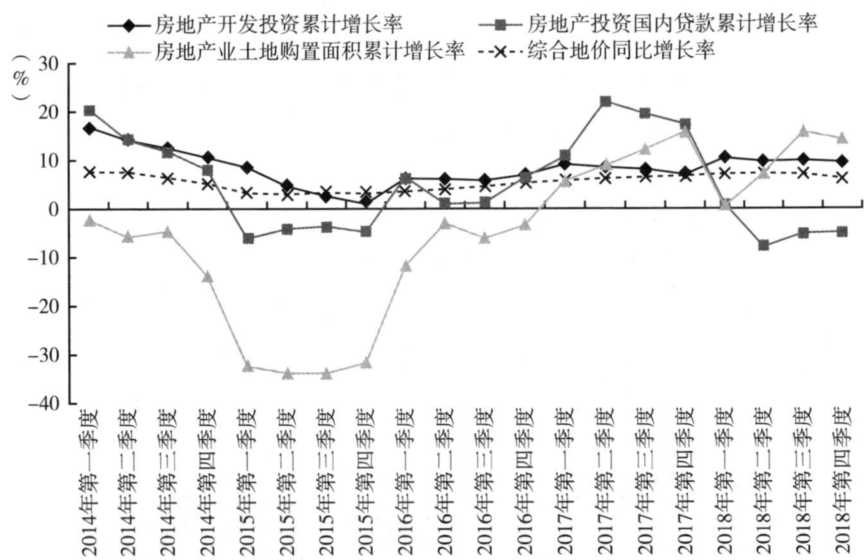


**图 15　2014～2018 年各季度房地产开发投资、土地购置面积和房地产投资国内贷款累计增长率与全国主要监测城市综合地价季度同比增长率比较**

资料来源：房地产开发投资、房地产投资国内贷款和房地产业土地购置面积累计增长率资料来源于国家统计局。

### （三）商品住宅销售与投资指标年末回落，住宅地价同比增速逐季放缓；商业营业用房投资、销售指标变动趋势与商服地价同比增速基本一致

2018 年，商品住宅销售面积累计增长率、商品住宅销售额累计增长率和房地产住宅投资累计增长率变化趋势一致，均表现为先升后降，于第三季度达最高值后，年末有所回落，较第三季度分别回落 1.1、0.9、0.6 个百分点。全国主要监测城市住宅地价同比增速年内逐季放缓，前三季度均高于上年同期，第四季度较上年同期下降 1.66 个百分点（见图 16）。

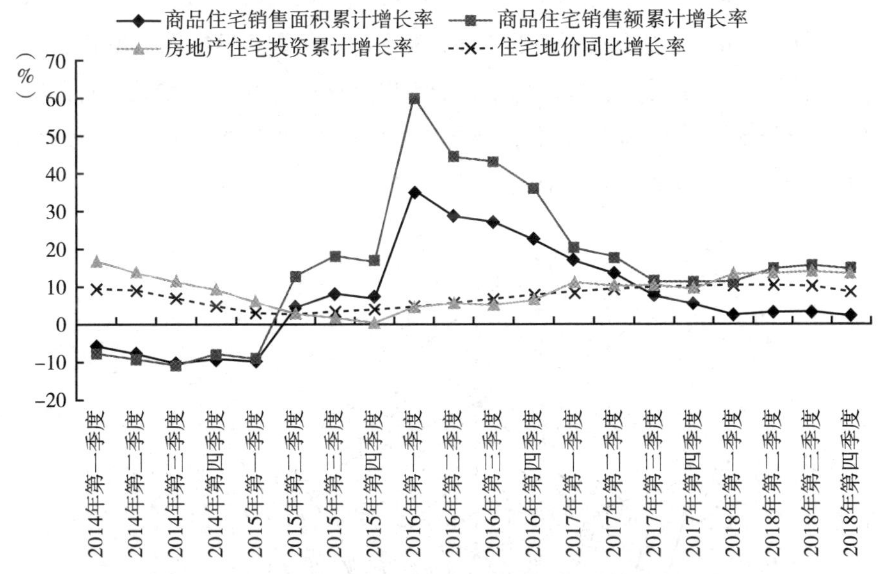


**图 16　2014～2018 年各季度商品住宅销售情况、房地产住宅投资累计增长率与全国主要监测城市住宅地价季度同比增长率比较**

资料来源：商品住宅销售面积、商品住宅销售额和房地产住宅投资累计增长率资料来源于国家统计局。

房地产商业营业用房投资累计增长率自 2017 年第四季度以来，连续五个季度保持负值。商业营业用房销售面积和商业营业用房销售额累计增长率变化趋势较为一致，自 2017 年第一季度起，均呈持续下降的趋势，2018 年第四季度较上年同期分别下降 25.5、24.6 个百分点。商服地价同比增速年内整体放缓，第四季度较第一季度回落 0.51 个百分点。

# 四　2018年全国城市地价与社会经济发展关系分析

## （一）国内主要经济指标增速放缓，综合地价同比增长率下降

2018 年是全面贯彻党的十九大精神的开局之年，在坚持稳中求进的工作总基调下，经济增长基本符合预期，总体平稳。初步核算，全年国内生产总值为 900309 亿元，同比增长 6.6%，增速较上年同期小幅回落 0.3 个百分点。投资方面，全国固定资产投资（不含农户）为 635636 亿元，同比增长 5.9%，增速比上年同期放缓 1.3 个百分点；消费方面，社会消费品零售总额同比增长 9.0%，较上年下降 1.2 个百分点；出口方面，全年出口总额为 164177 亿元，同比增长 7.1%，增长率较上年下降 3.7 个百分点。在各主要经济指标增速均有所放缓的背景下，全国主要监测城市综合地价增长率较上年下降 0.54 个百分点（见图 17）。

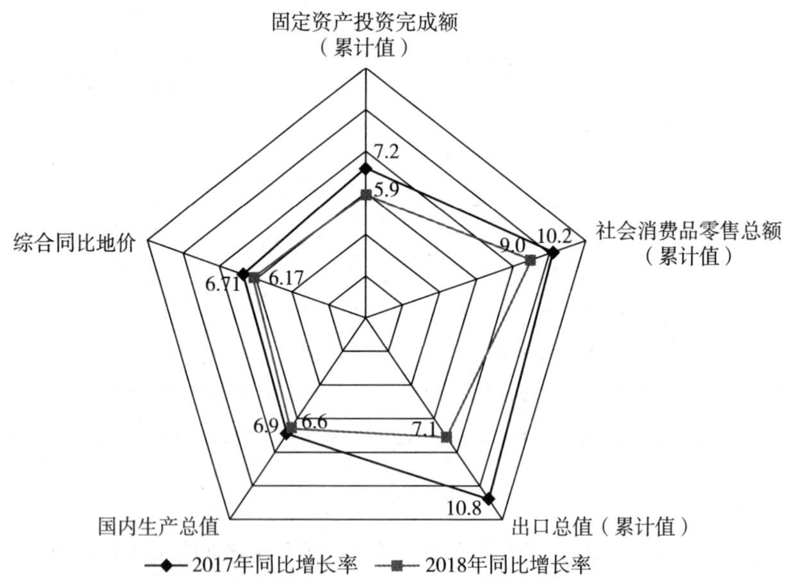


**图 17　2017、2018 年主要宏观经济指标与全国主要监测城市综合地价同比增长率比较（单位：%）**

资料来源：固定资产投资完成额、社会消费品零售总额、国内生产总值和出口总值资料来源于国家统计局。

## （二）广义货币（M2）供应增速保持低位，金融机构人民币贷款余额变化平稳，房地产投资资金来源累计增速回落，商服地价增长率小幅提升，住宅地价增长率明显回落

2018 年末，广义货币（M2）余额 182.67 万亿元，同比增长 8.1%，增速保持低位运行；金融机构人民币贷款余额 136.3 万亿元，同比增长 13.5%，较上年同期小幅上涨 0.8 个百分点。房地产投资资金来源、房地产投资本年资金来源、房地产投资上年资金结余累计增速均有所回落，分别下降 6.3、1.8、23.5 个百分点，房地产投资上年资金结余增长率下降明显。资金来源结构中，房地产投资本年资金来源小计 16.60 万亿元，占房地产投资资金来源的 73.64%，该值三年内持续缩小。在此背景下，商服地价增长率较上年小幅提升 0.30 个百分点，住宅地价增长率近三年来首次回落，增速明显放缓（见图 18、图 19）。

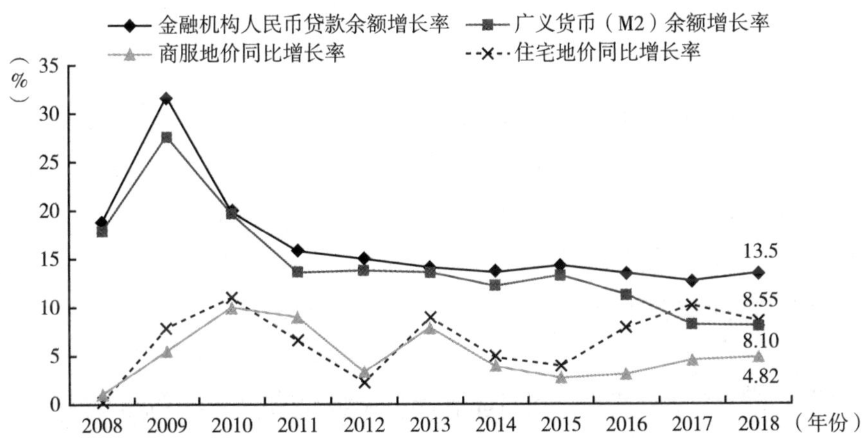


**图 18　2008 ~ 2018 年全国主要监测城市商服地价、住宅地价、广义货币（M2）及金融机构人民币贷款余额同比增长率比较**

资料来源：金融机构人民币贷款余额和广义货币（M2）增长率资料来源于中国人民银行。

## （三）工业经济总体保持平稳运行，工业地价增长率有所提升

2018 年，全国规模以上工业增加值累计增长 6.2%，较上年同期略有放

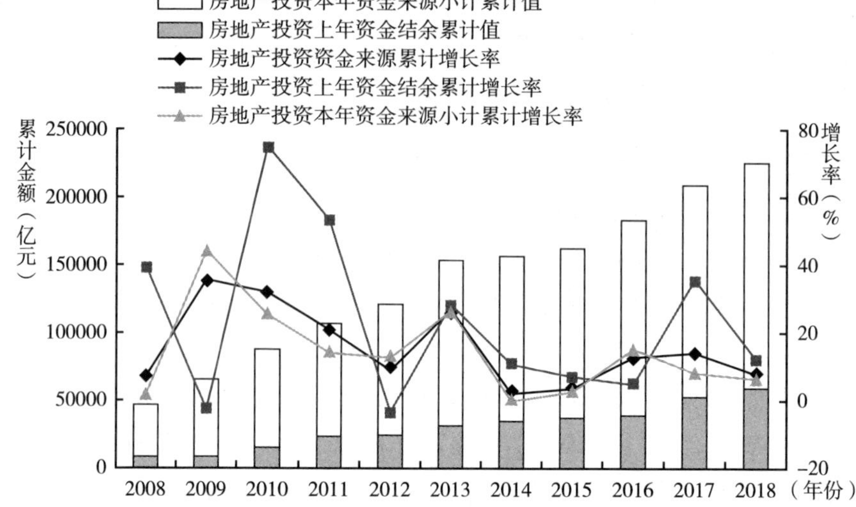


**图 19　2008～2018 年房地产投资资金来源、本年资金来源小计及上年资金结余情况**

资料来源：国家统计局。

缓；全国规模以上工业企业实现利润总额 66351.4 亿元，同比增长 10.3%，较上年回落 10.7 个百分点，工业企业利润总体保持较快增长，但工业企业效益改善趋势放缓；中国制造业采购经理指数（PMI）全年平均值为 50.9，在荣枯线以上，全年制造业总体保持增长。在工业经济平稳运行的背景下，工业地价增长率温和提升（见图 20）。

## 五　2018年影响全国城市地价变化的主要因素分析

### （一）宏观经济下行压力持续与总体趋稳的调控基调，决定了全年地价变化总体平稳，综合地价增速下降

2018 年，在供给侧结构性改革的推动下，我国经济运行总体平稳，经济增长速度保持在合理区间，但经济下行压力持续且有所增加。全年国内生产总值增速较上年回落 0.3 个百分点，各季度增速均低于上年同期；从出口方面来看，世界经济增长动力减弱，国际贸易增长放缓，外部环境发生变化，全年出

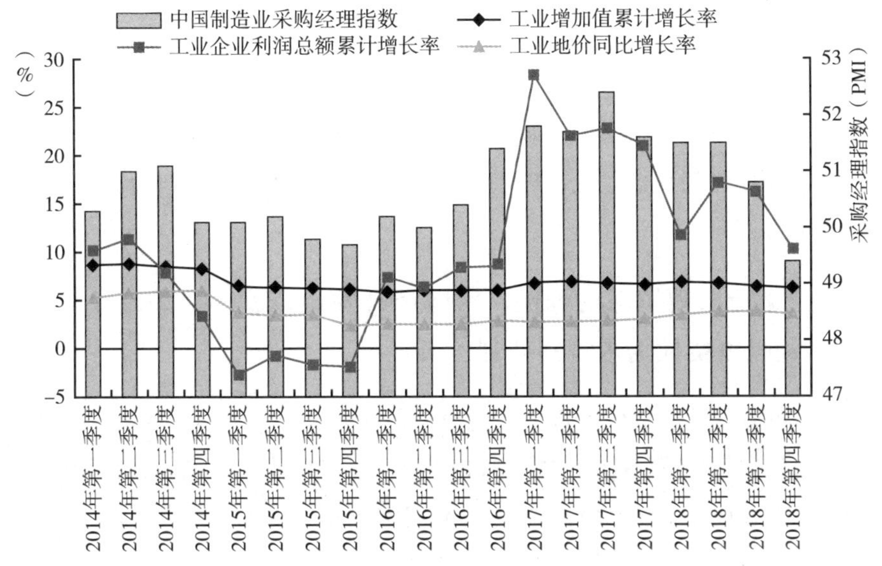


**图 20 2014～2018 年各季度工业增加值和企业利润总额累计增长率及制造业采购经理指数比较**

资料来源：中国制造业采购经理指数、工业增加值和工业企业利润总额累计增长率资料来源于国家统计局。

口总额同比增速亦较上年放缓；主要消费、投资指标均呈现类似变化。在外部环境严峻复杂，经济下行压力较大的背景下，综合地价增速整体下降。

### （二）房地产调控政策持续深化，租赁市场加速发展，住宅地价增速明显回落

2018 年，在“房住不炒”的总基调下，各地坚持房地产调控目标不动摇、力度不放松，积极探索房地产市场平稳健康发展的长效机制，继续实行差别化调控。7 月 31 日，中央政治局召开会议，提出要“下决心解决好房地产市场问题，坚决遏制房价上涨”，投资性需求得到有效遏制。供给端，继续大力支持发展住房租赁市场，5 月 19 日，住建部发布《住房城乡建设部关于进一步做好房地产市场调控工作有关问题的通知》，明确要求提高热点城市住房用地比例，大幅增加租赁住房、共有产权住房用地供应，确保公租房用地供应，力争用 3～5 年时间，公租房、租赁住房、共有产权住房用地在新增住

房用地供应中的比例达到50%以上。在此背景下，2018年，热点城市住宅用地占建设用地供应总面积的20.09%，保障性住房占住宅用地供应面积的22.37%，较上年分别提升0.19和3.07个百分点，住房有效供给增加，租购并举格局加快推动。在房地产调控政策持续深化和租赁市场大力发展的背景下，市场预期出现积极变化，热点城市房价过快上涨势头得到遏制，住宅地价增速明显回落。

### （三）货币政策保持稳健，房地产开发投资实际到位资金收紧，房地产领域投资性需求得到抑制

2018年末，广义货币（M2）余额增长率为8.1%，年内各月度增速在8%~9%的区间运行，均低于上年同期。2018年，本年房地产开发投资实际到位资金为22.54万亿元，同比增长7.8%，较上年同期下降6.3个百分点，其中年内第一季度以后房地产投资国内贷款持续保持负增长。信贷政策方面，4月18日，中国人民银行印发《关于加强宏观信贷政策指导 推动金融更好服务实体经济的意见》（银发〔2018〕93号），强调引导银行业金融机构回归本源、防范风险，增强服务实体经济的能力和水平；金融机构人民币贷款余额同比增速企稳回升，增速为13.5%。在此背景下，房地产开发投资实际到位资金收紧，全国主要监测城市住宅地价增速下降，商服地价增速温和上行。

### （四）工业用地开发成本增加，利用效率不断提高，工业地价增速平稳提升

随着城镇化进程加快，土地征收成本上涨，2018年，已入库工矿仓储用地单位面积已发生成本增长率为7.75%①，工业用地一级开发成本较上年有所增加。2018年，北京市提出要改革园区产业用地利用和开发建设方式，同时通过减量化发展，打造高精尖产业高地②，此外，随着海南自由贸易区建立，上海自由贸易区扩容等地方政策出台，区域资本、技术、土地等资源重新分

① 自然资源部土地储备监测监管系统。

② 《北京市人民政府关于加快科技创新构建高精尖经济结构用地政策的意见》，《北京市新增产业的禁止和限制目录》（2018版）。

配，多地工业用地利用效率得到提高。全国规模以上工业增加值同比增长6.2%，工业企业利润总额累计增长10.3%，工业企业利润率和成本率分别处于2013年以来的高位和低位①，工业经济总体保持平稳增长。在此背景下，工业地价增速平稳提升。

## 六　2019年城市地价变化趋势分析

### （一）宏观经济外部环境依然存在不确定性，货币政策松紧适度与财政政策提效加力的调控总基调下，地价变化将基本平稳

当前全球经济总体延续复苏态势，但贸易摩擦、地缘政治、主要经济体货币政策正常化等加大了全球经济和金融市场的不确定性②，在国际形势发生明显变化，经济下行压力较大的背景下，我国经济发展面临复杂多变的新局势。2019年是新中国成立70周年，是全面建成小康社会关键之年，在坚持稳中求进工作总基调，推动高质量发展的要求下，积极的财政政策将加力提效，稳健的货币政策将松紧适度，货币政策传导机制进一步改善。经济基本面的支撑与综合因素影响下，土地市场与地价变化将整体趋稳。

### （二）在“稳地价、稳房价、稳预期”的目标下，调控政策导向保持连续，调控方式优化，住房及住宅用地市场明显波动的可能较小

2018年，我国房地产市场调控政策持续加码，热点城市房价过快上涨势头得到遏制，房地产市场交易趋于理性。年末，中央经济工作会议指出“要构建房地产市场健康发展长效机制，坚持房子是用来住的、不是用来炒的定位，因城施策、分类指导，夯实城市政府主体责任，完善住房市场体系和住房保障体系”。调控导向的稳定与调控方式的优化，有助于房地产调控政策由“控”转“稳”，进而促进住房及住宅用地市场的平稳运行。

---

① 国家统计局：2018、2019年我国宏观经济主要指标分析预测，http：//www.stats.gov.cn/tjzs/tjsj/tjcb/dysj/201812/t20181220_1640537.html。

② 中国人民银行：《中国货币政策执行报告》（第二季度）。

### （三）供给侧结构性改革继续深化，制造业与服务业深度融合，助推工业、商服地价平稳提升

新时代背景下中国的经济转型，将对我国工业和商业发展提出更高要求。2018 年 12 月，中央经济工作会议提出“要推动先进制造业和现代服务业深度融合，坚定不移建设制造强国。要稳步推进企业优胜劣汰，加快处置僵尸企业，制定退出实施办法，促进新技术、新组织形式、新产业集群形成和发展”，明确了供给侧结构性改革新趋势。随着信息技术及以其为核心的现代高新技术产业的快速发展，产业结构持续变化，制造业转型势在必行，先进制造业与现代服务业的深度融合，可为制造业开拓新的盈利渠道，助力制造业向更高增值收入的服务提供商发展。同时，两者融合缩短了制造业的价值链，企业主营业务能力得以强化，核心竞争力培养更加专注。作为最基本生产要素的商服用地和工业用地，在我国产业结构调整步伐不断加速、产业布局发生显著变化的过程中将发挥重要作用。随着供给侧结构性改革继续深化，先进制造业和现代服务业深度融合，弹性出让等适应新业态供地方式的探索，或将有助于工业、商服地价平稳提升。

B.6

# 2018年房地产投融资分析与2019年展望

刘 琳 任荣荣*

**摘 要：** 2018年房地产开发投资增速继续增加，对固定资产投资增长的贡献率为28.1%。其中，住宅和其他用房投资增速增加，办公楼和商业用房投资呈负增长；一线和三四线城市房地产开发投资增速增加，二线城市投资增速下降；房地产企业的土地购置意愿依然较高。从融资状况来看，2018年房地产企业资金压力有所上升；房地产企业资金来源增幅减小，银行信贷的收紧是主要约束因素；房地产债券发行量较快增加，信托融资额减少。展望2019年，宏观货币政策环境要好于2018年，但房地产企业融资监管总体趋严，随着企业还债高峰的到来，房企资金压力将会继续上升，预计2019年房地产开发投资增速将降至3%左右。

**关键词：** 房地产 投融资 固定资产投资

## 一 2018年房地产投资形势

### （一）房地产开发投资增速继续增加，对固定资产投资增长的贡献率为28.1%

2018年房地产开发投资增速继续增加，全年房地产开发完成投资12万亿

---

* 刘琳，国家发展与改革委员会投资研究所研究员，研究方向为房地产经济学；任荣荣，国家发展与改革委员会投资研究所研究员，研究方向为房地产经济学。

元，同比增长 9.5%，增速比上年高 2.5 个百分点，比同期固定资产投资增速高 3.6 个百分点（见图 1）。2018 年以来，房地产开发投资增速总体处于近四年来的较高水平，且持续高于固定资产投资增速。2018 年房地产开发投资在固定资产投资中占比为 18.0%，比上年高 0.6 个百分点；房地产开发投资对固定资产投资增长的贡献率为 28.1%，比上年高 7.6 个百分点。

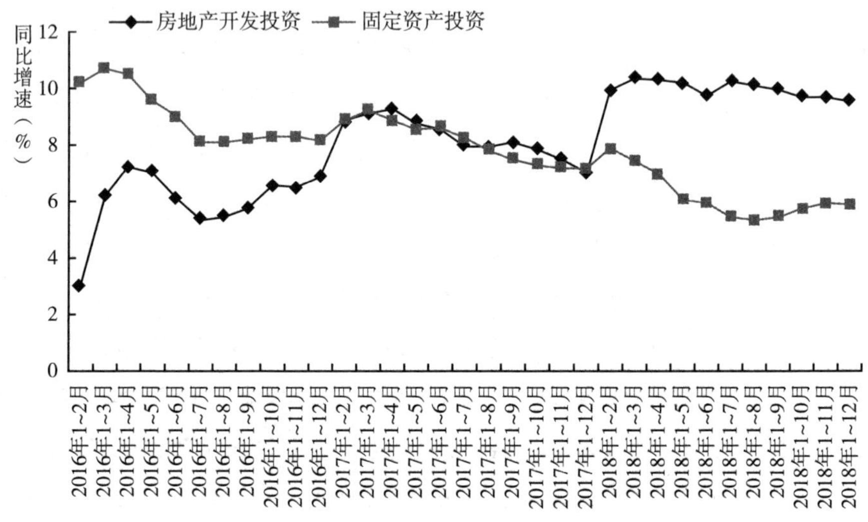


**图 1　房地产开发投资与固定资产投资增速**

资料来源：国家统计局。

### （二）住宅和其他用房投资增速增加，办公楼和商业用房投资负增长

2018 年，商品住宅完成投资 8.5 万亿元，同比增长 13.4%，增速增加 4 个百分点；办公楼开发投资完成 0.6 万亿元，同比减少 11.3%，增速减少 15 个百分点；商业营业用房开发投资 1.4 万亿元，同比减少 9.4%，增速减少 8 个百分点；其他物业开发投资 1.3 万亿元，同比增长 21%，增速增加 15 个百分点。住宅和其他用房开发投资增速继续增加，办公楼、商业用房投资呈负增长（见图 2）。

从不同物业类型的投资占比来看，2018 年房地产开发投资中，住宅、办公楼、商业用房、其他用房投资占比分别为70.8%、5%、11.8%、12.4%，住宅投资占比为2014年以来的最高水平，办公楼和商业用房投资呈下降态势，其他用房投资占比小幅增加。

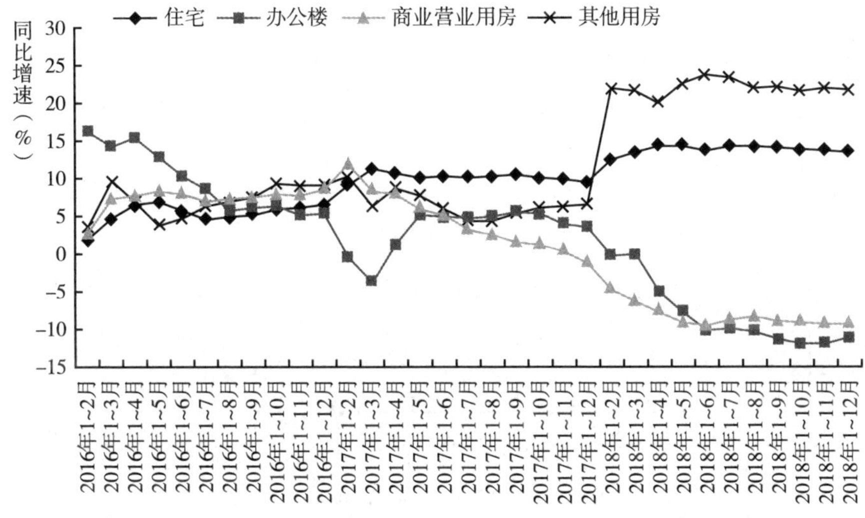


**图2　不同物业类型的开发投资增速**

资料来源：国家统计局。

### （三）一线和三四线城市房地产开发投资增速增加，二线城市投资增速下降

2018年，40个重点城市①房地产开发投资增速继续低于全国水平和上年同期。全年40个重点城市房地产开发投资6.3万亿元，同比增长5.4%，增速低于全国水平4个百分点，低于上年同期0.9个百分点。40个重点城市房地产开发投资占比约为53%，比上年占比下降2个百分点。

其中，一线城市房地产开发完成投资1.3万亿元，增长7%；二线城

① 40个重点城市中，一线城市为北京、上海、深圳、广州（4个）；二线城市为南京、杭州、宁波、重庆、温州、天津、武汉、成都、苏州、无锡、厦门、福州、济南、青岛、沈阳、大连、长沙、西安、昆明、郑州、合肥、石家庄、长春、哈尔滨、呼和浩特、南宁（26个）；三四线城市为除上述一二线以外的其他城市。

市完成投资 4.5 万亿元，增长 57.4%；三四线城市完成投资 6.2 万亿元，增长 13.6%，一线、二线、三四线城市房地产投资增速分别比上年增加 4 个百分点、减少 2.4 个和增加 6 个百分点，三四线城市投资增速最高（见图 3）。

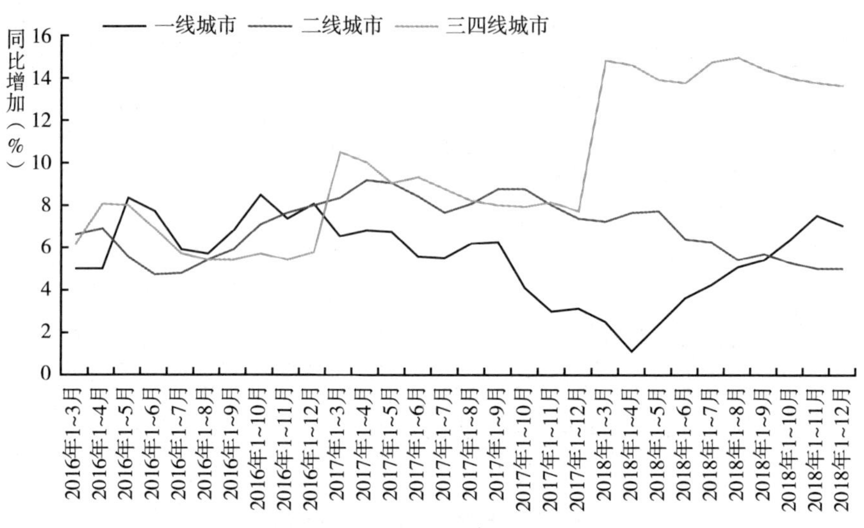


**图 3　一、二、三四线城市房地产开发投资增速**

资料来源：国家统计局。

## （四）土地购置面积和成交价款继续增加

2018 年，房地产企业土地购置面积和成交价款分别比上年增加 14.2% 和 18.0%，在上年高增长的基础上继续保持增加，但增幅分别减小 1.6 个和 31.4 个百分点（见图 4），表明房地产企业的土地购置意愿依然较高。与上年相比，2018 年的地价涨幅明显减小。

分区域看，2018 年，一线、二线和三四线城市土地购置面积分别增加 -24.9%、10.6%、17.7%，一线城市土地购置面积继续负增长，二线城市土地购置面积增幅增加 10.7 个百分点，三四线城市土地购置面积增幅减小 7.2 个百分点。土地购置景气的上升主要来自于二线城市的拉动。

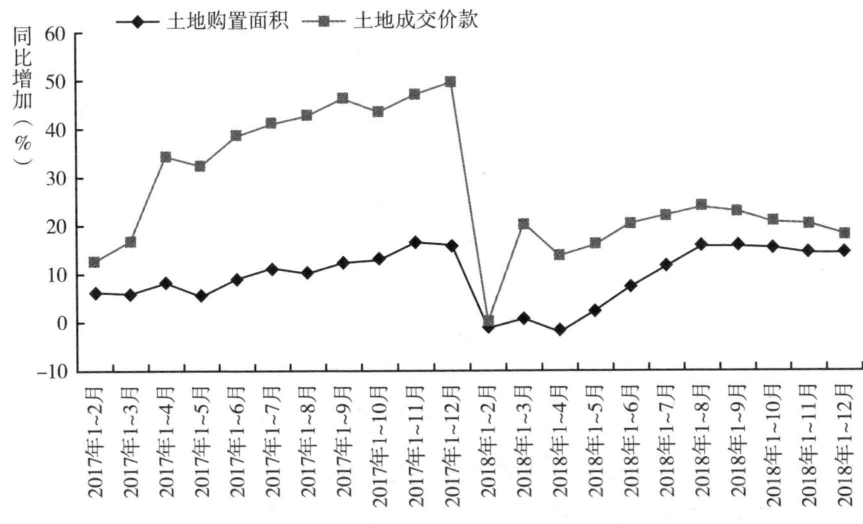


**图4　房地产开发企业土地购置情况**

资料来源：国家统计局。

## 二　2018年房地产融资状况

### （一）房地产企业资金压力有所上升

以房地产企业“本年资金来源/开发投资完成额”来衡量企业的资金充裕程度，2018 年房地产企业“本年资金来源/开发投资完成额”为 1.38，比上年减小 0.04，表明企业的资金压力上升。但与历史值相比，当前企业的资金充裕程度仍处于历史平均水平（见图 5）。

### （二）银行信贷收紧，房地产企业资金来源增幅减少

2018 年，房地产开发企业本年资金来源额为 16.6 万亿元，同比增长 6.4%，增幅比上年减小 1.9 个百分点（见图 6）。从月度变化来看，前 9 个月房地产企业资金来源同比增幅呈逐步增加态势，10 月份以来增幅逐月减少。

2018 年，房地产企业资金来源中，国内贷款、利用外资、自筹资金、定

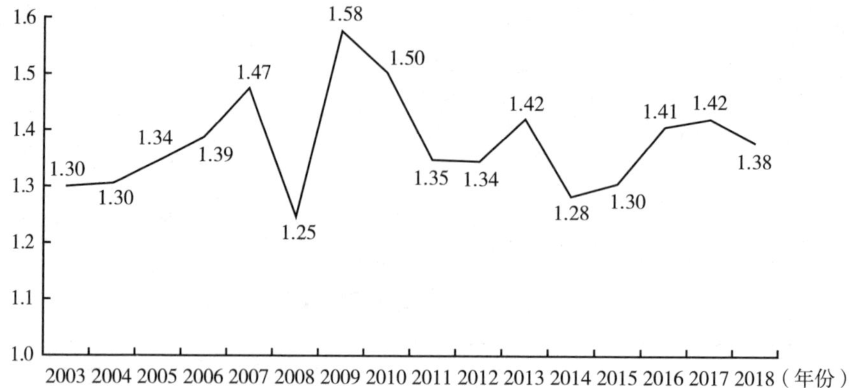


**图5　房地产开发企业资金充裕程度**

资料来源：国家统计局，作者计算。

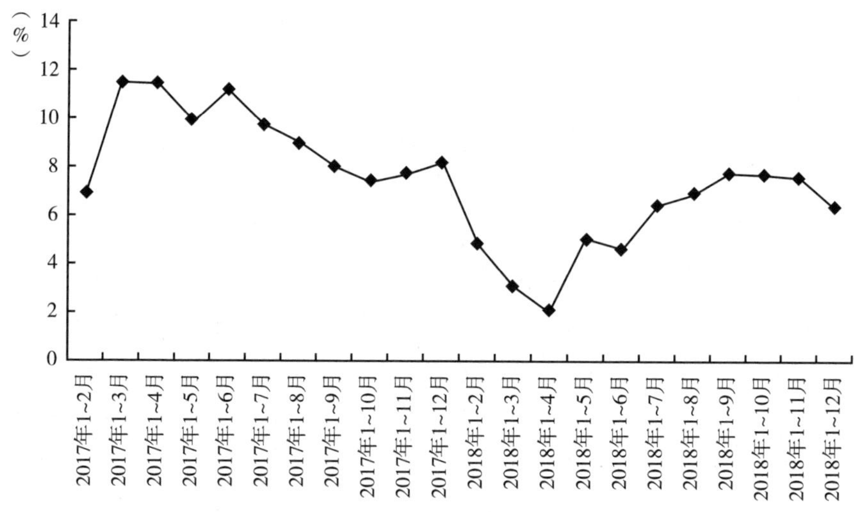


**图6　房地产开发企业资金来源变化**

资料来源：国家统计局。

金及预收款、个人按揭贷款、其他几项分别占 14.5%、0.1%、33.6%、33.4%、14.3%、4.2%。国内贷款、自筹资金、定金及预收款、个人按揭贷款是主要的资金来源方式。2018 年，房地产企业自筹资金同比增长 9.7%，增幅比上年增加6.2个百分点；定金及预收款同比增长13.8%，增幅比上年减少2.3个百分点；国内贷款和个人按揭贷款均为负增长，分别减少4.9%和0.8%，其中，国内贷款同比变化由上年的增加转为减少，个人按揭贷款继续上年的负增长态势（见图7）。可见，银行信贷的收紧是2018年房地产企业资金压力上升的主要原因。

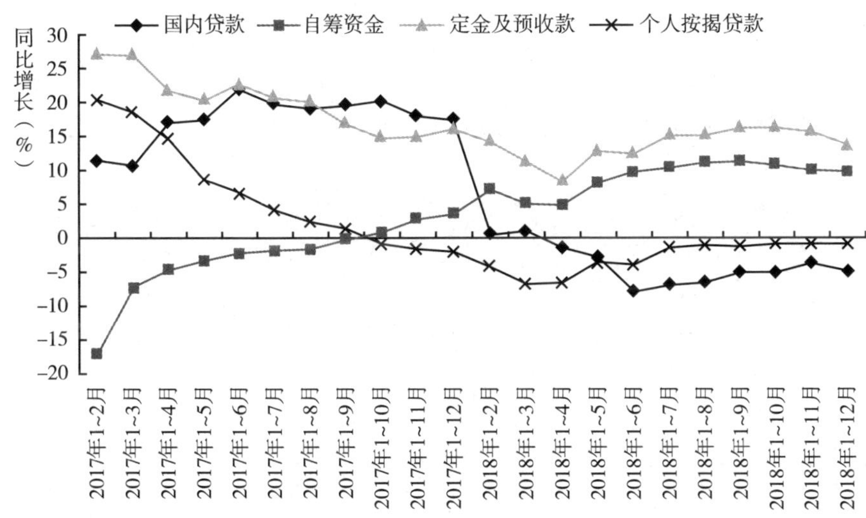


**图7　房地产开发企业四项主要资金来源方式的变化**

资料来源：国家统计局。

### （三）房地产债券发行量增加较快，信托融资额减少

2018年，房地产行业债券总发行量为5738亿元，比上年增加71.6%，特别是下半年以来，房地产业债券发行量明显增加。与2017年相比，2018年房地产企业债券融资增加较快，但融资额仍明显低于2016年的历史高峰（见图8）。

2018年，信托业新增资金信托投向房地产的金额比上年减少，房地产信托融资总额为8710亿元，比上年同期减少21.5%，在2017年的高峰上明显回落（见图9）。

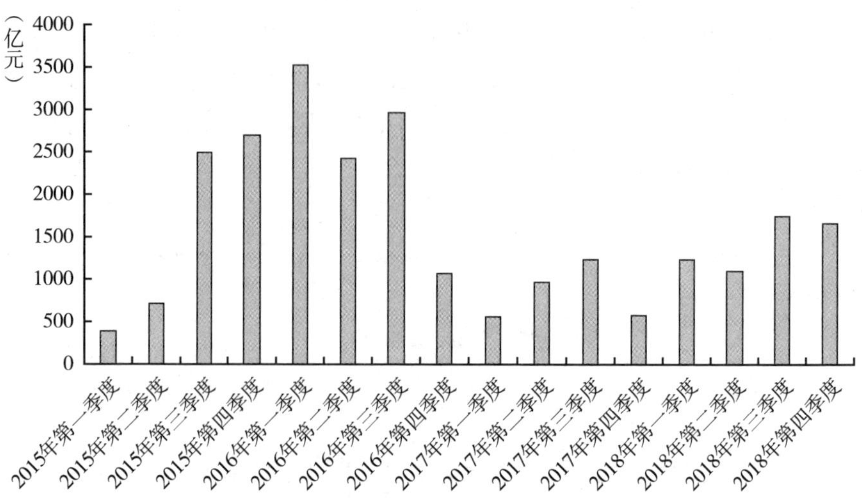


**图8　房地产行业债券总发行量**

资料来源：wind 数据库。

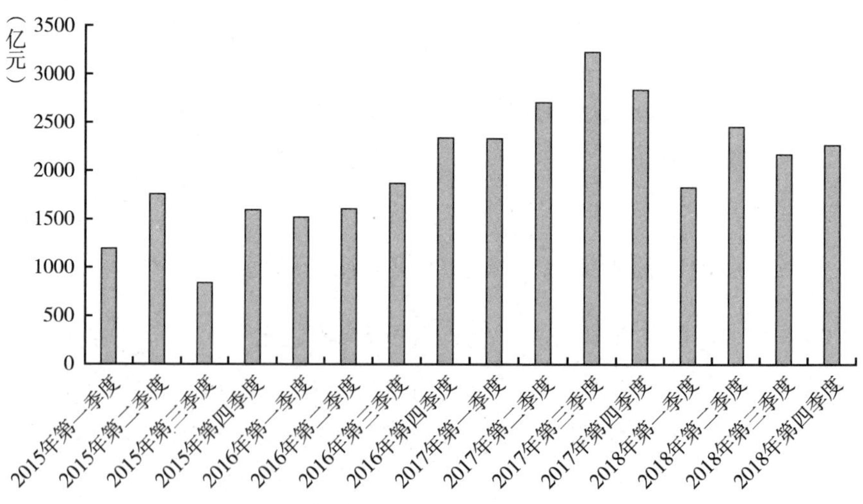


**图9　房地产行业信托融资情况**

资料来源：wind 数据库。

## 三　2019年房地产投融资形势展望

### （一）稳健的货币政策将松紧适度，保持流动性合理充裕

2018 年 12 月召开的中央经济工作会议强调，“宏观政策要强化逆周期调节，继续实施积极的财政政策和稳健的货币政策，适时预调微调，稳定总需求；稳健的货币政策要松紧适度，保持流动性合理充裕，改善货币政策传导机制。”与 2018 年“稳健的货币政策要保持中性，管住货币供给总闸门”的政策取向相比，预计 2019 年货币和信贷政策环境收紧的可能性不大。2019 年 1 月 15 日和 25 日，央行分别下调金融机构存款准备金率 0.5 个百分点，两次合计释放流动性约 1.5 万亿元，体现了货币政策保持流动性合理充裕的政策取向。

### （二）房地产企业融资监管总体趋严

除银行贷款外，房企的主要融资方式主要包括明股实债信托计划、券商资管计划、房地产私募资金、并购贷款、公司债、海外债、自有资金、销售回款、ABS 等，除后三项以外，前面各项自 2016 年以来逐步收紧。金融领域去杠杆的政策取向对房地产企业融资影响较大。其主要政策措施和文件规定有：2016 年 10 月上交、深交规定公司债不得用于购置土地；2017 年 2 月，基金业协会发布 16 城私募资管不得投资普通住宅项目；2017 年 5 月，银监会严厉查处明股实债信托计划为违规行为；2017 年 12 月，银监会《资管新规》明确信托资金不得违规投向房地产、委托贷款不得投向禁止领域；2018 年 1 月，上海银监局强调并购贷款不得投向未足额交付土地出让金项目；2018 年 6 月，发改委、财政部强调房企境外发债不得投资境内外房地产项目和补充运营资金，仅限归还存量债务。当前房地产企业融资监管进入最严厉期。

### （三）随着企业还债高峰的到来，2019年房企资金压力将会继续上升

在去库存政策作用下，2015 ~ 2016 年房地产企业债券发行数量出现井喷，

累计发行数量接近 2 万亿元，按照三年发行期限推算，2018 ~2019 年房地产企业债券将陆续到期，2019 年房企将面临还债高峰的到来。2018 年房地产企业资金压力已经上升，由房地产企业“本年资金来源/开发投资完成额”衡量的资金充裕度为 1.38，是近三年最低值。预计 2019 年随着商品房销售量的减少，房企资金压力将会有较大幅度上升。

## （四）预计2019年房地产开发投资增速在3%左右

2018 年房地产开发投资同比增长 9.5%，比上年高 2.5 个百分点，投资增速连续三年上升。这主要得益于 2015 年以来商品房销售面积持续增加的拉动和地价较快上涨的推动。2017 年以来，房地产开发投资增速明显高于房屋施工面积增幅，二者相差约 6 个百分点，这意味着近两年较高的投资增速很大程度上受价格因素的影响（见图 10）。2016 年和 2017 年房地产开发企业土地成交价格分别上涨 24.1% 和 29%，涨幅创近十年的最高水平。地价的快速上涨是导致 2017 年以来房地产开发投资增速明显高于房屋施工面积增速的重要原因。

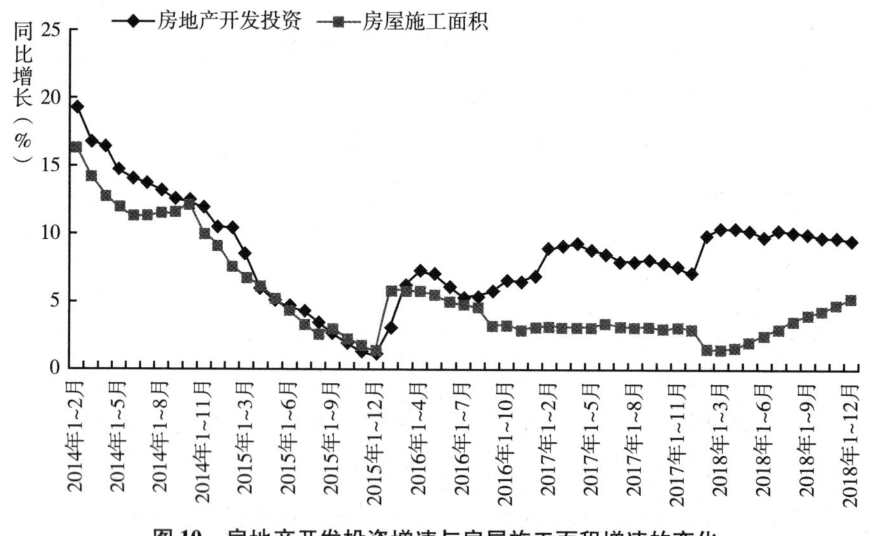


**图 10　房地产开发投资增速与房屋施工面积增速的变化**

资料来源：国家统计局。

随着市场逐步进入下行调整阶段，房地产开发投资增速已呈现下降态势。2018 年前 7 个月房地产开发投资增速基本在 10% 以上，8 月份以来投资增速逐步回落至全年的9.5%。未来受地价涨幅回落、商品房销售面积负增长的影响，预计房地产开发投资将继续下降。但考虑到房屋新开工面积自2016年以来连续三年增加，这将对2019年房屋施工面积形成正向拉动。我们从工程在建量和投资构成两方面建立模型估算出，2019年全年房地产开发投资增速在3%左右。

## 参考文献

刘琳：《2018年房地产市场状况及2019年走势判断》，《施工企业管理》2019年第1期。

任荣荣：《2019年房地产市场展望》，《中国经济时报》2018年12月5日。

**B**.7

# 2018年个人住房信贷市场分析及2019年展望

蔡 真　崔 玉*

**摘　要：** 在中央"房住不炒"和"坚决遏制房价上涨"的政策背景下，2018 年个人住房信贷市场保持了稳中趋紧的态势。从总量来看，2018 年底个人住房贷款余额规模为 25.75 万亿元，同比增速连续八个季度下降；从价格来看，2018 年 12 月全国个人住房贷款平均利率结束连续两年的上涨态势。从风险来看，虽然住户部门债务收入比上升较快，但受益于我国实施宏观审慎和差别化的住房信贷政策，新增个人住房贷款平均首付比例约为四成，抵御住房价格下跌风险较强，住户部门偿债率也处于世界中等水平，债务偿付风险较低，短期内房贷风险不构成对银行的显著影响。展望 2019，我们倾向于认为房地产调控政策发生根本性转向的概率较小，房地产市场整体上将维持平稳态势或略微小幅上涨，个人住房贷款的余额增速保持平稳或者略有下降，首套房贷利率将会有较大幅度下降，二套房贷利率将保持平稳。

**关键词：** 个人住房贷款市场　住房贷款利率　个人住房贷款风险

---

* 蔡真，中国社会科学院金融研究所金融实验室副主任，副研究员，国家金融与发展实验室高级研究员；崔玉，国家金融与发展实验室助理研究员。

## 一　个人住房贷款市场运行情况

### （一）总量运行

我国的个人住房贷款业务产生于20世纪80年代中后期，1998年全面深化住房制度改革之后，随着住房实物分配的停止和住房分配货币化的逐步实施，个人住房贷款市场进入快速发展阶段。经过20年的快速发展，个人住房贷款规模不断扩大，个人住房贷款余额从1998年末的700亿元左右迅速增长到2018年底的25.75万亿元，占金融机构各项贷款余额比重持续上升，从1998年末的0.82%左右增加到2018年底的18.89%（见表1）。

**表1　1998～2018年个人住房贷款市场情况**

| 年份 | 个人住房贷款余额（万亿元） | 个人住房贷款余额同比增长率（%） | 金融机构各项贷款余额（万亿元） | 个人住房贷款余额占总贷款余额百分比（%） |
|---|---|---|---|---|
| 1998 | 0.07 | 271.58 | 8.65 | 0.82 |
| 1999 | 0.14 | 94.05 | 9.37 | 1.46 |
| 2000 | 0.33 | 142.34 | 9.94 | 3.34 |
| 2001 | 0.56 | 67.47 | 11.23 | 4.95 |
| 2002 | 0.83 | 48.56 | 13.13 | 6.29 |
| 2003 | 1.20 | 45.28 | 15.90 | 7.55 |
| 2004 | 1.60 | 35.15 | 17.74 | 9.02 |
| 2005 | 1.84 | 15.00 | 19.47 | 9.45 |
| 2006 | 2.27 | 19.00 | 22.53 | 10.08 |
| 2007 | 3.00 | 33.60 | 26.17 | 11.46 |
| 2008 | 2.98 | 10.50 | 30.34 | 9.82 |
| 2009 | 4.76 | 43.10 | 39.97 | 11.91 |
| 2010 | 6.20 | 29.70 | 47.92 | 12.94 |
| 2011 | 7.14 | 15.50 | 54.79 | 13.03 |
| 2012 | 7.50 | 12.90 | 62.99 | 11.91 |
| 2013 | 9.00 | 21.00 | 71.90 | 12.52 |
| 2014 | 10.60 | 17.60 | 81.68 | 12.98 |
| 2015 | 13.10 | 23.90 | 93.95 | 13.94 |
| 2016 | 18.00 | 38.10 | 106.60 | 16.88 |
| 2017 | 21.90 | 22.20 | 120.13 | 18.23 |
| 2018 | 25.75 | 17.80 | 136.30 | 18.89 |

资料来源：Wind、中国人民银行金融机构贷款投向报告。

个人住房贷款的增速与房价的上涨经常表现出互为因果的关系，从图1个人住房贷款余额增速情况来看，2006～2007年、2009～2010年、2012～2013年、2015～2016年这四个时间段是个人住房贷款增速较快的阶段，同时也是房价上涨较快的阶段，两者保持了较为一致的关系。

自2016年以来，在中央“房住不炒”和“坚决遏制房价上涨”的政策定位下，房地产市场调控政策持续从紧。住建部、央行、银监会、国土部等多部委均多次表示要防范房地产泡沫风险，加强金融管理，严控加杠杆购房，严禁“首付贷”等违规个人住房融资行为。从相关数据走势来看，尽管2018年底个人住房贷款余额达到25.75万亿元，占GDP的比重达到28.6%，仍处于历史高位；但从增速来看，个人住房贷款余额同比额增速从2016年12月的38.1%的高位，连续八个季度下降至2018年12月底的17.8%（见图1）。

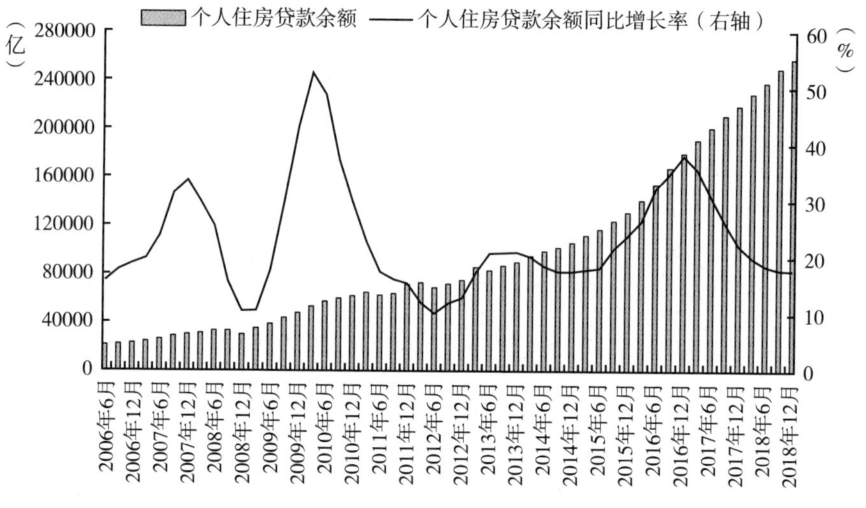


**图1 2006～2018年个人住房贷款余额及增速情况**

资料来源：Wind数据库。

总体来讲，个人住房信贷保持了稳中趋紧的态势，这一方面是由于限购、限贷政策直接抑制了信贷需求，另一方面银行出于风险考虑也开始实施严格的差异化信贷政策，以优先满足首套住房和改善型住房消费需求为主，抑制投资性、投机性住房消费需求，进而控制了个人住房贷款发放的整体规模和增速。预期在中央去杠杆、加强金融风险防范化解和稳增长的政策背景之下，个人购房贷款余额增速在短期内可能继续维持在目前水平，且保持缓慢下行的趋势。

### （二）市场结构

国有大型商业银行一直以来是我国个人住房信贷市场的主力军。1985 年 4 月，中国建设银行深圳分行借鉴香港住房按揭贷款的方式，向南油集团 85 户“人才房”购买者发放我国第一笔个人住房按揭贷款，我国个人住房贷款业务正式产生。经过二十多年的快速发展，个人住房信贷市场的供给方也从建行、工行等少部分商业银行发展到所有商业银行，甚至包括一些新型的互联网金融机构。从统计数据来看，截至 2018 年 6 月，工、农、中、建、交五大国有大型商业银行个人住房贷款余额合计为 16.41 万亿元，相比 1998 年末的不到 500 亿元，增加了约 16 万亿元，增长了 327.2 倍；占全国金融机构个人住房贷款余额总量的 68.97%，2014 年最高时占比达到 77.06%。由此可见，五家大型国有商业银行是我国个人住房贷款的提供主体，是个人住房信贷市场的主力军（见图 2）。

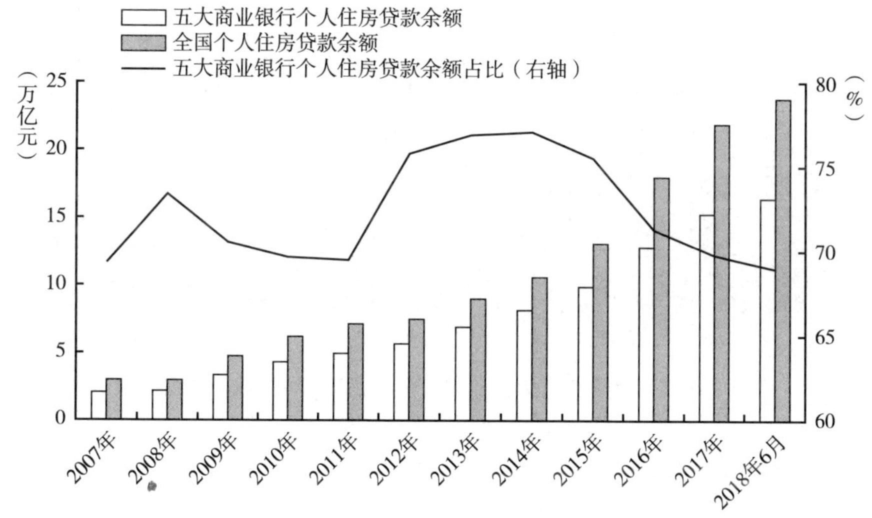


**图 2　2007～2018 年五大商业银行个人住房贷款余额及占全国住房贷款余额比重**

资料来源：Wind 数据库。

从工、农、中、建、交五大商业银行2007～2018年上半年财务报告数据来看，五大国有商业银行个人住房贷款余额规模从2008年之后开始快速上升，从2007年的2.08万亿元上升到2018年6月的16.41万亿元，年均复合增长率为21.74%；占五大商业银行贷款总额的比重也从2007年的14.08%上升到2018年6月的29.29%（见图3）。五大行2018年上半年年报显示，中国建设银行个人住房贷款规模最大，为4.50万亿元，占该行贷款总额的33.46%；中国工商银行个人住房贷款余额为4.28万亿元，占该行贷款总额的28.66%；中国农业银行个人住房贷款余额为3.40万亿元，占该行贷款总额的29.67%；中国银行个人住房贷款余额为3.28万亿元，占该行贷款总额的28.75%；交通银行个人住房贷款余额为0.95万亿元，占该行贷款总额的19.87%。在五大行的贷款业务中，个人住房贷款业务已经稳居第一的位置，远远超过排名第二的制造业和排名第三的交通运输、仓储和邮政业（见图4）。

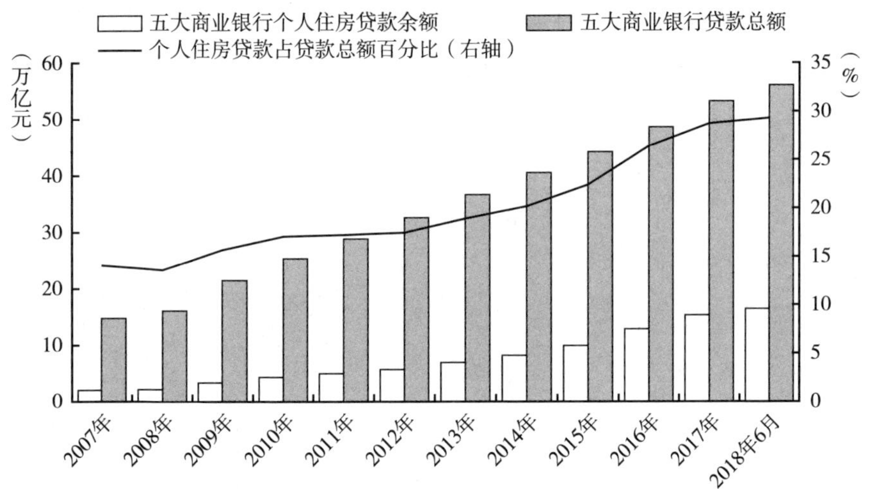


**图3　2007～2018年五大商业银行个人住房贷款占银行贷款余额及所占贷款业务比重**

资料来源：Wind数据库。

自1998年以来中国住房商品化历时二十余年，后十年房价的快速上涨与信贷的促进作用有密切关系，银行体系主力——五大国有银行的个人住房信贷业务跃居第一位即是证明之一。五大行大力发展个人住房贷款业务的原因，一

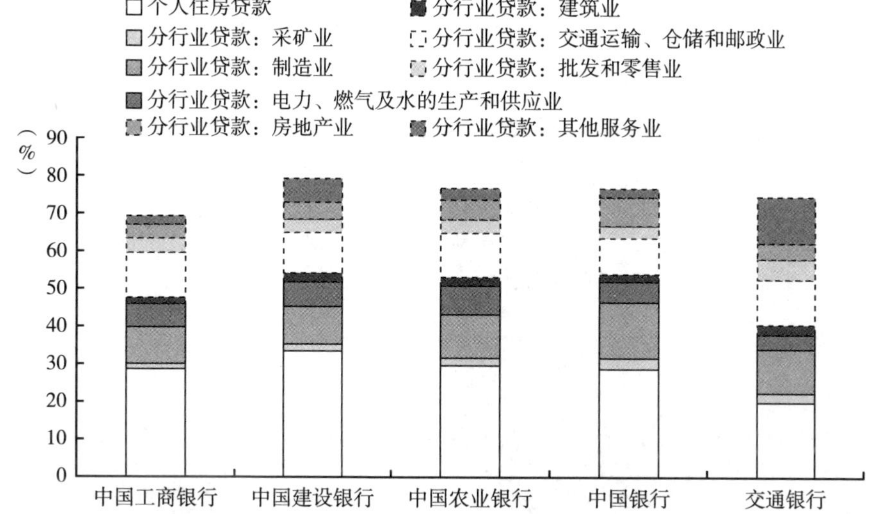


**图4　2018年工、农、中、建、交五大商业银行半年报分行业贷款百分比堆积图**

数据来源：Wind数据库。

方面与需求侧有关，即伴随着经济发展和城市化进程，人们对住房消费和投资的需求日益增加；另一方面，从银行供给侧来看，个人住房贷款业务具有收益稳定、风险小的特点，并可以通过与借款者建立长期合作关系，进而开展交叉销售。因此，个人住房贷款业务呈现快速增长势头。

从个人住房贷款余额地区结构①分布来看，地区间分布极不平衡。截至2018年底，东部地区②个人住房贷款余额为16.31万亿元，占全国个人住房贷款总额的63.24%；中部地区③个人住房贷款余额为4.84万亿元，占全国个人

① 对于各省个人住房贷款余额数据，我们首先从《中国区域金融报告（2018）》各省分报告取得2017年的余额数据，然后从中国人民银行各分行和中心支行取得2018年增量数据相加。对于不能用上述方法得到的地区个人住房贷款余额数据，我们使用地区本外币各项贷款总额、境内贷款总额、住房贷款、住户中长期贷款或住户中长期消费贷款乘以全国住房贷款余额占全国外币各项贷款总额、境内贷款总额、住房贷款、住户中长期贷款或住户中长期消费贷款的比例来估算。我们用上述方法估算出全国31省、市、自治区的住房贷款余额总计为25.80万亿元，与央行公布的25.75万亿元，误差仅有0.18%。

② 东部地区包括北京、天津、河北、辽宁、上海、江苏、浙江、福建、山东、广东和海南等11个省（市）。

③ 中部地区包括山西、吉林、黑龙江、安徽、江西、河南、湖北、湖南等8个省（区）。

住房贷款总额的18.77%；西部地区[①]个人住房贷款余额为4.64万亿元，占全国个人住房贷款总额的17.99%（见图5）。从各地区个人住房贷款余额来看，个人住房贷款余额超过1万亿元的地区有广东、江苏、浙江、上海、山东、北京、福建、四川和河北九个省市，其规模合计占全国个人住房贷款余额的62.22%。

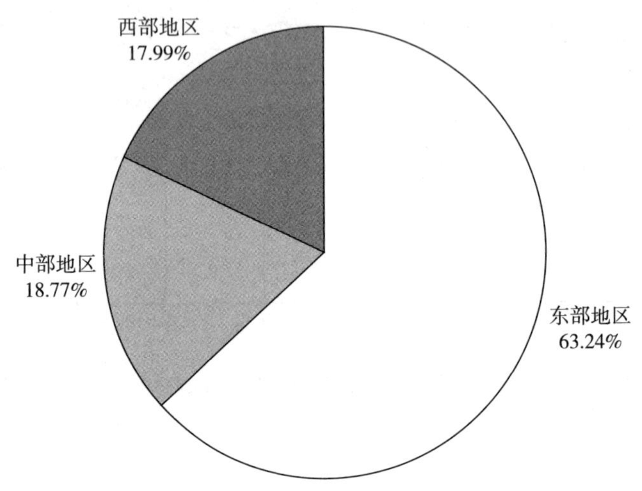


**图5　2018年末个人住房贷款地区结构**

资料来源：Wind数据库。

## 二　个人住房贷款利率情况

### （一）首套住房贷款平均利率

从近几年全国首套住房贷款平均利率趋势来看，自2016年9月30日的本轮房地产市场调控以来，首套住房贷款利率步入上行周期；从2016年9月的4.44%，约为同期基准利率的九折左右，上升到2018年12月的5.68%，约在同期基准利率上浮15.92%（见图6）。全国首套住房贷款平均利率持续走高主

① 西部地区包括四川、重庆、贵州、云南、西藏、陕西、甘肃、青海、宁夏、新疆、广西、内蒙古等12个省（区、市）。

要有两个方面原因：一方面是在房地产市场调控的大背景下，金融机构通过提高住房贷款利率来收紧个人住房信贷规模，以此贯彻和落实中央和各部委的房地产调控要求；然而首套房居住和消费属性明显，政策也存在一定“误伤”的成分。另一方面是在金融去杠杆和利率市场化背景下，金融机构资金成本和机会成本不断上升，金融机构更多的将其贷款额度用于其他利率水平更高的业务，导致个人住房贷款额度收紧。结合图6数据来看，个人住房贷款市场表现出规模增速下行、价格上升的态势，两者走势内在逻辑一致。

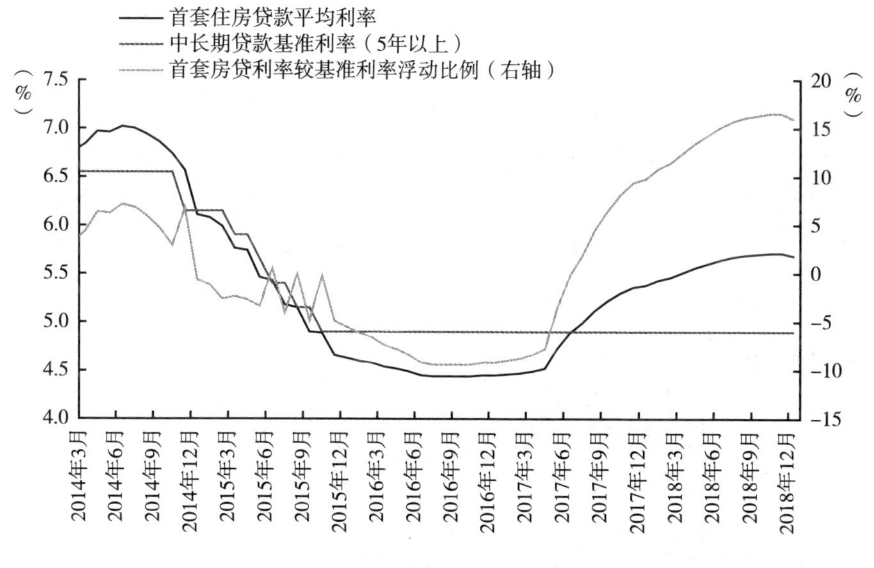


**图6　2014～2018年全国首套住房贷款平均利率走势**

资料来源：Wind数据库。

步入2018年下半年后，全球贸易摩擦频现，我国外需趋弱，消费难有起色，经济下行压力增大，在这样的宏观大背景下，央行实施多次降低存款准备金操作，货币市场宽松信号明显，资金流动性合理充裕。受此影响，南京、北京、广州、杭州、上海、深圳等住房市场热点城市陆续出现首套住房贷款利率下调的现象。2018年12月，全国首套住房贷款平均利率结束连续两年的上涨态势，首次出现环比下降，环比11月下降0.53%。毋庸置疑的是，为促进住房市场向“居住属性”的回归，确保房地产市场稳定健康的发展，对住房贷款执行差别化信贷将是未来房地产金融调控的政策方向。因此，为更好地对居民首次置业购买住房的合理需求进行金融支持，未来一至两年首套住房贷款利率仍将保持平稳或下调态势。

### （二）二套住房贷款平均利率

从近几年我国二套住房贷款平均利率走势来看，从2017年5月开始二套住房贷款平均利率步入上行周期；从2017年5月的5.4%，约在同期基准利率上浮10%左右，上升到2018年12月的6.04%，约在同期基准上浮23.27%，部分银行执行基准利率上浮30%的二套住房信贷政策（见图7）。二套住房贷款平均利率较同期基准利率保持较高上浮水平，其原因在于：二套房投资属性明显，甚至具有一定程度的投机属性；各金融机构严格落实中央房地产调控部署，通过差别化的信贷政策提高住房市场投机成本，以此降低住房市场的投资需求。从2017年10月开始，二套住房贷款利率有所下调，这主要是受宏观经济下行的大背景影响，但“住房不炒”是房地产长效机制的重要内容，因此预计相关金融政策不会过快过大放松，利率下行的幅度不会过大。

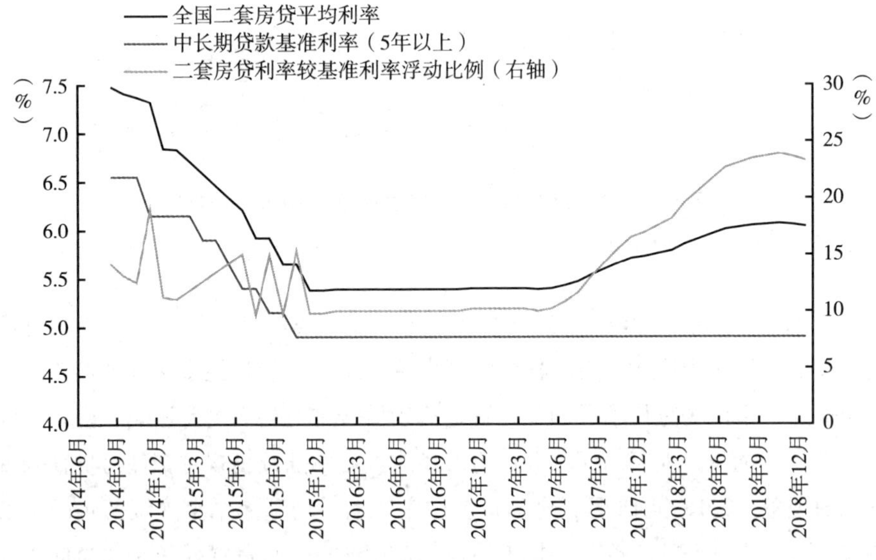


**图7　2014～2018年全国二套住房贷款平均利率走势**

资料来源：Wind数据库。

### （三）部分城市首套、二套房贷利差情况

2017 年以来，一线城市的首套、二套房贷利差都经历了收窄的过程，2018 年 1 月至 10 月基本保持平稳，2018 年 10 月后四个一线城市的首套、二套房贷利差发生分化：北京和广州保持了原有态势，利差分别为 0. 43 个百分点和 0. 41 个百分点，上海和深圳首套、二套房贷利差则进一步扩大（见图 8）。上海首套、二套房贷利差扩大主要是由首套房贷利率下降导致的，深圳则主要是因为二套房贷利率上升导致的，由此可以看出两者变动的背后动力并不相同，上海房贷市场政策导向是向住房的居住属性倾斜，深圳的政策导向是抑制二套需求，这反映出背后投资投机的热情依然较高。

部分二线城市的首套、二套房贷利率在 2017 年至 2018 年 10 月也表现与一线城市同样的走势，即先收窄后持平。2018 年 10 月后则出现较大分化：南京的首套、二套房贷利差由 2018 年 7 月的 0. 17 个百分点扩大至 2018 年 12 月的 0. 41 个百分点，这是由首套房贷利率降幅更大导致的。杭州和武汉的首套、二套房贷利差收窄，但两者原因并不相同，杭州是因为首套房贷利率上升幅度更大导致的，反映出市场对杭州仍然表现出较高的购买热情；武汉则是由二套房贷利率下降幅度更大导致的，反映出武汉房价面临一定的下降压力。长沙的首套、二套房贷利率差相对于 2018 年 10 月保持不变，但相对于 2018 年 5 月扩大了 0. 15 个百分点，这说明长沙住房市场也存在一定的投资投机压力。

## 三　个人住房贷款风险情况

### （一）债务收入比上升较快

个人住房贷款是住户部门债务的主要部分，可支配收入是住户部门偿还债务的主要资金来源，住户部门债务与名义可支配收入比可以反映住户部门债务负担水平。从住户部门债务收入比（Debt Service-to-Income Ratio）来看，2008 年前其上升速度比较慢，但 2008 年之后开始快速上升，从 2008 年底的 43. 17% 快速上升至 2018 年底的 121. 60%，上升了 78. 43 个百分点。其中，房贷收入比从 2008 年的 22. 54% 上升到 2018 年的 65. 37%，上升了 42. 83 个百分点

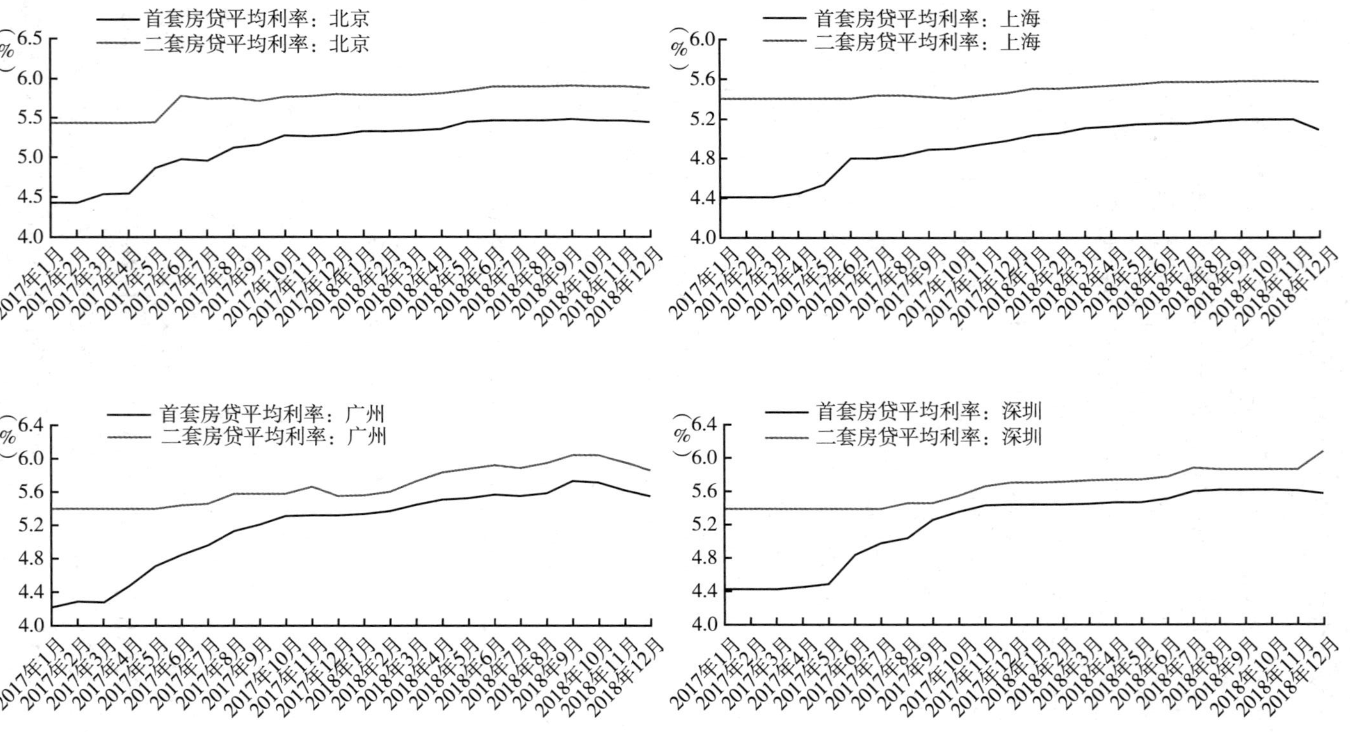


**图 8　2017～2018 年一线城市个人住房贷款利率走势**

资料来源：Wind 数据库。

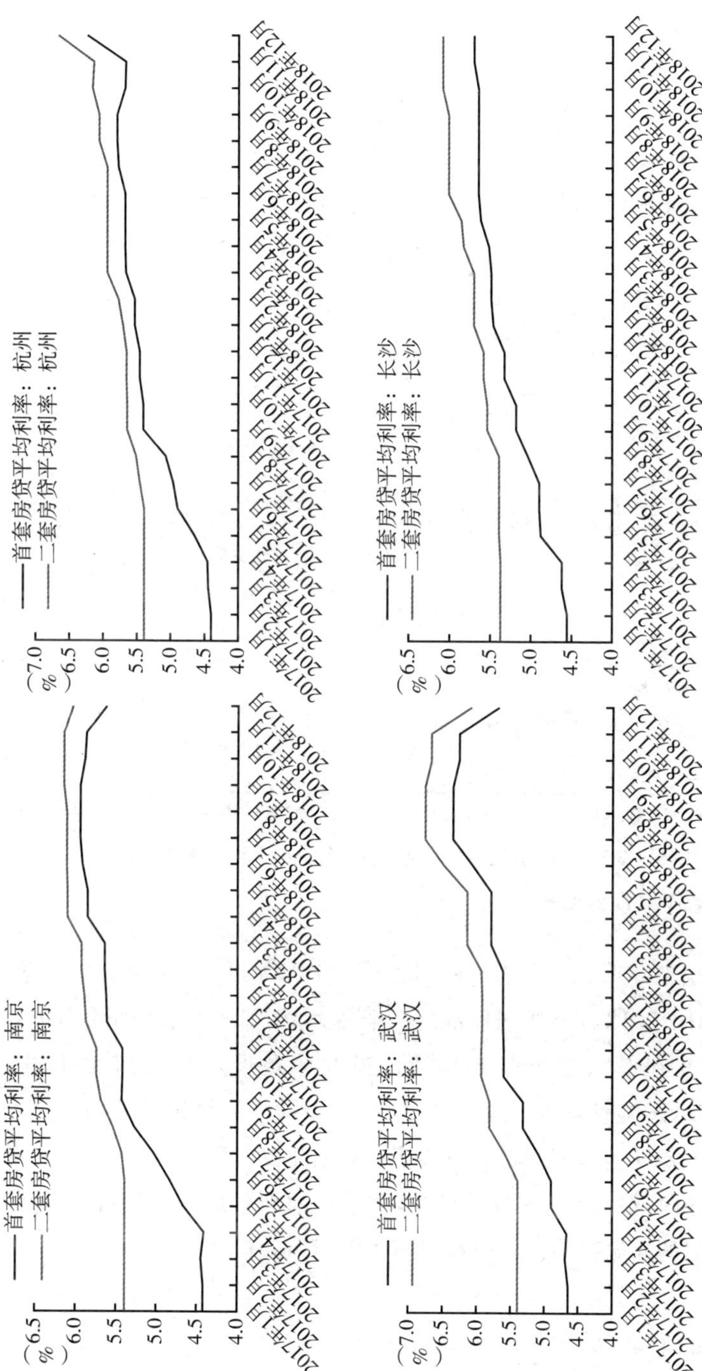


**图 9　2017～2018 年部分二线热点城市个人住房贷款利率走势**

资料来源：Wind 数据库。

（见图10）。目前我国住户部门债务收入比已经超过美国（100.62%）、日本（103.95%）等发达国家，超过1990年日本房地产价格泡沫破灭前该指标的数值（120%），逼近2007年美国次贷危机爆发前该指标的数值（134.62%）。我国住户部门债务收入比快速上升的主要原因是住房信贷的快速扩张，导致住户部门债务扩张速度远超过居民可支配收入的增长速度，住房信贷的扩张成为推高住房价格的重要原因。目前我国债务收入比已经处于高位，居民债务负担在持续加重，已经不具备进一步持续加杠杆的条件，住户部门债务规模进一步扩张空间受限，房价的高增长将难以维持，房价回落风险增大，为住房金融带来潜在风险。

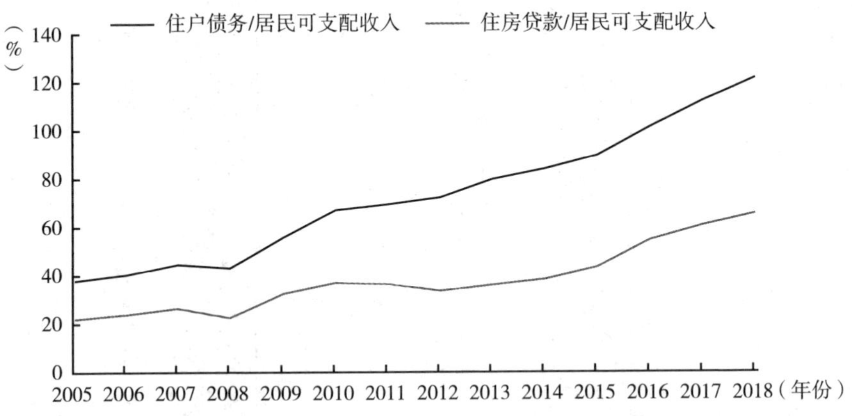


**图10　2005～2018年我国住户部门居民负债收入比和房贷收入比**

资料来源：Wind、CEIC数据库。

从住户部门偿债率[①]（Debt Service Ratios of Households）来看，以4.9%的基准利率来估算，2018年我国居民部门偿债率为10.21%，住房贷款偿债率为5.50%；以基准利率上浮20%来估算，2018年我国居民部门偿债率为10.99%，住房贷款偿债率为5.92%（见表2）。与国际清算银行公布的2018年第三季度世界主要发达国家住房部门偿债率数据相比，我国住户部门偿债率处于中等水平，住户部门可支配收入中10%左右的部分用于偿还存量债务，考虑我国住户部门的高储蓄率，住户部门债务偿付风险较低。

① 住户部门偿债率指住户部门当年应还债务本息额与住户部门年可支配收入的比值，是考察住户部门偿债能力的重要指标。

**表2　世界主要国家住户部门偿债率情况**

| 国　　家 | 2013 | 2014 | 2015 | 2016 | 2017 | 2018 |
|---|---|---|---|---|---|---|
| 意大利 | 4.90 | 4.80 | 4.50 | 4.50 | 4.40 | 4.30 |
| 德　国 | 6.90 | 6.70 | 6.50 | 6.30 | 6.20 | 6.10 |
| 法　国 | 6.50 | 6.40 | 6.40 | 6.30 | 6.20 | 6.20 |
| 西班牙 | 8.60 | 8.10 | 7.50 | 7.10 | 6.80 | 6.50 |
| 葡萄牙 | 8.80 | 8.50 | 7.70 | 7.20 | 6.80 | 6.60 |
| 日　本 | 6.70 | 6.80 | 6.70 | 6.70 | 6.70 | 6.80 |
| 芬　兰 | 6.80 | 7.00 | 7.00 | 7.10 | 7.10 | 7.20 |
| 比利时 | 7.40 | 7.50 | 7.80 | 7.80 | 7.60 | 7.60 |
| 美　国 | 8.40 | 8.20 | 8.00 | 8.00 | 7.90 | 7.80 |
| 英　国 | 9.90 | 9.60 | 9.30 | 9.30 | 9.50 | 9.30 |
| 中　国 | 6.69 | 7.04 | 7.51 | 8.50 | 9.42 | 10.21 |
| 瑞　典 | 11.20 | 11.20 | 11.10 | 11.20 | 11.40 | 11.40 |
| 韩　国 | 11.70 | 11.30 | 11.40 | 11.40 | 12.00 | 12.50 |
| 加拿大 | 12.50 | 12.40 | 12.30 | 12.60 | 12.90 | 13.20 |
| 丹　麦 | 18.40 | 17.70 | 16.70 | 16.20 | 15.40 | 14.90 |
| 挪　威 | 15.40 | 15.30 | 14.60 | 14.40 | 14.90 | 14.90 |
| 澳大利亚 | 15.20 | 15.00 | 14.90 | 15.10 | 15.40 | 15.50 |
| 荷　兰 | 18.60 | 17.80 | 17.60 | 17.10 | 16.40 | 15.70 |

资料来源：国际支付清算银行数据库、Wind数据库。

## （二）新增贷款价值比处于合理区间

相对于债务收入比指标，贷款价值比（Loan to Value Ratio，简称LTV）对银行度量风险而言更加直观。住房贷款价值比还可以衡量金融机构在住房价格下跌时承受风险的能力，反映房价下跌对银行坏账的影响，是一种国际通用的风险控制指标和有效的宏观审慎管理的政策工具。相关统计表明，住房贷款价值比与住房贷款违约率有显著的正相关性，一般来说，当住房价格波动使得住房抵押品的市场价值小于未偿还住房贷款时（即住房贷款价值比大于1时），会对理性的贷款人产生违约激励，住房金融机构面临的违约风险增加。由于数据原因，我们难以计算LTV，但可以计算新增住房贷款价值比。新增LTV指当年新增住房贷款与相应的住房抵押品价值的比值，反映在住房消费中住户部门使用杠杆的程度。从我国金融机构新增住房贷款价值比来看，2011年开始，我国新增住房贷款价值比不断上行，并在2014年之后加速上行，根据中国人民银行发布的《中国金融稳定报告 2018》的数据，2017 年我国新增住房贷款价值比达到 59.30%，即我国住房购买者平均首付约为四成，住房贷款部分约为六成（见图 11）。总体来看，得益于我国实施宏观审慎和差别化的住房信贷政策，即购买首套住房要求首付比例不得低于 30%（使用公积金贷款可以下调至 20%，部分住房不限购城市可以下调至 25%），购买二套住房首付比例不得低于 50%，目前我国住房部门新增住房贷款抵押物充足，抵御住房价格下跌风险能力较强。但从新增住房贷款价值比不断上升来看，随着近年来住房价格的不断上涨，居民购买住房时自有资金比例逐年下降，杠杆正在加大。

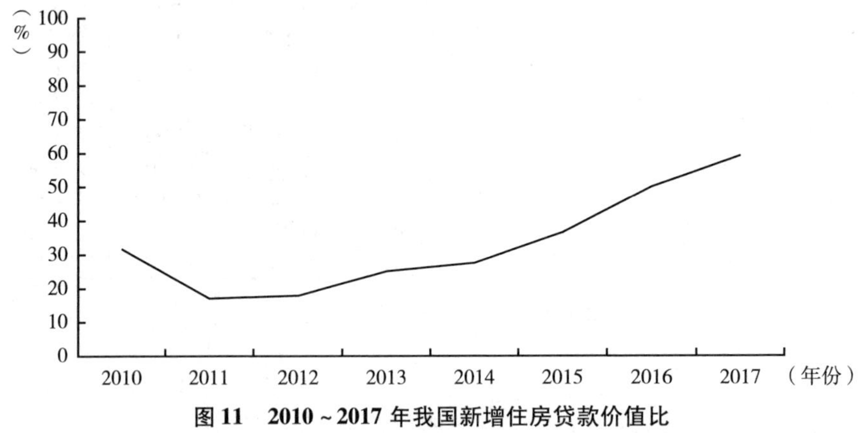


**图 11　2010～2017 年我国新增住房贷款价值比**

资料来源：Wind 数据库、《中国金融稳定报告 2018》。*

说明：因数据可得性问题，2010～2016 年新增贷款价值比数据由 Wind 收录的金融机构新增住房贷款/全国住房销售额估算所得，数据会低估真实新增住房贷款价值比，在这期间估算方法相同，可以反映新增住房贷款价值比变化趋势；2017 年新增贷款价值数据来自《中国金融稳定报告 2018》，为真实新增住房贷款价值比。

我们估算了一线和部分二线城市的新增住房贷款价值比。一线城市中，2016 年以来，受金融去杠杆和住房信贷调控影响，北京、上海的新增住房贷款价值比明显下降，深圳、广州信贷杠杆支持作用相对较强，一直在 60% 左右波动①（见图

① 理论上讲，贷款价值比（LTV）不应该超过 70%。导致计算结果存在差异的原因是：第一，我们使用贷款月度余额之差表示新增量，两者之间存在差异；第二，由于不能直接得到个贷数据，我们使用总贷款数据或居民中长期贷款数据再乘以某一系数得到个贷数据。但是，我们保持单个城市在时间上的系数一致，以及不同城市在方法上的一致，因此数据依然具有参考意义。该指标出现负值的原因来自第一条。

12）。二线城市方面，东部的南京、杭州和厦门杠杆的支撑作用较强。2017 年初开始，南京、厦门两地新增住房贷款价值比出现快速上升现象，2018 年初开始，杭州新增住房贷款价值比也出现快速上升显现，三季度开始均有所回落。目前来看南京、厦门新增住房贷款价值较高。中西部城市中，武汉、郑州、天津住房贷款杠杆的支撑力度较东部城市明显较低，新增住房贷款价值比在 40% 上下波动，住房贷款风险较小（见图 12）。

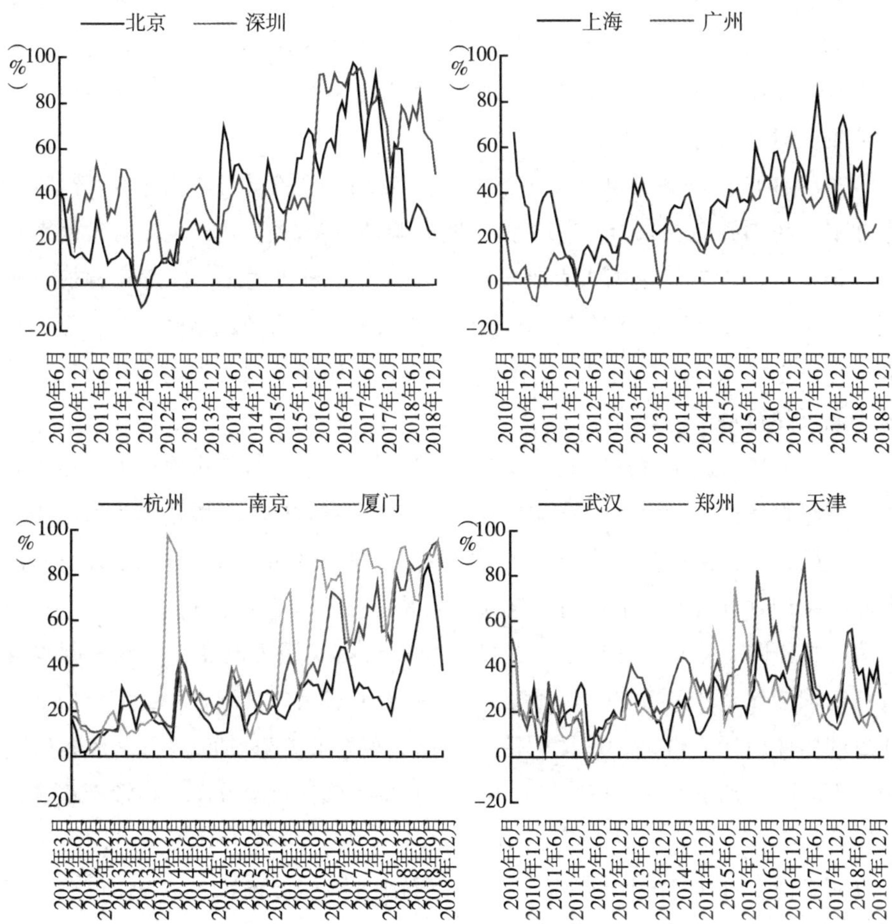


**图 12　一线和部分二线城市新增贷款价值比（3 个月移动平均）**

资料来源：国家金融与发展实验室估算。

## 四　2019年个人住房贷款市场展望

展望2019年个人住房贷款市场的形势，首先要考虑房地产市场的运行和政策环境。本轮始于2016年9月30日的房地产调控政策，两年以来从中央到地方政府均保持了持续从紧态势。从调控效果来看，通过渐加码的行政手段来调控商品住宅金融属性过重问题，已经使得长期形成的房价看涨预期出现了实质性的转变，这种预期已经反映在一线城市房价企稳回落，二线城市房价高温消退，三线城市房价涨幅收窄，住房销售涨幅放缓，土地溢价率持续下降，土地流拍数量激增等多个方面。

2019年房地产形势将延续现有的调控效果还是会走出一波反弹行情呢?总体上，我们倾向于认为，2019年房地产调控政策发生根本性转向的概率较小，2019年两会期间全国人大表示将落实制定房地产税法，这意味着长效机制建设再进一步，因而房地产市场整体上将维持平稳态势或略微小幅上涨；然而，也不排除部分城市利用人才新政的低门槛政策变相放开限购，从而走出一波小幅反弹行情。

个人住房贷款是调控房地产市场的重要手段，其走势与房地产市场走势的内在逻辑整体上是一致的。数量方面，个人住房贷款的余额增速保持平稳或者略有下降，一方面这是政策调控延续的结果，另一方面既有杠杆水平并不支撑上涨，我们预计全年增幅不超过20%。价格方面，二套房贷利率将保持平稳，至多小幅下降，这是“住房不炒”的定位并没有实质上改变，因此压制投资投机需求依然是政策重点；首套房贷利率将会有较大幅度下降，这是更加突出住房的居住属性，也是对过往调控“误伤”的修正；整体而言，在首套房贷利率下降的带动下，整个房贷市场利率会小幅下降。风险方面，尽管贷款收入比、偿债率以及贷款价值比等指标都在上升，但债务的可持续性没有问题，这一方面是由于过往杠杆比例不高，另一方面由于房价涨幅较大，因而可承受的下跌空间较大。我们预计，只要调控政策保持一定的延续性，未来债务上升的幅度要小于房价上升的幅度，短期内房贷风险不构成对银行的显著影响。

# 管 理 篇

Management

## B.8 房地产经纪行业发展现状及展望

王 霞 赵庆祥*

**摘 要：** 2018年各地继续执行严格房地产市场调控政策，二手房交易量下降，行业监管趋严。受此影响，房地产经纪行业规模增速放缓；竞争加剧、业绩下滑；头部企业探索模式转型，中小经纪机构生存空间承压。2019年，有望出台长效监管政策，行业规则、模式或有较大变革，经纪行业将在大变局中前行。

**关键词：** 房地产经纪 中介 中小经纪机构 加盟模式

房地产经纪行业是为房地产交易双方提供专业服务的行业，随着房地产市

* 王霞，中国房地产估价师与房地产经纪人学会副秘书长；赵庆祥，北京房地产中介行业协会秘书长。

场发展特别是存量房市场规模变大，房地产经纪行业的作用日益显现，在保障交易安全、提高交易效率、降低交易成本、优化房地产资源配置、改善人们居住条件等方面的作用越来越得到社会认可。

## 一　2018年房地产经纪行业发展基本概况

2018 年房地产经纪行业规模稳步增长、增速放缓；人员职业化水平大幅提高；机构业绩下滑，不同城市之间有所分化；代表性机构探索转型，行业格局发生变化。

### （一）房地产经纪机构情况

1. 新增房地产经纪机构数略有下降

截止到 2018 年 12 月底，全国工商登记的房地产经纪机构共 232366 家，分支机构（门店）58572 家。其中，2018 年新设立房地产经纪机构 61661 家，新增机构数与 2017 年相比略有下降（见图 1）。新增房地产经纪机构的地区主要集中在东部的河北、江苏、广东、浙江、山东、安徽等省份。

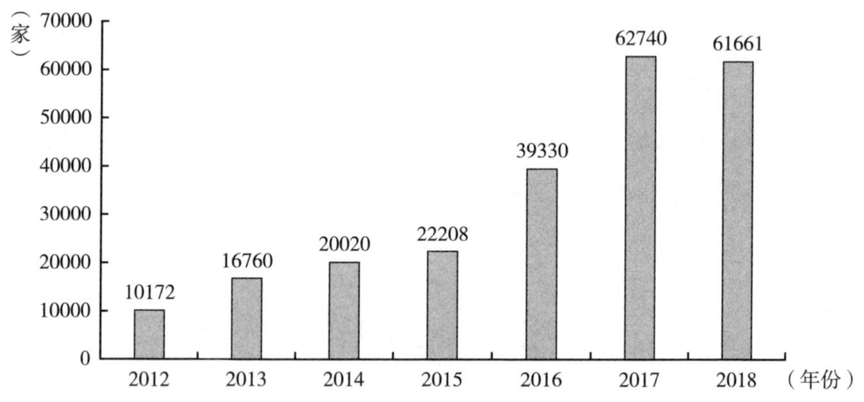


**图 1　2012 ~ 2018 年每年新增房地产经纪机构数量**

资料来源：中房学房地产中介机构档案库。

2. 注册资本略有增长

2018 年全国房地产经纪机构新增资本注册总额为 768. 36 亿元，较 2017 年增长2.13%，每机构平均注册资本124万元，较2017年增长4.2%。从注册资本看房地产经纪机构规模，目前我国房地产经纪机构以中小型为主，其中81.19%的房地产经纪机构注册资本在100万元以下。注册资本在500万元以上的占房地产经纪机构总数的4.01%，100万~500万元的占14.8%（见图2、图3）。

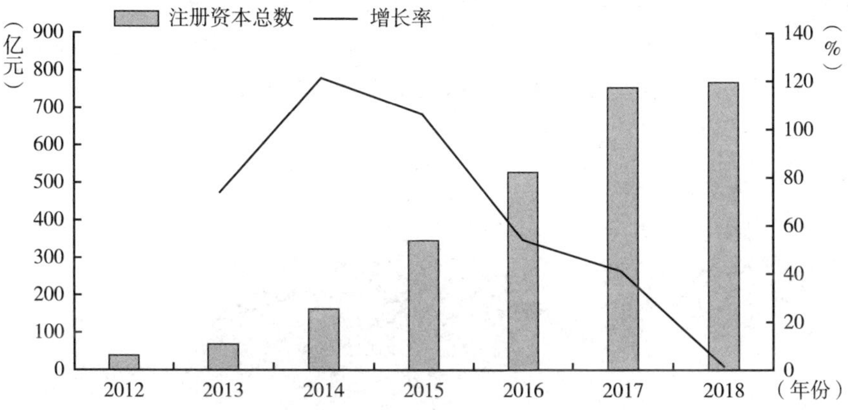


**图2　2012~2019年全国新增房地产经纪机构注册资本**

资料来源：中房学房地产中介机构档案库。

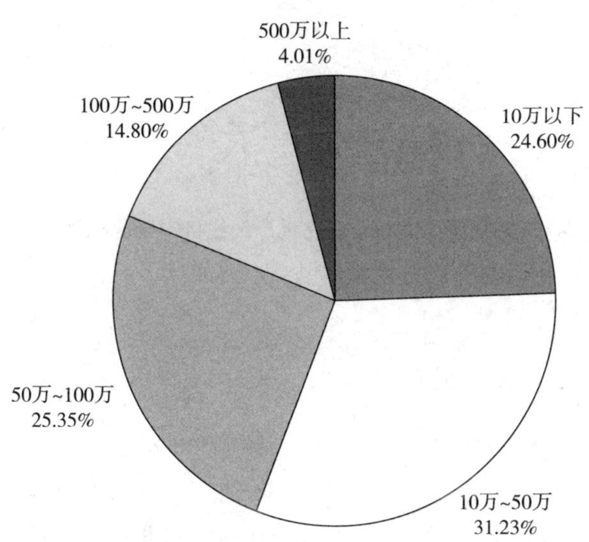


**图3　2018年底全国房地产经纪机构注册资本分布统计**

资料来源：中房学房地产中介机构档案库。

3. 机构数量以年轻机构为主，发达地区老机构占比高

从全国房地产经纪机构数量看，以经营5年以下的年轻机构为主，截止到2019年3月底，经营年限大于5年的经纪机构占机构总数的33.96%（见图4）。但大城市经营年限长的成熟机构占比较大，截止到2019年3月底，北京经营5年以上的经纪机构数量为8556家（不含分支机构），占机构总数的59%，上海为10918家，占49%。但从市场份额看，仍以老机构为主，如北京排名前十的房地产经纪机构占二手房买卖市场份额的80%，成立年限均在10年以上。

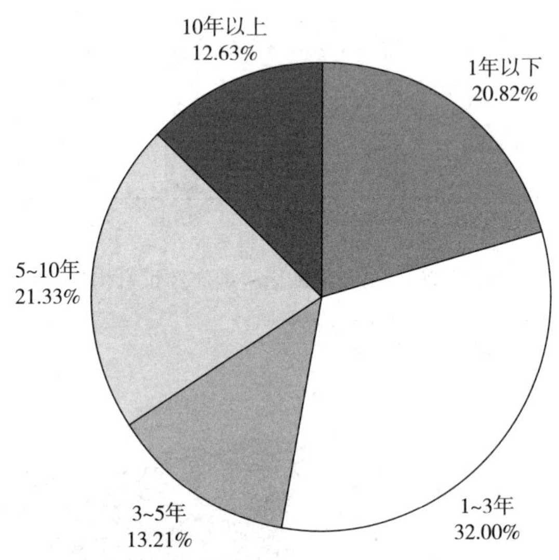


**图4　2019年3月底全国房地产经纪机构经营年限统计**

资料来源：中房学房地产中介机构档案库。

## （二）从业人员情况

1. 以年轻男性为从业主体

据中国房地产估价师与房地产经纪人学会（以下简称中房学）2018年开展的一项行业问卷调查，我国房地产经纪从业人员仍以30岁以下的年轻人为主，平均年龄为27岁，30岁以下的从业人员占全部从业人员的68%。学历以专科及高中为主，占全部从业人员的74.3%，本科及以上人员比例有所增加，

占16.4%；73%的房地产经纪人员为男性。房地产经纪人员流动性偏高，从业年限2年以下的占52%。

2. 职业资格考试人数大幅增加

全国房地产经纪专业人员职业资格考试分为房地产经纪人和房地产经纪人协理两类。2018年首次在北京、天津、上海、重庆、大连、武汉、广州、成都、杭州和石家庄10个城市试行一年两考，考试报名人数及合格人数均有较大幅度提升。其中，房地产经纪人报名人数为6.39万人，比2017年增长76%；考试合格人数1.85万人，比2017年增长124%。房地产经纪人协理考试报名人数9.1万人，比2017年增长53%；合格人数4.9万人，比2017年增长65%。自2016年以来，房地产经纪人专业人员职业资格考试势头呈明显上升趋势，可以看出房地产经纪行业人员职业化的内在需求非常强劲。

### （三）业绩情况

1. 受房地产市场降温影响，房地产经纪业绩总体下滑

2018年下半年，多数地区房地产市场明显降温，二手房市场也不例外。据有关部门统计，2018年全国90个重点城市二手住宅成交量同比下降约8%，全国县级以上城市二手住宅交易量同比下降。房地产经纪行业受房地产市场波动影响明显，2018年房地产经纪业绩总体而言不太理想。从不同城市类型看，二三线城市二手房市场降温更为明显，一线城市二手房市场由于较早开始降温，上年已有企稳迹象，成交量同比略涨。一线城市的房地产经纪行业发展状况略好于其他城市。以北京为例，2018年北京存量住房成交163899套，比2017年增长9.8%，其中通过经纪机构成交的存量房供134963套，比2017年经纪机构成交占比提高了3个百分点。

2. 房地产经纪从业人员收入下滑

房地产经纪人员的收入也反映出2018年的业绩不理想，根据中房学2018年6月开展的一项问卷调查，过去一年房地产经纪人员的收入普遍不高，收入中位数为6万~9万元，在社会上属于中等偏下水平。年收入在9万元以下的占63%，41%的经纪人员表示收入没有增长，25.9%的经纪人员收入有较大幅度下降（见图5）。

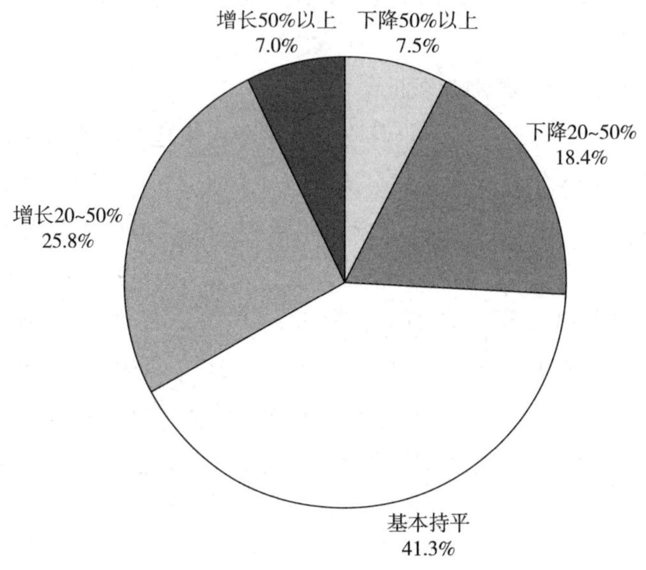


**图5　2018年6月调查过去一年房地产经纪人员收入变化情况**

此外，2018年房地产经纪业务相关的诉讼共9245条，比2017年下降42.47%（见图6），这一方面说明房地产经纪机构和人员从业越来越规范，另一方面也反映了房地产经纪业绩的下滑。

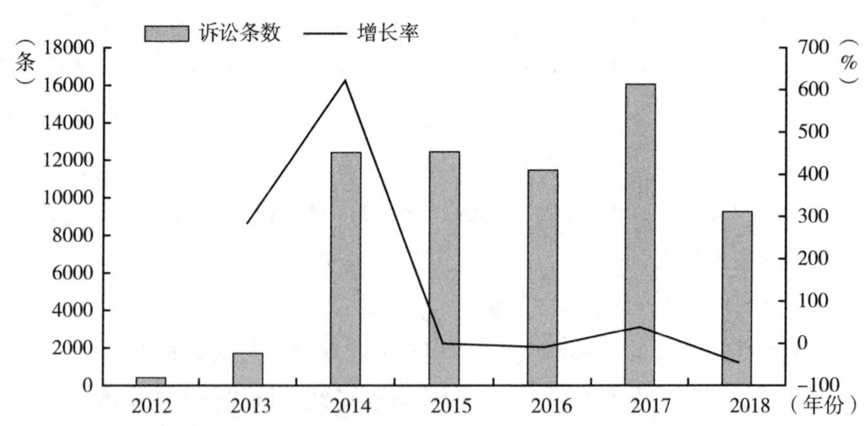


**图6　2012～2018年房地产经纪诉讼数量及变化情况**

资料来源：中房学房地产中介机构档案库。

### （四）代表性经纪机构及网络平台发展规模

2018 年头部房地产经纪机构发展相对稳定，以 21 世纪中国不动产为代表的加盟模式的机构发展迅猛，进入城市超过 100 个，其他代表性企业也探索尝试加盟模式。截至 2018 年底，直营模式最大的机构仍是链家，其 2018 年底已进入 28 个城市，拥有 8000 家门店，员工数量超过 15 万人（见表 1）。

**表 1　2018 年底代表性房地产经纪机构情况**

| 序号 | 机构简称 | 人员(万人) | 门店(个) | 城市(个) |
|---|---|---|---|---|
| 1 | 链家 | 15 | 8000 | 28 |
| 2 | 中原地产 | 6 | 2600 | 37 |
| 3 | 我爱我家 | 5. 5 | 3300 | 17 |
| 4 | 21 世纪中国不动产 | 4. 5 | 5353 | 122 |
| 5 | 麦田房产 | 1. 2 | 600 | 3 |

资料来源：实际调研及互联网。

2018 年链家宣布成立贝壳找房，房地产经纪行业服务的网络平台由过去的 58、搜房（现为房天下）两分天下，发展成为三足鼎立之势，新兴的网络媒体——诸葛找房也已拥有自己的一席之地。从网站活跃的经纪人员用户来看，58 集团是当前用户数最多的网络平台，不到一年的时间贝壳找房发展迅猛，达到 30 万人（见表 2）。

**表 2　2018 年底代表性房地产网络平台情况**

| 序号 | 平台简称 | 活跃经纪人员数量(万人) | 城市(个) |
|---|---|---|---|
| 1 | 58 集团 | 130 | 640 |
| 2 | 房天下 | 65 | 658 |
| 3 | 贝壳找房 | 30 | 90 |
| 4 | 诸葛找房 | 24 | 70 |

资料来源：实际调研及互联网。

## 二　房地产经纪行业发展环境及重大事件

### （一）行业发展的政策环境

2018 年是房地产经纪政策环境偏紧的一年。全国和地方房地产管理部门相继

开展了专项行动，严厉打击房地产经纪机构违法违规行为，对净化房地产市场环境，维护房地产经纪行业秩序起到积极作用。全年发布的重大政策及相关事件如下。

5月19日，住房城乡建设部印发《住房城乡建设部关于进一步做好房地产市场调控工作有关问题的通知》（建房〔2018〕49号）。《通知》要求各地要严厉打击房地产企业和中介机构违法违规行为，严肃查处捂盘惜售、炒买炒卖、规避调控政策、制造市场恐慌等违法违规行为。

6月28日，住房城乡建设部会同中宣部、公安部、司法部、税务总局、市场监管总局、银保监会等部委联合印发了《关于在部分城市先行开展打击侵害群众利益违法违规行为治理房地产市场乱象专项行动的通知》，决定于2018年7月初至12月底，在北京、上海等30个城市先行开展治理房地产市场乱象专项行动。

6月28日，住房城乡建设部副部长倪虹在中房学举办的2018年中国房地产经纪年会上致辞，他指出将先行在北京、上海、广州、深圳等30个城市开展市场秩序专项整治，重点打击投机炒房和黑中介，治理违法违规行为和虚假广告，以进一步整顿和规范房地产市场秩序，建立监管长效机制，切实维护人民群众合法权益。

7月13日，中国人民银行办公厅发布关于加强特定非金融机构反洗钱监管工作的通知（银办发〔2018〕120号）。规定房地产中介机构属于特定非金融机构，应当履行反洗钱和反恐怖融资义务。

7月31日，住房城乡建设部公布一批（共20家）各地查处的违法违规房地产开发企业和中介机构名单。该批企业的违法违规行为涉及哄抬房价、“黑中介”、捂盘惜售、未批先售、虚假宣传等方面，侵害了人民群众合法权益，严重扰乱了房地产市场秩序，造成了不良的社会影响。

9月14日，住房城乡建设部通报各地专项行动查处的第二批（共20家）违法违规房地产开发企业和中介机构名单，并强调，各地要持续深入开展专项行动，通过部门联合执法，把打击侵害群众利益违法违规行为，作为整治房地产市场乱象工作的重中之重，对投机炒房、房地产“黑中介”、违法违规房地产开发企业和虚假房地产广告等房地产乱象，发现一起，查处一起，并予以曝光。

10月15日，中房学发布《“真房源”标识指引（试行）》，引导房地产经纪机构发布真房源。

### （二）行业重大事件

2018 年房地产经纪行业本身也发生了较大变革，网络平台之间、头部企业之间的竞争更加白热化。这一年发生的重要事件如下。

4 月 23 日，贝壳找房正式发布了链家 CEO 彭永东的公告——《贝壳找房 CEO 给伙伴们的一封信》，宣布发布链家的升级版“贝壳找房大平台”。此举被业界解读为链家从线下走到线上，引发广泛关注。

6 月 12 日，58 集团在北京发起“双核保真 · 以誓筑势”全行业真房源誓约大会，由 58 集团、我爱我家集团、中原地产、21 世纪不动产中国、万科物业、麦田房产、中环互联、新环境、龙湖冠寓等国内领军房地产服务企业发起，共同誓约以真实房源和诚信经营服务广大用户。被业界认为是向贝壳找房宣战。

6 月 13 日上午，中原集团旗下的中介加盟品牌——上海原萃信息技术有限公司开业，中原地产中国大陆区副总裁刘天旸兼上海原萃总裁，这也标志着一直做直营的中原地产正式进入加盟领域。

6 月 22 日，58 集团宣布，拟向我爱我家集团投资 10.68 亿元，获得 8.28% 的股份。

7 月 5 日，21 世纪不动产中国总部与西双版纳百姓建筑装潢工程有限公司加盟签约仪式在京举办。自此，21 世纪不动产在全国范围内进驻了 100 个城市。

10 月 9 日，上海中原物业顾问有限公司宣布，自 2018 年 10 月 1 日起，针对原有公司福利待遇政策及薪酬进行调整，所有岗位的福利待遇减至五折发放，多部门佣金打八折发放。并称公司过去两年一直处于结构性亏损状态，此举是积极的改革措施。

11 月 15 日，上海链家上调二手房交易佣金收费，由之前的买卖双方各付房屋成交价款的 1%，调整为买方付 2%，卖方付 1%。

## 三　2018年房地产经纪行业的进步及存在问题

### （一）2018年房地产经纪行业的进步

#### 1. 加盟模式快速发展

继 2017 年加盟元年之后，加盟成为房地产经纪行业发展的重要方式，直营扩张的步伐大幅放缓，加盟拓展的速度空前加快。加盟门店的数量也达到历史新高。据不完全统计，排名前十的特许品牌旗下的门店数量已经达到44353家（见表3），加上其他特许品牌的加盟店，保守估计加盟模式的经纪门店已经超过5万家，几乎占机构总数的1/6。

**表3　2018年特许品牌加盟门店数量表**

| 序号 | 品牌 | 门店数量 | 序号 | 品牌 | 门店数量 |
|---|---|---|---|---|---|
| 1 | 房友 | 11000 | 6 | 悟空找房 | 4800 |
| 2 | 德佑 | 5600 | 7 | 中环地产 | 2600 |
| 3 | 儒房地产 | 6000 | 8 | 风光地产 | 1300 |
| 4 | 贝壳找房 | 5400 | 9 | 优居 | 1200 |
| 5 | 21世纪不动产 | 5353 | 10 | 世华地产 | 1100 |

资料来源：房互观察网 www. fang100. com。

2. VR看房等新技术得到广泛应用

贝壳找房、安居客、房天下等商业网站及我爱我家、中原地产的官网都采用了VR技术，实现了虚实看房。SaaS系统及App等信息软件在经纪行业也普遍应用，AI技术也开始被诸葛找房等网络平台公司用于全网房源的筛选和清洗。中国房地产经纪行业的信息化程度已经居于世界前列，网络技术对于房地产经纪行业越来越重要，房地产经纪人员对信息技术的使用越来越熟练。

3. 房源质量明显提升

假房源是房地产经纪行业的一个顽疾，少数几个大型经纪机构通过自建楼盘字典来解决假房源问题。2018年中房学发布《“真房源”标识指引（试行）》，引导全行业及网络平台发布真房源。一些地方房地产经纪协会也采取积极措施，从技术上杜绝假房源。北京率先把发房源与人员实名从业挂钩，只有持有实名从业信息卡的人员才可以在房源网站上发布房源信息，反过来，一旦发现有虚假信息或者违规信息，不仅发房源的经纪人员会被处罚，所在机构的所有房源都要从网上下架。这种以真人员保证真房源的方式，取得了很好的效果，58同城等网站上的房源质量明显改善。

### （二）房地产经纪行业存在或面临的问题

1. 严格的房地产市场调控政策带来交易量下滑

2017 年 3 月以来，各地实施严厉的房地产市场调控政策，房地产市场从过去快速发展时期进入“新常态”，特别是限购、限贷政策带来的交易低迷可能还会持续一段时间，房地产经纪行业的市场空间与过去几年相比大打折扣。但目前房地产经纪行业尚未建立应对房地产市场起伏的措施，交易量波动对行业的震动依旧很大。以北京市为例，2017 年以来，实行严厉的调控政策，二手房交易量出现大幅下滑，经纪机构受此影响，门店数量和从业人员数量都出现明显下降。

2. 资本推动下的行业扩张存在潜在风险

房地产经纪本应是一个依靠专业服务取胜的行业，对资本的依赖性不强。但自 2014 年以来，大量的资本进入经纪行业，试图通过取得市场垄断地位获取高额回报。这使得市场竞争的规则从拼服务转到拼资本、拼规模上来，不利于形成良币驱逐劣币的健康行业生态，对行业持续健康发展带来挑战。另外，在房地产市场出现大幅波动的情况下，盲目扩大规模，可能造成系统性风险，最终导致客户的利益受损。市场经济成熟的国家和地区，都是通过执业资格的准入制度来保证服务人员的专业性和行业壁垒，我国尚未建立行业准入制度。

3. 中小经纪机构的生存空间被进一步被压缩

随着贝壳找房上线、58 集团入股我爱我家，各大特许品牌不断扩大规模，房地产经纪行业的渠道之争、模式之变，令中小经纪机构无所适从。过去一些立足本地市场、精耕细作的中小经纪机构不得不考虑投靠一个大品牌以增强竞争力，否则可能就要退出市场，这也是 2018 年以来特许加盟模式迅猛发展的原因之一。可以想象，那些目前仍选择自营的小机构，面临的生存压力是非常巨大的。

## 四　2019年房地产经纪行业展望

### （一）行业监管有望形成长效监管机制

2017 年以来，对房地产经纪行业的监管空前高压，2018 年还首次把“黑中介”写入正式文件，把“黑中介”纳入扫黑除恶范畴。但是房地产经纪行业混乱的深层次问题没有得到解决。2019 年监管部门有望总结 2018 年专项行动成果，出台有关的政策性文件，以解决行业发展的长效机制问题，从机构备案、人员实名从业、行业竞争、信息披露、业务委托及服务方式、房源发布、合同签订、服务收费、资金监管、风险防范、信用体系建设等方面加强监管，房地产经纪行业秩序会得到进一步规范。

### （二）人员职业化和专业化持续推进

随着近年来行业监管趋严，许多城市把房地产经纪专业人员数量作为机构备案的条件，要求每个门店有一定数量的房地产经纪专业人员。受此影响，2018 年重庆、长沙、武汉等城市的房地产经纪专业人员职业资格考试人数创新高，通过职业资格考试推进人员队伍专业化、职业化的大势已经形成。2019 年在更多城市试点一年两考，预计报考人数会再创新高。此外，58 同城、麦田等机构纷纷建立企业大学，贝壳找房还设立了考试认证院，这些社会机构面向经纪人员提供职业培训和测评服务，会进一步提高房地产经纪从业人员的专业化水平。

### （三）越来越多的成熟经纪人员自主创业

经过多年的发展和沉淀，从业时间超过 5 年的成熟经纪人员越来越多。一方面，成熟的经纪人员熟悉所在社区，积累了一定的客户资源，具备独立开展经纪业务的能力，也热爱房地产经纪行业；另一方面，这些经纪人员依旧每天按照公司要求长时间的工作，节假日也无法正常休息，特别是成家后，没有时间和精力照顾家庭。加盟模式的快速发展，给这些成熟经纪人员开店创业提供了可能性。可以预判，2019 年会有更多的成熟经纪人从原有企业脱离出来，开店创业。

**B**.9

# 房地产估价行业发展现状及展望

王 欢　程敏敏*

**摘　要：** 2018年，住房租赁资产证券化获政策支持，为房地产估价行业带来新的发展机遇，但同时人民法院确定财产处置参考价规则发生改变也给行业发展带来一定挑战。2019年，传统房地产估价业务仍将保持平稳发展态势，资产证券化领域内的房地产估价服务的作用将得到体现，行业自律管理将进一步强化。

**关键词：** 房地产估价　住房租赁　资产证券化

作为房地产业和现代服务业的重要组成部分，房地产估价行业在促进房地产交易公平、保障金融安全、维护司法公正、保障社会稳定等方面发挥着非常重要的作用。2018年是房地产估价行业发展机遇和挑战并存的一年，但在房地产市场平稳发展的大环境下，房地产估价行业未出现大的调整。

## 一　2018年中国房地产估价行业发展基本概况

1. 人员数量

2018年，共23123人报名参加全国房地产估价师资格考试，其中3982人考试合格，取得房地产估价师资格证书。截至2018年底，共举办了22次全国房地产估价师资格考试，取得房地产估价师资格证书的人数已达62902人，其

* 王欢，中国房地产估价师与房地产经纪人学会研究中心主任；程敏敏，中国房地产估价师与房地产经纪人学会研究中心业务主管。

中56570人注册执业，行业从业人员约30万人。

从考试合格率来看，近5年房地产估价师考试合格率总体较为稳定，大部分考试年份合格率低于20%，2018年略有提高（见图1）。

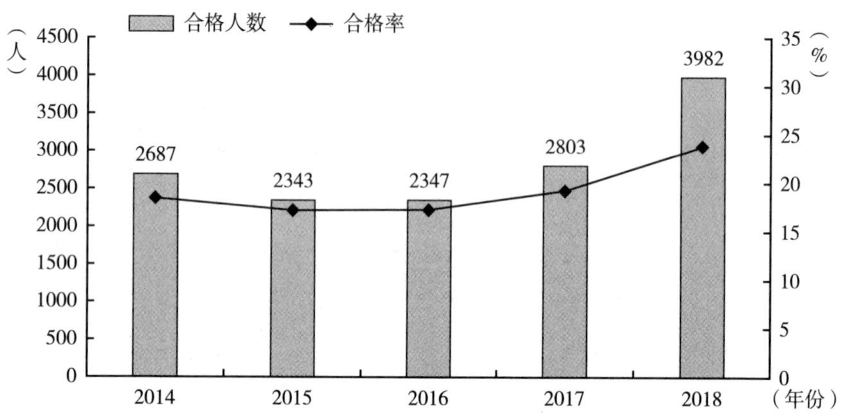


**图1　2014～2018年房地产估价师考试合格人数和合格率情况**

资料来源：中房学统计数据。

从注册房地产估价师执业地域分布来看，江苏省、广东省、山东省注册房地产估价师数量位居全国前三，一定程度上反映了当地经济规模和房地产市场活跃度（见图2）。

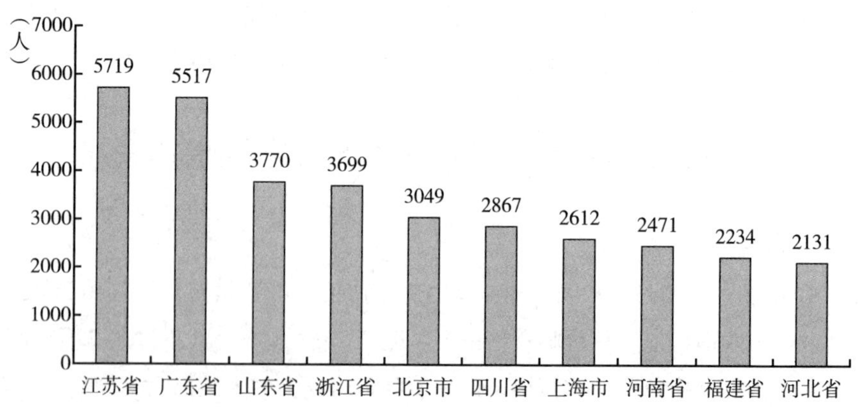


**图2　2018年注册房地产估价师人数前十的省份**

资料来源：房地产估价信用档案（gjxydaxt. cirea. org. cn）。

2. 机构数量

截至 2018 年底，全国共有房地产估价机构 5496 家，其中一级机构 626 家（2018 年新增 80 家）（见图 3），二级机构 1898 家，三级（含暂定）机构 2051 家，一级机构分支机构 921 家。

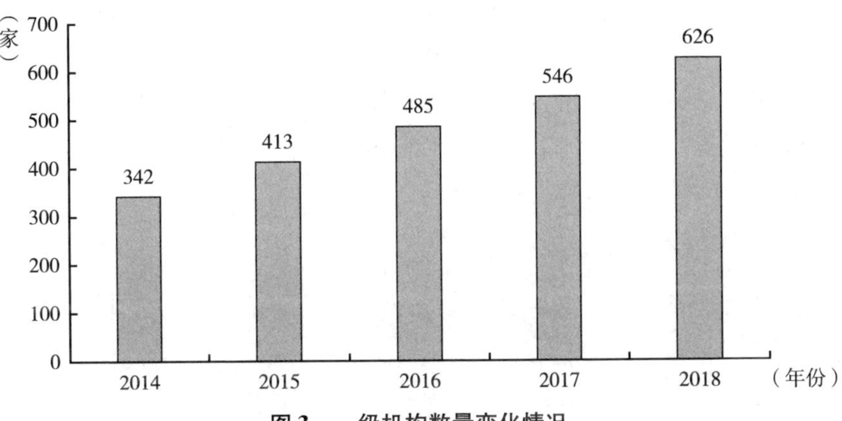


**图 3　一级机构数量变化情况**

资料来源：房地产估价信用档案（gjxydaxt. cirea. org. cn）。

从一级机构分布来看，广东省、江苏省、北京市一级机构数量位居全国前三，一方面与注册房地产估价师分布基本匹配，另一方面也反映了当地房地产估价市场发育成熟度和估价服务水平（见图 4）。

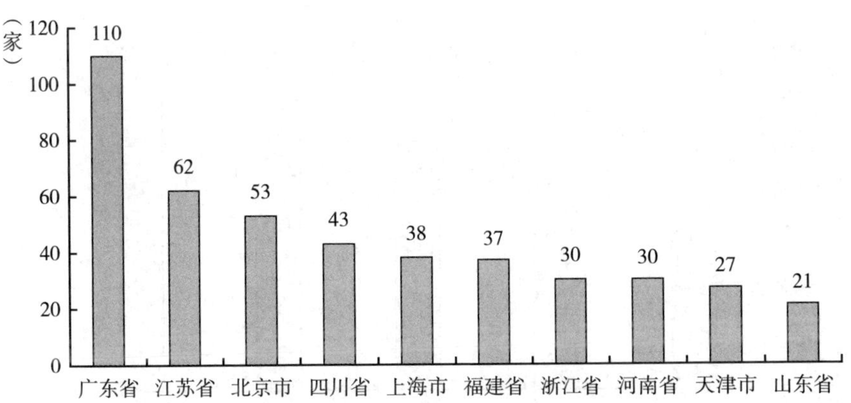


**图 4　2018 年一级机构数量前十的省份**

资料来源：房地产估价信用档案（gjxydaxt. cirea. org. cn）。

3. 收入情况

2018 年全国一级机构平均营业收入为 2038 万元，略高于 2017 年的 2011 万元，继续保持稳步增长态势（见图 5）。营业收入超过亿元的机构从 2017 年的 12 家增长为 17 家；营业收入排名前十的机构收入总额从 2017 年的 16.6 亿元增长为 18.7 亿元，增幅 12.7%；营业收入排名前一百的机构收入总额从 2017 年的 55.2 亿元增长为 65.7 亿元，增幅 19.1%（见图 6）。2014～2018 年，营业收入排名前一百的机构，营业收入年均增长 18.7%，持续保持快速增长。根据各等级机构上报的 2018 年度营业收入情况估算，2018 年全国房地产估价机构营业收入超过 200 亿元。

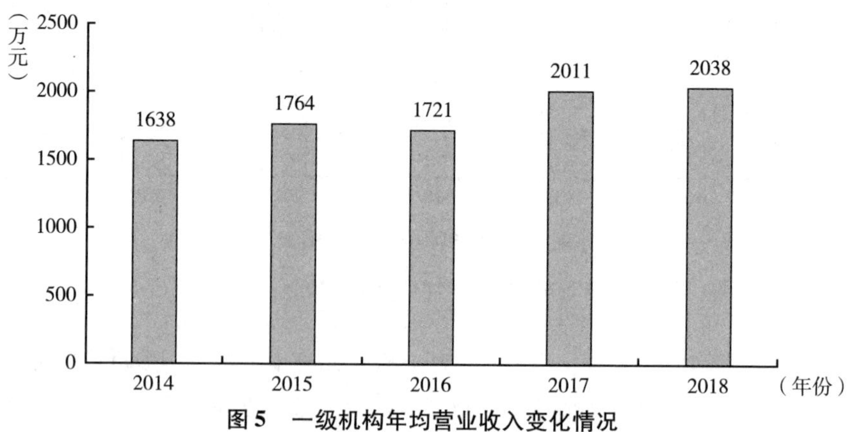


**图 5　一级机构年均营业收入变化情况**

资料来源：房地产估价信用档案系统（gjxydaxt. cirea. org. cn）。

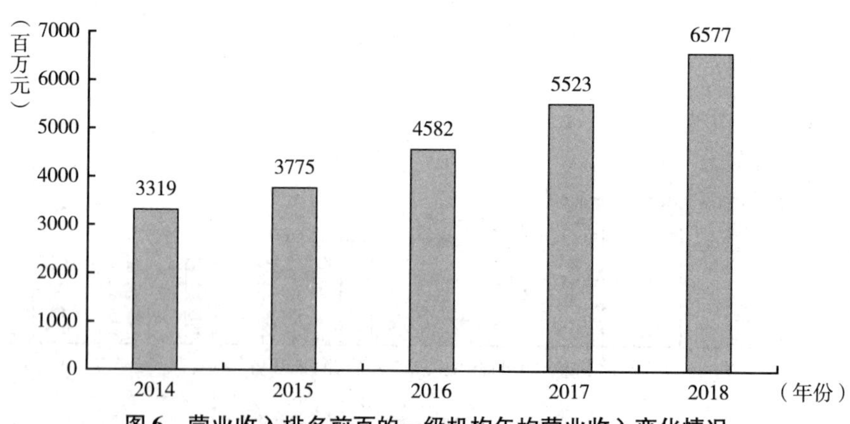


**图 6　营业收入排名前百的一级机构年均营业收入变化情况**

资料来源：房地产估价信用档案系统（gjxydaxt. cirea. org. cn）。

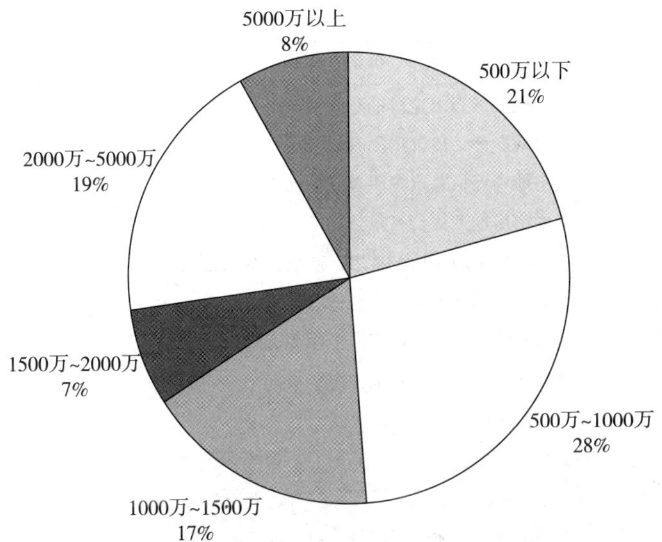


**图7　2018 年度一级机构营业收入分布情况**

资料来源：房地产估价信用档案系统（gjxydaxt. cirea. org. cn）。

从营业收入数额分布情况看，28% 的机构收入为 500 万 ~ 1000 万元之间，21% 的机构收入为 500 万元以下，一半以上的机构收入超过 1000 万元，收入超过 2000 万元的占 27% 。

与 2017 年相比，营业收入排名前列的一级机构总体保持稳定，具体顺序略有变化，同时也有个别机构成长迅速，排名提升较快。2018 年营业收入排名全国前二十的机构中，从省份看广东省 8 家，北京市 6 家，上海市 2 家，江苏省 2 家，重庆市 1 家，浙江省 1 家；从城市看深圳市 7 家，北京市 6 家，上海市 2 家，南京市 2 家，重庆市 1 家，广州市 1 家，杭州市 1 家，覆盖了 4 个一线城市和 3 个强二线城市，与城市综合竞争力基本匹配，其中深圳市一级机构综合实力近年来增长较快。

**表1　2018 年一级机构营业收入全国前二十名**

| 序号 | 机构名称 | 省份 |
|---|---|---|
| 1 | 深圳市世联土地房地产评估有限公司 | 广东 |
| 2 | 国众联资产评估土地房地产估价有限公司 | 广东 |
| 3 | 北京首佳房地产评估有限公司 | 北京 |
| 4 | 深圳市国策房地产土地估价有限公司 | 广东 |

续表

| 序号 | 机构名称 | 省份 |
|---|---|---|
| 5 | 深圳市戴德梁行土地房地产评估有限公司 | 广东 |
| 6 | 中证房地产评估造价集团有限公司 | 江苏 |
| 7 | 博文房地产评估造价集团有限公司 | 北京 |
| 8 | 上海城市房地产估价有限公司 | 上海 |
| 9 | 深圳市鹏信资产评估土地房地产估价有限公司 | 广东 |
| 10 | 重庆汇丰房地产土地资产评估有限责任公司 | 重庆 |
| 11 | 深圳市同致诚土地房地产估价顾问有限公司 | 广东 |
| 12 | 北京仁达房地产评估有限公司 | 北京 |
| 13 | 北京华信房地产评估有限公司 | 北京 |
| 14 | 仲量联行(北京)土地房地产评估顾问有限公司 | 北京 |
| 15 | 深圳市国房土地房地产资产评估咨询有限公司 | 广东 |
| 16 | 广东中地土地房地产评估与规划设计有限公司 | 广东 |
| 17 | 北京市金利安房地产咨询评估有限责任公司 | 北京 |
| 18 | 上海八达国瑞房地产土地估价有限公司 | 上海 |
| 19 | 江苏仁禾中衡工程咨询房地产估价有限公司 | 江苏 |
| 20 | 浙江众诚房地产评估事务所有限公司 | 浙江 |

资料来源：中房学《2018 年度全国一级房地产估价机构排名》。

4. 业务量情况

2018 年，一级机构累计完成估价项目 121.7 万个，评估总价值 18.1 万亿元，评估总建筑面积 15.5 亿平方米，评估总土地面积 15 亿平方米。从近 5 年平均数据看，一级机构在营业收入保持稳步增长的同时，平均完成的估价项目数量、评估总价值、评估总建筑面积、评估总土地面积并没有明显增长，有的指标甚至略有降低，反映出机构盈利能力增强，单个估价项目收入水平不断提高，行业逐步走向高质量增长道路。

不同类型估价项目占比分别为：房地产抵押估价 82.93%、房地产转让估价 5.23%、房地产司法鉴定估价 2.96%、房地产咨询顾问 2.80%、房屋征收评估 2.18%、建设用地使用权出让估价 0.47%、其他估价业务 3.43%，从项目数量上看，房地产抵押估价业务总量大幅领先，个人住房抵押贷款估价业务数量众多是主要原因。

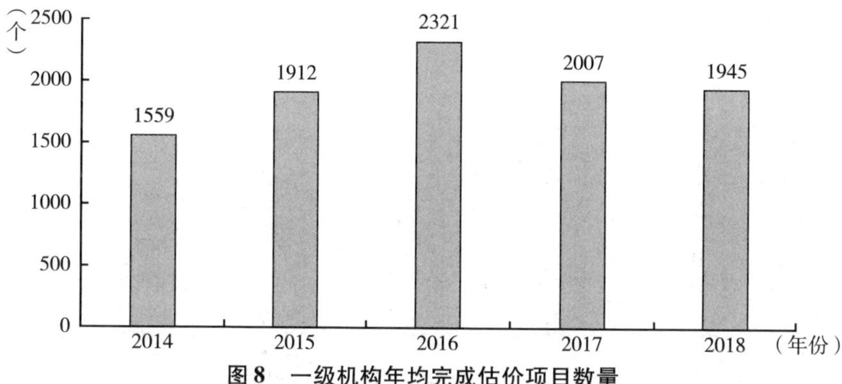


**图 8　一级机构年均完成估价项目数量**

资料来源：房地产估价信用档案系统（gjxydaxt. cirea. org. cn）。

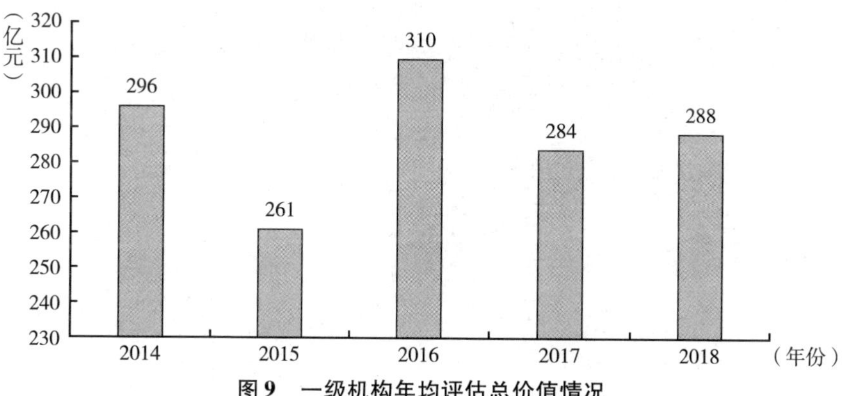


**图 9　一级机构年均评估总价值情况**

资料来源：房地产估价信用档案系统（gjxydaxt. cirea. org. cn）。

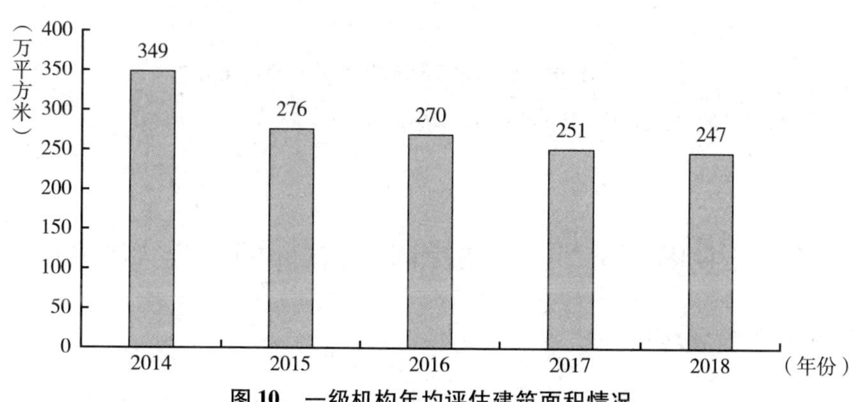


**图 10　一级机构年均评估建筑面积情况**

资料来源：房地产估价信用档案系统（gjxydaxt. cirea. org. cn）。

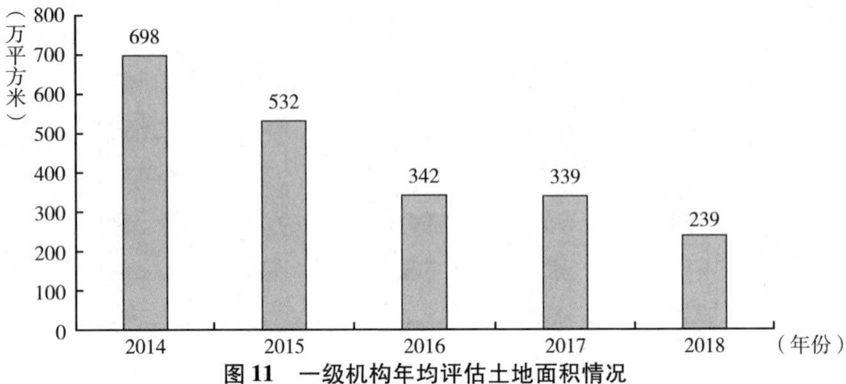


**图 11　一级机构年均评估土地面积情况**

资料来源：房地产估价信用档案系统（gjxydaxt. cirea. org. cn）。

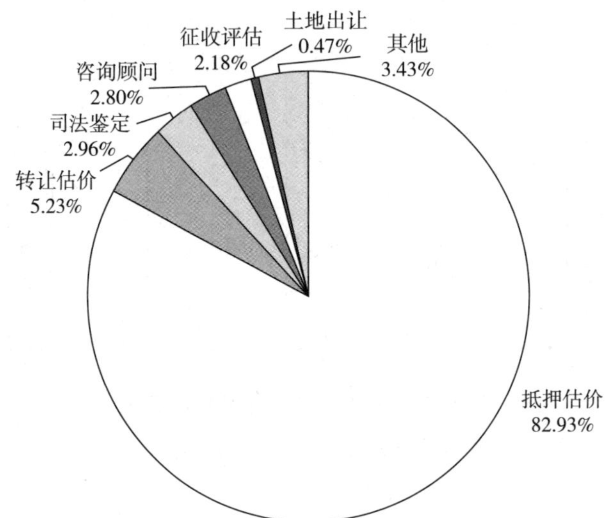


**图 12　2018 年一级机构不同估价业务数量占比分布**

资料来源：房地产估价信用档案系统（gjxydaxt. cirea. org. cn）。

## 二　2018年房地产估价行业发展环境及重大事件

### （一）发展环境

#### 1. 房地产市场发展平稳

2018 年全国新房、二手房交易量与上年相比基本持平。根据国家统计局发布的《中华人民共和国2018年国民经济和社会发展统计公报》，2018年商品房销售面积约17.2亿平方米，同比增长1.3%。其中，住宅销售面积14.8亿平方米，同比增长2.2%。从二手房成交情况来看，2018年90个重点城市二手房、二手住房的成交面积、成交套数同比均有所下降，但降幅不大。而根据贝壳研究院测算，2018年全国二手房成交量预计420万套，与2017年421万套基本持平。

2. 棚户区改造规模稳步增长

近年来，为改善居民居住条件，国家出台了多个文件，不断加大棚户区的改造力度，棚户区改造规模逐年递增。根据国家统计局发布的《中华人民共和国2018年国民经济和社会发展统计公报》，2018年全国棚户区住房改造开工626万套，同比增长约2.8%。

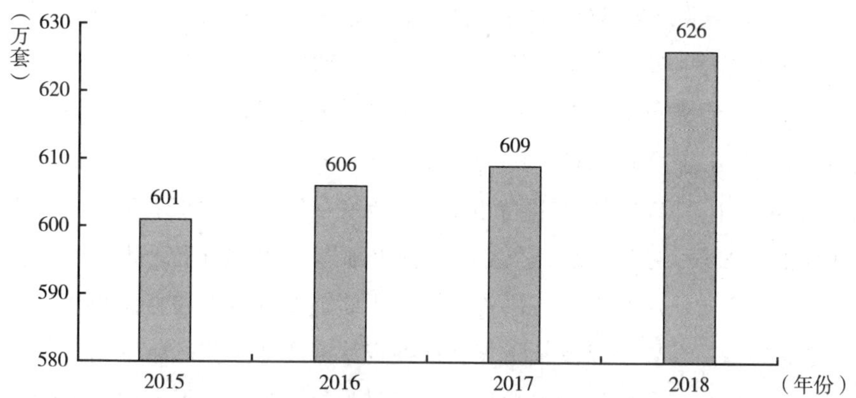


**图13　2015～2018年棚户区住房改造开工情况**

资料来源：房地产估价信用档案系统（gjxydaxt. cirea. org. cn）。

3. 人民法院确定财产处置参考价规则发生改变

2018年8月28日，最高人民法院颁布《关于人民法院确定财产处置参考价若干问题的规定》（法释〔2018〕15号）。2018年12月10日，为贯彻落实《关于人民法院确定财产处置参考价若干问题的规定》，最高人民法院办公厅、中国房地产估价师与房地产经纪人学会、中国资产评估协会、中国土地估价师与土地登记代理人协会、中国矿业权评估师协会、中国珠宝玉石首饰行业协会联合发布《人民法院委托评估工作规范》（法办〔2018〕273号），重新确立

了确定财产处置参考价的规则，其中对房地产司法评估业务影响较大的主要有：一是在确定财产处置参考价方式上，除了传统的委托评估外，增加了当事人议价、定向询价、网络询价三种方式，并大力推广网络询价。除了法定要求选择委托评估方式外，财产处置参考价的确定按照当事人议价、定向询价、网络询价、委托评估的顺序进行，委托评估是最后选项。二是司法评估机构名单库由之前的各地人民法院自行建立改为最高人民法院根据全国性评估行业协会推荐的名单建立，名单库每年重新确定。三是委托评估依法按专业分为房地产类、土地类、矿业权类、珠宝玉石首饰类、资产类，处置财产为房地产或者以房地产为主的整体资产的，从房地产分库选择评估机构。四是评估收费模式发生变化，包括评估收费标准报行业备案，取消预付评估费方式等，按照评估价和成交价孰低原则计算评估费。

4. 住房租赁资产证券化在政策支持下快速发展

为加快培育和发展住房租赁市场特别是长期租赁，2018 年 4 月，中国证监会、住房城乡建设部联合发布《关于推进住房租赁资产证券化相关工作的通知》（证监发〔2018〕30 号）。政策的出台，推动了住房租赁证券化快速发展，如 2018 年，以保利地产自持租赁住房为底层资产的“保利地产 – 中联前海开源租赁住房一号第一期资产支持专项计划”、以碧桂园位于北京、上海和厦门三地的租赁住房物业为底层资产的“中联前海开源 – 碧桂园租赁住房一号资产支持专项计划”以及长租公寓抵押贷款资产证券化产品“招商创融 – 招商蛇口长租公寓资产支持专项计划”相继发行。另外，根据中央国债登记结算有限责任公司、东方金诚国际信用评估有限公司发布的《2018 年资产证券化发展报告》，2018 年个人住房抵押贷款支持证券（RMBS）也出现大幅增长，发行 5842.63 亿元，同比增长 242%。

### （二）重大事件

1. 内地与香港开展第三批资格互认颁证活动

2018 年 2 月 1 日，第三批“内地房地产估价师与香港产业测量师专业资格互认回顾展望暨颁证活动”在香港举行，此次互认共有 90 名内地房地产估价师和 80 名香港产业测量师分别取得对方资格。

2. 房地产资产证券化物业估值明确由房地产估价机构承担

2018 年 4 月 25 日，中国证监会、住房城乡建设部联合发布《关于推进住房租赁资产证券化相关工作的通知》（证监发〔2018〕30 号），对开展住房租赁资产证券化的基本条件、政策优先支持领域、资产证券化开展程序等内容做出明确规定，并对资产证券化评估的方法、估价机构资质等内容进行了详细规定。文件规定“对住房租赁资产证券化底层不动产物业进行评估时，应以收益法作为最主要的评估方法，严格按照房地产资产证券化物业评估有关规定出具房地产估价报告。”“承担房地产资产证券化物业估值的机构，应当为在住房城乡建设部门备案的专业力量强、声誉良好的房地产估价机构”等。在国家鼓励支持住房租赁市场发展的大背景下，越来越多的住房租赁企业将选择以资产证券化的方式进行融资，房地产估价在房地产资产证券化领域将大有作为。

3. 人民法院调整确定财产处置参考价规则

2018 年 8 月 28 日，为公平、公正、高效确定财产处置参考价，维护当事人、利害关系人的合法权益，最高人民法院发布《最高人民法院关于人民法院确定财产处置参考价若干问题的规定》，明确人民法院确定财产处置参考价，可以采取当事人议价、定向询价、网络询价、委托评估等方式；最高人民法院根据全国性评估行业协会推荐的评估机构名单建立人民法院司法评估机构名单库。按评估专业领域和评估机构的执业范围建立名单分库，在分库下根据行政区划设省、市两级名单子库。评估机构采取摇号方式随机确定。

4. 2018年中国房地产估价年会聚焦行业高质量发展

为探讨房地产估价机构和房地产估价师如何适应高质量发展阶段的需要，通过提升服务能力和创新发展方式等，提供高质量的估价服务，实现长期可持续发展，2018 年 10 月 25 ~ 26 日，中房学在北京举办了以“高质量发展阶段的估价服务——转型升级，再上台阶”为主题的 2018 年房地产估价年会。美国和我国港台地区房地产估价行业代表，国际知名房地产咨询顾问机构代表，我国内地知名房地产估价机构负责人以及有关专家学者分别从提供高品质估价服务、高质量发展阶段的估价服务、估价师的转型升级、房地产估价行业转折点、房地产估价变革与创新、估价行业风险管控等方面进行了精彩分享，境内外专业人士和行业代表 700 余人参会，产生广泛影响。

5. 最高人民法院联合五家全国性评估行业协会印发《人民法院委托评估工作规范》

2018 年 12 月 10 日，为贯彻落实《关于人民法院确定财产处置参考价若干问题的规定》，最高人民法院办公厅、中国房地产估价师与房地产经纪人学会、中国资产评估协会、中国土地估价师与土地登记代理人协会、中国矿业权评估师协会、中国珠宝玉石首饰行业协会联合发布《人民法院委托评估工作规范》（法办〔2018〕273 号），明确人民法院涉执财产处置司法评估机构名单库建立主体及相关要求；确立评估机构收费标准，实行报备制度；对名单库除名情形进行规定；明确了接受委托评估的流程以及评估报告异议处理机制等。

## 三 2019年房地产估价行业展望

在房地产市场调控不放松，住房租赁资产证券化将得以进一步发展，保险资金获准参与长租市场的政策环境下，2019 年房地产估价将呈现传统业务稳步推进和新兴业务积极拓展的局面。从行业管理来看，资质资格管理将逐步弱化，行业自律管理力度将加大。

1. 传统房地产估价业务继续稳步发展

传统房地产估价业务与房地产市场的发展密切相关。2019 年政府工作报告指出："要更好解决群众住房问题，落实城市主体责任，改革完善住房市场体系和保障体系，促进房地产市场平稳健康发展。继续推进保障性住房建设和城镇棚户区改造，保障困难群体基本居住需求。"与往年相比，2019 年政府工作报告对房地产的论述更为简洁，但依然强调"坚持住房居住属性"，继续推进城镇棚户区改造。与 2018 年相比，房地产市场发展的政策环境没有太大变化，房地产市场的平稳发展，将带动房地产抵押估价、房屋征收评估、房地产税收估价等传统业务稳步发展。

2. 资产证券化领域的房地产估价服务将有所推进

一是中国证监会、住房城乡建设部联合发布的《关于推进住房租赁资产证券化相关工作的通知》（证监发〔2018〕30 号），确定了房地产估价机构在房地产资产证券化领域开展物业评估业务的合法性。而住房租赁资产证券化政策落地，将使越来越多的住房租赁企业选择通过资产证券化来盘活资产获得融资。资产证券化领域对物业状况评价和市场调研、物业现金流分析与预测，以及物业估值等专业服务的需求将越来越大。二是 2018 年 6 月，中国银保监会发布《关于保险资金参与长租市场有关事项的通知》（银保监发〔2018〕26 号），明确了保险资产管理机构通过发起设立债权投资计划、股权投资计划、资产支持计划、保险私募基金等方式间接参与长租市场。为监控保险资金投资物业的价值走势，需要房地产估价机构提供物业估值以及对保险资金投资长租市场可行性研究分析等专业服务。

3. 房地产估价机构资信评价工作将在全国开展

为加强房地产估价行业自律管理，中房学早在 2014 年就启动了对房地产估价行业资信评价的有关研究工作。2018 年，为贯彻落实资产评估法，做好《房地产估价机构监督管理办法》出台后机构管理方式由“资质审批”转为“资信评价”有关工作的衔接，推进房地产估价行业信用体系建设，中房学研究制定了《房地产估价机构资信评价办法（试行）》（讨论稿）。办法将估价机构资信等级由高至低划分为 AAA 级、AA 级、A 级，明确了中房学和省级、设区城市房地产估价行业组织在资信评价中的职责分工。该办法已多次征求地方行业组织、部分估价机构和有关专业学者的意见并不断修改完善，预计 2019 年将发布实施，房地产估价机构资信评价工作将在全国范围开展。

4. 房地产估价机构信用档案将逐渐完善

《最高人民法院关于人民法院确定财产处置参考价若干问题的规定》《人民法院委托评估工作规范》规定，人民法院司法评估机构名单库房地产分库由最高人民法院和中房学共同建立；当入选名单库的房地产估价机构存在除名情形时，中房学应及时函告最高人民法院。除名情形包括被纳入失信被执行人名单的；因违反资产评估法或者评估行业监督管理办法被有关部门处罚的；已办理企业注销登记的；已被市场监管部门吊销营业执照的；违反所属行业协会自律管理规定，受到严重惩戒的。为对名单库进行有效管理，中房学将开展房地产估价行业违法违规信息搜集整理工作，逐步建立行业不良行为信息库，以做好人民法院司法评估机构名单库推荐和动态管理工作为契机，不断完善房地产估价机构信用档案，推进房地产估价行业信用体系建设。

# B.10
# 物业管理行业发展现状及未来展望

刘寅坤*

**摘　要：** 近年来，我国物业管理行业全面贯彻落实“创新、协调、绿色、开放、共享”的发展理念，在向现代服务业转型升级的过程中，取得了令人瞩目的发展成就。政府的减政放权进一步激活了市场，高质量发展的要求提升了行业整体服务水平，人民对美好生活的向往提高了居民品质消费需求，新一代信息技术的广泛应用催生了新的企业发展模式，资本的持续关注重新定义了物业管理价值。物业管理行业发展步入向现代服务业转型升级的战略机遇期。

**关键词：** 物业管理　新格局　新作为　新环境　新压力　新趋势

## 一　物业管理行业发展新格局

### （一）物业管理面积区域分布

2017 年全国物业管理行业总面积约 246.65 亿平方米，比 2014 年增加 71.15 亿平方米，年复合增长率 12.01%。从各省面积分布来看，广东省、浙江省、江苏省和山东省物业管理面积位居前四。与 2014 年相比，山东省物业管理面积增幅明显，增加了 9.4 亿平方米。物业服务企业在横向扩张、布局全国的同时，更注重核心区域的深耕，以巩固核心城市的竞争力与控制力。

---

* 刘寅坤，中国物业管理协会行业发展研究部主任。

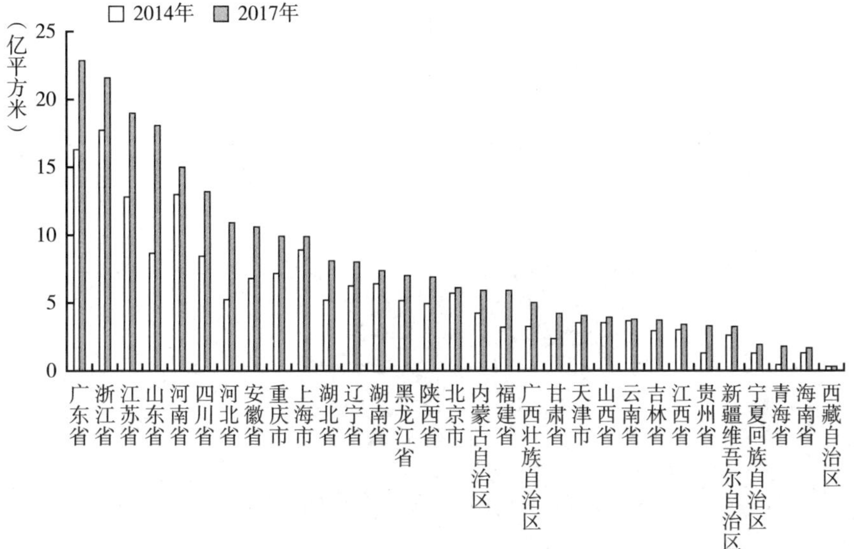


**图 1 全国物业管理面积分布情况***

资料来源：各地方协会申报数据，下同。

从区域分布①看，华东地区占比近四成；其次是华北、华南、西南和华中地区，占比均超过 10.0%；东北和西北、华北地区的分布相对较低。与 2014 年相比，除华东、西北、华北区域物业管理面积占比分别上升了 3.6%、0.7%、0.1%外，其他各地区面积占比均略有下降（见图 2）。

## （二）物业服务企业数量及分布

2017 年全国物业服务企业共 11.8 万家，比 2014 年增长 18.2%，年复合增长率 3.97%。从各省物业服务企业数量及分布来看，广东省、江苏省、山东省和河南省位居前四。

从区域分布看，华东地区物业服务企业数量占比最高，为 30.5%；其次

① 区域划分：华东地区（包括山东、江苏、安徽、浙江、福建、上海）；华南地区（包括广东、广西、海南）；华中地区（包括湖北、湖南、河南、江西）；华北地区（包括北京、天津、河北、山西、内蒙古）；西北地区（包括宁夏、新疆、青海、陕西、甘肃）；西南地区（包括四川、云南、贵州、西藏、重庆）；东北地区（包括辽宁、吉林、黑龙江）。下同。

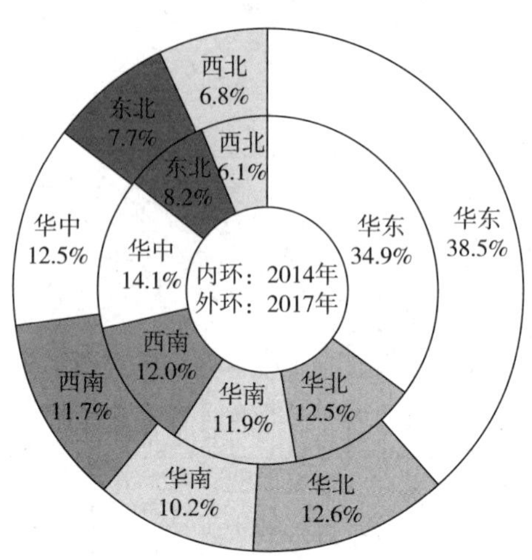


**图 2　全国物业管理面积区域分布**

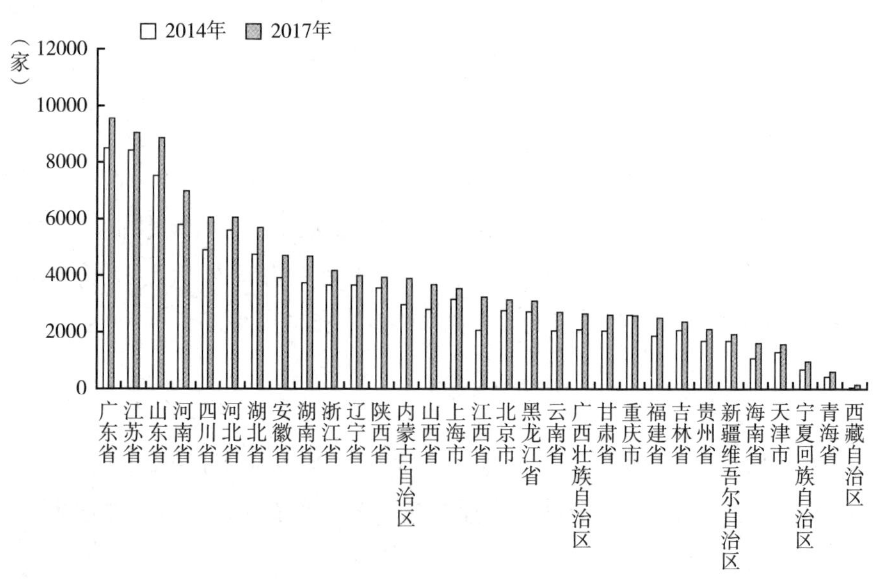


**图 3　全国物业服务企业数量分布情况**

为华北、华南、华中和西南地区，占比均超过 10.0%；西北和东北地区的物业服务企业数量较少，占比分别为 8.5% 和 8.0%。与 2014 年相比，各地区占比波动不大（见图 4）。

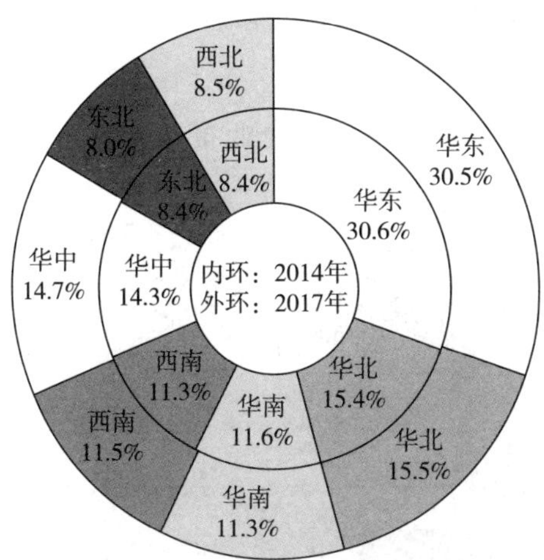


**图4　全国物业服务企业数量区域分布**

## （三）从业人员规模及构成

从调查数据看，2017 年全国物业管理从业人员约 904.7 万人，比 2014 年增加 29.4%，年复合增长率 8.9%。其中，广东省、江苏省、山东省和上海市位居前四。

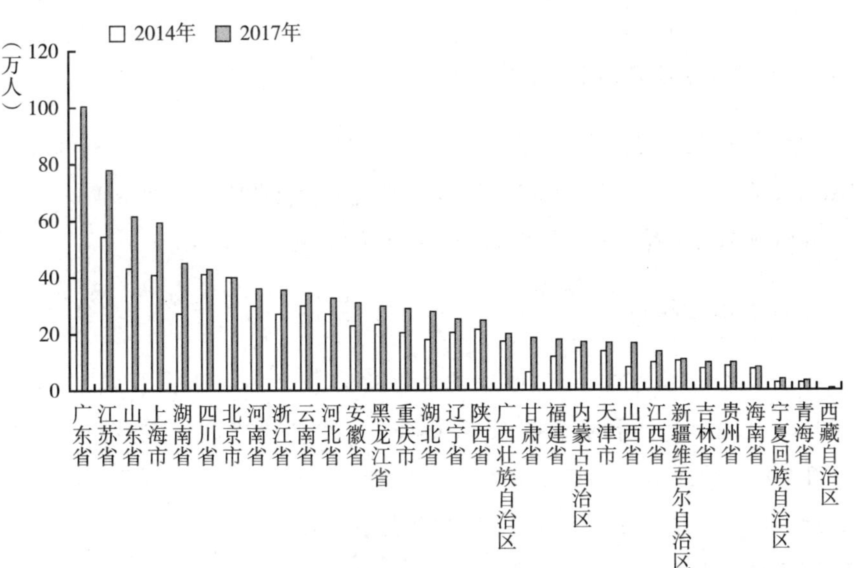


**图5　全国物业管理从业人员数量**

从区域分布来看，华东地区物业管理从业人员数量占比最大，为32.9%；其次为华南、华北、西南和华中地区，占比均超过10.0%；东北和西北地区占比较小，分别为7.2%和7.0%。受企业布局与降本增效经营策略的影响，从业人员增幅低于管理面积的增长幅度。

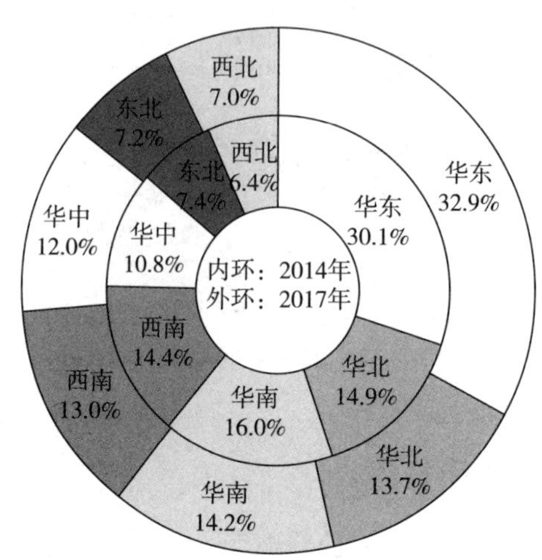


**图6　全国物业管理从业人员数量分布**

## （四）营业收入规模及增长情况

2017年物业管理行业经营收入为6007.2亿元，与2014年（4091.7亿元）相比增长了46.8%，年复合增长率13.66%。随着物业管理行业规模的不断扩大、经营业态的不断丰富，物业管理行业的营业收入同步增加。

## （五）相关指标

2017年物业服务综合实力百强企业的物业管理面积占行业总面积的32.08%，营业收入占行业总收入30.04%，行业集中度进一步提升。虽然百强企业积极拓展多业态的物业服务和产业空间布局，深耕行业服务、拓展新业务，市场份额不断提升，但行业集中度依然处于较低水平。

2017年物业服务企业人均管理面积为2788平方米，比2014年人均2313平方米增长了20.54%。互联网、物联网、大数据等新技术效应逐步显现，极

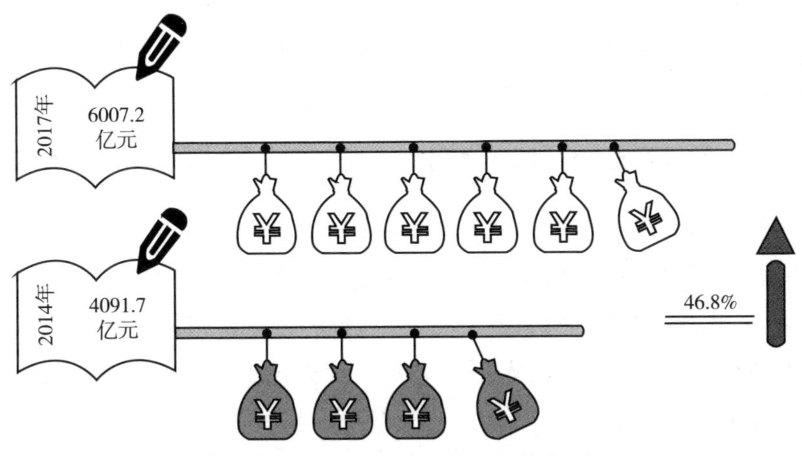


图 7 全国物业管理行业经营总收入

大地提高了服务和管理效率，减少了物业服务企业的用工量。同时行业上下游产业链的逐步形成和专业化的分工，也进一步促进了产业协同效率的提升。

## 二 物业管理行业发展新作为

### （一）行业发展迅速，成为经济和社会发展的稳定器

在每年房地产竣工面积稳定增长、物业服务渗透率逐步提升以及高品质物业服务强劲需求的支撑下，截至 2017 年底，我国物业管理行业已经是一个 6000 亿级的市场，物业管理总面积达到 246.65 亿平方米，物业服务企业超过 11.8 万家，物业管理从业人员数量约 904.7 万人①。

从经济贡献看，行业营业收入年复核增长率为 13.66%，营业收入占 2017 年全国服务业增加值比重达到 1.4%②；从社会贡献看，行业从业人员加专业分包人员，约有 1200 万人从事物业管理相关工作，每年直接或间接提供就业

① 数据根据各地方行业协会上报《各省、市物业管理发展基本情况调查表》统计，不包含港、澳、台地区数据，下同。

② 《中华人民共和国 2017 年国民经济和社会发展统计公报》显示，第三产业增加值为 427032 亿元。

岗位达100万个。物业管理行业的持续健康发展，有力地支撑了消费升级、服务业产业结构优化和新经济发展，促进了我国服务业向高质量发展方向迈进，成为推动服务业乃至国民经济增长的一大动力。

### （二）承接社会公共服务职能，行业地位和价值再升级

近年来，物业管理行业发展潜力进一步释放，服务领域越来越广，逐步从日常接触最多的住宅小区管理、保障性住房管理的生活性服务，向提高生产效率、提供后勤保障的生产性服务转变，从机场、高铁站、医院、学校、工业园区到水立方、人民大会堂，从G20、APEC等国际级高端会议，到奥运会和2020年即将举办的冬奥会等，都有物业管理行业人员参与，物业服务企业积极开拓进取，通过购买服务等方式承担起社会公共服务的职能。

在国内首个“物业城市”治理模式下，珠海大横琴投资有限公司与万科物业发展股份有限公司成立合资公司，前者控股占主导地位，后者参股为运营主体，承担横琴新区城市管理、市政养护、物业管理、停车场管理、社区资产管理服务等业务，并在交通管理、城市治安、市民生活服务等多个领域，尝试形成良性循环的新模式，为粤港澳大湾区以至于全国提供城市管理的样本。陕西省韩城市政府与广东碧桂园物业签署战略合作框架协议，双方紧密围绕当地城市管理新需求，携手为韩城市构建物业服务2.0新标准，推动韩城市物业管理市场的全面健康发展，助力韩城新型城镇化建设再谱新篇。中海物业以央企高度的责任意识与担当精神，通过更贴合雄安“生态、智慧、共融”理念的服务方案，为“高起点规划，高标准建设”的雄安市民服务中心提供物业服务。自2017年11月正式入驻后，积极组建优质团队，全景介入项目建设和物业承接查验，悉心搭建“有高度、有态度、有温度”的物业管理服务平台，为物业管理行业更好地参与雄安新区服务提供了参考样本。

### （三）践行社会主义核心价值观，营造和谐幸福社区文化

如果把社会看成一个有机体，社区就是这个有机体中的“小细胞”。“远亲不如近邻”，融洽互助的邻里关系在现代社会尤为珍贵，物业服务企业以各种形式开展社区文化活动，将精神文明建设与社区建设有机结合，逐步形成浓厚的人文和谐氛围。

绿城服务致力于成为幸福生活服务商，通过邻里活动，丰富业主精神生活，为业主创造一个邻里相识、相知、交流的平台，“海豚计划”实施十年来，全国69座城市，170多个小区的10万多名小业主游泳课程顺利毕业，活动已成为国内规模最大、影响力最深的社区公益服务项目，并获得基尼斯纪录认证。保利物业将22年的住宅服务精髓熔炼成“亲情和院”，以“大客服”基础服务制度为导向，以亲情管家小组的形式服务业主，提供全天候、全生命周期的生活服务、安全管理、设备设施管理、环境管理等，坚持打造“最具人情味物业服务品牌”，让“亲情”成为保利社区的文化标签。万科物业自2003年开始坚持举办大型社区公益活动“Happy家庭节”（2015年正式更名为“朴里节”），并以“邻居，我们一起跑健康”为口号，组织社区乐跑赛，通过健康快乐的运动方式，促进社区与家庭和谐。2017年，龙湖物业启动了全国性社区活动“善亲节”，在16个城市的108个社区持续展开，举办了包括全家福摄影、便民服务日、文化创意以及文娱演出等131场形式多样、内容丰富的社区活动，约10万名龙湖业主参与其中，充分将中国传统文化、公益精神与社区文化相结合，倡导至善至亲的家庭、邻里乃至社会的相处之道。

### （四）标准化建设工作取得重大突破，打造行业发展“新引擎”

2015年11月，全国物业服务标准化技术委员会和中国物协标准化工作委员会相继成立。2017年，中国物协发布了《中国物业管理协会团体标准管理办法（试行）》和首个团体标准《物业管理示范项目服务规范》（T/CPMI001－2017）。在2018年全国物业服务标准化技术委员会一届三次全体会议上，《物业管理术语》《物业服务顾客满意度测评》《物业服务安全与应急处置》三项物业管理行业国家标准的编制工作正式启动。这三项标准均属于国家标准委制定的《2017年国家标准项目立项指南》中“支撑国家重大规划及其他重要项目”的立项范围，也是国家标准委和国家发改委共同编制印发的《生活性服务业标准化发展“十三五”规划》十大重点任务涉及的项目。这是物业管理行业首次立项国家标准，其中《物业服务安全与应急处置》已纳入《城乡建设领域强制性产品标准体系》，作为物业服务领域唯一国家强制性标准，相当于为物业管理行业“立法”。

中国物协作为参编单位，全力配合《绿色建筑运行维护技术规范》（JGJ/T391－

2016）的编写工作，并在标准发布后与标准主编单位中国建筑科学研究院共同组织举办了《绿色建筑运行维护技术规范》宣贯培训会，推动行业标准的宣传、贯彻和实施工作，努力提升物业管理项目运行效能，积极推动行业绿色发展。

### （五）搭建供需对接平台，培育产业经济生态圈

随着时代的变革、产业的升级和科技的赋能，物业管理行业越来越开放和包容，呈现了融合共赢的发展趋势。继 2016 年首届物业管理产业博览会成功举办后，应广大会员单位和供应商的需求，经国家商务部批准，2017 年 10 月在深圳市举办了首届国际物业管理产业博览会，博览会以“聚力创新 共谋发展”为主题，观展人数达 5 万人次，达成合作意向万余项，是行业发展 37 年来最大规模的专业会展活动。在汇聚和整合产业链资源、展示产品、技术交流、传播信息、市场营销和贸易谈判等方面发挥了重要作用，实现了物业服务企业与产业链上下游企业的精准对接，形成了企业之间良性循环和互动的链条，有效推动了产业生态协同发展。

物业服务企业深耕社区经济，充分发挥企业天生具备的线上引流优势，对线上服务和线下体验进行深度融合，重塑社区经济生态圈。出现了像彩生活“彩惠人生”平台、雅生活“雅管家”平台、长城“一应云平台”等以资源换技术，共享技术成果的技术赋能型平台；“腾讯海纳”等以提供“互联网 + 社区”一站式解决方案的智慧社区开放平台；也出现了独立市场化发展的无边界融合，如阿里巴巴旗下支付宝上线的便民生活服务站，万科物业联合 58 集团为社区用户提供全生命周期的生活服务和资产服务等等。

## 三　物业管理行业发展新环境

### （一）市场环境

#### 1. 城镇化的持续推进与城镇人口的增长为行业发展提供了保障

国家统计局数据显示，国内城镇化率由 1996 年的 30.48% 上升至 2017 年的 58.52%。预计到 2020 年，我国常住人口城镇化率将达 60.00% 左右，由此推算，至 2020 年，我国城镇人口将达到约 8.52 亿人，较 2017 年末增加约 4600 万人。

2017 年，我国商品房销售面积 16.94 亿平方米，较 2016 年增长 7.7%。此外，根据国家住房和城乡建设部政策研究中心的预测，未来十年我国城镇有望新建约 7000 万～8000 万套住房。新增城镇人口以及由此而新增的住房需求，将促进城市基础设施建设和城镇住房建设投资增长，扩大物业管理行业的市场空间。

2. 服务业投资拉动经济增长的态势为行业升级奠定了基础

2017 年第三产业投资增速和比重，均高于第二产业，反映了产业升级不断推进和深化，服务业投资日益成为拉动投资增长的主要动力。2018 年上半年国内生产总值 418961 亿元，按可比价格计算，同比增长 6.8%。分产业看，第三产业增加值 227576 亿元，增长 7.6%，高于第一产业（3.2%）和第二产业（6.1%）；占国内生产总值的比重为 54.3%，比上年同期提高 0.3 个百分点，高于第二产业 13.9 个百分点。服务业投资对经济增长的贡献持续提升，物业管理行业作为服务业中的“朝阳产业”，正在以每年 13.66% 左右的速度增长，已进入全面跃升的重要机遇期。

3. 消费的结构性变化为行业服务品质提升带来了新机遇

国家统计局数据显示，2017 年最终消费支出对国内生产总值增长的贡献率为 58.8%，消费对于经济增长的贡献，位于“三驾马车”之首，其基础作用得到充分体现。2018 年上半年，全国居民人均消费支出 9609 元，同比名义增长 8.8%。其中，城镇居民人均消费支出名义增长 6.8%，加快 1.1 个百分点；农村居民人均消费支出名义增长 12.2%，加快 1.2 个百分点。随着供给侧结构性改革深入推进，人民对美好生活的向往加深，居民品质消费的持续升级，坐拥社区流量入口和支付场景的物业管理行业，更是被赋予了新的想象空间。

4. 房屋居住属性的定位为行业开展增值服务提供了新契机

习近平总书记在十九大报告中指出：“坚持房子是用来住的、不是用来炒的定位，加快建立多主体供给、多渠道保障、租购并举的住房制度，让全体人民住有所居。”这标志着我国住房制度发生了根本性改变，房子将更加体现居住属性，引导社会重视服务的价值，特别是物业服务的价值。物业管理行业在为业主提供精细化、专业化的秩序维护、保洁、家政、维修等基础服务的同时，还可以整合各类服务资源，给业主带来线上线下更便捷的增值服务体验。特别是“租购并举”这一概念的提出，为物业管理行业的多业态发展提供了新的契机和挑战。

## （二）政策环境

1. 落实住房城乡建设事业“十三五”规划纲要，促进物业服务业发展

《住房城乡建设事业“十三五”规划纲要》阐明“十三五”时期，全面推进住房城乡建设事业持续健康发展的主要目标、重点任务和重大举措，是指导住房城乡建设事业改革与发展的全局性、综合性、战略性规划。《纲要》指出，“以推行新型城镇化战略为契机，进一步扩大物业管理覆盖面，提高物业服务水平，促进物业管理区域协调和城乡统筹发展。健全物业服务市场机制，完善价格机制，改进税收政策，优化物业服务标准，强化诚信体系建设。建立物业服务保障机制，加强业主大会制度建设，建立矛盾纠纷多元调处机制，构建居住小区综合治理体系。完善住宅专项维修资金制度，简化使用流程，提高使用效率，提升增值收益。转变物业服务发展方式，创新商业模式，提升物业服务智能化、网络化水平，构建兼具生活性与生产性双重特征的现代物业服务体系”。

2. 加强和完善城乡社区治理体系，改进社区物业管理

2017 年 6 月 12 日公布的《中共中央、国务院关于加强和完善城乡社区治理的意见》着重指出，要改进社区物业管理，具体包括加强社区党组织、社区居民委员会对业主委员会和物业服务企业的指导和监督，建立健全社区党组织、社区居民委员会、业主委员会和物业服务企业议事协调机制。政策的出台，不仅对物业管理行业提出了新要求，更进一步明确了物业管理行业在社会发展中的作用和地位，物业服务将和城乡社区治理更紧密地联系在一起，突出属地管理主体责任。

3. 全面推进“三供一业”①分离移交，加快实行社会化管理

2016 年 8 月，国务院印发的《降低实体经济企业成本工作方案》中提到，要全面推进国有企业职工家属区“三供一业”分离移交，剥离企业办医疗、教育等公共服务机构，对国有企业退休人员实行社会化管理，解决好厂办大集体等国有企业历史遗留问题。2017 年 5 月，国资委、民政部、财政部、住房城乡建设部联合发布《关于国有企业办市政、社区管理等职能分离移交的指

① “三供一业”是指国有企业职工家属区供水、供电、供热及物业管理。

导意见》，将与主业发展方向不符的国有企业管理的市政设施、职工家属区的社区管理等职能移交地方政府负责，坚持政企分开，将国有企业配合承担的公共管理职能归位于相关政府部门和单位。未来，国有企业职工家属区的物业管理既可由国有物业服务企业接收，也可由移交企业组织业主大会市场化选聘物业管理机构或实行业主自我管理，鼓励实力强、信誉好的国有物业服务企业跨地区接收移交企业的物业管理职能。

4. 牢固树立安全意识，加强城镇房屋使用安全管理

2017 年 11 月，国务院办公厅印发《消防安全责任制实施办法》，《办法》规定物业服务企业应当按照合同约定提供消防安全防范服务，对管理区域内的共用消防设施和疏散通道、安全出口、消防车通道进行维护管理，及时劝阻和制止占用、堵塞、封闭疏散通道、安全出口、消防车通道等行为，劝阻和制止无效的，立即向公安机关等主管部门报告。2018 年 3 月，住房城乡建设部办公厅下发《关于印发 2018 年安全生产工作要点的通知》，要求物业服务企业牢固树立安全发展理念，从加强房屋使用安全管理、发挥维修资金作用、治理老旧住宅安全隐患、加强物业管理等方面加强城镇房屋安全管理。2018 年 5 月，国务院安委会印发《关于开展电动自行车消防安全综合治理工作的通知》，要求重点治理电动自行车使用管理，包括电动自行车停放在建筑首层门厅、楼梯间、共用走道以及地下室半地下室等室内公共区域，占用、堵塞疏散通道、安全出口；充电线路乱拉乱接，充电设施安装不规范；未落实电动自行车停放、充电安全保障措施。

## 四　物业管理行业发展新压力

### （一）内部增长动力消减的压力

2017 年开始的全国房地产市场调控，70 个大中城市的房价同比涨幅连续回落，市场持续降温，房地产高周转、挣快钱的模式难以为继，由增量转为存量市场的格局已经毋庸置疑。作为房地产下属、控股或关联的物业服务企业，面临着承接母公司新开发项目的减少，内生式增长动力逐步降低或消失，自给自足的发展模式接近市场考验的压力。

### （二）经营成本持续上涨的压力

随着中国劳动力规模的逐年下降，中国的人口红利正在消失，廉价劳动力的时代终结。根据中国物协发布的《全国物业管理行业劳动力市场价格监测报告》，物业一线操作人员到手工资为 2784.4 元/月，每年增幅为 4.71%，管理成本不断上涨的压力明显。同时，由于物业服务费合理调价机制的缺失，物业费上涨成为一道难以逾越的门槛，企业的利润空间正在一点一点被挤压。

### （三）品质消费带来供给侧的压力

随着中国经济的高速发展，品质消费时代的到来，业主维权意识和消费观念日益成熟，对服务的要求也越来越高。而物业服务企业基于成本控制和利润诉求的考量，市场呈现出中低端服务过剩、高端服务严重不足的局面。在优质不可优价的怪圈中，物业管理行业也正在经受业主期望不断攀升、企业服务品质相对下降的尴尬局面。

### （四）行业人才结构重构的压力

随着互联网和新技术的广泛应用，品牌物业服务企业正在利用互联网思维、人工智能、物联网、大数据对内部管理体系、服务界面、社区资源进行转型升级。物业管理正在从“笤帚 + 纸笔”的传统劳动密集型行业向新思维、新理念、新技术方向转变，需要大量的互联网、金融、智能科技等跨界人才，对行业的人才结构进行洗牌，重构新生代物业人的思维方式和知识体系。人才已经成为制约行业和企业发展的最大瓶颈。

### （五）自由市场竞争加剧的压力

我国物业管理行业的管理面积规模巨大，物业服务企业数量较多，存在着区域发展不平衡、市场高度分散的问题。随着国家体制改革的不断深入，政府减政放权后物业管理资质正式取消，尤其是 2016 年取消的物业管理师专业技术人员职业资格后，中国物业管理市场正式进入自我调节阶段，自由开放给更多中小物业服务企业公平竞争环境的同时，也加剧了市场竞争的激烈程度。

## 五　物业管理行业发展新趋势

### （一）不断满足人民日益增长的美好生活需要是奋斗目标

获得感是建立在物质生活水平切实提高基础上的满足。物业管理行业每天服务着近5亿人，从事的秩序维护、绿化、保洁和房屋设施设备维修养护等基础服务，与人民日常工作、生活紧密相关，不断强化和巩固基础服务内容，提升服务效率和质量水平，是行业的立业之本，也是“实现美好生活”的基础。物业服务企业在社区中组织形式多样、健康有益的社区文化活动，不仅有利于丰富居民的精神文化生活，保持身心愉悦的精神状态，而且有助于促进邻里和睦，和谐社区建设。精神文化生活质量提升的亲身体会，是增强业主幸福感的重要方式，是“实现美好生活”的核心。安全感是业主渴望舒适安逸和长效稳定的心理诉求，物业管理通过秩序维护巡查、车辆管理服务、智能安防监控、消防安全管控和加大安全防范宣传力度等服务内容，为业主营造社区安全、稳定、舒适的人居环境，则是“实现美好生活”的保障。

在中共中央、国务院《关于加强和完善城乡社区治理的意见》中，明确提出了要改进社区物业服务管理，让社区物业管理在社区治理中发挥出应有的作用。物业服务企业要按照意见的要求，履行好社会责任，积极探索不断创新实践管理模式，致力于形成“物业＋社区＋业主”三方联动的服务机制，打造共建共治共享的社会治理格局，与国家倡导的“人民美好生活”奋斗目标保持一致，在社区治理中发挥出应有的作用，与时代同呼吸、共命运。

### （二）始终坚持行业的改革发展是第一要务

改革开放四十年，物业管理行业经历了从零起步到蓬勃发展的过程。党的十九大做出了中国特色社会主义进入新时代的历史定位，就物业管理行业而言，行业今后将进入政府立法、行业立规、企业立信的新发展阶段。

随着政府职能向“简政放权、放管结合、优化服务”的转变，行政主管部门对行业的管理将逐步从过去的主导，过渡到现在的指导，最终到未来的引导，即从刚性管制的逐步弱化向柔性指导、引导过渡。物业管理师专业技术人员职业资格和物业服务企业资质制度取消后，政府对物业管理行业和各企业将主要采用加强事中、事后监管的措施：一是加快完善物业服务标准和规范；二是充分发挥物业管理行业组织自律作用；三是指导地方加强对物业服务企业的监管，畅通投诉举报渠道，推行“双随机、一公开”抽查，及时查处违法违规行为；四是建立物业服务企业“黑名单”制度，推动对失信者实行联合惩戒；五是推动与相关政府部门的信息共享，加强企业信息备案管理。

按照中共中央、国务院关于《行业协会商会与行政机关脱钩总体方案》部署，中国物协成为第二批与行政机关脱钩的全国性行业协会，各地方行业协会也正在落实或已经完成此项工作。

### （三）以供给侧结构性改革引领行业高质量发展

2018 年物业管理行业“服务质量提升年”工作主题的提出，正表现了行业全面贯彻落实国家高质量发展要求，呼吁全行业从供给侧方面全面提升服务质量，为经济社会高质量发展、满足消费者日益增长的美好生活需要而努力的决心，也是保证行业发展方向的正本清源之举。

推动行业高质量发展。一是坚持质量第一、效益优先。推动行业加速向现代物业服务业转型升级，彻底改变过去主要靠人力投入、规模扩张，忽视质量效益的粗放式增长方式，以及由此产生的劳动力密集、效率低下、竞争力不足、业主满意度不高等问题，通过提高质量和效益实现行业的健康发展和竞争力提升。二是坚持以供给侧结构性改革为主线。把提高全行业供给体系质量作为主攻方向，提质升级物业管理基础服务的存量供给，扩大深耕物业经营优质服务的增量供给，实现更高水平和更高质量的供需动态平衡，从以价取胜向以质取胜的转变。三是坚持整个行业体系的协同发展。基础物业管理是行业发展的一切根本，在巩固根基的基础上，以高水平的科技创新作为支持，推动互联网、大数据、人工智能和行业的深度融合；以人力资源培育为支撑，为行业转型升级提供符合需要的各类高素质和实用型人才，用人力资本提升弥补劳动力总量下降的不足；以金融资本为支点，更好发挥资本市场、风险投资、并购投资等金融工具的功能，为行业集中度提升和资源整合，提供高效便捷、功能多样、成本合理的融资服务。

### （四）新一代信息化技术开启“智慧物业”新时代

随着技术奇点时代的到来，以物联网、云计算、大数据、人工智能、5G为核心特征的数字化浪潮正在席卷全球，它既是信息技术的纵向升级，也是信息技术的横向渗透融合。当新一代信息技术逐步成熟，并与传统行业深度融合时，将会以前所未有的速度转化为现实生产力，给传统的物业管理行业带来大洗牌，行业自身价值也将被重新定义。

目前，现有的物业管理信息化平台，通过建立完整的基础数据，实现规范化、流程化的物业管理，帮助物业管理人员高质高效地完成工作。在此基础上，逐步运用智能对讲、智能停车、智能门禁系统等对社区的硬件设施进行升级，运用App平台的网上缴费、社区资讯、在线报修等服务对社区的服务升级，从客观上开启数字化转型。同时，再通过平台为业主提供社区O2O增值服务，以社区生活服务场景重塑社区消费，通过服务产生增值，实现社区流量的变现。

而对于未来，物业管理行业最核心的价值将是涵盖业主信息、员工信息、设备信息、社区信息、日常运营信息等各个方面的数据，这些日常数据的创新应用前景非常广泛。借助大数据分析可以掌握社区信息，与其他相关产业建立无缝链接，提高决策的精确度，构建面向业主、商户和物业之间全新的智慧社区生态圈；还可以通过新一代信息化技术，提升物业管理对城市方方面面信息的感知能力、信息的分析和处理能力，从而进一步提供有针对性的新服务和新模式，开启“智慧物业”新时代。

### （五）资本“虹吸效应”助推行业集中度的加速提升

近年来，资本的涌入为物业服务企业提供了开疆拓土的利器，行业并购整合加速。从彩生活并购万达物业，再到雅居乐10亿元并购绿地物业，行业并购频次越来越频繁，并购规模越来越大。我国内地物业服务企业的体量发生了巨大的变化，有16家[①]企业管理物业面积超过1亿平方米，百强企业的管理面积集中度超过30%。企业并购一方面可以大幅提升企业管理规模，整合产业链以摊薄企业成本，快速进入区域性市场；另一方面可以快速获得大

① 资料来源于《物业服务企业发展报告》。

量用户，为实现数据价值变现做好积累。在收购目标的筛选上，资本也更加青睐已形成一定规模的优质物业服务企业，在新三板挂牌的公司数量多，信息披露程度高，便于筛选企业寻找合适标的，在并购浪潮中，新三板将逐步成为颇具热度的“并购池”。另外，除了传统的并购模式，近两年在共享、互利、共赢的理念下，大型企业通过开放平台、小额参股和技术赋能，吸引中小企业加盟的扩张方式，也成为大型企业做大、做强、做优的选择之一，同步实现了物业服务共享平台规模的快速增长，资源的高效整合和产业服务链的延伸拓展。

广阔的市场空间与良好的成长性，使得一些品牌企业对资本产生了巨大的“虹吸效应”，物业管理行业呈现了快速发展、行业集中度不断提升的趋势，未来物业管理行业或按照“二八定律”呈现分化的格局。

### （六）以绿色发展理念推动绿色物业管理模式

习近平总书记在十九大报告中 15 次提及“绿色”，特别强调要推进我国绿色发展，倡导绿色低碳的生活方式。国务院 2018 年 7 月 3 日印发了《打赢蓝天保卫战三年行动计划》，提出了打赢蓝天保卫战的时间表和路线图。全行业要按照《建筑节能与绿色建筑发展“十三五”规划》“推广绿色物业管理模式”“创新改造投融资机制，研究探索建筑加层、扩展面积、委托物业服务及公共设施租赁等吸引社会资本投入改造的利益分配机制”“结合‘节俭养德全民节约行动’‘全民节能行动’‘全民节水行动’‘节能宣传周’等活动，开展建筑节能与绿色建筑宣传，引导绿色生活方式及消费”等具体内容要求，推进绿色物业发展。

让社区环境更优美清洁、设施设备运行更可靠安全、建筑运营更健康高效等，不仅是物业管理行业的本职工作，也是绿色发展的重要内容。物业服务企业在确保建筑正常运行功能的基础上，积极做好垃圾分类、雨水收集、中水利用、车库及公共部位照明改造等节能减排工作，为建筑使用者提供更加舒适的环境、设施和服务，保证业主健康的生活工作环境，实现建筑物本体性能的提升。绿色物业发展既助力客户实现经济效益最大化，也践行了企业的社会责任。作为既有建筑的管理者，行业有责任，也有使命为社会绿色发展贡献一分力量。

# B.11

# 美国保障房物业管理及其对中国的启示*

陈 北**

**摘 要：** 尽管美国保障房物业管理的初衷是保障那些在住房问题上存在困难的低收入群体的住房需求，但是它从起步阶段就以“担负得起的产权”为规划设计目标，即以住“有”所居为目标，因此所有关于保障房的物业管理都围绕着房屋产权的私有化展开；由于美国房地产具有金融衍生品的属性，致使其难以避免因道德风险所引致的金融危机对社会制度的侵害，因此在保障房物业管理中往往表现出对于利润的过度追求而忽视了其所担负的社会责任，进而引发诸多的社会问题；而处于起步阶段的中国保障房物业管理也正在和即将面对同样的困境。所幸的是，美国保障房物业管理随美国房地产市场历经了近150年的发展，已经积累了丰富的经验与教训，这无疑会给中国保障房的物业管理提供启示与借鉴。本文认为其中一条重要的启示是，人均国民收入的提高与社会制度治理之间是相辅相成的，片面追求GDP的做法从长期的国际经验看来并不可取。这一启示在中国保障房物业管理领域同样适用。

**关键词：** 保障房物业管理 私募股权基金 低收入群体 中等收入陷阱

---

* 本文观点的生成与学术资料的获得均得到美国德克萨斯大学达拉斯分校（UTDallas）经济政治与政策学院教授 Dr. Euel Elliott 的帮助，尤其是观点的生成是笔者在同他的交流中得到启发后构思而成，因此笔者在此向他表示诚挚的谢意。

** 陈北，金融学博士，美国德克萨斯大学金融学博士后。

# 引　言

保障房（Indemnificatory apartments）这是一个在中国房地产市场发展过程中出现的概念。从供给与需求角度看，它特指在中国房地产市场中，由中国政府作为主导供给方，由社会资本参与的，针对本国在住房问题上存在困难的中低收入群体的需求所提供的限定标准、限定价格、限定租金的住房。一般由廉租住房（Low-rent housing）、经济适用住房（Affordable housing）、限价住房（Price-fixed housing）、政策性租赁住房（Public rental housing）、定向安置房（Rebuild shanty areas）构成。因此，这种类型的住房有别于完全由市场经济形成价格的商品房。顺理成章，此类住房的物业管理也同样有别于依靠市场而存在的商品房物业管理形式。

同中国保障房概念相对应，在美国房地产市场中类似的保障性住房，被称之为公共住房（Public-housing）①。其供给对象与需求主体同中国保障房大体相同，即也是用来解决美国居民在住房问题上存在困难的中低收入群体。尽管美国没有所谓的保障房的概念，但是从房产物业管理的角度看，中国保障房与美国公共住房在物业管理的对象上无论从内涵还是外延上都存在高度的一致性，因此，笔者在本文中，将英语中 Public-housing 称为美国保障房，以便读者的理解。当然，鉴于两国不同房地产市场对于贫困、低收入、弱势群体的细节、术语、定义和其他分配标准在不同的社会制度、文化背景等诸多环境下的不同，因此保障房与公共住房在概念上还是存在差异的。但是，笔者仅仅将比较的视角聚焦在物业管理领域，将同样致力于服务低收入、贫困、弱势群体的两国物业管理单独抽象出来，求同存异，以便于从学理角度出发就两国深层次的社会经济问题展开比较分析，进而试图发现美国保障性住房物业管理领域中

① Public-housing 字面翻译为公共住房，是一种住房保有权形式，其中财产由政府机构拥有，政府机构可能是中央或地方。这是一个口袋性的术语，在美国特指由联邦、州和地方机构管理，为低收入家庭提供补贴援助房屋的总称，可以由国家，非营利组织或两者的组合来拥有和管理，通常是为了提供廉租房、公租房、限价房、经济适用房等保障性住房。公共住房也可被视为住房不平等的潜在补救措施。虽然公共住房的共同目标是提供负担得起的住房，但关于贫困、低收入的细节，术语，定义和其他分配标准在不同的背景下有所不同。因其同中国的保障性住房的概念极其相似，因此本文将其称之为保障房。

那些可取的经验与需要克服的弊端，目的是为正在起步阶段的中国保障房物业管理提供借鉴之道。因此，本文行文中的美国保障房这一概念指的就是当下的美国的公共住房。

同时必须指出的是，保障房与公共住房在概念外延的界定上还是有明显差异的，该分歧见之于2009年中国十一届全国人大二次会议对政府工作报告中，该报告把以往“努力实现居者有其屋的目标”更改为“努力实现住有所居的目标”。笔者认为这一变化的出现，这是中、美两国对中低收入群体在住房设计规划上的分水岭，此前，中国的保障房政策目标与美国的公共住房政策目标相同，都是围绕居民“担负得起的房屋产权”而规划设计的；而此后，中国的目标变更为围绕担负得起的社会稳定状态与维护稳定所需提供的房地产成本而进行规划设计。简言之，美国为了产权目的而设计，中国为了社会稳定而设计。两者的差异在笔者看来是人均国民收入与社会治理及其相互关系上的差异所致。

## 一　美国保障房物业管理的由来

美国保障房物业管理最早出现在美国南北战争（1861～1865年）之后，当时战后的美国百废待兴，满目疮痍的大城市成为战后美国建设的重点。为此美国中上层社会[①]需要大量的廉价劳动力参与建设，受到美国劳动力市场的吸引，来自亚洲、东欧、南欧的大量移民人口到1880年代激增到520万以上，大城市的新增人口超过原有人口数量的1/4。美国经济在战后繁荣的同时，却出现了一种危险的社会现象，当老移民在与时代并驾齐驱的同时，上述新移民却被拒绝参与分享美国的繁荣，原因是他们既非西欧移民又非新教徒，因此受到老移民的排挤，生活被限定在城市“准许地区”。这些所谓的“准许地区”，通常居住着这样的群体，他们是在住房问题上存在困难的中低收入者与社会弱势群体，那里住宅简陋、环境脏乱、城市基础设施残缺不全、人员流动性大、社会治安问题频发，用于描述城市的所有负面词汇几乎都可以用来描述那里。

① 当时的美国中上层社会主要由西欧移民和新教徒构成，其人口数不到美国人口的10%，但是却掌握着80%以上的社会财富。社会财富分配中存在显著的两极分化。

人们称之为“贫民区”或者“棚户区”。直到1871年芝加哥市一场由贫民区引发的全市范围的大火灾，以及著名媒体人雅各布里斯于1888年对于纽约市贫民区居民生活的真实报道，才开始让全美国认识到贫民窟的肮脏、混乱与破败，以及城市发展的失衡可以引致的不仅仅是芝加哥市那样的火灾，更可能引致的是蔓延的瘟疫与失控的社会秩序。与此同时，美国的上流社会群体也切身感受到“城门失火殃及池鱼”的危险，于是在多方压力下，美国纽约州于1895年开始对该州棚户区、贫民区进行一系列改造，通过社会慈善家以及地区周围的工厂主的集资，加上政府出面招标，由中标的地产商与建筑开发商承建专供低收入者与流动人口居住的限定标准、限定价格、限定租金的住房，这就是美国最早的保障房的来源。当建好的保障房以租赁的方式提供给符合条件的低收入者或流动人口之后，为便于对此类住房物业的管理，达到投资开发商、承建商、承租人以及政府多方共赢的目的，随着纽约州对州内城市棚户区改造工程的启动，美国的保障房物业管理于1895年应运而生。

## 二　美国对保障房物业管理的监管

1901年美国国会通过了《租户物业法》（The Tenement House Act），被认为是美国房地产史上第一部保障房物业法。尽管在此前的1867年和1879年的两年，纽约州政府分别出台过与此类似的法案，但是因缺失操作细则与缺乏制度保障，致使这些法规形同虚设。1901年的《租户物业法》与以往不同，它提供了一系列可供执行的细则，最重要的是它提供了该法能够执行的制度保障，就是设立“租房住宅部”，由专职人员通过租户的投诉来检查现有物业是否合规，并监督地产商、建筑商、承租商是否存在违规违法行为，一经发现，租房住宅部会依据《租户物业法》对其实施惩罚。由于该法的出台触动了房产主的利益，因此在该法案出台后的十几年中，曾经受到过房地产业主协会的抵制，所幸的是即便如此，该法仍然被认为是真正意义上的第一部美国保障房物业法，随着美国城市化的发展，纽约与芝加哥的保障房问题成为全美的社会问题，并因为被媒体反复曝光而成为民众长期关注的焦点，各州政府在舆论压力倒逼之下纷纷采取了相应的行政措施，直到今天，各州为此立法的法理基础仍然来自于1901年的这部《租户物业法》。

此后，美国在保障房领域陆续出台了一系列法律法规与政策，还在不同时期为配合这些律令，根据各个州的具体情况，成立了种类不同的非政府组织或者私人机构，用来对保障房物业管理进行监督。正是这些相对完善的制度设计与健全的制度保障，才使得美国的保障房制度从二战后时至今日，为美国低收入阶层与弱势群体提供了相对安定和尊严的居住环境，从而将低收入者源源不断地填充到中产阶级的行列中，为美国战后的繁荣贡献了力量。

任何一种体制都需要随时代的发展而进化、变迁。保障房物业管理体制的发展亦是如此。然而，由于美国住房市场发展自身的特性，使得监管机制在保障房物业管理运行中存在盲区。从而在该领域反映出来的矛盾日积月累，最终积重难返，形成积弊。

究其原因是：从美国西进运动与《宅地法案》开始，美国房地产市场就始终奉行自由市场经济为圭臬的发展道路，这使得美国房地产从开始之日，就具有天然的金融投机属性，从宏观经济角度看，金融危机难以避免，在保障房物业管理中就往往流露出对利润的过度追求而忽视其所承担的社会责任，进而引发诸多的社会问题。

## 三　美国保障房物业管理积弊的宏观成因背景

在世界银行政府指数项目中，社会治理指数被当作社会制度质量的一种量化指标。下面要做的是从质量指数中发现美国保障房物业管理质量低下的宏观成因与背景。从而为进一步解释为什么在当今美国的保障房物业管理项目中充斥着积重难返的积弊做铺垫。

从趋势曲线的比较中可以发现一个现象，一方面美国 GDP 趋势线的斜率为正，即 1996 ~ 2017 年，美国的国民财富数量不仅处在上升的通道而且增幅明显；另一方面这 22 年间，美国的社会治理指数趋势线的斜率是负值，即美国社会制度质量处于下降通道中。这一现象能否用“中等收入陷阱说”加以解释。

笔者认为可以从美国保障房领域入手作为解释该现象的一个突破口。理由是，保障房不仅关系美国低收入与弱势群体的民生问题，而且是美国人实现住房梦的重要体现方式。在该领域中，保障房的物业管理更是集中反映美国低收

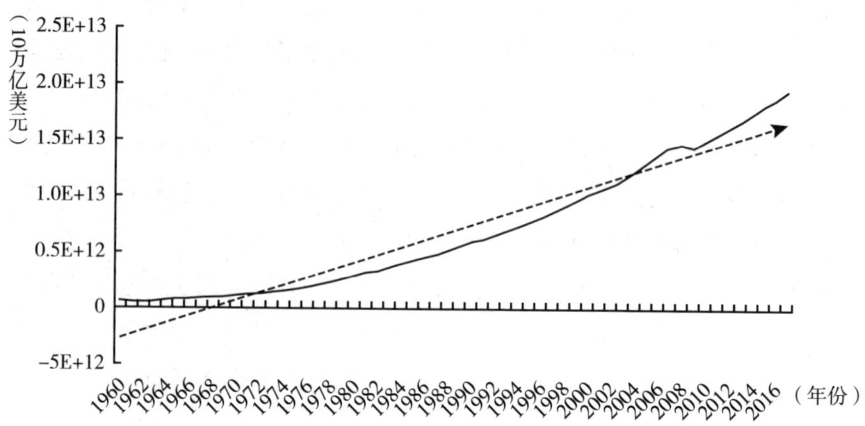


**图1　1960～2017 年之间美国 GDP 增长及其趋势**

资料来源：世界银行国民账户与经合组织国民账户数据，2018 年版。

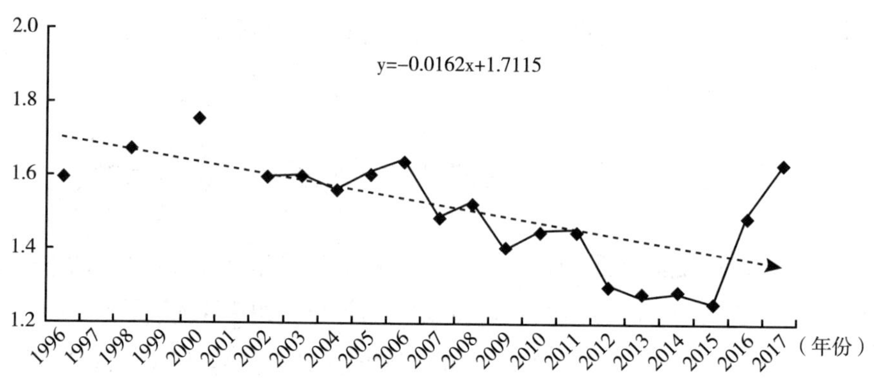


**图2　1996～2017 年美国社会治理指数及其趋势**

资料来源：世界银行政府指数数据库，2018 年升级版。

入与弱势群体的一扇窗户，让人们可以更加直接地观察到从二战后至今，GDP 全球排名始终第一的美国是如何处理低收入与弱势群体的住房问题及其效果如何。

不可否认，美国的保障房制度自二战以后，在保障美国民众尤其是低收入群体实现住房梦过程中发挥了巨大作用。然而 1996 年以来的数据显示，人们开始注意到贫富差距的问题日益严重，尤其是从 2008 年由房地产引发的次贷金融危机以来，美国社会的中产阶级出现两极分化，而保障房领域尤其是保障房物业管理领域，恰恰是此类问题集中频发的领域。尽管本文采用的数据源自1996年至今世界银行数据库，但是数据背后反映的保障房物业管理存在的问题，却是陈年积弊，可以追溯到1901年美国的第一部保障房物业管理法——《租户物业法》。在此后的一百多年时间里，为避免美国保障房物业管理中出现的各种问题，美国政府在不同历史时期先后颁布了数十项联邦法案，各州又根据这些联邦法案衍生出大大小小难以计数的地方法规与规章，核心目的就是为了解决保障房物业“追求自身赢利与承担社会责任”这一对长期矛盾。由此而产生的保障房物业管理中的问题亦成为陈年积弊，在不同的历史时期以不同形式与不同程度表现出来。尽管无法根除，却可以在不同时期被各种法律法规加以约束。尽管本文所反映的问题是笔者对美国德克萨斯州保障房物业管理调查的结果，但是由于其折射的社会问题符合20世纪90年代以来美国社会治理与人均GDP之间关系的解释。最终反映的是政治经济学领域中“制度治理的质量与人均GDP增长”的政治经济学问题。因此笔者通过本文抛砖引玉，把美国保障房物业管理中的积弊加以呈现，以资中国借鉴，并希望可以发现解决之道。

美国保障房物业管理中的积弊主要是指物业公司在运营保障房过程中，在利益驱使下，通过欺诈、胁迫、重大误解、乘人之危、显失公平等非法民事行为，将本应服务于城市低收入者和弱势群体的保障房用作赢利工具，致使保障房居民生活质量恶化，最终难以摆脱收入陷阱，并被长期固化在低收入阶层的社会现象。

笔者之所以选择20世纪80年作为观察对象，是因为这一时期是美国完成了二战后规模最大的一次保障房开发建设。这一波建房高潮的出现恰恰处于康德拉季耶夫经济周期中的上升周期通道，因此这一时期的美国政府放松了对房地产金融的监管，允许私募股权基金（简称PE）参与保障房开发项目。长期以来因保障房开发被认为是不具有市场价值与赢利空间的政府救助项目而鲜有社会资本关注。这种情况从18世纪末一直持续到20世纪中期。此后，由于马丁·路德·金领导的民权运动，美国政府迫于全社会的压力，美国保障房建设项目在经费上不仅被要求不得减少支出，而且在保障房项目选址问题上还被要求与商业地产混合配置，即出于对弱势群体与低收入者居住质量、受教育机会的保障，商业地产开发项目中必须在搭配有保障房开发项目的前提下才可以启动运行。于是，众多的保障房项目的开发用地被安排在城市配套资源丰富的地段上，这些地段通常在交通、医疗、教育、金融、商业便利性方面优于其他地段。由于民权运动导致美国在房地产市场上的这一制度安排，让地产开发商从保障房项目上看到商机。长期以来，美国的选举制度让政客出于争取选票考虑，在宏观经济调控政策上不断向宽松的货币政策方向倾斜，在房地产信贷问题上，通过立法方式鼓励私人资本的介入，尤其是以风险投资为主的私募股权基金①对保障房开发项目的介入。在1965年之前，美国很少出台有关保障房方面的重大立法，但是此后出台的《住房和城市发展法》把曾经带有社会主义色彩的保障房开发建设完全推向了市场化的轨道。为避免监管上的失控，该法案特别在市场监管制度设计上打上了一个大大的“补丁”，那就是创建了住房和城市发展部（HUD）的政府机构，这是一个美国政府内阁领导美国住房的机构。该机构负责监管保障房房租补贴，并鼓励社会创业投资资本（即私募基金的早期形式）介入全美保障房开发项目中。于是，在20世纪70年代至80年代美国迎来了房地产发展史上保障房开发建设的高峰期。

私募基金在美国的制度设计上又被称为“孵化器”资本。其含义是私人资本所募集的封闭式基金在资本市场找到合适的风险投资项目后，作为投资方参与并介入其中，在具有潜在市场前景的项目开发中，按照市场原则与具备项目资源的一方展开合作，此类项目的合作与开发被形象地当作“鸡蛋孵化”的过程加以运作。当合作项目开发完毕并可以脱离私募基金独立运营后，私募基金按照合作当初的合同要求——通常是政府规定的制式合同要求，到期后按时退出投资项目。私募基金退出孵化项目的时间点以私募基金收回投资成本与预期回报为判断标准。通常这样合作时间是九年以上接近十年②（按照从1970～2007年统计的中位数计算得出）。因此美国从20世纪60年代中期对保

① 私募股本的资本最初来自个人投资者或私人股份公司，保险公司是主要的私募股权投资者。后来，公共养老基金和大学及其他捐赠基金成为更重要的资本来源。对于大多数机构投资者而言，私募股权投资是广泛资产配置的一部分，包括房地产，对冲基金商品、公共股权和债券等领域。

② Per Stromberg：The new demography of Private Equity', Master Thesis, Swedish Institute for Financial Research, Stockholm School of Economics Archived 4 March 2016 at the Way back Machine.

障房立法—60 年代后期立项—进入 70 年代私募股权基金参与跟进—再用平均将近十年的时间从第一期投资中盈利。从这样的时间逻辑上看，美国房地产物业公司在产权第一波大规模接手保障房的时期就出现在了 20 世纪的 80 年代。也就是说，美国保障房物业开发中存在的种种问题，从 80 年代起随产权的转移而转移，并同产权一并由物业公司承担。这就是本文之所以从这一时期才开始考察美国房地产物业管理积弊的原因所在。

综上所述，不难看出，美国房地产物业公司从介入保障房开发项目伊始，就被裹胁在以利润为导向的市场环境中，企业的社会责任并非是其追求的核心价值。在有政府引导、私募基金参与的保障房项目"孵化期"内，由于履行社会责任的成本不高，因此在这一时期，物业公司是乐于处理在保障房物业管理中出现的各种问题的。但是当私募资本撤离，产权交接完成后，保障房也迎来了物业设备老旧，需要集中维修更新的时期。在这样一种社会环境背景下，由于监管的乏力与缺失，很难避免物业管理在运营中的道德风险与寻租现象的出现。尽管联邦政府在保障房租金价格上，从法律层面设置了租金价格的上限，即租金价格天花板，但是对于接手保障房的物业公司看来，处在城市优质区位上的保障房，因不乏承租客源的缘故，所以仍不失为一枚可以孵化鸡的"金蛋"，加快"蛋生鸡、鸡生蛋"赢利周期的方法就是加速承租人在市场中的流动以及降低物业维护与管理的成本。于是人们就看到物业公司在保障房物业管理所能触及的各个领域，在不违反保障房法律法规的前提下，精打细算地降低成本，致使物业管理质量下降，久而久之，形成积弊。

## 四　美国保障房物业管理积弊的表现与解析

美国保障房物业管理涉及的领域主要包括：房屋租金管理、房屋维护管理、社区治安管理、社区防疫卫生管理、社区环境管理这五项，每一项又有诸多子项。具体是：1. 房屋租金管理包括：住房合同管理、房租管理、押金管理、宠物管理[①]、租期管理等；2. 房屋维护管理包括：自来水管理、

---

① 宠物在美国被认为是租户中的成员，因此被纳入租金管理中。

家用下水管理、家用电器管理、垃圾管理、垃圾费管理、燃气管理、燃气费管理、雨水管理、雨水费管理、虫害管理等；3. 社区治安管理包括：犯罪管理、吸毒管理、邻里纠纷管理、火灾管理等；4. 社区环境管理：草坪与园艺管理、游泳池管理、健身房管理、停车位管理等；5. 社区防疫卫生管理。

从上文保障房积弊成因的分析中可以看到，物业公司精打细算，在不违反保障房法律法规的前提下，通过增加承租人的居住成本同时降低承租人生活质量，以此策略，达到在政府规定的房租金天花板下将自己利润最大化的目的。这种做法在法律上的解释是：物业公司在政府制定的制式租房合同范围内，动用其所拥有的一切社会资源，针对承租人（即穷人）展开的行走在租赁合同效力边缘上的租赁行为。即自始至终让承租人在感受到有可能面临欺诈、胁迫、重大误解、显失公平、乘人之危等不平等地位的前提下，主动签订在形式看来地位平等的房屋租赁合同。其具体策略是，1. 尽可能迫使承租人（尤其是打算长期居住的承租人），在合同签订前就主动选择放弃对合同撤销权的行使；2. 如果不成，退而求其次，即便承租人因不满物业而有意愿行使其合同撤销权，也要尽可能在法定除斥期间内使其主动放弃采用起诉或者仲裁手段维权的行为。这种保障房的租赁方式，在短期内可以起到让物业公司赢利的目的，但是保障房物业管理的积弊随时间的推移必然会在其管理的各个项目中全面地反映出来。

在这里笔者选择保障房房屋维护管理为例加以说明。

物业管理在保障房房屋维护管理项目中的积弊是通过自来水管理项目、家用下水管理项目、家用电器管理项目、垃圾管理项目、垃圾费管理项目、燃气管理项目、燃气费管理项目、雨水管理项目、雨水费管理项目、害虫管理项目以及其他杂项等项目反映出来。

1. 家用电器（燃气）管理项目中的积弊

美式租赁房在里根总统期间就已经实现了电器燃气的标配化，其目的是为了全面提升房屋的市场价值①。也就是说，在保障房建造时，在规划中就已

① 《美国房子是用来住的还是用来炒的——对“晾衣绳禁令”的考察及其对中国的启示》，《房地产蓝皮书——中国房地产发展报告》，社会科学文献出版社，2018 年 5 月。

经包括了家用电器与燃气设施的安装与配备。由于物业积弊成因的存在，在长期管理中，物业公司缺乏更新设备的意愿，通常是在室内设备出现问题后，通过简单维修，达到恢复原有功能后就敷衍了事。承租人由于信息不对称，缺乏对家电性能的全面了解，因此能够做的就是在发现问题后不断地向物业提交报修申请。如标配家电包括热水器、冰箱、带烤箱的灶台、微波炉、照明电灯、风扇、冷热空调、洗碗机、残羹垃圾粉碎机、洗衣机（选配）等。对于家电设备而言，长期使用的后果是功效降低的同时而功耗不断加大，以电热水器为例，老旧的热水器不仅制热慢而且保温效果差，笔者发现在室内所有家电都可以关闭的条件下，老式电热水器无法单独断掉电源。即事实上电热水器处在全天后 24 小时工作的状态上，在无端耗费大量电能给承租人带来电费损失的同时，还在室内产生噪音、电磁辐射、室温升高、火险隐患等削弱住房质量的因素。物业公司对此类意见通常是置若罔闻。而承租人在租赁合同的规定下，无权自行决定更换设备加以改善。即在劣质居住环境中，承租人除了等待物业敷衍了事的维修之外几乎无能为力，最后得到的维修结果是：报修电器功能正常，所报问题有待观察。当租户在付不起时间成本后只好选择忍气吞声，如果忍无可忍，又不愿意花费时间向监管部门投诉，只能选择搬家。类似的情况可以被保障房物业同样移植到对其他家用电器的物业管理问题上。笔者不予赘述。

2. 虫害管理项目中的积弊①

笔者实地调研了德州大学分校所在的四个城市十个在 20 世纪 80 年代投入使用的保障房居民区，发现所有的小区都存在虫害问题。害虫的种类主要是蟑螂、红蚂蚁和臭虫。这些昆虫具有极强的生存能力，因此很容易成为物业管理中的积弊之一。事实上在人员流动性强且开发了十年以上的保障房居民区中，虫害问题被所在地物业管理长期忽视。

由于美国绝大多数民宅的主体结构都是由木材搭建而成，这给以木材为食物的蟑螂和蚂蚁提供了绝好的聚居场所；而美国人生活中有在室内大量使

① 笔者对于虫害管理项目的田野调研，主要来自美国德州大学系统四所分校周边的保障房居民区，这些居民区分别位于奥斯汀市、达拉斯市、圣安东尼奥市和阿灵顿市。

用地毯的习惯，且铺设地毯可以比铺设地板便宜，因此在保障房竣工伊始，居室内的卧室和客厅就已经预先铺设了地毯，而这恰恰是臭虫喜好的生存环境，除非请专业除虫公司采用高温蒸汽法清理，通常很难达到根除藏在地毯中的害虫同时又能避免给居民带来化学污染的效果。而绝大多数保障房在居室温控技术上采用的是中央空调通风系统，上述害虫藏身在中央空调管道里，则很难展开针对性的除虫行动。这让美式民居内的虫害控制需求成为一项高成本高技术的专业工作。而以利润为导向的保障房物业公司对高成本的虫害管理毫无意愿。但是他们找出的借口却让承租人无言以对，甚至监管机构也难以对其做出惩罚。其借口是：首先房屋木质结构先天就是虫害难以根除的原因；其次除虫工作需要社区居民联合行动才可能奏效，鉴于保障房居民为数众多且成分复杂，因此难以组织联合行动大规模彻底进行规模查杀；再次，保障房虫害治理费用已经转包给了第三方——德克萨斯州国家免税服务公司（NES）代缴，试图动用住房公共基金让物业公司展开大规模除虫工作，需要至少半数以上承租人联名申请后才能够执行。事实上，虫害管理费每个月是3美元，即便承租人通过法律渠道投诉物业并得到胜诉，可以得到的赔偿也极为有限。因此，在得知物业公司给出的这三个理由后，大多数承租人已经对保障房物业公司虫害管理不抱希望了。而问题搁置所产生的积弊往往会让在保障房居住的居民付出更多的生活成本。形成由积弊引起的保障房居住质量的恶性循环。

## 五　中国保障房物业管理的发展前景

在上述分析中，人们可以看到，美国保障房物业管理面临着追求物业赢利与承担社会责任二维价值标准的评判。这让保障房物业管理在宏观经济下行周期中很容易陷入疲于追求双重目标的困境，而摆脱困境的出路似乎只有一条，那就是靠经济周期的轮回来诠释其宿命的含义。然而，当人们把追求赢利用人均GDP来衡量，并把社会责任量化为社会治理质量指数时，一个可供人们主动尝试解决问题的思路便呈现出来。也就是说，把保障房物业管理纳入人均GDP与社会治理质量指数这样一个可以量化的二维评判体系中，该问题至少可以得到来自发展经济学理论上的解决方案——该方案被称为摆脱中等收入陷阱假说[①]。支持该理论的观点认为，在制度质量与国民财富之间存在因果关系，制度质量与国民财富分别可以通过社会治理质量指数与人均 GDP 加以量化，而社会治理质量指数不仅可以被量化，而且可以在一定程度上反映其所处社会的制度质量。

然而，观察美国从 1989 年至 2017 年低收入人口数量以及低收入人口占美国总人口百分比的统计数据后可以发现，美国低收入群体无论是在绝对数量还是相对数量上都呈现了显著增长的事实和趋势，换言之，即便在同一时期美国 GDP 也同样在显著增长，仍旧无法掩盖美国贫富差距日益扩大的现实和未来继续加大的势头。尽管摆脱中等收入陷阱的办法未必适用早已脱离陷阱的美国，但是低质量的社会治理对于任何一个经济体的人均国民收入而言，都不会是可以起到提升作用的积极因素。

由此该理论提出问题的解决之道是扭转以往资源驱动的劳动密集型增长方式转向基于高生产率和创新型的增长方式。这种转变需要对基础设施和教育进行投资——其中基础设施投资中理所当然地包括保障房在内的基础设施投资。同时，不断扩大内需，创造从低收入群体向中产阶级的流动渠道，利用其不断增长的购买力来购买高质量的创新产品与服务，以此推动经济增长，摆脱中等收入陷阱。

基于上述观点，笔者观察 181 个国家或地区的人均 GDP 同这些国家地区的社会治理指数之间的关系，从图 3 中趋势线可以发现两者呈现显著的正相关关系。

如上所述，中国的社会治理 2017 年的指数得分是 -0.15，而美国是 1.63，二者之间存在显著差别。根据全球治理理论的界定以及世界银行 2018 年的统计数据，世界各国的中等收入范围界定在人均年收入 3956 ~ 12235 美元之间。从这数据区间观察，中国从 2003 年以后到 2013 年之前处

---

① 中等收入陷阱假说，来自于 2008 年德国基尔经济研究所举办的世界经济论坛，经济学家们发现从 1960 年到 2008 年间，全球 101 个中等收入国家中，只有 13 个国家成为富裕国家，而其余的多数国家在追赶富国的过程中长期停滞不前，且人均收入增长显著下降的存在状态。2018 年世界银行对中等收入（MICS）的界定是人均国民收入是 1005 美元 ~ 12235 美元之间（GNI）。中等收入国家是世界银行用于将经济分类用于运营和分析目的的收入类别之一。由于汇率变化无法真实反映一个时期一国的人均国民收入，因此，人们目前用以购买力评价为度量指标的人均 GDP 即 Per Capita GDP 作为替代衡量指标，尽管学界对此存在争议。

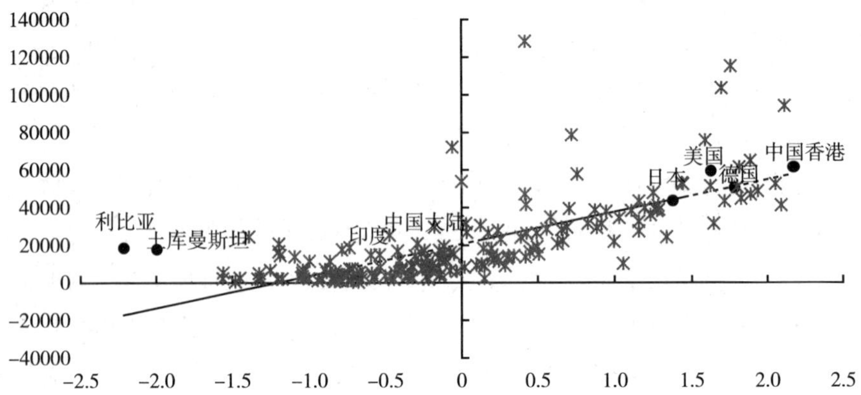


**图3　2017 年世界各国（地区）社会治理指数同人均国民收入关系散点图**

资料来源：世界银行社会治理指数数据库。

于中等收入陷阱之中，2013 年以后至今已经连续五年走出了这一陷阱。即 2013 年的人均 GDP 是 12367 美元（购买力平价），2017 年的人均 GDP 是 16807 美元（同 2013 年）。

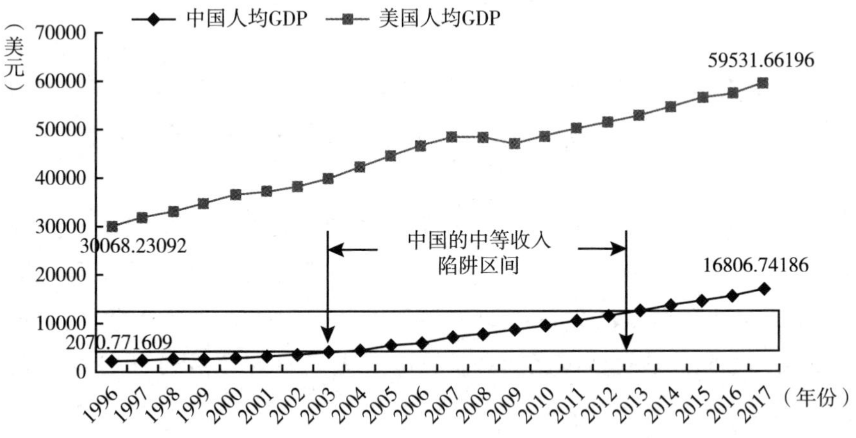


**图4　中、美人均 GDP 与中等收入陷阱的距离**

资料来源：世界银行各国 GDP 数据库（1996～2017）。

参照图 3 和图 4，不难看出，没有进一步的制度创新与发展，就有陷入中等收入陷阱难以脱身的可能。换言之，追求 GDP 增长固然是摆脱中等收入陷阱的有效手段，但是，由于制度质量（世界银行统计中用社会治理制度指数表示）这一因素同人均 GDP 之间因果关系的存在，致使当人们忽视甚至无视制度质量的打造而片面追求 GDP 时，统计显示，大多数中等收入经济体的后果是难以摆脱中等收入陷阱的魔咒——即经济发展陷入长期滞涨状态且难以自拔。

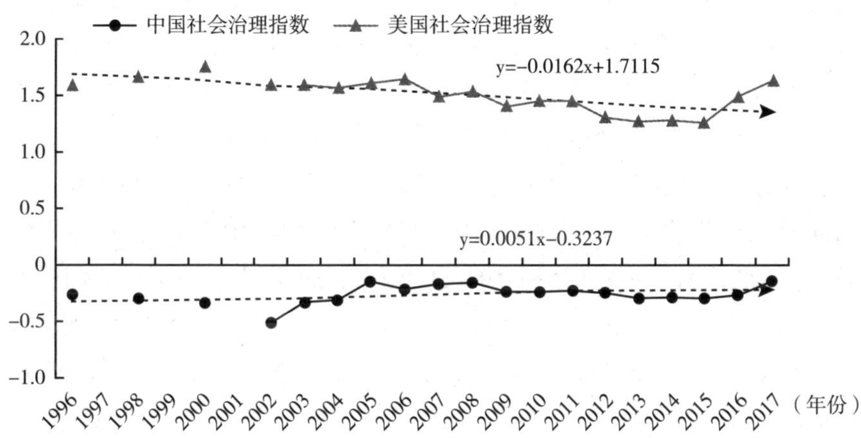


**图 5　中美两国社会治理指数及趋势比较**

资料来源：世界银行社会治理指数数据库（1996～2017）。

观察图 4 与图 5，从趋势曲线的比较中可以发现一个现象，中国的社会治理指数与人均 GDP 的趋势线是从左下向右上方倾斜的，即斜率为正；而美国的社会治理指数趋势线的斜率是负值。仅从收入角度解释，如果中等收入陷阱理论也可以适用于美国的话，笔者认为，这里面存在着美国制度因素在 22 年的时间里，长期强化与支持着美国社会贫富差距逐渐加大的趋势；而中国在社会治理与人均 GDP 的因果关系中存在有进一步良性互动的空间。尽管中国的社会治理指数和人均 GDP 水平在全球 181 个国家中的排名不高，且指数增幅并不明显（即趋势线斜率不大），但是从上述分析中可以看出，一方面财富的增长有利于制度质量的提高，而另一方面过度追求经济效益又会带来制度质量的下降，即制度质量与经济效益之间有可能存在着动态的均衡。这是一种怎样的均衡，有待进一步研究。然而笔者认为，上述分析折射在经济效益即人均 GDP 这个价值体系中，首先要考虑的是如何缩小社会贫富差距的问题。

来自中国招商银行2018年的年报显示，该行资产总额6.75万亿元人民币，同比增长了7.12%，利润805亿元人民币，同比增长14.84%，数据上超越了2017年排名第一的兴业银行，成为除中、农、公、建四大国有银行外排名第一的中国股份银行。统计还显示，该银行的“私行客户”即日均资产超过千万元的客户，总数达7.2万户，总资产超过2万亿元，即万分之五的客户占有该行30%的资产；其中的日均资产50万元的“金葵花”客户达到236万户，总资产超过5.5万亿元，两类客户数总和占招商银行总客户数的1.9%，而资产总和却占该行总资产的81%，即不到2%的人占有了超过80%的财富。这一数据一方面宣告了帕累托最优①理论在中国的彻底终结，另一方面让人们进一步看到近年来收入差距并未缩小，情况可能甚至更糟——众所周知，招商银行的客户数量以城市居民居多，而保障房的住户数量同样符合这一种数据分布的特点，也就是说98%的人所拥有的财富仅仅占总财富的2%。这让人们看到的是社会收入两极分化的现象。过度分化必然造成仇富心态并容易导致社会问题，最终可能发展形成为阶级对立。最直接的反映是降低社会消费水平，阻尼甚至阻滞经济发展的动力，形成经济滞涨，一如广场协议后的日本。试想当保障房物业管理积弊给居民带来居住成本上升、居住环境恶化等一系列雪上加霜的恶性循环后，保障房体系将会彻底失去其社会矛盾压力的“变压器”的功能。因此，既然财政政策的目的是调解收入的再分配，中国应在供给侧结构措施上对制造业与产业资本领域加大减税力度，在房地产领域加大对保障房方向的财政问题研究；同时考虑加征环保税、土地税、房屋空置税、房产税，财政政策要有托有压，让人们在供给侧改革过程中认识到创造财富与权力寻租之间存在显著差别，不应把寻租作为国家创造财富的基础。在保障房管理中，不应把追逐物业利润作为创造物业管理价值的基础，从而造成如同美国保障房物业管理中的积弊；而是应当用保障房的制度优势鼓励人们创造财富。不能让“先富”起来的群体通过资本与权力压制其他人，成为其他人可能“后富”的阻力，进而加剧贫富分化。一方面在国民收入领域，强调GDP增长的同时，更应注重弱势群体的利益，避免社

① 帕累托分布，意大利经济学家，社会学家，社会中财富的分配符合大部分财富由一小部分人口持有的趋势，帕累托分布通俗地被称为帕累托法则或“二八规则”。例如，该规则规定，社会财富的80%由其20%的人口持有。具备这样的分配比例，社会的资源配置才可能是最优的。

会贫富差距过度悬殊。另一方面在抑制房地产泡沫的同时鼓励保障房领域的创业与创新，从而营造出一个稳定的社会经济环境并使之在正向循环的轨道健康发展。

## 参考文献


2009 年中国十一届全国人大二次会议《政府工作报告》。

2016 年 12 月 21 日，习近平在中央财经领导小组第十四次会议上的讲话《让全体人民住有所居》。

《美国房子是用来住的还是用来炒的——对“晾衣绳禁令”的考察及其对中国的启示》，《房地产蓝皮书——中国房地产发展报告》，社会科学文献出版社，2018 年 5 月。

By various writers：‘The Tenement House Problem-including the report of the New York State Tenement House Commission of 1900’ Edit By Robert W. Deforest and Lawrence Veiller. Published by THE MACMILLIAN COMPANY 1903.

Lawrence Veiller：‘Tenement House Reform in New York 1834 – 1900’, Secretary New York：The Evening Post Job Printing House 156 Fulton Street 1900.

Michael A. Witt INSEAD Affiliate Professor of Strategy and International Business：‘How China Can Avoid the Middle Income Trap’ INSEAD report April 12, 2016.

Per Stromberg：‘The new demography of Private Equity’, Master Thesis, Swedish Institute for Financial Research, Stockholm School of Economics Archived 4 March 2016 at the Way back Machine.

The New Bedford Board of Health：‘For You’. Published by the Tenement House Committee of the Charity Organization Society of New York 1910s. In Columbia University Libraries.

William J. Fryer：‘The Tenement House Law of The City of New York’ Published by The Record and Guide 14 – 16 Vesey ST., New York Copyright 1901 By Clinton W. Sweet, 14 – 16 Vesey St., N. Y.

# B.12
# 住房租赁市场与租赁平台建设：新特征、新问题与展望

赵奉军*

**摘　要：** 在建立租售并举的住房制度过程中，租赁市场特征在过去几年中正发生显著变动：政策环境显著改善并提出租购同权；机构出租者纷纷涌现，多主体供给的局面基本形成；在租赁产品方面出现了明显的升级，长租公寓影响力凸显；政府主导的租赁信息和服务平台上线，“真房源”有了实质性进展；金融和资本等辅助势力进入租赁市场，融资模式多元化。同时，租赁市场的几个突出问题主要表现在：对资本和金融势力的角色认识出现分歧，一些中介公司的激进操作和监管缺失引发了新的金融风险；集体建设用地进入租赁市场进展缓慢；政府主导的租赁平台还有待进一步增强服务功能和提高用户体验；开发商自持型商品房进入租赁市场面临不确定性；展望未来，宏观经济环境的变化导致政府公共支出结构的调整，租购同权的公共服务基础正在夯实，政策红利还会进一步释放；城市体系的进一步极化和人口流动带来的租赁需求还会进一步上升；存量房市场渐趋主导会吸引更多的市场主体加入，机构渗透率会显著提升。

**关键词：** 租赁市场　租赁平台　长租公寓

---

* 赵奉军，杭州师范大学阿里巴巴商学院，经济学博士，副教授，研究方向：房地产与城市经济。

## 一 引言

长期以来，我国住房租赁市场存在严重结构性失衡。政策层面重视销售轻视租赁导致租买非中性、机构出租者和公共租赁房严重不足、租约不稳定、租赁者社会权利得不到保障导致租购不同权等等，相当一部分群体的住房消费需求无法得到有效保障。而一个功能良好的租赁市场有助于促进劳动力的流动，降低年轻家庭的风险并有助于稳定整体住房市场（Oswlad，1996；Mulder，2006；Rappaport，2010；凯梅尼，2010）。为促进租房市场的建设和完善，2015 年，国务院在相关文件中首次提出，“建立购房与租房并举，市场配置与政府保障相结合的住房制度”。2017 年 10 月，党的十九大正式提出要求建立“租售并举的住房制度”。

同时，2015～2017 年一二线城市房价继续大涨，这种“刚性泡沫”使得相当多的消费者只能通过租赁市场来满足居住需求（朱宁，2016），一些明星城市的住房租赁需求呈现爆发性增长。由于租赁市场的管制相对较少，在过去的短短数年中，政策环境和市场的变化使得一二线城市的租赁市场特征正在快速迭代。一些地方政府率先提出“租购同权”；在金融资本支持下，长租公寓开始崛起；Airbnb 进入国内市场，各种在线短租平台如小猪、蚂蚁、途家等纷纷涌现并号称要去中介化；租赁市场超级信息平台贝壳找房网诞生；开发商或主动或被迫开始各种自持并进入租赁市场；十多个城市集体建设用地允许建设租赁住房；地方政府主导的数字租赁平台诞生；各种租赁中介和平台之间竞争激烈，“真房源”成为新的诉求。而 2018 年 8 月若干一二线城市房租涨幅过快更是引发了全国关注。相当多的指责落在租赁中介在金融资本支持下引发房租上涨。

租赁市场事实上已经成为当前社会关注的焦点，各种新鲜事物层出不穷，究竟如何认识租赁市场的结构变动和展现的新特征？又该如何认识这种结构变动所带来的新问题？未来的住房租赁市场如何变化？本文拟在这三个方面对当前的租赁市场做一全景式的探讨。

## 二 住房租赁市场的新特征

中国大中城市的住房租赁市场，存在着一些长期固有的特征，例如政策层面长期偏向销售而非租赁，租买非中性与租买不同权同时存在；房价租金的剪刀差或者是租金回报率偏低；市场供给主体中公共租赁房比例偏低；租赁市场租约短暂交易秩序较为混乱，但在近两年来，租房市场也出现了一些新的特征。下面我们从政策环境、供给主体、产品类型、平台服务模式、金融和资本支持等五个方面概述这些特征。

首先，政策环境层面强调租赁市场的重要性，提出租购同权，并正在改变租买非中性的政策。我们总结了2015年以来的相关政策，如表1所示。在表1中，我们能看到，2015年以来，国家从租赁市场的定位、土地供应、金融支持、税收等多个方面给予支持。2018年年底发布的《个人所得税法实施条例》，这个条例同时实现了房贷利息抵税和房租抵扣个税，这也是向租买中性（tenure neutrality）方面迈进。如此多的支持性文件使得租赁市场的政策环境分外宽松友好。

在地方层面，广州市政府首次提出“租购同权”，随后很多城市发布的租赁市场建设方案中都提到“租购同权”。我国租赁市场租赁者的社会权利长期得不到有效保障，这种不同等的社会权利实际上增加了自有住房相对于租赁住房的收益，并会资本化到房价中，扭曲了消费者的租买选择（tenure choice）。尽管在如何实施租购同权方面还有一些争议，但提出租购同权无疑是正确的方向。

**表1　2015年以来关于租赁市场的相关政策汇总**

| 发布日期 | 政策部门 | 文件名称 | 主要内容 |
|---|---|---|---|
| 2015年1月 | 住建部 | 《关于加快培育和发展住房租赁市场的指导意见》 | 提出政府要建立好租赁服务信心平台、培育住房租赁经营机构、鼓励开发商将其持有的房源向社会出租，并要求推进房地产投资信托基金试点，积极鼓励和引导国内外资金进入住房租赁市场 |
| 2015年1月 | 住建部、财政部、央行 | 《关于放宽提取住房公积金支付房租条件的通知》 | 放宽居民提取住房公积金的条件 |
| 2015年10月 | 税务总局 | 《国家税务总局公告第73号文》 | 出租公有住房和廉租房免征营业税，个人出租房屋减征个人所得税、个人出租住房房产税暂减按4% |
| 2015年11月 | 国务院办公厅 | 《关于加快生活性服务业促进消费结构升级的指导意见》 | 积极发展客栈民宿、短租公寓、长租公寓等细分业态，并将其定性为生活服务业给予政策支持 |

续表

| 发布日期 | 政策部门 | 文件名称 | 主要内容 |
| --- | --- | --- | --- |
| 2016 年 2 月 | 国务院 | 《关于深入推进新型城镇化建设的若干意见》 | 建立租购并举的城镇住房制度；住房保障采取实物补贴和租赁补贴相结合并逐步转向租赁补贴为主；加快发展专业化住房租赁市场 |
| 2016 年 6 月 | 国务院办公厅 | 《关于加快培育和发展租赁市场的若干意见》 | 健全以市场配置为主、政府提供基本保障的住房租赁体系。在金融制度业务模式等多个方面予以支持 |
| 2016 年 12 月 | 中央经济工作会议 | | 要加快住房租赁市场立法、加快机构化、规模化租赁企业发展 |
| 2017 年 5 月 | 住建部 | 《住房租赁和销售管理条例》 | 规定了租金支付方式、合同、租房人权益和租赁市场规范；鼓励发展规模化、专业化的住房租赁企业 |
| 2017 年 7 月 | 9 部委 | 《关于人口净流入的大中城市加快住房租赁市场发展的通知》 | 支持相关国有企业转型为住房租赁企业、规定租赁企业申请工商登记经营范围统一规范为住房租赁经营；建设政府租赁交易信息服务平台；鼓励将闲置和低效率利用的国有厂房、商办用房等按照规定改建为租赁住房并执行民用水电。 |
| 2017 年 8 月 | 国土资源部、住建部 | 《利用集体建设用地建设租赁住房试点方案》 | 在首批 13 个城市开展利用集体建设用地建设租赁房试点 |
| 2018 年 4 月 | 证监会、住建部 | 《关于推进住房租赁资产证券化相关工作的通知》 | 支持专业化和机构化的住房租赁企业开展资产证券化 |
| 2018 年 5 月 | 住建部 | 《关于进一步做好房地产市场调控工作有关问题的通知》 | 大幅增加租赁住房、共有产权住房用地供应，确保公租房用地供应 |
| 2018 年 6 月 | 银保监会 | 《关于保险资金参与长租公寓与长租市场相关事项的通知》 | 保险公司在参与长租市场时要发挥自身优势 |
| 2018 年 9 月 | 中共中央、国务院 | 《关于完善促进消费体制机制 进一步激发居民消费潜力的若干意见》 | 大力发展住房租赁市场特别是长期租赁；加快推进住房租赁立法 |
| 2018 年 12 月 | 国家税务总局 | 《个人所得税法实施条例》 | 增加房贷利息抵税和房租抵税项目 |

资料来源：作者搜集。

其次是租赁市场多主体供给的局面基本形成，新的机构出租者纷纷涌现。我国一二线城市的租赁市场，长期以来个人房东是主体，公共租赁房政府投资不足的局面一直得不到有效缓解。即使是2011年提出的3600万套保障房建设计划，原本是以公租房为主体，但实践过程中棚户区改造房却占了大多数。但在过去的两年中，有更多的供给方进入租赁市场并正在改写租赁房供给不足的局面。这包括自持商品房的开发商。2016年9月30日，北京出台房地产市场调控新政，鼓励开发商自持部分住宅作为租赁房源。由于土地市场火爆，部分地块自持比例达到100%。其他城市比如杭州2017年3月也实施了类似政策，由于2017年杭州土地市场全年高温，“溢价封顶+自持”一度成为常态。截止到2018年，有20多个城市的土地拍卖中涉及自持住房。这些自持住房的开发商将进入租赁市场，从而成为新的机构出租者。

同时，集体建设用地进入租赁市场正式进入合法试点阶段。早在2009年，上海市就出台了《关于单位租赁房建设和使用管理的若干意见》，允许村集体经济组织利用闲置的企业用地和其他集体建设用地建设限定供应对象的租赁住房，上海的经验当时得到国土资源部的认可。但是在2012年8月和2013年11月，由于一些地方违规在集体建设用地上兴建小产权房，国土资源部两次发文叫停了类似做法。2018年1月25日，国土部、住建部原则同意沈阳等11个城市利用集体建设用地建设租赁住房试点实施方案。这是继北京、上海先期试点后，又一次国家层面上的租赁住房试点城市。此次批复标志第一批13个试点城市全部进入实施阶段。2019年2月，自然资源部、住建部又批复了另外5个城市的试点实施方案。这些方案明确要求土地使用权按照宗地整体登记，房产所有权按幢登记均不予分割登记，并在不动产产权证和登记簿上注明集体建设用地租赁房只能租赁不得销售。

在集体建设用地进入租赁市场的同时，国有土地拍卖中也出现了全租赁用地，国有住房租赁公司，这些租赁住房用地的获取机构主要以国企或央企为主，一般是底价成交，楼面价远低于同地段商品房。比如，在2017年9月中旬上海市发布的《关于加快培育和发展本市住房租赁市场的实施意见》中就有明确提出：要注重发挥国资国企对住房租赁市场的稳定器、压舱石作用。

再次，租赁住房产品中个人住房仍是主流，但长租公寓影响力凸显。这些长租公寓品牌既有附属于中介如链家的自如、我爱我家的相寓、世联的红璞，也有开发商的品牌如万科的泊寓、旭辉的领寓、龙湖的冠寓等，还有独立的第三方品牌，如蛋壳公寓、魔方公寓、YOU+等，甚至有传统的酒店集团成立的专业长租公寓，如锦江集团的铂涛窝趣、如家酒店集团的雅住、华住酒店集团的华住城家。相对于传统分散性个体房东提供的住房，这些长租公寓的共性是租约稳定性强、管理和服务专业、内部居住环境和品质较好、争议处理机制透明、不确定性降低、户型更适合流动性强的青年就业人口。在长租公寓的来源上，主要有三种方式，一种是自持重资产模式，需要大量资金竞拍或收购二手项目；另一种是包租形式，运营者与国企、政府或集体经济组织、个人房东包括二房东签订租赁合同约定租赁期限，原物业类型有厂房、商办、宿舍、酒店等；第三种形式是托管。运营者与房东签订托管合同。

又次，政府主导的租赁信息和服务平台上线，“真房源”有了实质性进展。中介和平台发挥着连接租赁双方需求的作用。当前移动互联网技术的迅速发展为众多线上租赁平台的发展提供了软件和硬件基础。各种在线短租平台在这方面反应最快。这些在线短租平台如途家、小猪、蚂蚁以及爱彼迎（Airbnb）等成了一种全新的租赁业态，这种分享经济模式满足了一部分群体的住房短期租赁需求，同时实现了现有闲置住房的有效利用。

同时，各地政府也纷纷建立数字租赁和监管服务平台。在打造数字租赁平台方面，当前主要有三种模式，一种是大多数城市都是由政府房地产管理部门独自组建；另一种是政府与民企合作，比如杭州市政府与阿里巴巴集团合作建立的“杭州市住房租赁监管服务平台”，还有一种是政府与银行机构合作，例如，佛山市政府、肇庆市政府与建设银行合作打造的房屋租赁交易监管与服务平台。这些平台都力争实现一站式租房，包括房源搜索、合同网签、数据统计、经纪管理、金融服务，甚至包括公租房信息，在服务功能上确实有了很大的进步。

同时，针对线上平台长期存在的房源虚假问题，2018 年，链家公司的“贝壳找房网”率先举起“真房源”的大旗，随后 58 同城拉上中原、我爱我家、麦田等二手房中介正式组建“真房源”联盟，这也意味着困扰市场多年的“真房源”问题终于有了实质性进展。

最后，金融和资本等辅助势力进入租赁市场，融资模式多元化。租赁市场在过去几年得到金融和资本势力的青睐，各种融资方式和金融机构纷纷进入租赁市场。金融企业对住房租赁市场的“渗透”正在不断深入。2017 年 11 月，工商银行宣布为广州住房租赁市场提供高达 5000 亿元的授信支持，为北京租赁市场提供总额不少于 6000 亿元的金融支持。其他银行比如建设银行、中国银行等力度也很大。建设银行甚至直接搭建了住房租赁平台“CCB 建融家园”，建设银行广东省分行在广州推出了“存房”业务，类似于“二房东”接受个人客户的房源。

同时，在租赁资产证券化的政策指引下，各类型类 REITs 产品也获批发行。2018 年 3 月，“中联前海开源——保利地产租赁住房一号一期资产支持专项计划”成功发行，该产品为国内首单完成发行的房企租赁住房 REITs。2018 年 4 月 27 日，“中联前海开源——碧桂园租赁住房一号资产支持专项计划”首期成功发行，这是截止到目前国内最大规模的租赁住房 REITs。

另外长租公寓也在资本和金融势力的帮助下攻城略地。比如链家的自如长租公寓在 2018 年获得了 40 亿元的融资，华平投资、红杉资本、腾讯三家机构领投，华兴新经济基金、GA 资本、源码资本、融创等机构跟投，这是 2018 年长租公寓获得的最大一笔融资；2019 年 3 月，长租公寓运营商蛋壳公寓完成 5 亿美元 C 轮融资，由老虎环球基金、蚂蚁金服联合领投，春华资本跟投，同时，CMC 资本、高榕资本、愉悦资本等老股东继续跟投。同时，集中式长租公寓运营商魔方公寓获得 1.5 亿美元的 D 轮融资。

## 三　当前租赁市场和平台存在的若干问题

如上所述，从过去几年的特征迭代来看，我国租赁市场的进步速度确实令人感到意外，当然这其中也存在些问题，限于篇幅，我们主要讨论如下几个问题。

首先，资本和金融势力在租赁市场的角色出现强烈争议。这个问题起源于 2018 年 7 月份北京房租的暴涨，然后双方各执一词。一种观点认为资本势力的介入由于有盈利要求，同时长租公寓运营方借助资本势力大肆收购租赁房源，导致市场上可供出租房源锐减并导致房租暴涨。另一个舆论热点与万科在深圳参与城中村改造的“万村计划”有关，批评者认为万科的万村计划实际上就是一个“二房东”计划，这会助长房租。我们认为，这种观点只是看到资本势力的短期不利影响，即长租公寓运营方可能以市场占有率为目标高价收购分散房源，但没有看到资本势力的进入对租赁市场的有利影响及其长期效应。

资本势力进入长租公寓市场的有利影响在于它不仅能够缓解机构出租者的短期财务压力，安心深耕租赁市场，改变一二线城市租赁市场供给方极度分散、租约不稳定的局面；同时，机构出租者在资本势力的帮助下还能显著提高租赁房的内部质量，我们看到租金的提高，但租金的提高更多的是来自于产品和服务本身的改善。另外，在资本势力和金融支持下，长租公寓运营方还得以收购一些原本不属于租赁市场的房子，如工业厂房、办公楼或商业用房并将其改造为租赁用房，这增加了租赁市场的可供房源。在一些城市，长租公寓运营方通过 N + 1，也能增加实际可供出租的住房。

从长期来看，资本势力的进入，改善了租赁市场的供给生态和数量，最终受益的仍然是消费者。我们知道中国的租赁市场，由于租金回报率太低，机构出租者一直在惨淡经营，根据中国社科院住房大数据项目组提供的数据，2018 年 7 月北京和上海两地的住房租金回报率只有 1.85% 和 2.51% 。近两年来之所以能够吸引资本和金融势力，一方面在于前述的政策红利，另一方面还在于大家看好租赁市场的未来。不能因为资本势力的逐利本性就认为一定会增加成本，损害消费者福利。毕竟，正如斯密在《国富论》中所言，“我们每天需要的食物和饮料，并非出自屠夫酿酒师和面包师的恩惠，而是来自于他们自利的打算”。

但是，如果操作不规范或监管缺乏，资本和金融势力的进入也会导致金融风险。2018 年 4 月上海的“爱公寓”和 8 月底杭州鼎家公司的爆仓，10 月上海“寓见公寓”爆发资金链断裂，波及多家银行和金融平台。运营企业通过“租金贷”等方式向金融机构融资①，并玩起了“拿房 - 出租 - 租金贷融资 - 再拿房”的游戏，由于管理不善最终爆仓。随后，租金贷被有关部门叫停。

其次，集体土地建设租赁房进展不大顺利。目前已有 18 个一二线城市得到自然资源部和住建部的相关批复，同意集体土地建设租赁房。利用集体土地

① “租金贷”，指的是租客在与长租公寓企业签下租约的同时，与该企业合作的金融机构签订贷款合约，一般由该金融机构替租客支付全年房租，租客向该金融机构按月还清租房贷款。

建设租赁房可以从根本上解决土地出让由政府垄断的情形，这有利于增加租赁市场的住房供给，对构建多主体供给租售并举的住房制度具有重要意义。确实是一个“举重若轻的大手笔”（黄小虎，2018）。

目前存在的问题主要是两方面，一方面，回报率太低周期太长导致村集体的积极性并不高。相对于长租公寓运营方收购或托管已有房源，利用集体建设用地新建租赁房这种“重资产”运营模式需要专业的管理队伍，村集体经济组织明显缺乏经验，并且回报率太低；另一方面，现行的集体建设用地建设租赁房基本上局限在经营性建设用地，即原有的旧厂房和过去的乡镇企业产业发展用地，而忽视了宅基地，这主要是为了避免宅基地改造过程中的拆迁麻烦。根据邵挺等（2018）人的研究，这种忽视宅基地的后果是“不仅大部分四环外、五环内以及五环附近的城中村居民点无法得到改造，而且很快会出现五环内集体经营性用地无地可供，只能在五环外较远和六环附近那些没有太高租赁建设价值的地段供地，这些地段周边设施配套严重不足、完成市政配套成本高昂。”所以总体上看来，该项政策到目前为止并没有发挥其理论上应有的功能，难以实现城市土地住房改革的实质性突破。当然，由于集体建设用地建设租赁房尚在起步阶段，可能还需要一点时间才能更好地评价该项政策。

再次，租赁市场的市场秩序仍然比较混乱，长租公寓成为新的投诉热点。在几乎所有一二线城市，住房租赁市场的秩序不规范都是老大难问题。大量房源仍然掌握在分散的个人手中，政府要求的租赁备案和按章纳税实际上做到的少之又少。由于交易分散信息难以掌握，政府实际上很难做到对租赁市场进行有效监管。所以我们看到在各地出台的促进住房租赁市场的政策性文件中，无不要求规范市场秩序，但仍然难有起色。相反，由于长租公寓发展太快，长租公寓成为新的投诉热点。例如，2019 年 3 月 12 日，浙江省市场监管局发布的《2018 年消费者投诉举报情况白皮书》显示，2018 年浙江省共受理长租公寓领域投诉 245 件，同比增长 231.1%。消费者反映的主要问题有居住环境室内甲醛超标严重、装修材料质量堪忧、误导租客与网贷平台签订租房贷款合同、以租客的信用换取资金并存在资金挪用等，此外，上海市 2018 年共受理长租公寓类投诉 3167 件，同比增长 220%。

2018 年年底出台的房租抵扣个税引发的市场恐慌就足以表明市场秩序不规范已成为常态。即使从 2017 年以来各个地方政府出台的鼓励性文件中已经给予了房东各种税收优惠，但租赁住房按章缴税仍然不是常态，结果个税修改中出台的房租抵扣个税要求申报房东信息的规定遭到房东的联合抵制。房东担心租赁收入信息暴露被政府要求缴税，迫使租客不申报相关信息。最终政府在个人所得税 App 的新版本中取消了相应的申报要求。其实，政府的目标本身也是矛盾的，如果普遍强制征税除了征收成本高企外，还必然使得房租上升，这违背了房租和物价稳定的目标；如果不征税不备案长期听之任之，又违背了法律的严肃性，有损政府作为社会管理者和法律维护者的权威。

面对混乱的租赁市场秩序，长期以来，相对于新房销售市场，租赁市场受到的政府干预也要少得多。目前关于租赁市场的主要管理文件是 2010 年 12 月 1 日住房城乡建设部出台《商品房屋租赁管理办法》和 2012 年 5 月 28 日出台的《公共租赁住房管理办法》。2017 年 5 月 19 日发布的《住房租赁和销售管理条例》仍然处于公开征求意见阶段。但 2018 年面对一些城市的房租暴涨，有些地方政府可能走得更远。例如深圳市政府酝酿出台了房租管制条例，要求房租一年上涨不得超过 5%。我们认为，房租的直接管制不应该成为政策选项。学术研究已经一再表明，房租的管制只是有利于现有的租户而不利于新租户，同时房租管制还会导致住房的维护失去激励。Gilbert（2012）曾经说，“公共租赁房项目建设是昂贵的，但租金管制不用花政府的钱”。

又次，是政府主导的租赁平台建设还有待进一步提高服务功能，增强用户体验。截止到目前，很多一二线城市纷纷以政府为主导建立了各种在线租赁平台。比如杭州的“杭州住房租赁监管服务平台”，北京的“北京市住房租赁服务平台”，上海的“上海市住房租赁公共服务平台”，深圳的“深圳住房租赁监管服务平台”，成都的“成都住房租赁交易服务平台”，广州的“阳光租房”。

我们比较了十多个租赁平台，仅仅从服务功能和用户体验的角度来看，一些平台还有待进一步提高和改进。例如，合肥市住房租赁交易服务监管平台和武汉的住房租赁交易服务平台连百度都无法搜索到网址，这可能暗示至少在电脑端访问量不够；除了一些链接错误外，深圳的平台一些功能需要在移动版上才能使用；北京的平台似乎更多的是一个“租赁备案”和“房源查验”平台；郑州的房屋租赁信息服务与监管平台大量的房源缺乏照片；相对而言杭州和成都的租赁平台用户体验较好，但实际搜索房源发现，一些在其他租赁平台存在的房源未能在“杭州住房租赁监管服务平台”上找到。我们知道，平台具有双边网络外部性，更多的房源发布会吸引更多的租客，同时更多的租客也会吸引更多的出租机构、中介和个人发布房源。但是政府主导的租赁平台需要打消个人的疑虑，即房东会担心租赁信息被政府掌握并以此要求缴税，这可能是当前政府主导的租赁服务平台难以克服的问题。另外，政府主导的租赁平台要求房源全方位核验，但现行租赁市场的实际状况是很多住房并没有合法的权属证书，这无形之中挡住了很多房源。在我们看来，政府主导的租赁平台最好是集中于集中式长租公寓、国有租赁用地以及开发商自持型租赁房、公共租赁房等，与市场化的平台形成合理分工。

最后，开发商自持型商品房上市方式面临不确定性。如前所述，由于土地市场火爆，地方政府为了限制地王频出采取的土地拍卖新规，迫使开发商竞争“自持”比例，这些自持的商品房按照规定无法进入销售市场只能进入租赁市场。目前，一些地方已经出台了关于自持型商品房的管理条例，比如杭州在2018 年 7 月 19 日出台了《关于进一步加强对企业自持商品房屋租赁管理的通知》要求“自持商品房屋对外出租单次收取租金的期限不得超过 1 年，企业不得以租代售、变相销售自持商品房屋使用权”；“作为单一产权申请办理不动产登记，不得分割登记，并在不动产登记证书中注记‘不得分割、销售、转让’，企业持有年限与土地出让年限一致。”但这种强令企业竞争自持的拍地政策副作用也是很大的，这实际上减少了销售市场上新房的供给，反而会带来房价上涨的压力；同时，现行的租金回报率也很难支撑开发商在新房市场上的自持行为。2018 年 4 月北京万科翡翠书院 10 年 180 万元租金一次性付清，除了陷入以租代售争议外，从企业的财务角度来看也有不得已的苦衷，该项目周边商品房价近 10 万元/平方米，即使年租金 18 万元，一套 90 平方米的住房租金回报率也就在 2%。我们认为，国有租赁用地拍卖绝大多数都是由国有企业以底价获得土地，其住房自持在财务上没有压力，但高价拿地的开发商的自持型行为与之是无法相比的。[①] 一些人认为开发商在赌未来租金还会大涨以覆盖成本，我们不认同这种看法，相反，开发商更可能在赌未来政策会彻底放

① 并非所有的国有租赁用地都是底价出让。2018 年 8 月底，福州福清首宗租赁用地拍卖溢价率高达 270%。

开，开发商预期自持型商品房最终会被允许上市销售。一旦市场遇冷，地方政府会有意识调整土地出让政策。目前，这种政策的变动已有端倪。例如 2019 年 1 月 10 日，天津招商泰达受让的四宗地块合同约定中“改地块租赁型住宅建成后不允许出售，仅允许出租”被取消，允许其变为可售住宅。

## 四　租赁市场的未来展望

展望未来的住房租赁市场，目前普遍认为租赁市场会成为一个新的投资增长点。根据链家研究院提供的报告，在未来 7 年即到 2025 年，中国租赁市场的规模将达到 3 万亿元。另外，城镇化从“土地城镇化”向“人的城镇化”成功转型，也有赖于 2 亿多的流动人口通过租赁市场实现“住有所居”，如果再加上租售同权给予其子女在城市同等的受教育的权利，则中国农民工的市民化或新型城镇化就基本实现了。在此，我们对未来租赁市场的发展做如下三点预测。

第一，宏观经济环境的变化导致政府公共支出结构的调整，租购同权的公共服务基础正在夯实，政策红利还会进一步释放。

很多人担心广州等地率先提出的“租购同权”仅仅是个口号，难以落到实处。这个担心在传统的公共支出结构下是有道理的。现实中租买的不同权，主要指的是与住房相联系的公共服务的不同权利，例如对房东和租客在落户和子女教育权利上的不同对待。这种区别对待房东和租客的根源来自于公共产品和服务的供给不足和质量的非均等化。不过这种局面正在改观并在未来会有彻底的改变。

如表 2 所示，根据《中国统计年鉴》的数据，2017 年我国财政社会性支出为 7.58 万亿元，占当年 GDP 的比例为 9.2%。我国社会性支出占 GDP 的比例不到 OECD 平均水平的一半，仅比 OECD 国家中社会性支出比例最低的墨西哥高。从占财政支出的比例来看，2017 年的比例为 37.3%，高于墨西哥和韩国。如果考虑到我国实际上存在与土地出让金为主体的巨额政府性基金收入，这个比例就降低到 28.7% 了。相比 OECD 国家中大部分国家社会性支出占据了政府财政支出的半壁江山，我国的社会性支出水平也有不小的差距。

形成这种局面的根本原因在于，在过去高速经济增长过程中，横向竞争的地方政府面临着增长和民生的权衡，由于民生支出的短缺导致了社会公共服务的短缺（汪立鑫等，2010），最终导致了在享受公共服务方面对房东和租客采取不同的政策。

**表 2　社会性支出的国际比较**

| 国　家 | 占 GDP 比例(2017) | 占总支出比例(2015) | 2017 年人均 GDP(美元) |
|---|---|---|---|
| 奥地利 | 27.1 | 54.3 | 53895 |
| 比利时 | 29.2 | 54.2 | 49512 |
| 加拿大 | 17.3 | 43.1 | 46596 |
| 法　国 | 31.8 | 56.2 | 44191 |
| 德　国 | 25.1 | 47.2 | 52574 |
| 意大利 | 28.1 | 56.6 | 40906 |
| 西班牙 | 23.9 | 56.3 | 39087 |
| 英　国 | 20.8 | 51.2 | 44909 |
| 美　国 | 18.9 | 50 | 59774 |
| 墨西哥 | 7.5 | 27.2 | 19630 |
| 日　本 | 21.9 | 55.8 | 41978 |
| 韩　国 | 10.6 | 31.6 | 38839 |
| OECD 整体 | 20.2 | 45.2 | 44292 |
| 中　国 | 9.2 | 37.3 | 16806 |

资料来源：https：//stats. oecd. org，其中墨西哥占 GDP 比例为 2016 年数据，日本为 2015 年数据，人均 GDP 为购买力平价当前价格数据。

但是在未来，我们预期政府公共支出结构的调整和社会性支出会显著增加。这主要有三个原因。一是提高劳动者的经济和社会权利。对于横向竞争中的城市政府来说，继续维持原有的公共支出结构，劳动者将会用脚投票。二是我国经济进入新常态后，潜在增长速度已经降低，这意味着在民生与增长的权衡中，公共支出结构的调整导致的机会成本也降低了，城市政府因而有了调整支出结构的空间。第三个原因在于随着我国人均收入的继续提高，人们对公共产品和服务的需求会继续增长，我们不需要“福利赶超”，但随着中国进一步迈过发达国家的收入门槛，社会性支出的比例提高确实是大势所趋，从表 2 中最后一列可以看出这个趋势。理解了这三个原因，就能明白城市政府提出的“租购同权”并非一句口号。形势比人强，未来的政策红利还会进一步释放。

至于租购同权是否会导致公共服务不平等的空间分配会资本化到租金中，从而推高租金。我们认为如果政府真的能做到落实基本公共服务均等化，从总体上提高社会性支出比例，租金未必会提高。同时，在租购同权的实际推进过程中，可以“优先推进空间属性较弱的公共服务权利，暂缓优质基础教育等空间属性较强的公共服务同权”（陈杰，吴义东，2019）。

第二，人口流动的大城市偏向和城市体系的进一步极化带来的租赁需求还会进一步上升。

根据国家统计局发布的《2017 年农民工监测调查报告》，1980 后出生的新生代农民工已经成为农民工的主体，占了全国农民工总量的 50.5%。与他们的父辈不同，他们的学历、眼界和期望值显著提高，实际上他们已经不可能回到农村（刘守英，2018），也不应该期待农村继续成为农民工的“蓄水池”。在流入的去向方面，东部沿海的大城市、特大城市是人口流动的主要目的地。这些大城市更多的就业机会吸引着越来越多的农民工，根据陆铭等（2012）的研究，城市规模的扩大将显著提高个人的就业概率，其中最低技能的组别的劳动者获益最大。

同时，当前除个别超大城市外，城市政府正在放开放宽的各种城市落户限制。一些二线城市常住人口大幅增长，例如 2018 年杭州常住人口继续增长 33 万；成都增加了 28 万人；西安增加了 40 万人。人口向少数大城市的持续流入。这种人口流动方向和趋势固然减轻了传统的一线城市面临的人口压力（传统一线城市广州和深圳仍然在继续吸纳人口并放宽落户限制），但这些新的“增长极”并没有扭转我国城市体系极化的现实（王业强，赵奉军，2018）。实际上，一些地方在继续加强城市首位度建设。劳动力流动的大城市偏向和政府政策都在推动中国城市体系进一步极化。

缓解这种压力真正兑现“住有所居”最现实的措施是通过租赁市场分流住房需求，这意味着这些城市的租赁需求还会进一步增长。如果我们能将这些大量居住在各种工棚、城中村和城郊村地段非正式住房中的流动人口转移到相对体面合法的住房，同时落实子女的平等教育权利，则中国城镇化的任务就基本实现了。

第三，存量房市场渐趋主导和租赁市场的市场化会吸引更多的市场主体加入，机构渗透率会显著提升，集体建设用地建设的租赁房有望成为租赁房增加的主要渠道。

根据中国指数研究院测算，2017 年我国总租赁人口接近 1.8 亿人，占总人口比重为 13%，租房市场规模达 1.38 万亿元。根据斯密定理，分工受制于市场规模，市场规模的扩大将导致租赁市场的分工更加细化，会吸引更多的机构加入。更多的市场主体包括银行和金融机构、农村集体经济组织、国有租赁公司、开发商、中介和酒店集团、第三方租赁运营企业，以及各种资本势力的加入，这会导致机构的渗透率显著提升，有望彻底改变中国租赁市场房源分散于个体房东的局面。未来公寓持有和运营机构均涌现出规模化发展的龙头企业。参考美国经验，开发商和 REITs 是美国公寓持有机构 TOP10 的主力。其中，2018 年年底持有公寓最多的 MAA（Mid-America Apartment Communities）是 REITs，在美国 17 个州持有公寓 10.14 万套。对我国来说，房企和 REITs 暂时受制于租金回报率低这个老大难问题，成长的速度相对比较慢，专业公寓运营商的成长速度将会更快。

对于新增的租赁房来源，我们预期集体建设用地上兴建的租赁房有望成为新增供给的主要渠道。我们并不看好国有土地上的租赁用房建设，由于机会成本太高，用于兴建租赁房的国有土地供应有限，地方政府并无多大的积极性，开发商自持型租赁房政策也有可能会放开。真正能够为数亿流动人口和民工提供体面合法的居所空间的只有集体建设用地，根据邵挺等（2018）人的数据，以北京为例，集体建设用地占到北京市建设用地总量的 50.5%，且平均容积率只有 0.3～0.4。上海集体建设用地也占到总建设用地的 30%，建设强度和容积率也大大低于国有土地。如果机制设计得当，集体建设用地真正能做到和国有建设用地同地同权，人口流入地租赁房增加的空间其实是很大的，反之，如果做不到增加租赁房供给，那面对增加的居住需求，房租的上涨就难以遏制。

## 五　结论

建设一个功能良好的满足各方需求的租赁市场并非易事。在过去的几年中，在各方的努力下，租赁市场的进步和成就显而易见。尽管已经取得了显著的成绩，包括政策环境显著改善，一二线城市长租公寓爆发式的增长，租赁市场多主体供给的局面基本形成，数字租赁平台上线，金融和资本势力加入等等，但租赁市场暴露出的一些新问题也不可忽视，这其中让人担心的问题就是租金回报率低下导致租赁市场长期新增供给面临激励不足，集体建设用地进入租赁市场缓慢以及开发商自持商品房面临的不确定性。地方政府希望通过底价拍卖国有租赁用地降低土地成本并非根本解决之道。

在政策建议方面，我们认为，公共支出的结构调整无疑是落实租购同权的关键，通过增加社会性支出的比例实现基本公共服务的均等化，落实租购同权的物质基础。同时，稳定房价仍然不可偏废。房价如果继续上涨，只会导致租金回报率更低，则持有型租赁房的机构出租者生存更为艰难，消费者继续被迫被挤出到租赁市场，这种租赁市场的繁荣并不是我们愿意看到的。这可以考虑在推行房地产市场宏观审慎监管的同时，通过提高居住用地比例增加供给同时通过征收住房资本增值税，以尽力降低商品房的投资属性（赵奉军，2019）。

除此之外，对于开发商自持型商品房政策，我们认为这个政策实际上减少了商品房的供给，也未必有利于租赁市场；在集体建设用地进入租赁市场方面，我们认为该政策如果设计巧妙执行得当，将有可能为数亿流动人口提供体面合法稳定的居所，实现从“土地城镇化”向“人口城镇化”的伟大转型。如何让宅基地和城中（郊）村的集体建设用地更大规模更快速地进入租赁市场，还需要有更大胆的制度创新。

## 参考文献

A Gilbert，Rental Market and Rental Policies in Less Developed Countries，Susan J. Smith (eds)，International Encyclopedia of Housing and Home，2012.

Mckinsey Global Institute，Debt and (not much) Deleveraging，2015，http://www.mckinsey.com/insights/economic_studies/debt_and_not_much_deleveraging.

Mulder，C. H.，Homeownership and Family Formation，*Journal of Housing and the Built Environment*，2006，21 (3)：281 – 298.

Oswald，A.，A Conjecture on the Explanation for High Unemployment in the Industrialized Nations，1996，http://www2.warwick.ac.uk/fac/soc/economics/research/workingpapers/1995 – 1998/twerp_475.pdf.

Rappaport, J., The Effectiveness of Homeownership in Building Household Wealth, Federal Reserve Bank of Kansas City, 2010, http://www.kansascityfed.org/publicat/econrev/pdf/10q4Rappaport.pdf.

陈杰、吴义东:《租购同权过程中住房权与公共服务获取权的可能冲突——为“住”住房还是为“权”住房》,《学术月刊》2019 年第 2 期。

崔裴、王梦雯:《培育机构出租人是租赁市场发展关键》,《城市开发》2017 年第 18 期。

黄小虎:《利用集体建设用地建设租赁住房——一个举重若轻的大手笔》,《上海国土资源》2018 年第 1 期。

吉姆·凯梅尼:《从公共住房到社会市场——租赁住房政策的比较研究》,王滔译,中国建筑工业出版社,2010。

刘守英:《农二代不可能回村》,财新网,http://opinion.caixin.com/2018-09-18/101327269.html。

陆铭、高虹、佐藤宏:《城市规模与包容性就业》,《中国社会科学》2012 年第 10 期。

邵挺、田莉、陶然:《中国城市二元土地制度与房地产调控长效机制》,《比较》2018 年第 6 辑。

王业强、赵奉军:《城市体系极化与房地产市场风险》,《中国金融》2018 年第 12 期。

汪立鑫、王彬彬、黄文佳:《中国城市政府户籍限制政策的一个解释模型:增长与民生的权衡》,《经济研究》2010 年第 11 期。

赵奉军:《房价调控的国际经验与明星城市的房价控制》,《中国房地产》2019 年第 1 期。

赵奉军、骆祖春:《使用成本、租购同权与住房租赁市场建设》,《中国房地产》2018 年第 10 期。

# B.13
# 日本的承租人保护制度

安倍康广　韩宁宁*

**摘　要：** 在日本，租赁在作为私法一般法的《民法》中有所定义。但是，鉴于土地及房屋是社会生活和经济活动的基础，如果使用与其他事物相同的规章对其租赁行为进行制约，将很容易失去作为社会生活和经济活动基础的土地及房屋，同时还会造成社会生活和经济活动等无法顺利进行。因此日本制定了《借地借家法》，并将其作为特别法优先于《民法》，对土地及房屋的租赁采用了不同于《民法》的处理方式，从而对土地承租人和房屋承租人进行保护。本文根据日本《借地借家法》的规定，整理并介绍主要的承租人保护制度，希望对今后房屋租赁市场的发展提供参考依据。

**关键词：** 借地人　借家人　保护　借地借家法　日本

## 一　《借地借家法》的沿革

《借地借家法》是日本政府为了顺应当时的日本经济活性化及社会经济的变化，1991 年将《房屋保护法》、《借地法》及《借家法》三个法律统合为现行的《借地借家法》，优先于民法规定，对土地承租人[①]和房屋承租人[②]进行保

---

* 安倍康广，日本不动产研究所，总务部兼审查部主任，日本国律师；韩宁宁，不动研（上海）投资咨询有限公司，副总经理。

① 借地人，是指以拥有房屋为目的的土地承租人。

② 借家人，是指房屋的承租人。

护。并于1999年和2007年对其部分内容进行了修正。

1. 颁布《民法》

日本的现行民法于1896年颁布、1898年实施。现行民法作为日本私法的基本法，到2017年为止并未进行实质性的修正①。《民法》对于土地房屋这类房地产租赁行为的规定具有以下特征。即，以拥有房屋为目的的土地利用权，采用地上权（物权②）及租赁权（债权③）的双重制度，而针对房屋的利用关系仅规定为债权，直接适用一般的租赁规定。

2. 颁布《房屋保护法》

在明治时代，进行地租改正事业④的同时，土地价格作为征收地租税的基础亦被再三估算，课税评估额也逐渐上涨。重新规定课税评估额及地租率造成地租税呈现高额化，对土地的租赁需求也随之增加。

日清、日俄战争（1894～1905年）极大地改变了日本的产业和经济构造，另外，大量人口从农村拥入城市，土地价格的上涨以及租金的增加也趋于恒常化。其结果导致部分土地所有者对没有对地租上涨做出回应的承租人，趁地上权或租赁权没有登记之便，通过假装出售租赁土地等行为，强行要求租户腾让土地或是同意提高地租，类似状况的风行引来了社会上的关注。于是，在1909年颁布了《房屋保护法》，规定只要对房屋进行了登记，便可对抗借地权的第三人。

3. 《借地法》和《借家法》的颁布与修正

《房屋保护法》颁布后，社会上对借地权的最低存续期间及更新请求权的必要性的认识依旧很高，该等问题在法律制定期间就已被讨论，加上对当时存在的住房供给不足、租金上涨、逼迫承租人退还房屋等一系列社会问题的考量，政府在1921年颁布了《借地法》、《借家法》。该法律是以保护承租人为目的的首部法律，其承认以房屋的交付作为第三人对抗要件的规定等至今仍在沿用。

1937年日华事变的爆发使得日本进入战时体制，全面战争进一步激化了

---

① 日本的现行民法，于2017年进行了大规模修正，计划于2020年4月1日开始实施，编写本文时仍适用现行的民法。另外，本文介绍的对承租人利益进行保护的《借地借家法》，并未与《民法》同步修订。

② 物权，是指对体物享有直接支配的权利。

③ 债权，是指对人的请求权。

④ 明治政府于1873～1881年间实施的土地制度、税制的改革，主要内容包括土地所有权的法律认定、金纳地租（即地租的金钱支付）。

城市人口的集中，对住房的需求也随之激增。在此背景下，土地租金、房屋租金的高涨衍变为一大社会问题。为应对土地及房屋租金的高涨，政府于1939年制定了地租统制令。根据地租统制令的制定，土地及房屋租金直接由政府管控并对其设定了上限。

在战争时期居住难问题严重，虽然制定了地租统制令，有关土地承租人及房屋承租人的退租仍存在很多问题，因此政府在1941年对《借地法》、《借家法》进行了修正，为保护土地承租人、房屋承租人，对出租人拒绝更新和提出解约申告的自由进行了限制，在一般条款中增加了须提供“正当事由”这一条件。随着该《借地法》、《借家法》的修正，巩固了借地关系、借家关系，对于出租人来说拒绝更新及解约也不再容易。

第二次世界大战后，随着日本经济的逐渐复苏，社会经济体制的急速变化对借地借家关系造成了较大影响，同时随着房屋的构造、规模等变化，产生了各种新的事态及纠纷，为了对应此种需求，在1966年围绕借地借家关系纷争的处理方法等内容对《借地法》、《借家法》进行了再次修正。

4.《借地借家法》的成立

1966年修正后至1980年代中期，《借地法》、《借家法》的修正并未成为社会经济的一个热门话题，而在这期间，人们对于土地及房屋的看法发生了改变，房屋的构造、规模、种类等也发生了变化。前文中提到，《借地法》、《借家法》的颁布与修正重视了对土地承租人、房屋承租人的保护，特别是针对借地关系、借家关系中拒绝更新及解约等情况要求须提供正当理由，导致一旦签订租地合同、租房合同后就很难解除契约关系，这在一定程度上也控制了租地合同、租房合同的数量。

因此，为了顺应日本经济活性化及社会经济的变化，1991年将《房屋保护法》、《借地法》及《借家法》三个法律统合为现行的《借地借家法》，并于1999年和2007年对其部分内容进行了修正。

## 二 《借地借家法》的对象及其强制性法规

1.《借地借家法》的对象

在日本，规范包含房屋在内的体物的租赁行为的法律为《民法》。同时，

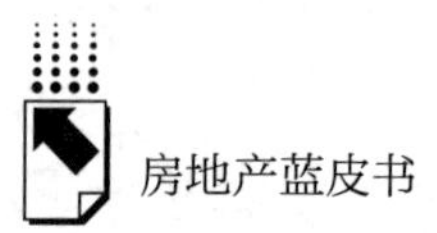



在日本，体物的租借权利不是物权而是债权。但是，房屋作为人们社会生活及经济活动的基础，如果依据《民法》规定容易造成房屋使用收益关系的消除，对人们的社会生活及经济活动造成障碍。因此《借地借家法》对于房屋的租赁合同（以下简称“租房合同”），规定其采取不同于《民法》的处理方式，在一定程度上保护了承租人。

《借地借家法》没有根据房屋的用途来区别适用对象（《借地借家法》1条）。由于没有将适用对象区分为居住用（一户建住宅、区分所有房屋）和营业用（事务所、商铺、工厂、酒店等），因此只要是房屋的租赁合同，基本上都适用于《借地借家法》。针对这一点，合同标的物能否被称之为房屋，需要根据其在结构上、经济上、使用上是否独立来进行判断。只要租借部分在结构上、经济上、使用上独立，不论是整栋租借还是部分租借均适用于《借地借家法》。①

另外，作为《借地借家法》适用对象的房屋租借，不因承租人或房屋的所有者是谁而有所例外。也就是说，公营住宅及公团住宅，或是国有（公有）房屋的租赁只要没有特别规定，均适用于《借地借家法》。②

2.《借地借家法》的强制性法规

《借地借家法》为保护房屋承租人、谋求房屋利用的稳定性，排除《民法》对租赁的规定等，制定了一系列的特殊规则。考虑到如果这些特殊规则可以通过当事人的特约条款任意排除，《借地借家法》对承租人的保护在很大程度上将缺乏实用性。因此《借地借家法》第30条和第37条规定，相关合同规定中对承租人不利的特约条款无效。

违反《借地借家法》，签订不利于承租人或转租人的特约条款时，依据《借地借家法》的规定该特约条款无效。这种不论当事人是否同意都被适用的法令被称为强制性法规。此外，《借地借家法》认定无效的仅限于该特约条款部分，租房合同本身不受影响（部分无效）。

在《借地借家法》有关租房的规定中，被视为强制性法规的主要有以下内容：

---

① 参照最高裁1967年6月2日判决。

② 国家公务员的宿舍除外（参照国家公务员宿舍法第18条等）。

①租房合同的存续期间

②租房合同的法定更新

③根据解约申告终止租房合同

④拒绝租房合同的更新

⑤租赁权的对抗力

⑥租金增减请求权

需注意的是，《借地借家法》的适用对象是在“正当事由”制度下应保障合同继续生效的“普通的房屋租赁”。也就是说，允许根据特约条款或法律规定以不同于《借地借家法》的方式处理。具体为，关于①短期使用目的的房屋租赁、②适用于《借地借家法》时的“有期限规定的房屋租赁”、③定期租房合同、④根据有关确保高龄者居住稳定的法律第56条而设立的“终身租房合同”，前述合同中部分事项采取不同于《借地借家法》的处理方式在法律上也是被认可的。

## 三　有关房屋租赁合同存续的承租人保护制度

### 1. 租房合同的存续期间

日本的《民法》针对租借的存续期间，没有规定短期租赁的期限，只规定最长不可超过20年（《民法》第604条）[①]。这是对租借物所有权的制约，不希望期间太长因而作此规定。

针对房屋，如前文所述需要谋求房屋的稳定使用，因此必须约定合同期限达1年以上，若未满1年将“视为无期限规定的房屋租赁（不定期房屋租赁）”（《借地借家法》第29条1项）。还废除了《民法》第604条对长期存续期间的规制，从而使签订超过《民法》规定的20年的租房合同也成为可能（《借地借家法》第29条2项）。

如若当事人签订了未满1年的租房合同，该合同将被视为不定期的租房合同以利于保护承租人，出租人如果不提出解约申告将无法终止该合同，然而终止合同的解约申告必须具备后述的正当理由等必要条件，导致出租人实际上很

① 根据前文所述的民法修订，修订民法中将长期租借存续期间的上限上调至50年。

难解除不定期的租房合同，从而在谋求房屋稳定使用的同时有助于保护承租人的利益。

**表1　《民法》与《借地借家法》对存续期间约定的对比**

| 存续期间的约定 | 无 | 1年未满 | 1年以上20年未满 | 20年以上 |
|---|---|---|---|---|
| 《民法》第604条 | 无期限规定 | 根据约定期间 | 根据约定期间 | 20年 |
| 《借地借家法》第29条 | 无期限规定 | 无期限规定 | 根据约定期间 | 根据约定期间 |

2. 租房合同的法定更新等

（1）租房合同的法定更新

《民法》规定对于定期租赁合同，原则上到约定期限意味着该租赁合同终止，承租人应将出租房返还给出租人。但是租期约满后，承租人想继续使用或是继续收益时，出租人事先得知且没有提出异议时，则被推定为以与原合同同样的条件再次进行租赁（《民法》第619条1项）。《民法》的处理方式限于是推定的法定更新，出租人通过反证可以否认其更新，这一点对保护承租人来说十分不利。

因此《借地借家法》规定“如果规定了房屋租赁的期限，当事人（主要设想为出租人）在期限截止前1年至6个月期间内没有通知对方不续约或是不变更租赁条件，且要求不续约的，将视为与原合同同样的条件进行契约更新”，也就是说出租人在一定时间内没有通知承租人拒绝更新时，不允许出租人反证，视为法定更新生效以达到保护承租人的目的（《借地借家法》第26条1项）。此外，关于拒绝更新的通知，不仅仅限于“一定时间内”这一要件，还需要提供拒绝更新合同的正当理由，有关正当理由将在后文中详述。

另外，即使在一定时间内通知了承租人不续约，在租赁合同期满后承租人想继续使用，如果出租人没有及时提出异议亦将按照法定更新进行续约（《借地借家法》第26条2项）。对于这个“及时”的标准，则须具体情况具体分析。例如，有案例在租约期满后出租人收受了承租人的款项并签发了租金收款收据，就不可推说是收取了损害赔偿金，即使日后提出异议，也没能认定为是“及时”提出了异议①，而另有案例②则是在租约期满后第66天提出房屋腾退

① 参照大审院1927年9月25日判决。

② 参照最高裁1950年5月2日判决。

请求的诉讼，考虑到提起诉讼的准备时间，被认定为及时提出了异议。

(2) 法定更新的租房合同的内容

法定更新的租房合同是在与原合同同等条件下更新的合同。但是，租房合同在法定更新后被视为无期限规定的租赁合同，因此在期限这部分是不同于原租赁合同的（《借地借家法》第26条2项）。

另外，以没有提前通知拒绝续约为前提进行的法定更新（《借地借家法》第26条1项），适用于"有期限规定"的租房合同，即便当初为有期限的租房合同，经过法定更新后也被视为无期限规定的租房合同，因此对于法定更新后的租房合同，如果没有提前通知拒绝更新的话，选择进行法定更新是没有任何问题的。

(3) 不及时的更新拒绝通知

如前文所述，出租人如果想拒绝续约或者变更租赁条件，应在租约期满前1年至6个月期间内通知承租人。这段时间是提前通知承租人终止租房合同，或承租人对提出的租赁更改条件进行检讨从而决定是否续约的准备期间。

错过这段时间即使通知承租人拒绝续约也是无效的，由于法定更新后的租房合同为没有期限规定的合同，因而不及时的更新拒绝通知对法定更新后没有期限规定的租房合同是有效的（无效行为的转换）。另外，租约期满1年以上之前发出的拒绝续约的通知亦被视为无效。

且，如后文所述，与更新拒绝通知一样，对租房合同提出解约申告时亦须提供正当理由。

3. 租房合同解除时的承租人保护制度

(1) 提出解约申告终止租房合同

《民法》规定，无期限规定的租借可以理解为随时到期，以此为前提考虑的话，当事人可随时提出解约申告（《民法》第617条第1项）。且，房屋的租赁合同在提出解约申告后的3个月后得以终止（《民法》第617条第1项第2号）。

而另一方面，《借地借家法》并未改变当事人可随时提出解约申告这一内容（但出租人提出解约申告时需要正当理由），但对于提出解约申告至终止合同的期限，从《民法》规定的"3个月"延长至"6个月"（《借地借家法》第27条第1项）。

此外，租房合同由于解约申告的提出而终止时，如果承租人继续使用该房屋时，该合同的终止亦会受到法定更新的制约（《借地借家法》第27条之2）。也就是说，出租人有正当理由提出解约申告，要求解除没有期限规定的租房合同时，解约申告提出6个月之后合同终止时，如果承租人仍继续使用该房屋，只要出租人没有及时提出异议，则该租房合同被视为与原租房合同同等条件的更新。另外，根据《借地借家法》第27条第2项规定，租房合同在进行法定更新后自动变更为没有期限规定的租房合同。

（2）对定期租房合同的解约申告

根据《民法》规定，定期的房屋租赁是指当事人双方签订的在一定时间内租借对象房屋的合同，因此只要没有特约条款，就无法在合同期间内解约，也不可提出解约申告。根据《借地借家法》签订的定期租房合同也是租赁合同，因此同样适用。

但是如果当事人双方约定可以中途解约（附带保留解约权的特约条款），《民法》根据契约自由的原则认同该特约条款的效力，因此在合同期间亦可以提出解约申告。对于《借地借家法》中规定的定期租房合同，基于保留解约权特约条款提出解约申告时须提供正当理由，因此该法律仅认可不会对承租人产生不利影响的特约条款。

4. 拒绝租房合同更新的必要条件（正当理由）

（1）终止租房合同的正当理由

依照《民法》原则，定期的租赁合同在租约期满时终止，没有期限规定的租赁合同根据出租人提出的解约申告而终止。但是，房屋是人们社会生活及经济活动的基础，如果租房合同适用《民法》原则，承租人将很容易失去社会生活及经济活动的基础。

因此针对出租人提出的拒绝续约通知或是解约申告，《借地借家法》规定“除考虑房屋的出租人以及承租人……使用房屋的必要性外，还应考虑有关房屋租赁的经过、房屋的使用情况以及房屋的现状、房屋的出租人就返还房屋所提出的交换条件或就房屋的返还对承租人所提出的财产给予的要求，若不能认定其有正当理由，出租人不得拒绝更新或终止租约”（《借地借家法》第28条）。

这样一来，出租人想要终止租房合同时必须具备正当理由，因此解除合同不再是轻而易举的事情，保障了承租人继续使用房屋的权利，同时有助于承租人社会生活和经济活动的稳定。

（2）正当理由的判断依据

正当理由是《借地借家法》的核心概念，通过终止租房合同时须提供正当理由这一规定来保护承租人的同时，也需要考虑出租人想要终止合同利用房屋的需求。因此，如何考量正当理由的判断基准是一个大问题。

《借地借家法》第28条规定，是否为正当事由的判断因素是分阶段构成的，①当事人双方使用房屋的必要性是首要的，这是最基本的判断因素，单凭这一点无法得出结论时应考量，②之前租赁的经过，③房屋的利用状况，④退居费的申请。从条文的结构“除考虑房屋的出租人以及承租人……使用房屋的必要性外”也可以明显看出这一阶段性要求，同时在颁布《借地借家法》的过程中政府也给出了类似的答复。以下将针对各判断因素进行详细的说明。

A 使用房屋的必要性

当事人双方对使用房屋的需求程度是影响正当理由是否存在的重要判断标准。在比较使用的必要性时，居住目的应优先于营业目的的使用，另外在营业目的中，维持生计的使用应优先于利润追求的使用。

（a）居住的必要性

居住的必要性对承租人来说，是请求腾让房屋时最有利的事实。从1970年开始放宽住房供给后，除非出租人的居住需求大大超过承租人的需求情况以外，单凭这一点就判定其为正当理由的案例也越来越少。例如，出租人是生活紧迫的老年人，持续现状其将失去基本的生活，而承租人即使腾让出该房屋也不会立刻陷入困境时，仅通过比较当事人双方的需求判定为正当理由的案例[①]也是存在的。

如果当事人双方对房屋的需求并没有较大差异时，则通过签订合同时的情况以及提供的搬迁费等进行判断。例如，出租人的居住环境极其狭窄，但承租人家中有病患且生活状况窘迫，对于双方来说对房屋具有同等程度的需求时，由于出租人提供了120万日元的搬迁费而判定其为正当理由[②]的案例是存在的。

再者，如果承租人对房屋的需求远远超过出租人时，即使提供搬迁费也不

① 参照东京地裁1981年10月7日判决。

② 参照福冈地裁1972年4月21日判决。

能认定其为正当理由。例如，出租人即使不能入住该房屋也不会对生活造成任何障碍，而承租人如果归还了出租房，维持生计的事业将被迫停止没有收入来源，承租人所承受的损失无法通过金钱来弥补时，无法认定其为正当理由①的案例是存在的。

（b）营业的必要性

日本与欧美等国不同，没有对居住租赁与营业租赁加以区别，所以营业的必要性被作为房屋使用的必要性来考量。另外，在营业必要性的判断上，对是否为正当理由的判断采取与居住必要性相同的判断方式。

最近，在营业的必要性方面，受通过重建房屋来达到土地高度利用目的的影响，希望租客迁出房屋的案例不断增加，此类纠纷在泡沫经济时代尤为常见。然而，即便是重建为高层房屋，认可其属于正当理由的情况也很少见，如果出租人对承租人支付高昂搬迁费的话则另当别论。例如下述案例：为适应JR大阪站附近房屋高层化的发展趋势，修建必要的配套停车场（9层），出租人希望在房屋内经营药店的承租人迁出，“支付暂时中断营业的补偿、另租店铺所需的保证金等搬迁产生的诸多费用，相当于足够用于开店的金额”作为正当理由的补充，最终被判决须支付搬迁费9000万日元。②

B　房屋租赁的经过

在房屋租赁过程中需要考量的具体内容有：①设定租赁关系的基本情况（是否为建立在特殊关系上进行的租赁，例如是否基于雇佣关系、亲属关系、朋友关系、业务关系等）；②此类基本情况的变更；③租金的合理性；④当事人双方信赖关系的有无（给房主添麻烦、轻度的租金滞纳、违规使用等）；⑤是否在签订合同时收受权利金和更新费，及其具体金额；⑥设定以来的期间长短等。

诸如此类作为租赁需要考量的情况很多，而这些情况对正当理由的认定究竟能起到多大的作用，还需要具体问题具体分析。

C　房屋的使用情况

房屋的使用情况是指，承租人是否依据合同目的合法有效地使用房屋并获利，承租人是否因名下无私人物业且通过租赁方式得以使用该房屋的。此处存

---

① 参照东京高裁1975年8月5日判决。

② 参照大阪地裁1988年10月31日判决。

在很多模棱两可的地方，比如经常被讨论的：①是否符合建筑基准法等的规定；②作为房屋是否持续的发挥效用等。因此有观点认为仅凭这些就将“房屋的使用情况”作为正当理由的判断基准之一是没有意义的。

D　房屋的现状

房屋的现状指现在房屋本身的物理状况。即指房屋是否需要重建，不仅限于房屋的老化，也包括房屋社会效用及经济效用丧失的情况。此外还包括房屋依附于土地无法单独存在的情况。

E　财产的给付

财产的给付虽然包括提供可代替的房屋，一般情况下多为金钱（所谓的搬迁费）补偿。搬迁费包括迁出费用①、租赁权价格②、营业补偿③等。

搬迁费的金额以当事人双方的协议为准，若无协议，则就当事人双方的必要程度具体问题具体分析。一般来说，要求承租人迁出的必要性越高，出租人提供的搬迁费越低（也包括无搬迁补偿的情况），另外，如果承租人租赁房屋用于营业，则营业收益的损失补偿也包含在搬迁费中，其金额也会随之升高。

综合以上内容对正当理由的判断基准进行总结整理，如下表所示：

**表 2　对终止租房合同正当理由的判断基准**

| 基本要素 | 房屋使用的必要性 | 出租人使用房屋的必要性<br>承租人(包含转租人)使用房屋的必要性 |
|---|---|---|
| 补充要素 | 租赁的经过 | 合同成立的情况及其变更<br>合同内容(租金、权利金、更新费)<br>义务的履行状况(是否存在租金滞纳、违规使用等破坏信赖关系的行为) |
| | 房屋的使用情况 | 承租人承租房屋的使用目的,实际的使用方法 |
| | 房屋的现况 | 房屋老化、使用便利度、房屋地基使用权的变化 |
| | 财产的给付 | 搬迁费、可代替房屋的提供 |

① 搬迁费用指用于搬迁所必要的费用，以及通知搬迁的费用等实际发生的费用。

② 租赁权价格指地价上涨带来的建筑物的资产增加值中应分配到承租人的部分。在迁出费的计算方面，关于是否需要考虑租赁权价格，由于不存在租赁权交易市场，多数情况下无法进行资产价值的计算，因此目前实际操作上尚无定规。

③ 营业补偿指对搬迁导致的关店或暂停营业所造成的经营损失的补偿。

## 四　关于房屋租赁合同效力的承租人保护制度

1. 租赁权的对抗力

根据《民法》规定，不动产实行登记后则产生对抗力（《民法》第605条）。但在房屋租赁中，没有登记租赁权的情况较多，只要没有登记则无法认定其具有对抗力，此时如果出租人选择出售租赁标的物，承租人将被强制要求搬出。另外，即便将房屋移交给了承租人，房屋的收购者通过对房屋的调查了解到承租人的存在后，对租赁权行使其权利的对抗权也是无可厚非的。

因此根据《借地借家法》的规定，自房屋交付之日起便赋予其租赁权对抗效力，之后即便有人取得了该房屋的物权，也不可强制承租人搬迁，以此来保护承租人利益（《借地借家法》第31条第1项）。

2. 租金增减额请求权

（1）认可租金增减额请求权的动机

房屋是人们社会生活及经济活动的基础，出租人终止租赁合同时必须具备正当理由，所以多数租赁合同的存续期间较长。可想而知受经济社会形势的影响，合同最初约定的租金可能已经不再符合当前的社会状况。在这种情况下，当事人双方虽然希望通过协商来解决租金问题，但现实中往往就是否需要调整及调整后的具体金额无法达成共识，而对这些租赁纠纷的忽视直接导致了租赁关系的不稳定。

因此《借地借家法》规定，为调整出租方及承租方的利益关系，确保当事人双方的公平及租赁关系的稳定延续，赋予当事人双方租金增减额请求权（《借地借家法》第32条第1项）。

另外过去发生的租金纠纷案大多是因为出租方要求上调租金造成的。然而近年来由于泡沫经济崩溃带来的经济不景气，造成空置率上升、租金水平下降，也有不少承租方提出降低租金的要求。

（2）不增额特约条款

在租房合同中，如果对一定期间内不上涨租金进行了特别约定，则须遵守该约定内容（《借地借家法》第31条第1项）。如果事先约定由出租人自行承担风险，即便将来有上调租金的必要，也无须特别保护出租人的利益。

与此相对的是，即便对一定期间内不下调租金进行了特别约定，因该约定内容对承租人不利故被判定为无效（《借地借家法》第37条）。这是在签订租赁合同阶段，因出租人与承租人所处立场的不同，为保护承租人不会被不正当特约约束。

（3）租金增减额请求的判断要素

若租房合同双方当事人在签订租房合同时约定了不合理的租金，则须通过行使租金增减额请求权，调整租金使其达到合理水平。关于约定租金是否合理的判断要素，相关法律条文做出以下规定：①对土地或房屋所征收税款及其他负担的增减，②土地或房屋价格的涨跌及其他经济情况的变动，③与附近类似房屋的租金水平比较（《借地借家法》第32条第1项）。

上述①至③所述的判断要素只是判断租金是否合理的部分示例，还需要考虑除其以外的其他要素。在最近实际工作中，除条文规定的事项外，还应该对当事人决定租金的要素进行综合考量，进而判断增减额请求的合理性以及合理的租金额。[①]

（4）计算方法

合理的租金，通常是从以下方式中选出适合案例的，并在此基础上参考其他方式进行综合计算得出。

A　回报率法

房屋及其土地价格与期待回报率的乘积所得的纯租金，与必要经费（折旧费用、维修费用、维护管理费、税费等）相加求和的方法。

B　浮动法

以既存租金为基准，乘以之后的经济波动指数（如物价指数、租金价格变动指数等）的方法。

C　差额分配法

房屋及用地的经济价值相对应的合理租金与实际支付租金间的差额，通过对合同内容、签订合同的经过进行综合考量后，将判定应由出租人负担的部分与往日支付的租金额相加求和的方法。

---

① 参照最高裁2003年10月21日判决。

D　租赁事例比较法

通过与邻近的同类租赁事例的市场租金价格进行比较，并对个别因素进行修正求得合理租金的方法。

3. 添置物买取请求权

承租人为使用房屋自行添置的体物，即使该添置物在租房合同终止时仍具有剩余价值，依据《民法》规定其剩余价值将难以回收。《民法》第 608 条第 2 项规定的有益费偿还请求制度，仅适用于投入费用所得的结果已成为房屋构成的一部分，被房屋所有权所吸收的情况。因此独立于房屋所有权对象的添置物不适用有益费偿还请求制度，承租人在归还房屋时必须拆除添置物部分。

因此，出租人以低价购买添置物（如若拆除添置物的价值降低的情况较多，因此承租人大多愿意将其出售给出租人）后，再以高价卖给新承租人的情况屡见不鲜。为此《借地借家法》第 33 条规定，为了消除此类恶劣影响，赋予承租人要求出租人购买添置物的权利（添置物买取请求权）。

买取请求的对象是承租人经出租人同意后附加的添置物。添置物是指，归承租人所有的，且为房屋的使用提供客观便利的房屋的附加物①。家具或日常用品之类的独立性较高且便于拆除，拆除后也不会降低价值的不能称之为添置物。相反，若该附加物已被融合成为房屋的组成部分时，其所有权已不归属承租人，故不适用于添置物买取请求的范畴，而属于《民法》第 608 条第 2 项有益费偿还请求的范畴。也就是说，添置物介于两者之间，承租人有权将其拆除，但如果添置物附属于房屋可以使其效用最大化，如果将其拆除利用价值也会随之减少的情况。

然而与旧《借家法》不同，《借地借家法》没有将添置物买取请求权归类为强制性法规，而是归为任意规定②（参照《借地借家法》第 37 条）范畴。因此根据当事人双方的特别约定，不行使添置物买取请求权也是被允许的。添置物买取请求权被归为任意规定的理由，可总结为以下几点：榻榻米以及门窗类作为典型的添置物逐渐丧失兼容性，且该类添置物各自具有固定标准，能够

① 参照最高裁 1954 年 3 月 11 日判决。添附物的实例：走廊门的隔断、厨房及接待室的燃气设备、配电设备、抽水马桶、淋浴设备，作为餐馆经营的店铺的料理台、炉灶、碗柜、空调、锅炉、通风管道等完整设备。

② 任意规定是指可以根据当事人双方的协商进行变更的法令规定。

成为添置物买取请求对象的也仅限于大型空调设备；如果将添置物买取请求权作为强制性法规执行，那么承租人在置办添置物时便很难获得出租人的同意；有关经营用的添置物大多较为特殊且价格较高，如果强制出租人购买可能会导致出租人承受难以预料的损失。

## 五　结语

在日本，对于作为人们社会生活及经济活动基础的房屋租赁行为，如前文所述通过采取各种不同于《民法》规定的处理方式，试图让租赁权成为一项稳定的权利。

但是，应该如何进行特别处理，很大程度上取决于各个国家的社会需求和文化等。实际上，日本旧《借地法》、《借家法》对于土地及房屋的租赁行为采取的过度保护，造成了借地权与租赁权的供给不足、借地权与租赁权的价格上涨，以及如何应对房地产使用需求的多样化等诸多问题。而正是为了解决这些问题，颁布了现行的《借地借家法》。

在制定、变更承租人保护制度时，最重要的是根据各国具体国情，以租赁权的稳定为目标，同时不对房地产所有者造成过重的负担，这样一来将会促进房屋租赁市场的发展与壮大。

**参考文献**

泽野顺彦编《实务解说 借地借家法》，第4~19，393页。
第121回国会参议员法务委员会议事录，1991年9月26日，第23页。
本田纯一著《注释 借地借家法〔第3版〕》，第217、219、225页。
寺田逸朗著《关于借地借家法的改正》，《民事月报》47卷1号，第123页。
副田隆重著《注释 借地借家法〔第3版〕》，第252页及253页。
山本丰著《注释 借地借家法〔第3版〕》，第259页。

# 城　市　篇

Cities

# B.14
# 2018年广州市房地产市场分析与2019年展望

廖俊平　徐　斌　伦嘉升　高振阳*

**摘　要：** 2018年，国内经济形势严峻，广州的经济增速也明显趋缓。为促进房地产行业平稳健康发展，广州政府部门顺应市场变化，继续贯彻“房住不炒”的调控理念，同时“因城施策”对现行政策做出适度调整，大力推进多主体供给、多渠道保障的住房供给体系。展望2019年，广州房地产市场的发展总体上以“稳”字当头，随着外围区域交通网络、基础配套设施逐渐完善，需求将加速外溢，行业整体也将进一步向规范、健康方向发展。

* 廖俊平，中山大学岭南学院教授，房地产咨询研究中心主任；徐斌，广房中协房地产发展研究中心副主任；伦嘉升，广州市广房中协房地产发展研究中心研究员；高振阳，广州市广房中协房地产发展研究中心研究员。

关键词： 房地产市场 土地市场 住宅市场 广州

# 一 2018年广州市房地产市场分析

## （一）政策分析

2018 年，为更好地优化经济结构，保障国民经济平稳健康运行，中央政府在房地产市场继续维持从严从紧的宏观政策。2018 年 3 月召开的两会继续强调“房住不炒”、“因城施策”的调控方向，奠定了 2018 年房地产市场的整体调控基调。广州市政府一方面坚决遏制投机炒房、巩固调控成果，一方面更加注重强化市场监管、保障合理住房需求，同时持续加大住房供给侧结构性改革力度，大力发展住房租赁市场。

1. 税制改革：个税抵扣房贷

为全面推进税制改革，国务院于 2018 年 12 月 22 日发布《个人所得税专项附加扣除暂行办法》，规定纳税人在 5000 元基本减除费用扣除和“三险一金”等专项扣除外，还可享受首套住房贷款利息、住房租金、赡养老人、子女教育、继续教育、大病医疗等六类专项附加扣除。其中纳税人本人或其配偶单独或共同使用个人住房贷款为本人或其配偶购买中国境内住房所发生的首套住房贷款利息支出，在实际发生贷款利息的年度，按照每月 1000 元标准定额扣除，扣除期限最长不超过 240 个月，且只能享受一次首套住房贷款的利息扣除。

住房贷款利息专项附加扣除办法的实行，一定程度上减轻了置业者的生活压力，间接地降低置业成本，对推动刚需型买家入市有积极的作用。

2. 住房租赁政策：推进多主体供给、多渠道保障的住房供给体系

（1）利用集体用地建设租赁住房

2018 年 1 月 25 日，《广州市利用集体建设用地建设租赁住房试点实施方案》获国土资源部批示。该方案对于广州市利用集体建设用地建设租赁住房的土地来源、试点区域、户型要求、总量控制、租赁管理等内容进行了明确。首批试点工程——花都区狮岭镇旗新村试点也于 2018 年 11 月 21 日进入建设

阶段，而番禺区钟村街谢村、白云区钟落潭镇长腰岭村、花都区花山镇小布村三个试点工程也进入了项目规划审核阶段。该试点实施方案将为广州市提供超过6400套住房，对于缓解广州市租赁住房供应紧张、稳定租赁住房市场价格、开拓多渠道租赁住房供给体系具有重要意义。

（2）加强住房租赁企业监管

为保障承租人的合法权益、维护房屋产权人的利益，广州市住建委于2018年4月20日公布《关于加强住房租赁企业房屋租赁管理有关问题的通知》，规定住房租赁企业需在广州市房屋租赁信息服务平台实名注册后方可运营，同时要求租赁企业与承租人签订合同后要同步办理房屋租赁合同网上备案手续。

（3）加强户籍家庭住房保障工作

为切实保障和改善民生，使改革开放成果惠及更多户籍家庭，广州市政府于2018年9月18日发布了《广州市人民政府办公厅关于进一步加强户籍家庭住房保障工作的通知》（以下简称《通知》），调整户籍家庭住房租赁相关政策。

《通知》调整了户籍家庭公共租赁住房保障家庭的可支配收入线准入限额、住房租赁补贴标准、公租房租金缴交标准、公租房保障退出机制，在国内开创性地提出公租房租金封顶机制，即公租房家庭租金支出按该家庭经核定的月可支配收入的15%封顶计算，这使得户籍中等偏下收入住房困难家庭的租金支出始终控制在合理的范围。同时《通知》结合现有物价水平，将原租赁补贴标准调整至30元每平方米，针对不同行政区的实际租金支出，实行区域性租赁补贴系数，真正实现“因地施策，精准补贴”。

3. 限购政策：顺应市场，适度调整

为释放市场购买力，完善商服类房地产项目的销售管理，广州市住建委于2018年12月19日发布《关于完善商服类房地产项目销售管理的意见》（以下简称《意见》）。

《意见》对2017年“3·30政策”中的部分内容做出调整：一是针对2017年3月30日之前出让成交的商服类物业销售对象放宽至个人，二是重申个人购买商服类物业取得不动产证需满2年后方可再次转让。该《意见》在相当程度上缓解了商服类物业库存压力，极大促进了销售。重申转让限制则再次明确了广州市坚持“房住不炒”、从严调控房地产市场的决心和态度。此次政策调整，符合市场实际和发展要求，凸显了广州市政府对房地产宏观调控政策的灵活把握。

4. 公积金政策：加强监管，优化提取

为保障住房公积金稳健运行、维护缴存职工权益，2018 年 5 月 2 日住建部联合财政部、人民银行、公安部发布《关于开展治理违规提取住房公积金工作的通知》，就以下五个方面做出指示：一是规范和改进公积金提取政策；二是优化提取审核流程；三是实施失信联合惩戒机制；四是加强各部门内部的风险管理；五是推进各部门之间信息共享、建立跨地域协查机制，集中开展治理，广泛开展宣传引导。

2018 年 12 月 24 日，广州市住房公积金管理中心公布《广州市住房公积金提取管理办法》，放宽异地购房提取范围，提出缴存人及配偶在广州市无自有产权住房的，在广州毗邻城市（佛山、清远、中山、东莞、惠州和韶关）购买自住住房可以提取公积金。

5. 行业政策：多主体推进行业治理

（1）治理房地产市场乱象

2018 年 6 月 28 日，住建部联合司法部、税务总局、市场监督管理总局、宣传部、公安部、保监会七个部门联合印发《关于在部分城市先行开展打击侵害群众利益违法违规行为治理房地产市场乱象专项行动的通知》。其主要内容包括：一是打击操纵房价房租、捂盘惜售、捏造散布虚假信息、制造抢房假象、哄抬房价、违规提供“首付贷”等投机炒房团伙；二是打击暴力驱逐承租人、捆绑收费、阴阳合同、强制提供代办服务、侵占客户资金、参与投机炒房的房地产“黑中介”；三是打击从事违规销售、变相加价、一房多卖、霸王条款、价格欺诈以及限制阻挠使用公积金的房地产开发企业；四是打击发布不实房源和价格信息、进行不实承诺等欺骗、误导购房人的虚假房地产广告。

与之前的整治政策相比较，此次推行的房地产市场乱象专项整治行动主要有以下特点：一是多部门联合发布整治政策，共同推进房地产市场规范化；二是更加凸显房屋租赁市场管理，针对租赁企业行业乱象，加强企业的资金监管，遏制通过金融手段无序扩张；三是从供应端上遏制投机炒房行为。

（2）“双合同”整治

为了进一步做好新建商品住房的管理工作，促进房地产市场稳定健康发展，广州市住建局于2018年10月19日发布《关于我市进一步规范房地产管理的说明》（以下简称《说明》）。《说明》强调在保持调控力度不放松、成交价格稳定运行的前提下，对新建商品住房预售和网签价格指导机制进行优化，严禁开发企业拆分价格报备。

“双合同”问题的整治行动维护了置业者的合法权益，使置业者转让物业时不必承担额外税负，同时也保障了房地产市场平稳发展，有利于金融市场的有序监管。

（3）中介信用评级

为进一步规范房地产中介服务机构及从业人员的执业行为，强化信用管理，强化诚信经营和公平竞争意识，保障广州市房地产中介行业持续健康发展，广州市住建局于2018年9月25日上线运行广州市房地产中介信用管理系统，要求自该日起全市房地产中介机构须提交本机构所有从业人员的相关信息，为本机构从业人员申请制作信用信息卡，所有中介从业人员在执业时，须将本人信用信息卡佩戴在醒目位置，并向服务对象主动出示。

另外，在广州市住建局的指导下，广州市房地产中介协会于2018年10月23日发布《广州市房地产中介信用评分评级管理办法》，规定根据从业年限以及是否受到行政处罚等方面将中介机构及从业人员分为优质、良好、诚信、暂定诚信、预警和失信等六个等级，以供市民在选择中介机构和从业人员时进行参考。

## （二）地区经济发展分析

2018年，广州市地区生产总值共22859.35亿元，同比增长6.2%，增速较2017年下降0.8个百分点。2018年是广州地区生产总值增速连续第5年降低，且增速不及全国和广东水平。

在经济增速放缓的同时，广州的房地产开发投资额增速也进一步下降。2018年广州市房地产开发投资额共2702.89亿元，同比持平，而2017年增速为6.4%。

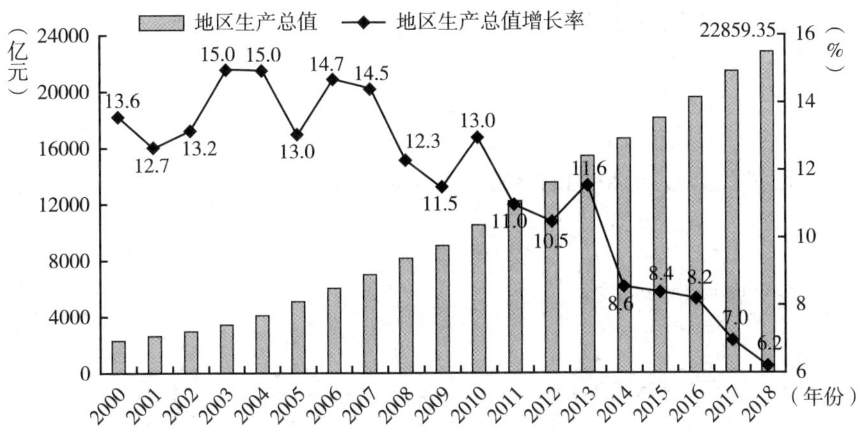


**图1　2000～2018年广州市地区生产总值及增长率**

资料来源：广州市统计局。

而且，广州市房地产开发投资占固定资产投资的比例也是近5年来首次出现下降，说明在房地产调控的大背景下，开发商的投资决策更趋谨慎。

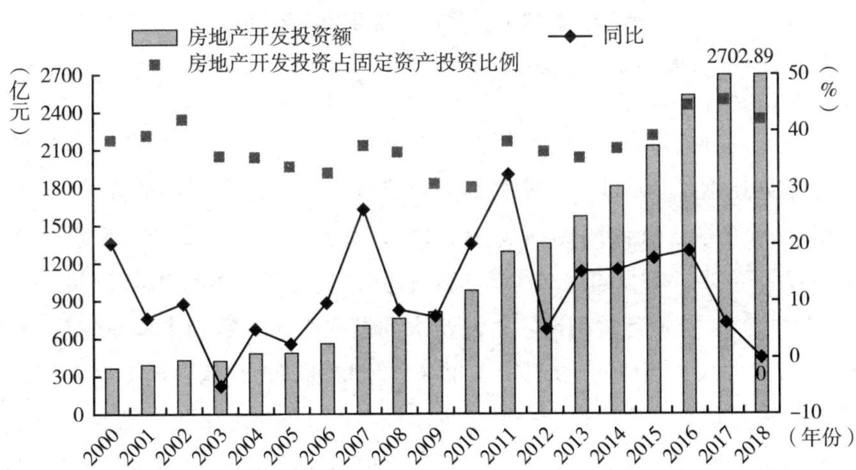


**图2　2000～2018年广州市房地产开发投资额及占比**

资料来源：广州市统计局。

## （三）土地市场分析

1. 土地计划供应情况

2018 年，广州市建设用地计划供应 289 宗，面积共计 1926.17 万平方米，同比分别增加 29 宗和减少 141.50 万平方米，较 2017 年分别增长 11.15% 和减少 6.84%。

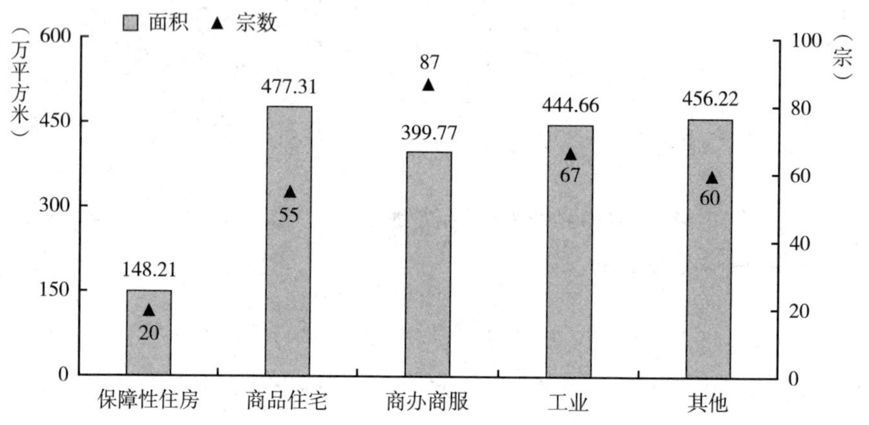


**图 3　2018 年广州市建设用地供应计划**

资料来源：广州市国土资源和规划局。

其中，商办商服用地计划供地宗数最多，共 87 宗，合计 399.77 万平方米，宗数同比增长 20.83%；其次是工业用地，2018 年计划供地 67 宗，合计 444.66 万平方米，宗数同比减少 16.25%；商品住宅计划供地 55 宗，合计 477.31 万平方米，宗数同比减少 5.17%；其他（包括公共管理与公共服务用地、特殊用地、交通运输用地、水域及水利设施用地）计划供地 60 宗，合计 456.22 万平方米，宗数同比增长 53.85%，增幅远高于其他供地类型，表明广州在满足人民群众日益增长的公共服务用地需求、促进城市综合服务功能提升和环境改善方面着力甚多；此外，保障性住房用地计划供应 20 宗，较 2017 年增加 9 宗，面积合计 148.21 万平方米，也进一步说明了广州对于落实贯彻多主体供给、多渠道保障、租购并举的住房制度的决心。

2. 土地出让实际成交情况

从各月成交情况来看，1 ~3 月土地市场表现冷清；4 月住宅和工业用地市场逐渐活跃；5~10月土地出让市场重现“冰冷”景象；而11~12月则明显“火爆”，主要原因是临近年末，政府部门为加快完成年度供地计划，大幅增加土地供应量。

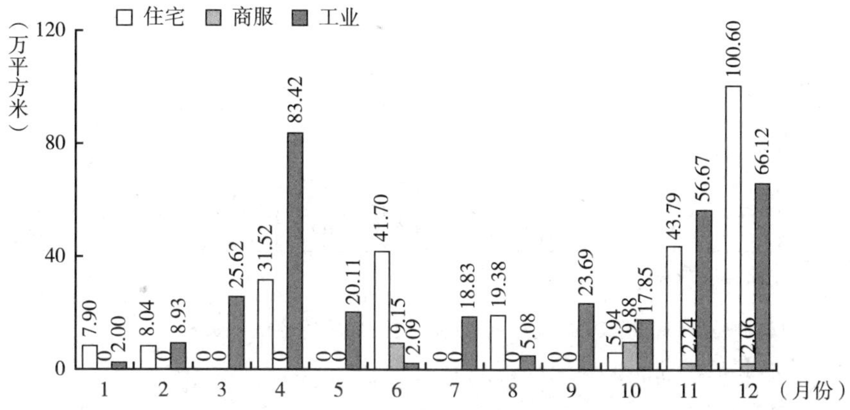


**图4　2018年广州市各月份建设用地交易面积**

资料来源：广州市国土资源和规划局。

从各行政区建设用地来看，住宅方面，增城区独占鳌头，2018年共交易70.28万平方米；黄埔区紧随其后，共交易60.36万平方米；南沙区第三，共交易28.75万平方米；而越秀、海珠和天河区都为零成交，主要原因是中心城区土地供应较为稀缺。

商服用地方面，多区零成交，海珠、天河、黄埔、番禺和从化区交易面积都在10万平方米以下。

工业用地方面，科学城所在的黄埔区“一骑绝尘”，以101.54万平方米高居第一，其中科学城片区占比高达47.8%；增城区也表现不俗，共交易87.55万平方米；南沙区则交易62.09万平方米，摘得季军。

### （四）商品住宅市场分析

1. 新建商品房

（1）建设情况分析

2018年广州市房屋施工面积为10999万平方米，同比增长3.2%，延续了近十年来的持续增长趋势（除2015年）；其中住宅施工面积6508万平方米，

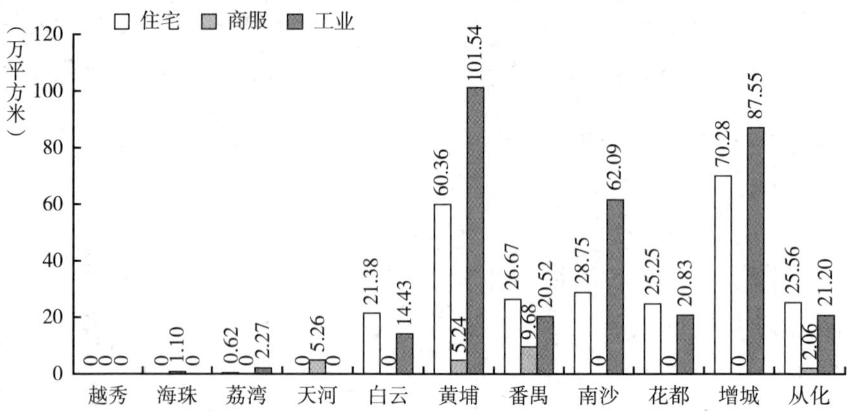


**图5　2018年广州市各行政区建设用地交易面积**

资料来源：广州市国土资源和规划局。

同比增长1.7%，增速低于2016年和2017年，表明开发商对广州市住宅房地产市场的未来发展相对谨慎。

房屋竣工面积为1524万平方米，同比涨幅15.4%，其中住宅竣工面积为868万平方米，同比小幅增长4.3%，两者的增速都高于2017年，部分原因是四季度部分开发商为加速资金回笼，加快了项目进度。

**表1　2008～2018年广州市房地产施工与竣工面积情况**

| 年份 | 2008 | 2009 | 2010 | 2011 | 2012 | 2013 | 2014 | 2015 | 2016 | 2017 | 2018 |
|---|---|---|---|---|---|---|---|---|---|---|---|
| 房屋施工面积（万平方米） | 5500 | 5506 | 6464 | 7704 | 7846 | 8939 | 9370 | 9346 | 10062 | 10658 | 10999 |
| 同比增长(%) | 6.1 | 0.11 | 16.4 | 19.2 | 1.8 | 13.9 | 4.8 | -0.3 | 7.7 | 5.9 | 3.2 |
| 住宅施工面积（万平方米） | 3660 | 3420 | 3984 | 4848 | 4918 | 5474 | 5770 | 5760 | 6106 | 6399 | 6508 |
| 同比增长(%) | 1.8 | -6.6 | 16.5 | 21.7 | 1.4 | 11.3 | 15.4 | -0.17 | 6.0 | 4.8 | 1.7 |
| 房屋竣工面积（万平方米） | 944 | 961 | 1095 | 1263 | 1291 | 1141 | 1919 | 1511 | 1202 | 1321 | 1524 |
| 同比增长(%) | 7.0 | 1.8 | 13.9 | 15.4 | 2.2 | -11.6 | 68.2 | -21.3 | -20.5 | 9.9 | 15.4 |
| 住宅竣工面积（万平方米） | 674 | 716 | 775 | 832 | 801 | 710 | 1221 | 981 | 818 | 832 | 868 |
| 同比增长(%) | -3.9 | 6.2 | 8.2 | 7.4 | -3.7 | -11.4 | 72.0 | -19.6 | -16.6 | 1.7 | 4.3 |

资料来源：广州市统计局。

（2）预售情况分析

2018 年，广州市新建商品住宅预售面积共 1081 万平方米，同比大幅增长 32.43%，其中 2～3 月处于低谷，预售面积分别 30.35 万和 45.20 万平方米，12 月为年内最高位，预售面积激增至 194.84 万平方米，主要原因是年末部分发展商因资金回笼需要，大力促销。

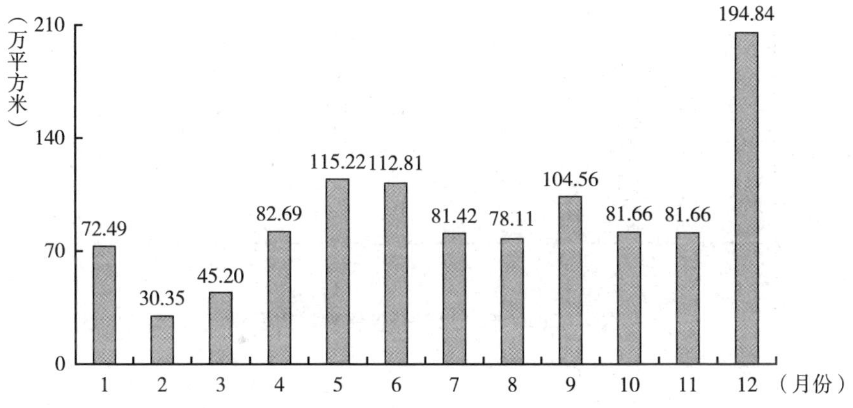


**图 6　2018 年广州市新建商品住宅预售面积**

资料来源：广州市住房和城乡建设局。

（3）房地产开发企业业绩分析

尽管 2018 年广州房地产市场在持续调整，但房地产开发企业尤其是品牌企业因势利导，加大项目营销力度以适应市场的变化，不少企业都实现了较好的销售业绩，其中保利、越秀和万科等多家企业在广州的商品房销售额都有上百亿元。

2. 存量商品房

（1）存量住宅市场分析

2018 年，广州市存量住宅共成交 102384 宗，合计 882.48 万平方米，面积同比减少 24.45%。除 9～10 月外，其余各月成交面积同比都有所减少。

分月来看，1～3 月，存量住宅市场因元旦、春节等节日影响，成交面积逐月走低；4～6 月，因春节前后压抑的购房需求集中释放，成交面积不断走高，其中 6 月的成交面积达 95.82 万平方米；7 月成交面积环比有所回落；9 月，因完成销售目标、加速资金回笼需要，不少开发商加大促销力度，极大分流了存量住宅市场的客户，导致成交面积再度走低；10～12 月，全市存量住宅的成交面积基本稳定在每月 64 万平方米上下。

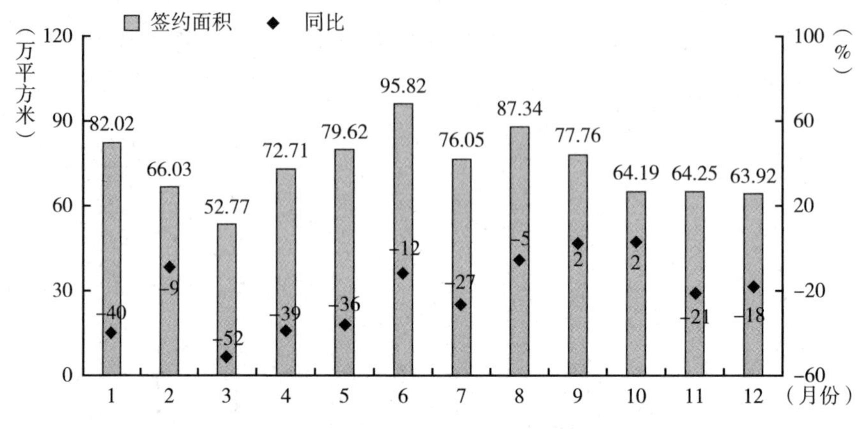


**图 7　2018 年广州市存量住宅签约面积**

资料来源：广州市住房和城乡建设局。

（2）存量商业物业及写字楼市场分析

1. 商业物业

受宏观经济环境发展和 2017 年“3·30 政策”影响，2018 年广州市存量商业物业共成交 28.18 万平方米，同比减少 11.47%。

具体到各月，1 月较为集中，共成交 3.69 万平方米；同样因春节假期影响，2～4 月表现平淡，各月成交面积逐月向下调整；5～6 月受房地产市场整体带动，成交稍有好转，单月成交面积重返 3 万平方米以上；进入下半年，存量商业物业成交整体较 5～6 月有所回落，其中 7～9 月单月成交面积在 2 万～3 万平方米之间，但 10 月又迅速跌落至 1.53 万平方米，在 12 月，因政策调整，将“3·30”之前出让土地的商服类项目转售对象放宽至个人，成交面积增长至 2.35 万平方米。

2. 写字楼

2018 年广州市存量写字楼共成交 39.60 万平方米，同比小幅回调 3.44%，其中 8 月达到全年峰值，共成交 5.61 万平方米，其余月份基本在 2 万～5 万平方米波动。

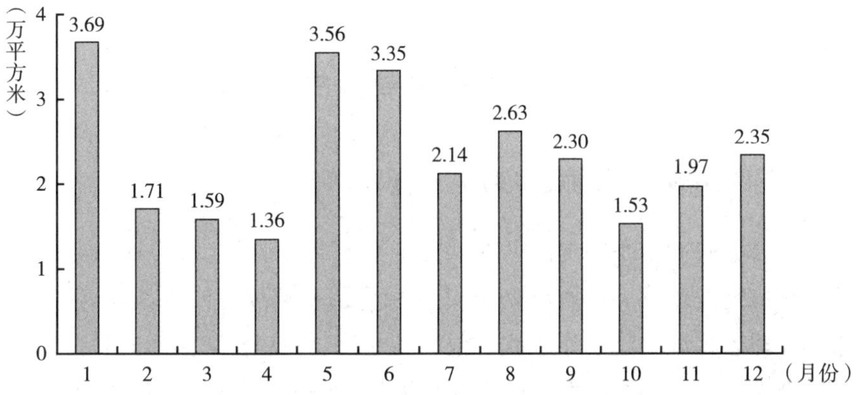


**图 8　2018 年广州市存量商业物业签约面积**

资料来源：广州市住房和城乡建设局。

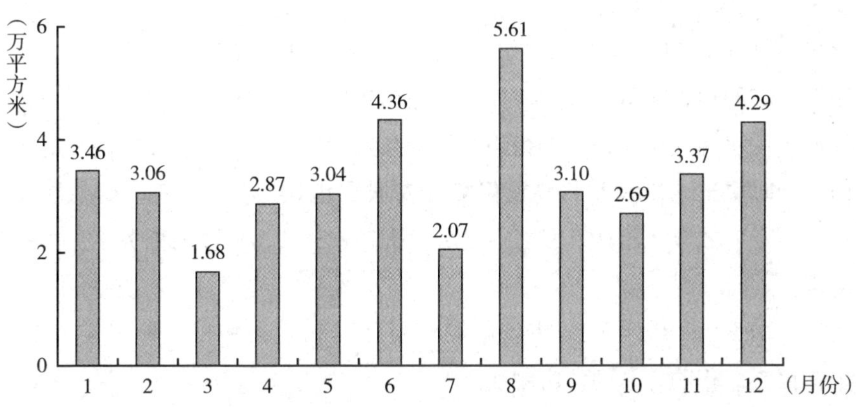


**图 9　2018 年广州市存量写字楼签约面积**

资料来源：广州市住房和城乡建设局。

（3）房地产中介企业

2017 年“3 · 30”之后，广州存量住宅的月度网签量持续下降，从高峰时的大约 2. 6 万宗下降至 2018 年 12 月的 8100 宗上下；其中中介促成的存量住宅网签量也从 2017 年 3 月的大约 2. 1 万宗下降至 2018 年 12 月的大约 3900 宗。

从店均网签量看，2018 年广州市每间房地产中介备案门店平均约成交 15 宗存量住宅，同比大幅下降。

从市场反馈情况，2018 年广州市有较多的中介机构经营状况堪忧。

## 二 2019年广州市房地产市场预测

### （一）政策调控以“稳”为主

2018 年，广州市坚决贯彻中央“房住不炒”的理念，多方面措施促进房地产市场稳定健康发展。预计 2019 年，相信从严调控的政策基调仍将持续，楼市调控理念将以“稳”字当头，包括稳地价、稳房价、稳预期等目标，同时，结合宏观经济发展不尽人意的现实状况，按照“因城施策”的方针，广州的房地产调控政策应该会有局部、细微调整。

### （二）住房保障制度继续完善，租赁市场继续发展

2019 年 1 月 21 日，广州市第十五届人民代表大会第四次会议召开，会议就民众关心的租赁住房与住房保障工作做出年度计划安排，明确提及广州市将继续加大住房用地供应，完善租购并举的住房制度，扩大户籍家庭住房保障覆盖面。同时提出，2019 年将建设保障性安居工程住房 3.2 万套，提供租赁住房 110.4 万平方米，建立 5 家国有住房租赁企业，切实保障来穗务工人群的住房需求。

可以预见，2019 年广州市将继续深耕住房租赁市场，完善多渠道保障、多主体供应、租购并举的住房制度。

### （三）信贷环境或有所改善，市民购房成本有望降低

2018 年，广州信贷环境整体偏紧，贷款额度相对紧张，大部分银行都上调了贷款利率。在 2018 年末和 2019 年初，部分金融机构小幅降低了贷款利率，预计 2019 年，市场信贷环境整体将较 2018 年有所改善，房贷利率上浮幅度或将有小幅降低，市民的置业成本有望减轻。

### （四）住房需求加速外溢

随着粤港澳大湾区规划的发布，预计广州的影响、辐射范围将不断扩大，加上近年来广州外围区域交通网络、基础配套设施逐渐成熟，比如地铁十四号

线、二十一号线等多条地铁线路在 2018 年末相继开通，预计住房需求将加速外溢至南沙、增城、从化、花都等外围区域。

### （五）房地产市场进一步规范，持续健康发展可期

2018 年下半年，住建部等七部委对部分城市先行开展治理房地产市场乱象专项行动，重点打击投机炒房、房地产“黑中介”、违法违规房地产开发企业和虚假房地产广告等，该专项行动在广州取得很好效果。预计 2019 年，此类行动仍会在广州继续深入，房地产市场将进一步得到规范。

# B.15
# 2018年上海房地产市场分析及2019年展望

崔光灿*

**摘　要：** 2018年上海房地产市场在坚持房地产市场调控政策稳定情况下，市场参与主体预期逐步稳定，市场行为逐步恢复理性。土地市场供求基本平衡，新建商品住房市场逐步恢复市场活力，存量商品住房市场呈现买方市场格局，租赁市场得到较快发展。上海房地产市场从2016年来的新一轮调控政策效果已经基本显现，市场进入较平稳发展阶段。预期2019年在政策环境不变的情况下，房地产市场将总体呈现理性的氛围，仍会保持较稳定的发展格局。

**关键词：** 房地产业　住房政策　上海

## 一　2018年上海房地产市场的基本情况

### （一）住房市场预期稳定，市场交易恢复理性

上海房地产市场是相对起步早、发展快、成熟度高的市场之一。房地产市场上的许多新情况、新问题往往也在上海房地产市场较早出现，房地产市场波动的可能性大，调控的难度也较大。2015年前后，服务于全国去库存等政策的需要，国家在住房信贷、税收等政策上，逐步改变了房地产调控方向，进一

* 崔光灿，上海师范大学房地产经济研究中心主任，教授。

步促进住房消费，上海与其他大城市一样，房价再次加快上涨，特别是2016年，市场出现了快速上升。随后，上海进入了新的一轮房地产市场调控周期。

2016年后，上海在原来差别化信贷、税收、住房限购等政策基础上，又进一步严格调控政策。包括：2016年3月，出台“沪九条”，加大了对住房需求的调控，提高非本市户籍家庭购房的社保缴纳年限，由2年变为5年，提高二套房首付比例等；10月，出台了“沪六条”，加强商品住房用地交易资金来源监管，全面实行存量住房交易资金监管制度；11月，出台申请住房贷款首套住房“认房又认贷”的政策，全面压缩了市场住房需求。同时，加大新建商品住房市场预售管理，控制高价商品住房的上市节奏。

从2017年到2018年上半年，房地产市场处于一个多主体博弈和观望的阶段。开发商由于销售“限价”，观望后市是否可放开，购房人在二手住房价格有所向下调整的情况下，观望是否会进一步下调。房地产市场交易相对“清淡”。到2018年下半年，一方面政府稳定房价的信心越来越坚定，政府不会放松调控的决心逐步被社会各方接受。另一方面企业不再观望，调整价格和销售策略上市。上海房地产市场逐步恢复理性、恢复常态。市场各参与主体的预期开始逐步稳定，无论开发企业对放松调控政策，还是购房人对房价大幅下调的“非理性”预期都基本消失。市场进入了较平稳健康发展的轨道。

### （二）房地产开发投资基本平稳

2018年上海市房地产业总体延续2017年的格局，在较低位平稳运行。全年完成房地产开发投资4033.18亿元，比上年增长4.6%。房地产开发投资虽在低位增长，但占固定资产投资比仍然较大，房地产开发投资占全市固定资产投资的52.9%，比重同比下降0.3个百分点。从房屋类型看，住宅和办公楼投资小幅增长，商业营业用房投资下降。全年完成住宅投资2225.92亿元，比上年增长3.4%，占房地产开发投资的55.2%，比重下降0.6个百分点；完成办公楼投资692.71亿元，增长7.9%，占17.2%；完成商业用房投资461.42亿元，下降8.9%，占11.4%。

房屋新开工面积小幅增加。全年房屋新开工面积2687.17万平方米，比上年增长2.6%。其中，住宅新开工面积1473.17万平方米，增长5.0%；商办新开工面积517.77万平方米，下降22.3%，连续两年出现两位数下降。

全年商品房施工面积14672.37万平方米，下降4.5%。其中住宅施工面积7520.39万平方米，下降6.2%。

全年房屋竣工面积3115.76万平方米，比上年下降8.0%。其中，住宅竣工面积1730.27万平方米，下降7.1%。①

表1　2016～2018年上海市房地产业运行总体情况

| 指标 | 2016年 | 2017年 | 2018年 | 2018年同比增长（%） |
|---|---|---|---|---|
| 房地产开发投资（亿元） | 3709.03 | 3856.53 | 4033.18 | 4.6 |
| #住宅 | 1965.43 | 2152.40 | 2225.92 | 3.4 |
| 办公楼 | 695.95 | 642.20 | 692.71 | 7.9 |
| 商业营业用房 | 519.41 | 506.71 | 461.42 | -8.9 |
| 房屋建筑、销售面积（万平方米） | | | | |
| 施工面积 | 15111.24 | 15362.25 | 14672.37 | -4.5 |
| #住宅 | 8073.94 | 8013.80 | 7520.39 | -6.2 |
| 新开工面积 | 2840.95 | 2618.00 | 2687.17 | 2.6 |
| #住宅 | 1436.13 | 1402.91 | 1473.17 | 5.0 |
| 竣工面积 | 2550.64 | 3387.56 | 3115.76 | -8.0 |
| #住宅 | 1532.88 | 1862.74 | 1730.27 | -7.1 |
| 销售面积 | 2705.69 | 1691.60 | 1767.01 | 4.5 |
| #住宅 | 2019.80 | 1341.62 | 1333.29 | -0.6 |

资料来源：上海市统计局。

2018年，本市房地产开发更多依赖自筹资金。全年到位资金5330.46亿元，比上年下降1.0%。从资金来源渠道看，项目建设资金更加依赖于企业自筹资金，占比达35.6%，比前一年增长22.4%。但其他各类到位资金则均呈下降态势。当前上海房地产开发企业多以国有大型企业或上市企业开发为主，一方面企业本身资金实力较雄厚，另一方面，部分项目不急于上市，更多依靠自有资金维持，所以企业自筹资金占比明显提高。

① 资料来源：上海市统计局。

表2　2018年本市房地产开发项目本年到位资金情况

| 指　标 | 资金(亿元) | 比上年增长(%) | 比重(%) |
|---|---|---|---|
| 本年到位资金 | 5330.46 | -1.0 | 100.0 |
| 国内贷款 | 1326.02 | -4.9 | 24.9 |
| 自筹资金 | 1896.42 | 22.4 | 35.6 |
| 其他资金 | 2107.91 | -13.5 | 39.5 |
| 定金及预付款 | 1566.41 | -4.9 | 29.4 |

资料来源：上海市统计局。

截至2018年底，本市中外资金融机构本外币商业性房地产贷款余额21242.50亿元，比上年增长7.0%。其中，房地产开发贷款余额6072.37亿元，增长11.3%；个人购房贷款余额14110.14亿元，增长4.2%。本市公积金贷款余额3921.96亿元，比上年增长11.1%①。

### （三）房屋交易市场逐步恢复常态

2018年，房地产市场交易总体延续2017年的态势，无论新建商品住房还是存量商品住房都处于近年低位，并低于2013、2014年时的交易量。全市新建房屋销售面积1767.01万平方米，比上年增长4.5%。全市存量房（二手房）登记面积1646.2万平方米，同比下降0.81%。呈现出量稳价跌的趋势，购房群体以刚需为主。

2018年，非居住房屋销售状况相对较好。办公楼销售面积147.08万平方米，比上年增长18.5%；商业营业用房销售面积101.75万平方米，增长28.3%。

新建商品住房交易量处于近年新低，销售面积1333.29万平方米，下降0.6%。从月度看，5月份以前市场不断趋淡，6、7月份市场开始恢复，形成供需平衡的态势。

从交易的区域看，新建商品住房交易主要集中在外环外，占79%，内环内仅占4%，内外环间占17%。上海近年受土地资源限制，外环线内新增建设用地非常有限，新建商品住房用地供应基本处于外环线外，在一定程度上是供

① 资料来源：上海市统计局。

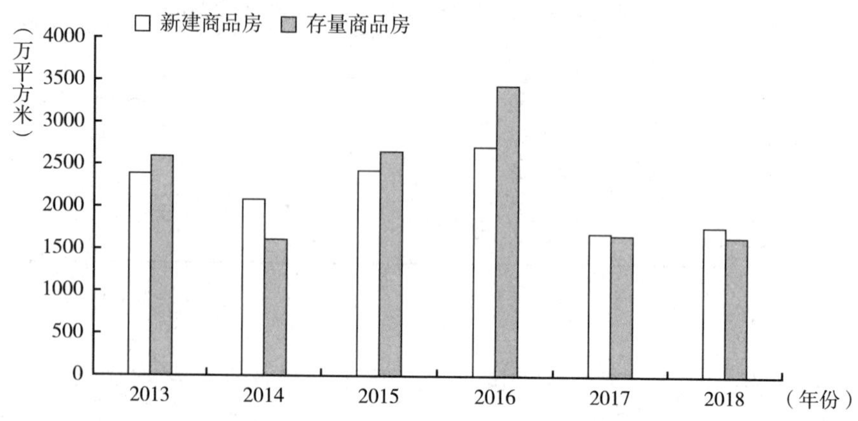


**图 1　上海历年商品房交易状况**

资料来源：上海市统计局、上海市房地产行业协会。

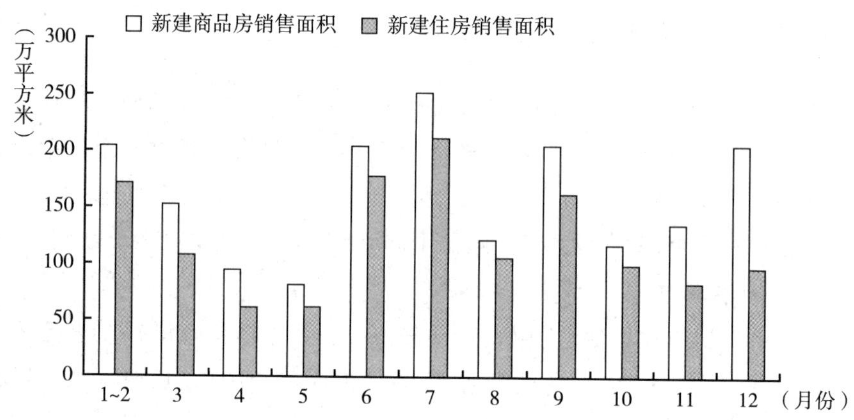


**图 2　2018 年上海新建商品房及新建商品住房月度交易情况**

资料来源：上海市统计局。

给结构决定了交易结构。

由于当前上海新建商品住房是由自住需求主导，所以外环线外的新建商品住房销售明显差于中心城区。中心城区项目多以改善为主，因其兼具了地段、配套、价格等多方面的优势，且综合性价比高，受到购房者青睐，认筹率较高。而郊区尤其是一些地理位置偏远的项目则少有人问津，楼盘呈现销售疲软状态，去化速度较慢。如位于浦东前滩板块中粮前滩海景壹号共推出 437 套房源，共计吸引了3127组客户参与摇号。而金山的一个楼盘推出456套房源，均价在两万元以下，但仅吸引了8组客户前去认筹，认筹率不足2%。

2018年，新建商品住房需要以“自住”为主，中小套型更受欢迎，成交房型面积在140平方米以上的占15.4%，90～140平方米的占50.5%，90平方米以下的占34.1%。

存量住房（二手住房）市场成交也处于近年的低位，存量住宅登记面积1301.61万平方米，同比下降4.81%；成交均价38760元/平方米。

从月度成交量看。1月份成交1.1万套；2月份春节长假期间成交量出现下探，单月仅成交0.7万套；3月份受季节影响，成交量明显回升，成交1.7万套；4月份一手房市场供应增长，一些入市新盘价格低于周边的二手房均价，分流了部分二手房客户，成交1.3万套；5、6两月分别成交了1.6万套和1.5万套；下半年，由于新建设商品住房供应量加大，同时存量房价格下跌的预期进一步增加，交易量有所减少，7、8两月分别成交1.4万套和1.3万套；9月，市场略有好转，成交回升至1.4万套；第四季度，存量房市场观望气氛加重，成交量维持在较低水平。[①] 如图3所示。

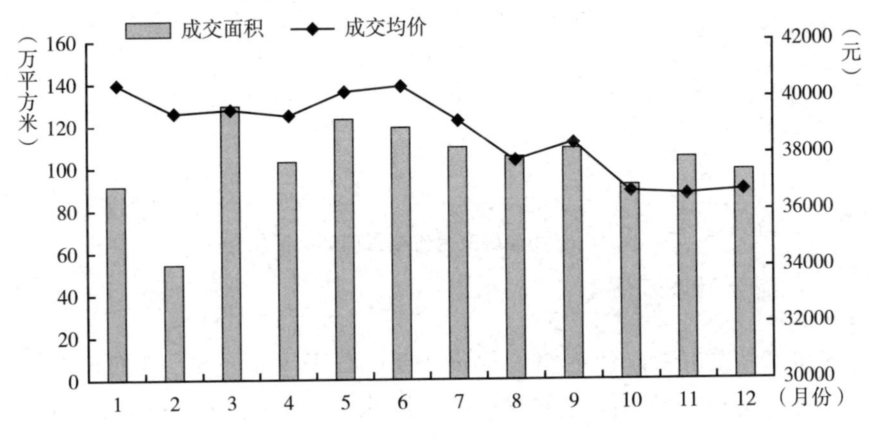


**图3　2018年存量商品住房成交情况**

上海的存量房交易中，以小换大等住房置换交易为主，根据链家贝壳研究院的数据估计，置换客超过60%。

① 资料来源：上海市房地产行业协会。

### （四）商品住房交易价格开始分化

2018年，全市商品住房的价格总体是稳中有降，其中新建商品住房随着供应量的增加，后半年价格开始有小幅上涨，环比价格指数有6个月环比持平或下跌，3月、8月、9月、10月、11月、12月环比上升，2018年12月比上年同期上涨0.4%。新建商品住房的价格由于受预售环节的管理，价格水平总体上涨不快。

存量住房价格全年基本处于持续下跌的趋势，反映了市场较浓的观望氛围。环比价格指数除1月份环比上升0.1%之外，之后连跌11个月，2018年12月比上年同期下跌2.7%。

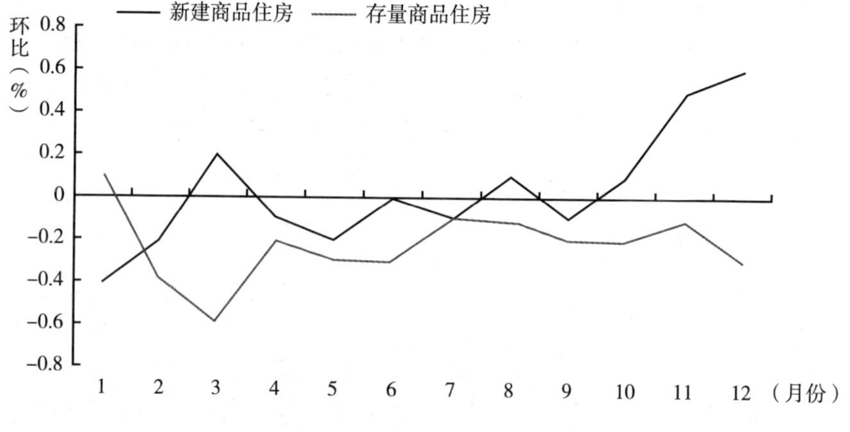


**图4　上海住房交易价格月度环比变化**

资料来源：国家统计局。

2018年，本市新建住宅销售均价28981元/平方米。其中，内环线以内107730元/平方米，内外环线之间54150元/平方米，外环线以外20151元/平方米。

剔除征收安置住房和共有产权保障住房等保障性住房后的市场化新建住宅的区域均价分别为：内环线以内108155元/平方米，内外环线之间74694元/平方米，外环线以外37298元/平方米①。

① 资料来源：上海市房地产行业协会。

## （五）土地交易市场保持低溢价

2018 年，土地市场也保持在较低的成交水平，各类土地供应总量比 2017 年有所增加，供应节奏比较均匀。住宅用地供应略有减少，住宅用地价格略有回升。全市共供应各类土地 275 宗，1239 公顷。其中成交 271 宗，1219 公顷。住宅用地成交量近年持续在低位，共成交 125 宗，536 公顷，住宅用地供应中保障住房用地（共有产权保障住房与征收安置住房）约占 1/2，租赁住房用地约占 1/4，市场化商品住宅用地成交仅在 150 公顷左右。

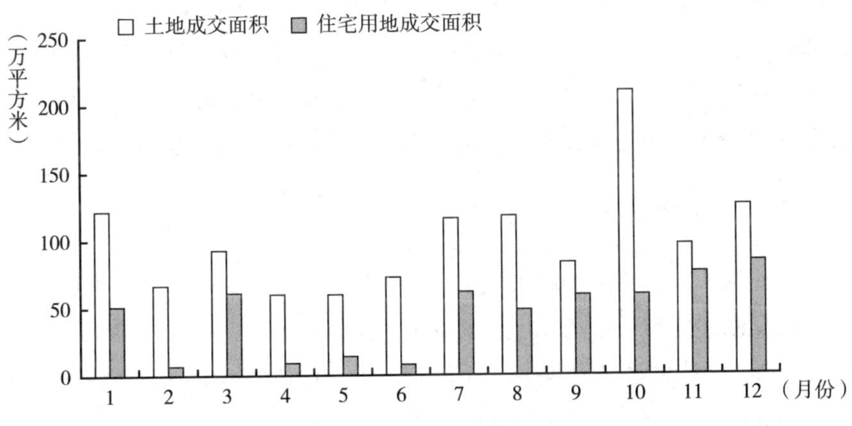


**图 5　2018 年上海市土地市场成交面积**

资料来源：同花顺数据库。

根据招拍挂土地出让统计，2018 年商品住宅用地平均成交楼面地价为 22747 元/平方米；商服用地平均成交楼面地价 14783 元/平方米；工业用地平均成交楼面地价 1523 元/平方米。

2018 年上海土地交易市场延续了 2017 年以来的平稳行情，溢价率总体不高，许多住宅用地基本都以底价成交。比较典型的例子有：2 月 13 日，上海地产集团联合上海浦东轨道交通、上海申通地铁以 137.7 亿元总价竞得龙阳路交通枢纽南侧的浦东新区北蔡 Z000501 单元（白杨路以东片区）01－01 等 19 幅地块，溢价率为 0.007%，楼板价约 10018 元/平方米。7 月 26 日，中信养老产业有限公司以 14400 万元拍下的崇明区陈家镇 CMSA0004、CMSA0005 单元 13－01 商业用地，溢价率达到 209.81%，是当年溢价率最高的地块。12 月

10 日，融创以底价拿下静安市北高新园区 N070501 单元 18－01 地块，总价 30.52 亿元，折合楼板价 46610 元/平方米，这是当年单价最高的地块。

2018 年，服务于大力发展住房租赁市场，延续 2017 年的政策，同样大幅供应住房租赁用地，并增加了集体建设用地上市用于租赁住房建设的数量。租赁住房建设用地共成交 35 幅，未来可提供约 3.5 万套租赁用房，主要分布于杨浦、静安、浦东等市区范围。租赁住房成交以上海本地国企为主，其中上海地产集团、张江集团、陆家嘴集团和市北高新集团，分别取得 12 幅、4 幅、4 幅、3 幅土地。上海农村集体建设用地建设租赁住房供应取得新进展，10 月 22 日，有巢科技投资有限公司（华润置地）以底价竞得松江区泗泾镇 SJSB0001 单元 07－09 号（集体土地试点入市）地块，成交价格为 1.25 亿元，建设租赁住房不低于 825 套。松江作为集体土地试点入市的区，全年共推出的五宗集体建设用地用于建设租赁住房，合计建筑面积 22.76 万平方米。

### （六）住房租赁市场快速发展

上海作为人口净流入的超大城市之一，住房租赁市场得到较快发展。为全面、准确监测住房租赁市场发展状况，由上海市房地产经纪行业协会牵头，上海联城房地产评估咨询有限公司、上海师范大学房地产经济研究中心等组成住房租赁价格指数监测办公室，利用大数据手段，通过多方数据源采集住房租赁市场的行业以及市场分布数据，研究分析上海市住房租赁市场量价、产品参与主体等多方面的现状。

2018 年，上海市住房租赁市场成交呈现前低后高的态势，租赁市场供求总体平衡。从监测到租赁住房成交的区域结构看，租赁住房成交主要集中在中心城区，其中浦东新区租赁成交量接近全市的四成，其次是徐汇、闵行、普陀等区租赁成交占比在 10%～20% 之间，其他区域成交占比均低于 5%。租赁住房户型以中小套型为主。从监测到的房型看，2018 年全年成交中，1 室户占 45.7%，2 室户占 44.4%，三室及以上占 9.8%。

2018 年住房租赁价格总体先升后稳，前三季度持续上涨，至第四季度回落，全年租赁价格指数上涨 4.6%。以 2016 年第四季度为基期，基期价格指数为 1000 点。数据显示，2018 年第一季度租赁价格环比上升 1.6%；第二季度环比上涨 1%；到第三季度，由于毕业季大量毕业生租房需求，租赁旺季到来，租金出现较大幅度上涨，环比上涨3.6%。到第四季度，进入租赁传统淡季，租赁价格微调至1025点，环比下跌1.7%。

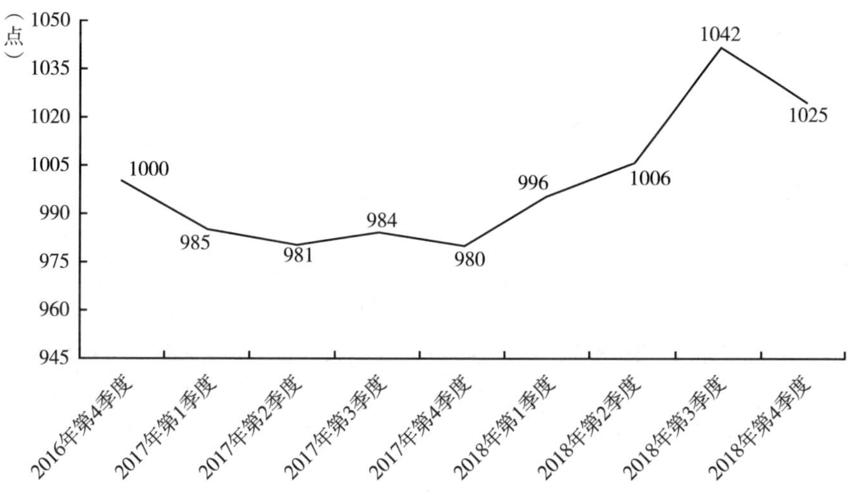


**图6　上海市住房租赁价格指数**

从区域租赁价格指数环比来看，第四季度价格都有所回调，所有区域的指数都出现不同程度的下跌。但与上年第四季度比较，同比仍有较明显的上涨，第四季租金指数同比，除崇明区下降外，其他区域指数都同比上涨，同比涨幅最高未超10%。

**表3　2018年上海市各区住房租赁价格指数走势**

| 区　域 | 第一季度 | 第二季度 | 第三季度 | 第四季度(同比)(%) | |
|---|---|---|---|---|---|
| 长宁区 | 1006 | 1028 | 1070 | 1063 | 9.53 |
| 徐汇区 | 1016 | 1030 | 1068 | 1064 | 8.49 |
| 闵行区 | 1015 | 1034 | 1078 | 1067 | 8.30 |
| 黄浦区 | 1015 | 1030 | 1067 | 1064 | 8.20 |
| 杨浦区 | 991 | 1002 | 1043 | 1035 | 6.29 |
| 静安区 | 999 | 1015 | 1054 | 1034 | 5.46 |
| 青浦区 | 1016 | 1028 | 1071 | 1061 | 5.32 |
| 虹口区 | 1001 | 1006 | 1048 | 1040 | 5.19 |
| 宝山区 | 986 | 993 | 1034 | 1022 | 4.82 |

续表

| 区　域 | 第一季度 | 第二季度 | 第三季度 | 第四季度(同比)(%) | |
|---|---|---|---|---|---|
| 嘉定区 | 999 | 998 | 1046 | 1032 | 4.31 |
| 奉贤区 | 996 | 1000 | 1036 | 1026 | 4.21 |
| 松江区 | 1010 | 1015 | 1053 | 1026 | 3.52 |
| 金山区 | 981 | 979 | 1009 | 1004 | 2.63 |
| 普陀区 | 984 | 997 | 1034 | 1001 | 2.44 |
| 浦东新区 | 984 | 991 | 1022 | 988 | 1.26 |
| 崇明区 | 930 | 903 | 917 | 913 | -7.01 |

单套租金成交价格分布中以 3000～4000 元/月的占比最多，为 28.5%，4000～5000 元占比 21.8%，2000～3000 元占比 16.9%，5000～6000 元占比 10%，如图 7 所示。

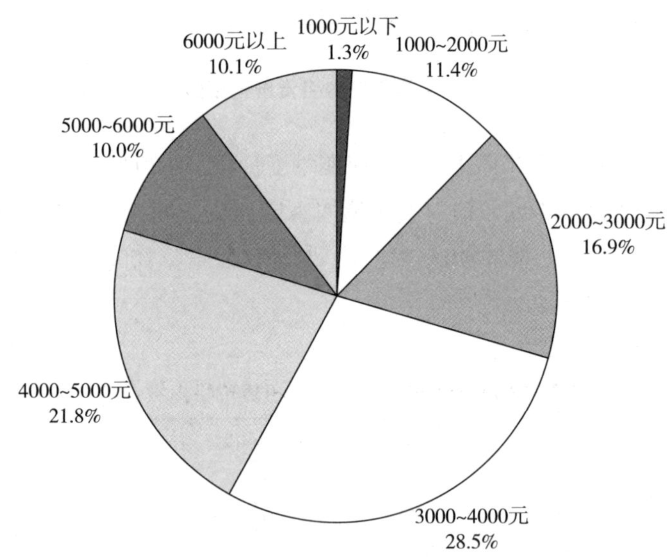


**图 7　2018 年上海市住房租赁成交不同价格区段占比**

2018 年，上海市住房租赁市场也在不断规范，其中一个重要的措施是 2018 年 3 月上线了上海住房租赁公共服务平台。该平台从房源发布、实名认证、合同网签等基本功能入手，同时引入金融、法律、租金查询等部分公益服务项目。相关功能将按照“开放、共享”的原则，分步实施、逐步完善。平台功能全部建成后，将逐步实现租赁合同网签、备案一体化，同时为规模化、机构化、专业化的住房租赁企业提供集中备案便利；将逐步实现与相关管理部门的数据共享，减少当事人往返奔波，真正做到“数据多跑路，群众少跑腿”；还将逐步建立住房租赁信用评价体系，使市民群众能在平台上“放心选房、放心选机构、放心选从业者”。

## 二　2018年规范本市房地产市场的主要政策

2018 年，上海房地产市场调控仍保持“定力”，一方面认真执行国家的各项调控政策和要求，另一方面坚持原有调控原则，不随意放松或更改调控政策，稳定市场预期。继续执行了原有的供需双向调控政策，在住房需求方面，仍主要通过信贷和税收、限购三项政策调控。

在信贷方面，继续执行“认房又认贷”政策，按 2016 年 11 月市住建委、央行上海分行、市银监局《关于促进本市房地产市场平稳健康有序发展进一步完善差别化住房信贷政策的通知》。居民家庭购买首套住房（即居民家庭名下在本市无住房且无商业性住房贷款记录或公积金住房贷款记录的）申请商业性个人住房贷款的，首付款比例不低于 35%。符合下列情形之一的居民家庭申请商业性个人住房贷款，购买普通自住房的，首付款比例不低于 50%；购买非普通自住房的，首付款比例不低于 70%：①在本市无住房但有商业性住房贷款记录或公积金住房贷款记录的；②在本市已拥有 1 套住房的。

在税收方面，继续实施“差别化的税收”政策，普通住房超过 2 年（含 2 年）转手交易，免征营业税，不超过 2 年全额征收营业税。非普通商品住房按差额征税。继续对本市居民家庭在本市新购且属于该居民家庭第二套及以上的住房（超过一定面积）和非本市居民家庭（不属于减免范围的家庭）在本市新购的住房征收房产税，税率为 0.6%。于 2018 年 11 月印发了《上海市人民政府关于〈上海市人民政府关于印发《上海市开展对部分个人住房征收房产税试点的暂行办法》的通知〉继续有效的通知》。

在限购方面，继续实施 2016 年 3 月以来的相关规定，要求非本市户籍居民家庭购房缴纳个人所得税或社会保险的年限，为自购房之日前连续缴纳满 5 年及以上。

在住房供应方面，一是加大租赁住房供应，增加租赁住房土地供应，增加代理经租的住房等。二是继续对新建商品住房销售价格进行规范，避免价格大起大落。

同时，上海针对房地产市场上的新情况新问题，分别针对规范企业购房、销售秩序和住房租赁市场的“租金贷”等问题出台了政策。

2018 年 7 月，市住房城乡建设管理委、市房屋管理局出台《关于规范企业购买商品住房的暂行规定》（沪建房管联〔2018〕381 号）（以下简称《规定》），《规定》共五条：一是企业在本市购买商品住房必须同时符合以下条件，购房时间以合同网签备案日期为准：①企业设立年限已满 5 年；②企业在本市累计缴纳税款金额已达 100 万元人民币；③企业职工人数 10 名及以上，且按照规定在该企业缴纳社保和公积金满 5 年。企业近年缴纳税款金额满 500 万元以上的，购房时不受上述企业设立年限和员工人数等条件的限制。二是企业购买的商品住房再次上市交易年限从“满 3 年”提高至“满 5 年”。三是住建、房管部门会同相关部门对执行商品住房项目公证摇号、按序选房制度加强监管，要求开发企业严格执行全部准售房源、积累客户规则和名单、摇号排序结果公证和公示规定；进一步加强客户认筹规则制订指导审核以及执行监管，严格落实企业购买商品住房规定。四是住建、房管部门会同规土部门（不动产登记机构）加强企业购买、出售商品住房交易登记审核，会同税务、人社、公积金管理等部门建立相关信息共享核查机制，对违反企业购买、出售商品住房相关规定的，不予办理房地产交易登记手续。

2018 年 9 月，市住房城乡建设管理委、市房管局、市委宣传部、市公安局、市司法局、市税务局、市工商局、市物价局、上海银监局等九部门联合印发了《关于开展 2018 年房地产市场秩序专项整治的通知》（沪建房管联〔2018〕554 号），就市场整治的重点，对发布虚假信息行为、投机炒作行为、房产经纪违法违规行为、商品房销售违法违规行为等提出了具体的管理要求。

2018 年 10 月，上海市住建委，市房管局，市金融办，央行上海分行，上海银监局等五部门联合印发了《关于进一步规范本市代理经租企业及个人“租金贷”相关业务的通知》（沪建房管联〔2018〕582 号）（以下简称《通知》），《通知》共十条，主要内容包括：一是无“住房租赁经营”业务范围、未经本市房屋行政管理部门备案、未加入本市房地产经纪行业协会的代理经租企业不得合作开展个人“租金贷”业务。二是代理经租企业利用房东房源与金融机构合作开展个人“租金贷”业务，应当事先征得原始房东书面同意。三是发挥本市住房租赁公共服务平台的行业监管作用。四是代理经租企业应当严格把控自身杠杆率，密切关注企业流动性。五是代理经租企业不得套取银行业金融机构信用，不得利用个人“租金贷”业务沉淀资金恶性竞争抢占房源，不得哄抬租金抢占房源。

## 三 2019年上海房地产市场展望

### （一）房地产市场调控政策将继续保持“定力”

上海住房政策将会继续保持政策的连续性和稳定性。住房工作的总体要求仍将坚持“1234”。“1”是“一个定位”，就是坚持“房子是用来住的、不是用来炒的”定位。“2”是“两个体系”，就是建设房地产市场体系和住房保障体系。“3”是“三个为主”，就是坚持以居住为主、以市民消费为主、以普通商品住房为主。“4”是“四位一体”，就是廉租住房、公共租赁住房、共有产权保障房、征收安置住房“四位一体”的住房保障体系。

在房地产市场调控政策上，仍将保持政策的“定力”。完善房地产市场调控的常态长效机制，继续稳地价、稳房价、稳预期，保证市场的平稳健康发展。上海房地产市场经过两年时间的调控已初见成效，投资、交易量、房价都已保持稳定。但上海市场需求依旧坚挺，供求关系持续偏紧，长期来看房价仍然存在一定的波动压力。因此，上海需要保持政策定力，继续执行原有的各项调控政策，缓解房价上涨预期。同时，根据国家的要求，研究制定、完善房地产市场调控“一城一策”的长效机制，坚持严控高房价、高地价不是权宜之计，减少经济增长和财政收入对房地产业的依赖也不是权宜之计。坚持房地产市场调控不动摇、不放松，实现稳地价、稳房价、稳市场预期的目标。

2019 年，部分城市将有逐步放松调控的尝试，上海在保持调控政策不变的基础上，应从中长期入手，研究住房基础性制度建设。调控房价仅是长效机制建设中的局部问题，更需要从完善住房供应体系、深化与房地产市场相关的土地、金融、税收、立法等方面深化改革。上海应在住房供应制度、住房租赁体系、住房金融等领域有更多的创新。

## （二）房地产市场将更加平稳和有序

市场各参与主体对市场发展的预期将更加理性，供应关系将更加平衡。从上海房地产市场供求关系看：供应方面，受资金链影响，开发企业将不再"观望"，将逐步根据市场的需求制定营销策略，并会加大推盘入市力度。需求方面，以自住需求和合理改善需求为主的住房需求将有序释放。在2016年严格限购政策限制的部分非本市户籍购房人的纳税、社保时间将满5年，这部分需求也将得到释放。预计2019年新建商品住房供应量会有所上升，新建商品住房需求也将逐步释放，市场交易量会有所增加。

二手住房市场需求将会有相对明显的释放，市场交易价格将会放缓下调的预期，并可能有小幅的回调。二手住房市场交易量大于前两年的概率较大。

同时租赁住房建设加快，根据《政府工作报告》，将新建和转化租赁房源10万套，新增代理经租房源9万套，新增供应各类保障房6万套。

总体上预计2019年上海房地产市场将继续平稳运行的格局。新建商品住房交易市场会呈现"供需稳定，价稳量平"的态势，价格将保持平稳。存量住房市场将延续调整走势，交易量可能有所增加，房价可能略有调整并逐步趋稳。土地市场量稳价平。房地产开发投资保持小幅增长，施工和新开工面积与上年基本持平。

## （三）住房租赁市场将进入调整年

上海作为人口导入大城市，租赁住房解决了多数包括新毕业大学生、进城务工人员的基本住房需要，住房租赁市场发展较快。特别是近年，以代理经租为主的租赁住房供应得到快速发展。但在快速发展过程中，2018年租赁市场也出现了各类新问题，比如经租机构"跑马圈地"、租金贷暴雷、长租公寓资金链断裂等现象，造成了不良的社会影响。所以，2019年对于住房租赁市场来说，将是强调规范管理的一年。

一是租赁市场规范化管理需要进一步加强，目前住房租赁行业缺乏具体的行业标准和监管细则，导致不规范经营现象普遍存在。政府应加快住房租赁行业标准的制定，包括制定租赁住房的供应标准、规范的合同标准等。同时，通过专业的行业协会，形成自律的市场环境。如通过行业协会，公布会员名单，建立行业诚信制度。在代理经租市场没有准入制度的情况下，通过行业内部的自律机制避免市场的恶性竞争，促进企业的规范运行。通过行业协会建立政府与企业沟通的桥梁，及时发现问题，指导与规范市场发展。

二是充分发挥政府租赁信息平台作用，强化租赁合同登记备案。上海于2018 年上线的住房租赁信息平台，将会进一步发挥作用。所有租赁信息纳入统一的平台进行管理，规范租赁双方的权利与义务。在规范市场的同时，将可能依靠租赁信息平台，建立有公信力的租赁信息发布体系。目前租赁市场信息分散，缺少权威机构的全面、系统的数据分析。

三是规范与支持并重，促进长租公寓发展。长租公寓作为一个新兴业态，有利于服务新需求，特别是为青年人提供了一个很好的居住选择，解决了在市场上租赁住房面临的一些难题，如居住稳定性差、后期维修难等问题。但新业态也会产生新问题，长租公寓的商业模式可以分为集中式和分散式两种。分散式为企业从分散的个人业主处获取房源，通过装修与改造后，对外出租的运营模式。由于分散式轻资产模式进入门槛低，容易快速扩张，所以目前我国长租市场份额占比最大。然而，分散式模式仍面临租期短、租金差价低、利润薄等问题。一方面这一业态还需要大量政策支持，在其发展的过程中需要金融、税收等方面的支持；另一方面，从总体看，对一些不规范行为要加大治理，包括经营行为的教育、指导和监管。

四是机构经营的租赁住房供应将明显增加，经营模式仍需要探索。从2017 年起，上海已经出让了约 60 幅租赁住房用地，部分租赁住房也将 2019 年形成供应量。所以 2019 年租赁市场的供需应基本平衡，甚至可能出现部分区域“供大于求”的情况。作为市场化住宅小区形式的租赁住房供应，如何定位、如何与市场对接以及如何实现持续经营，仍是需要在实践中不断探索的过程。

总体看，2019 年住房租赁市场上，租赁价格将总体保持稳定，季节性、阶段性微涨仍有可能，但由于租赁住房供求总体较平衡，租赁价格大幅上涨的可能不大。

# B.16
# 2018年重庆房地产市场分析及2019年展望

陈德强　陈　欢　杨宇雯　傅　鑫　江承维*

**摘　要：** 本文回顾了重庆市2018年房地产市场的运行状况，认为影响重庆市2018年房地产市场运行的主要因素有：房地产监管力度加大，土地供给侧改革，人口引进措施，经济结构调整，城市活力不断释放，城乡建设量质并举，房地产市场进一步规范，公租房和棚改不断推进。结合重庆市房地产市场的宏观及微观环境，预测2019年重庆房地产调控政策维稳或为大概率事件，供过于求的市场矛盾犹存，楼市有望平稳运行，写字楼去化压力依旧，基础设施规划建设力度加大，住宅小区智慧化水平和居住品质不断提高。

**关键词：** 房地产市场　运行状况　公租房　重庆

## 一　2018年重庆房地产市场运行状况

2018年，重庆市房地产市场前热后冷，在经济下行压力下，固定资产投

---

* 陈德强，博士，副教授，重庆大学建设管理与房地产学院研究生导师，城市发展与建筑技术集成实验室主任，主要致力于房地产经营与管理、财务管理、投资理财等方面的研究；陈欢，重庆大学建设管理与房地产学院硕士研究生，研究方向为技术经济及管理；杨宇雯，重庆大学建设管理与房地产学院硕士研究生，研究方向为建筑及土木工程管理；傅鑫，重庆大学建设管理与房地产学院硕士研究生，研究方向为建筑及土木工程管理；江承维，重庆大学建设管理与房地产学院财务管理专业（管理学学士）和技术经济及管理专业（管理学硕士），重庆绿城致臻房地产开发有限公司财务资金管理高级专员。

资增速和房地产投资增速双双降低，土地成交量下降，竣工面积下降，新开工、施工面积增加，与此同时，商品房销售面积和销售额上升，销售均价呈上涨趋势，量价齐升。2018 年上半年受全国性楼市上涨周期影响，市场供小于求，重庆主城区内推地节奏加快而且仍以住宅为主，下半年供给关系逆转，市场存量增加，但去化周期在合理区间内。年内重庆市政策调控相比于一线城市较为温和，在精准调控之下，市场开始逐渐回归正轨，整个市场开始平稳运行。2018 年，中央继续强调“房住不炒”，坚决遏制房价上涨，重庆政府强化监管活动，开展为期 5 个月的房地产市场秩序专项整治工作，市政府力挺楼市健康发展，积极维护楼市健康。同时，加速城乡建设水平，积极治理城市环境，深化发展公租房，完善保障性住房体系，不断推进建设智慧社区和提升城市品质，逐步实现产品的“量变”到“质变”。在坚持住房的居住属性的民生理念的引领下，预计 2019 年国内房地产市场仍以“稳房价”为主基调，因城施策，实施精准化调控，完善住房市场体系和住房保障体系。重庆房地产政策仍将以稳为基调，或略微松绑，房价将保持平稳或小幅上升。

## （一）重庆市固定资产投资和房地产投资分析

2018 年重庆市固定资产投资稳定增长，其增速同比上升 7.0%，较低于《2018 年政府工作报告》中“固定资产投资增长 9%”的预期目标，而 2017 年和 2016 年重庆固定资产投资同比增速分别为 9.5% 和 12.1%，近几年投资增速放缓明显。年内固定资产投资增速平稳上升，上半年固定资产同比增长 5.5%，下半年固定资产投资增速大于上半年，全年同比增速较上半年上升 1.5 个百分点（见图 1）。总体来看，2018 年重庆市固定资产投资总量增加，投资力度加大，投资增速放缓，优化投资结构和经济结构，保障经济平稳运行。

房地产投资方面，全年同比增速相对于 2017 年上升 6.8 个百分点，增长速度先升后降，相对稳定，年内在 1 ~6 月达到全年房地产投资增速的最高值，为 10%，而此后其增幅呈收窄趋势（见图 1）。另外，除 12 月外，其余月的房地产投资累计增速均大于固定资产投资增速，而在 2015 ~2017 年间，重庆市固定资产投资增速一直大于房地产投资增速，可见 2018 年重庆楼市热度不减，房企看好重庆房地产市场。

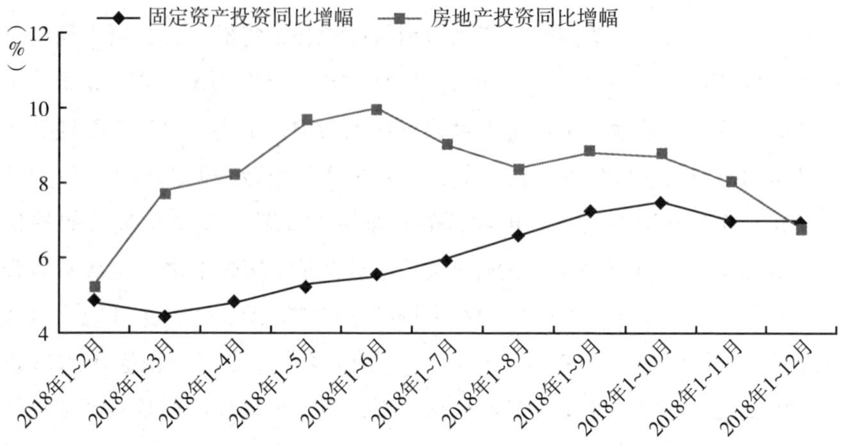


**图1　2018年重庆市固定资产和房地产投资同比增幅**

资料来源：重庆市统计信息网，数据小数位数或有调整。

## （二）重庆市房地产供应市场分析

### 1. 主城区全年土地成交量减三成，下半年土地市场爆冷

相较于2017年的土地市场，2018年的土地市场变化较为明显，土地放量受控，继2017年土地成交量达到高位后，2018年不论是成交宗数还是成交金额都明显减少。2018年重庆主城区范围内共完成182宗土地交易，成交宗数较2017年减少60宗，成交面积为1368.15万平方米，较2017年减少655.54万平方米，全年土地成交872.28亿元，而2017年的成交金额为1261.33亿元，同比下降30.8%。

纵观2018年重庆市土地市场交易情况，上半年土地成交宗数和成交面积分别为107宗和975.76万平方米，与2017年上半年的成交宗数117宗和总成交量945.67万平方米相差不大，基本持平。由此可见，2018年上半年的土地市场延续了2017年的热度，但下半年急转直下，土地市场爆冷，月均土地成交总量不超过百万平方米。与2018年下半年相比，上半年土地成交量占全年的71.3%，成交金额为718.18亿元，约为下半年成交总额的4.66倍，此外，7月份罕见地出现了“零供应零成交”现象（见图2）。

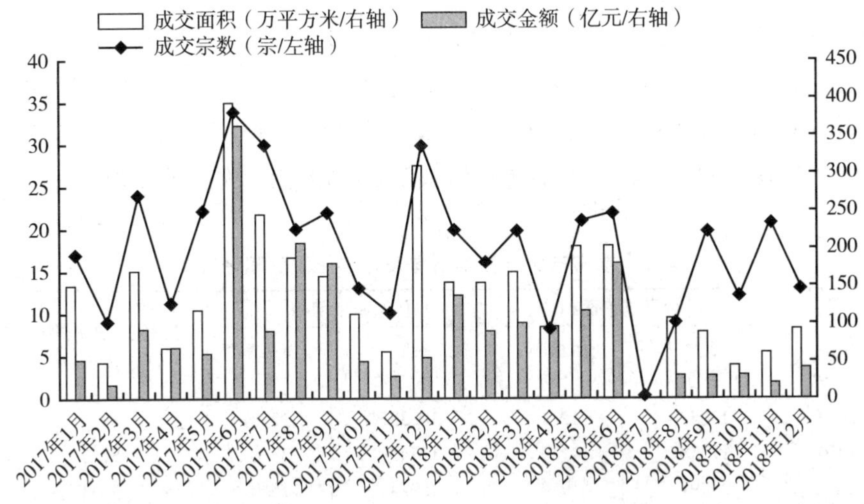


**图2　2017～2018年重庆市土地成交情况**

资料来源：CREIS中指数据，fdc. fang. com。

据CREIS中指数据统计，2018年重庆主城区内成交土地平均溢价率为13.30%，相较于2017年减少13.96个百分点，溢价幅度有所下降。从成交土地均价和成交楼面均价来看，2017年成交土地均价为6232.84元/平方米，成交楼面均价为3594.60元/平方米，而2018年成交土地均价为6375.61元/平方米，成交楼面均价为3956.99元/平方米，同比上涨幅度分别为2.3%和10.08%，土地价值上涨拉动了总体价格的提升，企业拿地成本增加，楼面均价上涨，而且2018年土地流拍宗数明显增加，说明房企的拿地态度趋于谨慎，拿地意愿相对减弱。受近三年政府管控影响，重庆主城供地面积有缩小趋势，2018年重庆土地市场供应量、成交量以及可开发体量均创近六年最低；随着近年来新入渝的房企越来越多，重庆房企竞争拿地愈加激烈。

2. 施工面积增速恢复正增长，住宅施工面积同步增加

2018年重庆市商品房屋总施工面积为27227万平方米，较2017年增加了1266万平方米。自2010年以31.3%的增速高幅度增长后，重庆市商品房施工面积增速呈现波动性降低。2013～2016年增幅持续下跌，继2016年和2017年持续出现负增长后，2018年恢复正增长，同比增速为4.9%。与商品房屋施工

面积变化相似，住宅施工面积增长率在2013～2016年间不断走低，2015年开始呈现三年连续负增长，且跌幅加宽，直至2018年住宅施工面积才有所回升，其同比增长率为6.6%（见表1）。另外，与2017年相比，2018年住宅施工面积占商品房屋施工面积的比例有所上升，该占比增加了1.1个百分点，表示2017～2018年房地产开发商看好重庆住宅市场，开发力度加大，施工面积增加。

**表1　重庆市历年商品房屋及住宅施工面积情况**

| 年份 | 商品房屋施工面积 | | 住宅施工面积 | | 房屋施工面积中住宅所占比例(%) |
|---|---|---|---|---|---|
| | 数量（万平方米） | 增长率（%） | 数量（万平方米） | 增长率（%） | |
| 2009 | 13052 | 12.1 | 10338 | 12.8 | 79.2 |
| 2010 | 17138 | 31.3 | 13745 | 33.0 | 80.2 |
| 2011 | 20397 | 19.0 | 15924 | 15.9 | 78.1 |
| 2012 | 22009 | 7.9 | 16998 | 6.7 | 77.2 |
| 2013 | 26252 | 19.3 | 19249 | 13.2 | 73.3 |
| 2014 | 28624 | 9.0 | 20294 | 5.4 | 70.9 |
| 2015 | 28986 | 1.3 | 19390 | -4.5 | 66.9 |
| 2016 | 27363 | -5.6 | 17933 | -7.5 | 65.5 |
| 2017 | 25961 | -5.1 | 16748 | -6.6 | 64.5 |
| 2018 | 27227 | 4.9 | 17859 | 6.6 | 65.6 |

资料来源：重庆市统计信息网，数据小数位数或有调整。

与2017年全年负增长不同，2018年商品房屋施工面积累计月增速由负转正，从年初的-4.3%波动上升至年底的4.9%（见表2）。同住宅施工面积变化相似，年内住宅施工面积累计月增速稳步上升，增幅明显加宽，且房地产住宅施工面积同比增长的增幅略快于施工总面积的增长。

**表2　重庆市2018年商品房屋及住宅施工面积情况**

| 月份 | 商品房屋施工面积 | | 住宅施工面积 | | 房屋施工面积中住宅所占比例(%) |
|---|---|---|---|---|---|
| | 数量（万平方米） | 增长率（%） | 数量（万平方米） | 同比增长率（%） | |
| 1～2月 | 20627.29 | -4.30 | 13249.46 | -5.20 | 64.23 |
| 1～3月 | 21596.23 | -1.20 | 14008.60 | -1.00 | 64.87 |
| 1～4月 | 22197.22 | 0.10 | 14377.97 | 0.30 | 64.77 |

续表

| 月份 | 商品房屋施工面积 | | 住宅施工面积 | | 房屋施工面积中住宅所占比例(%) |
|---|---|---|---|---|---|
| | 数量（万平方米） | 增长率（%） | 数量（万平方米） | 增长率（%） | |
| 1~5月 | 22885.58 | 1.80 | 14846.70 | 2.20 | 64.87 |
| 1~6月 | 23551.75 | 1.80 | 15332.07 | 2.90 | 65.10 |
| 1~7月 | 24070.27 | 2.10 | 15717.45 | 3.60 | 65.30 |
| 1~8月 | 24644.73 | 1.50 | 16109.20 | 3.00 | 65.37 |
| 1~9月 | 25507.02 | 2.60 | 16735.06 | 4.40 | 65.61 |
| 1~10月 | 26093.23 | 3.50 | 17125.95 | 5.50 | 65.63 |
| 1~11月 | 26840.63 | 4.1 | 17585.18 | 6.1 | 65.52 |
| 1~12月 | 27226.56 | 4.9 | 17859.42 | 6.6 | 65.60 |

资料来源：重庆市统计信息网，数据小数位数或有调整。

3. 竣工面积大幅减少，新开工面积大幅上升

2018 年重庆商品房竣工面积为 4083.5 万平方米，增速为 –19.2%。年内重庆市商品房屋竣工面积的增长率变动较大，全年除 1~2 月外，其余累计月同比增长率均为负值，其中 1~3 月跌幅最大，由 1~2 月的 5.6% 跌至 –23.5%，跌幅为 29.1%，而 1~11 月的累计月增长率达全年最低，同比减少近四成。2018 年重庆市住宅竣工面积为 2748.6 万平方米，同比降低 16 个百分点，且其增长率变化趋势基本与商品房屋竣工面积一致，1~11 月出现最低峰，为 –40.6%（见表 3）。

**表 3 重庆市 2018 年商品房屋及住宅竣工面积情况**

| 月份 | 商品房屋竣工面积 | | 住宅竣工面积 | | 房屋竣工面积中住宅所占比例(%) |
|---|---|---|---|---|---|
| | 数量（万平方米） | 增长率（%） | 数量（万平方米） | 增长率（%） | |
| 1~2月 | 544.4 | 5.6 | 355.6 | –1.7 | 65.3 |
| 1~3月 | 708.5 | –23.5 | 452.3 | –31.6 | 63.8 |
| 1~4月 | 872.4 | –22.1 | 554.0 | –29.8 | 63.5 |
| 1~5月 | 979.2 | –28.5 | 601.7 | –36.8 | 61.4 |
| 1~6月 | 1337.7 | –30.4 | 820.8 | –39.8 | 61.4 |
| 1~7月 | 1520.3 | –28.0 | 939.1 | –36.6 | 61.8 |
| 1~8月 | 1693.2 | –26.3 | 1030.9 | –35.6 | 60.9 |
| 1~9月 | 1946.8 | –24.4 | 1203.4 | –31.5 | 61.8 |

续表

| 月份 | 商品房屋竣工面积 | | 住宅竣工面积 | | 房屋竣工面积中住宅所占比例(%) |
|---|---|---|---|---|---|
| | 数量（万平方米） | 增长率（%） | 数量（万平方米） | 同比增长率（%） | |
| 1~10月 | 2174.9 | -24.9 | 1366.4 | -29.0 | 62.8 |
| 1~11月 | 2623.1 | -37.4 | 1640.5 | -40.6 | 62.5 |
| 1~12月 | 4083.5 | -19.2 | 2784.6 | -16.0 | 68.2 |

资料来源：重庆市统计信息网，数据小数位数或有调整。

年初，重庆市商品房新开工面积同比增速增加至26.4%，1~3月其累计月增速激增至74.7%，1~5月达全年最高峰，同比增加78.1%，随后受政策环境影响，从6月开始，其累计月增长率波动性下降，最后以30%的全年增幅收尾。2018年住宅新开工面积为5145.2万平方米，同比增长36.9%。其同比增速的变化趋势类似于商品房屋新开工面积，其中1~2月最低，仅为20.9%，1~3月最高，增幅近九成，3~5月增速显著，5月为分界点，随后增幅明显收窄（见表4）。结合2018年土地成交数据、施工面积恢复正增长，竣工面积大幅减少和新开工面积快速上涨的变化情况来看，重庆市房地产市场上半年延续了2017年底的热度，施工面积和新开工面积上涨，但下半年市场转冷，土地成交量减少，新开工面积增幅收窄。

**表4　重庆市2018年房屋及住宅新开工面积情况**

| 月份 | 房屋新开工面积 | | 住宅新开工面积 | | 房屋新开工面积中住宅所占比例(%) |
|---|---|---|---|---|---|
| | 数量（万平方米） | 增长率（%） | 数量（万平方米） | 增长率（%） | |
| 1~2月 | 732.8 | 26.4 | 508.2 | 20.9 | 69.4 |
| 1~3月 | 1704.0 | 74.7 | 1277.1 | 87.1 | 74.9 |
| 1~4月 | 2276.4 | 70.5 | 1626.8 | 79.2 | 71.5 |
| 1~5月 | 3005.0 | 78.1 | 2120.5 | 89.9 | 70.6 |
| 1~6月 | 3623.7 | 48.0 | 2592.7 | 60.4 | 71.6 |
| 1~7月 | 4142.2 | 43.4 | 2976.6 | 57.6 | 71.9 |
| 1~8月 | 4684.3 | 30.8 | 3340.6 | 41.2 | 71.3 |
| 1~9月 | 5473.6 | 31.9 | 3904.7 | 41.1 | 71.3 |
| 1~10月 | 6045.0 | 34.1 | 4291.4 | 43.8 | 71.0 |
| 1~11月 | 6813.6 | 31.8 | 4798.5 | 41.1 | 70.4 |
| 1~12月 | 7386.2 | 30.0 | 5145.2 | 36.9 | 69.7 |

资料来源：重庆市统计信息网，数据小数位数或有调整。

4. 全国房企融资规模保持高位，整体资金压力明显

自2016年融资政策收紧以来，房企到位资金同比增速逐年降低。2018年，房地产开发企业融资规模整体保持高位，全年到位资金165963亿元，同比增长6.4%，比上年回落1.8个百分点，增幅持续收紧。月均到位资金13830亿元，融资规模不断扩大，同比增加6.0%。

从房地产开发投资资金来源看，自筹资金和定金及预收款是构成房企开发投资的主要部分，分别为55831亿元和55418亿元，同比增速分别为9.7%和13.8%，合计111249亿元，占总到位资金的67%，表明企业自筹和销售改善是保持企业资金来源平稳的重要手段。国内贷款、利用外资、个人按揭贷款均出现负增长，其中国内贷款24005亿元，同比下降4.9%，利用外资108亿元，同比下降35.8%，个人按揭贷款23706亿元，同比下降0.8%，体现了融资收紧和整体降杠杆对房地产企业的影响。[①] 从资金来源占比变化趋势看，2018年国内贷款占比14.46%，下降明显，同比下降1.7个百分点，自筹资金增长加快，占比33.64%，同比增长约1个百分点，其他资金占比51.9%，同比提高0.78个百分点。在政策收紧、行业融资渠道受限的背景下，房企的外部融资比重下降，内部融资比重上升，自筹资金成为房企开发投资资金的主要来源。

综合来看，当前房地产行业所面临的资金态势仍较为严峻，融资渠道和融资额度受限，资金成本攀升，金融政策和渠道限制增加资金压力，在销售端限制较为严格等多重影响因素叠加下，2018年房企资金压力增加，资金供应依然偏紧。

## （三）重庆市房地产需求市场分析

1. 商品房及住宅销售面积呈现负增长

2009～2018年，重庆市商品房销售面积仅在2012年和2018年出现负增长，同比增速分别为－0.2%和－2.6%（见表5），但长期回缩趋势显著。2009年受“四万亿”计划影响，商品房销售面积大幅增加，带动住宅销售面积同步增长，之后在2010年“国十条”，2011年“新国八条”和重庆成为征收房产税改革试点等政策收紧的大背景下，商品房销售面积回缩，市场

① 中华人民共和国国家统计局2018年度数据披露。

逐渐低迷；2013 年“新国五条”出台，宏观环境相对宽松；2014 ~ 2017 年，在“去库存”和棚改政策的推动下，房地产市场渐渐复苏，量价齐涨；2017 年，政府提倡建立房地产市场的长效控制机制，因城施策，分类调控作用显著，推动市场的可持续发展；2018 年受宏观环境和政府调控政策继续收紧，房地产市场预期降低，商品房销售面积减少，房地产市场进一步回归理性。

2018 年商品房销售面积为 6536 万平方米，增速大幅度下降并出现负增长，年内变化较为稳定。其中，2018 年住宅销售面积为 5425 万平方米，环比减少 0.5 个百分点（见表 5）。从重庆市商品房销售面积中住宅销售面积占比来看，该比例自 2012 年开始呈现逐步降低，但 2018 年市场加大住宅供应，住宅销售面积占比回升，为 83.0%，环比增加 1.7 个百分点，住宅仍然是商品房销售的主动力。

**表 5　重庆市 2009 ~ 2018 年商品房屋及住宅销售面积情况**

| 月份 | 商品房销售面积 | | 住宅销售面积 | | 住宅销售面积所占比例(%) |
|---|---|---|---|---|---|
| | 数量（万平方米） | 增长率（%） | 数量（万平方米） | 增长率（%） | |
| 2009 | 4003 | 39.4 | 3771 | 41.2 | 94.2 |
| 2010 | 4314 | 7.8 | 3986 | 5.7 | 92.4 |
| 2011 | 4534 | 5.1 | 4063 | 1.9 | 89.6 |
| 2012 | 4522 | -0.2 | 4105 | 1.0 | 90.8 |
| 2013 | 4818 | 6.6 | 4359 | 6.2 | 90.5 |
| 2014 | 5100 | 5.9 | 4424 | 1.5 | 86.7 |
| 2015 | 5381 | 5.5 | 4478 | 1.2 | 83.2 |
| 2016 | 6257 | 16.3 | 5105 | 14.0 | 81.6 |
| 2017 | 6711 | 7.3 | 5453 | 6.8 | 81.3 |
| 2018 | 6536 | -2.6 | 5425 | -0.5 | 83.0 |

资料来源：重庆市统计信息网，数据小数位数或有调整。

相较于 2017 年重庆商品房销售情况，2018 年重庆市商品房销售面积及其增速明显减少。2017 年初重庆房地产市场过热，但在 2017 年“三无人员”征收房产税和限制二手房交易等政策的调控下，商品房销售面积增速开始小幅下降，这表明2017年的调控政策有效地抑制了市场过热，而且2018年持续未放松的政策环境紧缩状态使房地产的销售承压，销售面积增长速度明显放缓。其中，2018年3～5月和10～12月的商品房销售面积出现负增长，4月的商品房住宅销售面积累计月增长率最低，为-4.1%（见图3）。2018年内住宅销售面积同比增幅走势与商品房销售面积基本相似。

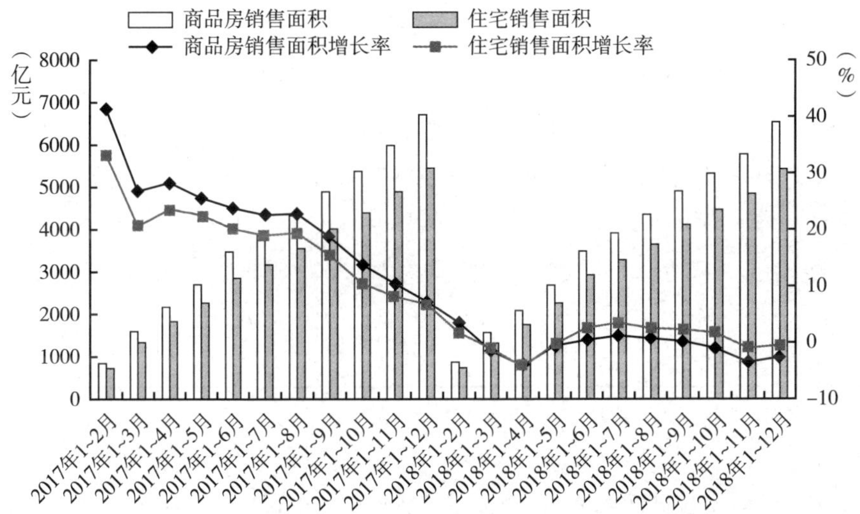


**图3　重庆市2017～2018年商品房屋及住宅销售面积走势**

资料来源：重庆市统计信息网，数据小数位数或有调整。

2.商品房及住宅销售额持续增长

2008年国家“四万亿”的刺激使2009年的商品房和住宅销售额激增，住宅销售额增长率更是达到76.01%，之后其边际效益逐步递减，2013年商品房销售额增长率回调，进入新一轮的房地产周期。2016～2017年，受全国性楼市上涨周期影响，重庆市场呈阶段式上涨，进入房地产新周期，重庆的商品房及住宅销售额迅速增长，2018年重庆市商品房销售额为5272.70亿元，同比上涨15.7%，增速依然强劲。住宅销售额亦同步增加，全年成交额为4442.87亿元，同比上涨23.4%，增幅较大，且住宅销售额所占比例高达84.3%，比2017年增加了5.3个百分点，是近五年来的最高值，住房需求依旧强劲（见表6）。

**表 6　重庆市 2009～2018 年商品房屋及住宅销售额情况**

| 年份 | 商品房销售额 | | 住宅销售额 | | 住宅销售额所占比例(%) |
|---|---|---|---|---|---|
| | 数量（亿元） | 增长率（%） | 数量（亿元） | 增长率（%） | |
| 2009 | 1337.76 | 67.2 | 1240.57 | 76.01 | 92.7 |
| 2010 | 1846.94 | 38.1 | 1610.64 | 29.83 | 87.2 |
| 2011 | 2146.09 | 16.2 | 1825.41 | 13.33 | 85.1 |
| 2012 | 2297.35 | 7.1 | 1972.42 | 8.05 | 85.9 |
| 2013 | 2682.76 | 16.8 | 2283.57 | 15.78 | 85.1 |
| 2014 | 2814.99 | 4.9 | 2253.28 | -1.33 | 80.1 |
| 2015 | 2952.21 | 4.9 | 2244.43 | -0.39 | 76.0 |
| 2016 | 3432.00 | 16.3 | 2635.64 | 17.4 | 76.8 |
| 2017 | 4557.85 | 32.8 | 3601.56 | 36.6 | 79.0 |
| 2018 | 5272.70 | 15.7 | 4442.87 | 23.4 | 84.3 |

资料来源：重庆市统计信息网，数据小数位数或有调整。

与商品房销售额同比增速大幅度上涨的 2017 年相比，2018 年年内重庆商品房销售额同比增速较为平稳，各月累计增速仍保持在 15% 以上（见图 4），1～3 月同比增速为 24.2%，上半年同比增速为 23.5%，1～9 月同比增速为 21.2%，最终以 15.7% 收尾。其中，6 月为全年销售额的最高峰，为 688.06 亿元。

结合商品房销售面积和商品房销售额情况来看，2018 年重庆市商品房市场量价齐升，前热后稳，市场供大于求，销售额创历史新高。2018 年重庆市商品房各月销售额的累计增幅均大于重庆市销售面积的累计增幅。重庆商品房销售额与商品房销售面积的增幅差距除 1～10 月为 19.5% 和 1～12 月为 18.3% 外，其余月份均大于 20%。2018 年上半年重庆市商品房的平均单价呈现出持续上涨的趋势，年中均价为 7953.58 元/平方米，而年初为 7057.67 元/平方米，上涨了 12.69%，而下半年商品房的平均单价则显现出温和上涨的态势，年终商品房均价为 8189.98 元/平方米（见图 5）。

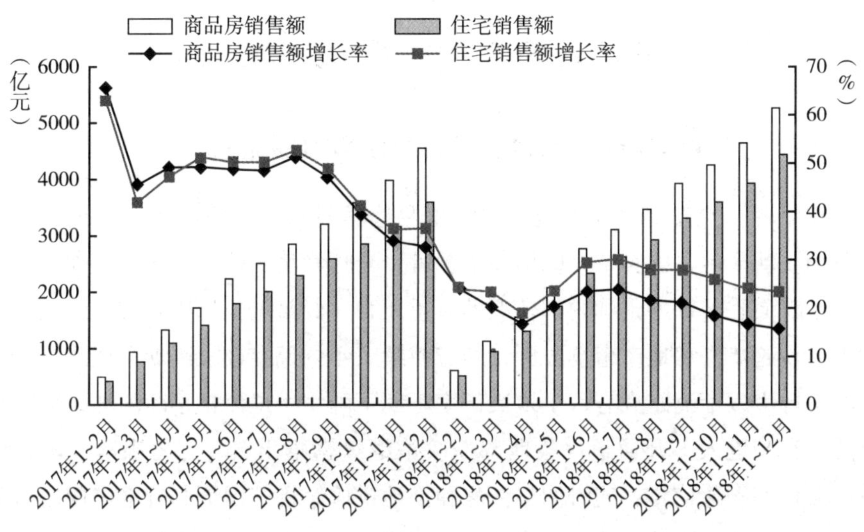


**图 4　重庆市 2017～2018 年商品房屋及住宅销售额走势**

资料来源：重庆市统计信息网，数据小数位数或有调整。

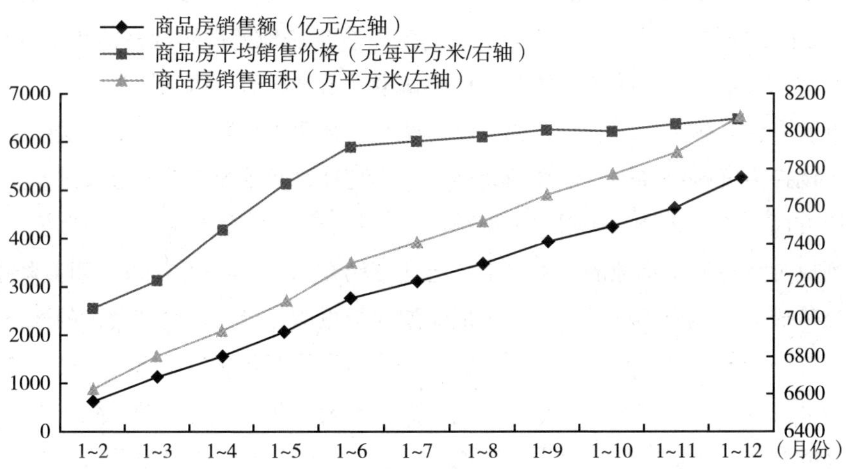


**图 5　重庆市 2018 年商品商品房销售面积与销售额对比分析**

资料来源：重庆市统计信息网，数据小数位数或有调整。

## 二　2018年重庆市房地产市场影响因素分析

### （一）全年政策密集出台，房地产监管力度加大

2018 年，全球经济延续复苏，但贸易摩擦升级、地缘政治冲突增加、金融市场波动显著，中美贸易摩擦尚未缓解，全球经济不确定性显著增加。国内宏观经济面临外部冲击和内部转型的双重压力，经济增长稳中趋缓，增长动力出现下行趋势。房地产市场方面，随着持续三年的调控政策逐渐显现效应，部分城市楼市逐渐显露疲态，土地溢价率不断下降、土地流拍不断增加，部分城市的库存又进入上升通道。各地调控政策继续密集出台，完善限购、限售政策，强化差别化信贷，同时调整住房和土地供应结构，因地制宜推进棚改货币化安置等。整体来看，持续稳定从严的调控政策取得了较好的调控效果，房地产市场快速上涨的现象得到基本控制。

具体来看，3 月份，“两会”对 2018 年房地产市场发展指明了方向，重申“房住不炒”的定位，坚持强调住房的居住属性；7 月，中央政治局会议强调“坚决遏制房价上涨”，两次重要会议奠定了全年房地产持续调控的政策基调。在此基调下，地方调控政策体现出稳中偏紧、节奏及时、协同性强的特点。各地方政府因城施策，继续深化调控供需两端，强化市场监管，增加有效供给比重，调控力度持续加码，市场预期逐步回归理性，政策取得阶段性效果。土地供应方面，全年土地出让限制政策频出，“竞自持”、“竞配建”、“限房价”等逐渐成为重点城市推地的基本要求。土地市场在 2018 年下半年以来明显降温，低溢价成为土地市场交易常态，土地流拍数量也明显增加，说明楼市的严格调控效应已传导至土地市场，地价不断下行将引导消费者预期，市场将进一步回归理性。金融监管方面，年初中央就多次表态要将防范化解金融风险工作提到更高的层次，稳健中性的货币政策取向不变，3 月，央行和原银保监会提出要重点控制居民杠杆率的过快增长，继续遏制房地产泡沫化，严肃查处各类违规房地产融资行为。年内房地产行业金融监管趋严，房企融资渠道总体收紧，融资成本居高不下，融资难度也越来越高，房企资金压力加剧。货币政策方面，年内中国人民银行共进行四次定向降准，货币流动性加大，但房地产市场调控

不松绑，央行降准对房地产市场的影响有限。市场监管方面，6 月，北京、上海等 30 个城市率先开展为期半年的治理房地产市场乱象专项行动，对投机炒房、房企和中介公司违规行为等进行严厉打击，表明了政府坚决整治市场秩序，遏制房价上涨的决心。市场监管的方向和重心也从过去的控需求、管供给转向整秩序、治乱象。财税制度方面，对于转让、租赁住房免征个人印花税，按照去产能和调结构政策要求停业关闭的企业两年内免征房产税和城镇土地使用税。新个税法出台，个税起征点调整到5000 元/月。另外，房地产税纳入五年立法环节，加快建立房地产市场长效机制。长租公寓方面，1 月，国土资源部和住房城乡建设部同意沈阳、南京等 11 个城市利用集体建设用地建设租赁住房。租赁市场的发展受到多项政策的支持，4 月，中国证监会和住房城乡建设部联合发布《关于推进住房租赁资产证券化相关工作的通知》，支持试点城市住房租赁项目开展资产证券化，盘活资产，加快我国租赁市场的发展壮大。5 月，《关于保险资金参与长租市场有关事项的通知》明确表明支持保险资金进入长租公寓市场，可有效拓宽长租公寓市场的融资渠道。

### （二）重庆土地政策及总体情况分析

重庆的土地储备机构一直遵循“超前储备、细水长流”的原则。在 2002 年建立“土地整治储备中心”以来，重庆的土地储备量充足，而且 2008 年开始施行的地票制度，盘活农村闲置用地，既增加了耕地面积和建设用地面积，又保障了耕地红线和农民的利益。

从全年的主要土地相关政策来看，4 月，重庆市国土房管局表示 2018 年重庆市计划供应住宅用地 29000 亩，与 2017 年计划供应住宅用地相比减少 9000 亩。自 2016 年以来，重庆开始控制收紧土地的供应，目的是从土地供应着手继续坚持楼市的供给侧改革，维护市场的稳定性。6 月，重庆市城乡建委等四部门联合发布《关于暂缓主城区“两江四岸”地区开发建设活动的通知》，这一方面意味着在重新规划之后，“两江四岸”将更契合重庆“两点”、“两地”的定位，且进一步提升其区域整体价值和城市形象，另一方面，暂缓开发建设，短时间内将导致“两江四岸”沿线土地供应量减少，后续可供应商品住宅体量大幅缩减。在土地拍卖方面，自 2017 年出现“拍卖 + 综合评标”和“拍卖 + 竞自持租赁房屋比例”等方式后，2018 年又相继出现“拍卖+竞配建”、“限期预售+不得分期开发”和要求建设“智慧社区”的土拍新规定，新规升级，对拿地房企自身实力要求越来越高。在近几年重庆市土地出让情况上，土地供应的板块集中度较低，这与重庆组团化发展不无关系，且土地供给侧呈现出南北并进，共同发展的局面。

### （三）重庆人口因素分析

人口是影响房地产市场需求的重要因素。人口总量、人口增速、人口结构及人口迁移等因素都会影响到房地产市场的发展。2017 年重庆先后出台了《重庆市引进高层次人才若干优惠政策规定》和《重庆市引进海内外英才“鸿雁计划”实施办法》两个文件，并放宽落户条件，重庆市常住人口不断增加。重庆市 2018 年统计年鉴披露，截至 2017 年年末，重庆市常住人口为 3075.16 万人，与 2016 年相比增加 26.73 万人，其中城镇人口为 1970.68 万人，增加 62.23 万人，农村人口为 1104.88 万人，减少 35.40 万人，城市人口在不断增加，农村人口逐步流向城市，但自 2010 年起，重庆市常住人口一直小于户籍人口，处于人口流出状态，且 2017 年其缺口再次增大从 2016 年的 280.68 万人升至 314.06 万人。

在人口结构方面，2017 年重庆市总抚养比为 43.04%，其中少年抚养比为 24.13%，高出 2017 年全国少年抚养比 0.73 个百分点；老年抚养比为 18.91%，高出全国平均水平 3.01 个百分点，这表明劳动年龄人口比例和购房适龄人口正在逐步下降，刚需大幅减少。另外，重庆卫计委数据披露，在重庆全面放开二孩政策实施后，2016 年重庆共有 38.3 万人出生，较 2015 年多出生 5.98 万人，增加 18.52%，其中 2016 年二孩出生 16.17 万人，占总出生数的 42.23%，其占比有所增加，比 2015 年上升 6.61 个百分点。2017 年重庆出生 34.3 万人，其中二孩出生 14.85 万人，占比为 43.3%；由此可见，2017 年二孩出生总数减少，占比在增加，增速放缓。总体来看，人口因素的影响将使未来重庆房地产市场的刚需逐步减少，改善型需求逐渐释放。

### （四）经济结构不断调整，城市不断释放动力活力

重庆作为中西部地区的唯一直辖市，既是西部大开发的重要战略支点，又是“一带一路”与长江经济带的重要连接点，肩负多重国家重要发展战略；

同时，其独特的区位条件和交通优势对两大经济区域——西欧和南亚等区域有着多重枢纽作用。2002～2016 年，重庆市 GDP 增速一直保持在 10% 以上，GDP 增速位于全国前列。2017 年 GDP 增幅为 9.3%，比全国高 2.4 个百分点，2018 年 GDP 总量突破 2 万亿元，净增 900 亿元，但增速有所下降，为 6.0%，低于全国平均增速 0.6 个百分点。在全国经济面临下行压力的背景下，重庆经济发展进入转型期，发展依然稳健。

近年来，重庆市经济结构转型，经济增速放缓，产业结构得到不断优化，从 2014 年的 7.4∶45.8∶46.8 调整为 2018 年的 6.8∶40.9∶52.3。产业升级在聚集大量人口的同时，亦吸引了庞大的高收入就业人口，加之人才引入计划和人才购房优惠政策的实施和“网红经济”的推动，为重庆市的房地产市场带来新的推动力。此外，2018 年阿里巴巴在两江新区建立智能重庆中心，腾讯云计算数据中心落户两江新区，京东西南总部入驻茶园，共同推进大数据智能化创新发展。另外，重庆借助于“一江两翼三洋”的区位优势及其产业优势，重庆自由贸易试验区得以快速发展，中欧班列的运行和升级助力重庆经济发展，深化对外开放力度。随着重庆高铁网络的不断完善，房地产市场量价总体呈上涨趋势，一小时经济圈和渝东北经济圈的经济增长明显、城市活跃度不断增强。值得一提的是，2018 年 8 月，首届中国国际智能产业博览会于重庆国际博览中心举行。阿里巴巴、百度、高通等国内外 500 多家企业和机构参加，这为重庆进一步发展大数据、智能化等产业提供了良好的机遇，同时也增强了城市吸引力和魅力。

### （五）量质并举推进城乡建设，打造山清水秀之地

城镇化建设为固定资产投资、宏观经济运行、房地产市场发展及人民生活水平的提高具有重要意义。在过去的发展过程中，城镇化水平的提高能带动房地产业的发展。重庆的新型城镇化建设在“一尊重五统筹”的引导下，强调“以人为本，统筹发展”的原则进行规划建设。其一，加快交通基础设施建设“补短板”，着力解决好不平衡、不充分的问题，进入提档升级阶段，快速推进全市城市交通基础设施，做好“城市双修”，即棚户区改造和水体治理。其二，扩大公共基础设施的服务范围，增加有效供给，推进都市快轨建设，加快构建快慢组合、高效衔接的轨道交通网络。其三，着力提高城市发展宜居性，

开展“碧水、蓝天、绿地、田园、宁静”五大环保行动，推进主城“四山”“两江四岸”生态功能建设，优化城市环境，打造山清水秀之城。其四，强化城乡智慧建设，推进智慧城乡建设“1+5+N”行动，建设“智慧云”服务平台和数据中心，形成基础数据库和专题数据库，完成全市城建档案数字化。2018年，重庆从土地竞拍切入，推行建设智慧社区，新城镇化建设重点放在改善人居环境，加强城市有机更新，加快建成山清水秀美丽之地，不断提升城市品质。

## （六）强化监管活动，进一步规范房地产市场

2018年，重庆房地产调控力度再次加大，政府打出“组合拳”，加强对房地产市场的监管力度。全年的严格监管紧紧围绕“保障刚需，遏制炒房”进行。自2018年2月起，严查10种扰乱房地产市场秩序的行为，从商品房销售行为、房地产经纪行为和房屋租赁行为三方面入手，建立“双随机一公开”检查机制，对管辖区内房地产企业扰乱秩序的行为给予严控严查，稳定市场和谐稳定。4月，为保障刚需购房群体的需求，对拒绝购房人使用住房公积金贷款购房的楼盘，暂缓其销售。5月应住房城乡建设部要求，在全市开展为期5个月的房地产市场秩序专项整治工作，严厉打击茶水费、关系房等行为，并通过违规名单公开通报的方式形成威慑力，强化房地产市场监管，加强维护市场秩序，保证群众合法权益和行业健康发展的同时，进一步巩固和扩大调控成果。期间重庆房管局联合公安局打击违规行为，公安部门深度介入打击投机炒房、房地产“黑中介”、违法违规房地产开发企业和虚假房地产广告，整治房地产市场乱象。10月底，开始整顿违法违规“租金贷”行为，严防“租金贷”引发社会风险，防范代理经租企业违规经营，切实服务于租房群体，保障民众利益。重庆实施市场监管措施，在一定程度上遏制了上半年房地产市场过热发展，下半年时，调控机制效应初显，市场预期引导合理，降温明显，市场秩序得到稳固。从长期来看，此阶段的市场监管将有利于促进重庆房地产市场供需、职住和租售三方面的“平衡”。

## （七）深化发展公租房和棚改，增强保障性住房供给

目前，重庆的保障性住房主要以公租房为主，棚改为辅，通过采取与商品

房混建、公共租赁与廉租房、经济适用房混建等方式，“小集中、大分散”的方式推进保障房的建设，实施租购并举的“双轨制”住房供应体系，保障中低收入群体的住房需求。2018 年初，重庆市政府公布主城区内实施住房保障工作的目标，计划在2018～2020 年间，每年向符合条件的保障对象分配提供2 万套公租房；在满足保障需求后，每年提供0.5 万套公租房用作棚户区改造和土地房屋征收等安置房。

公租房方面，2018 年重庆主城区新增公租房项目 2 个，组织摇号配租 4 次，新增分配入住 8.04 万户，为历年最多。截至 2018 年年底，重庆市共开展了公租房的 25 次摇号配租，累计分配 50 万套，近 150 余万人入住。目前，重庆主城区已建设完成20 个公租房项目，其中摇号配租19 个，完成签约入住 17 个，江南水岸和龙州南苑项目为今年新增公租房配套项目。一直以来，重庆市不断完善公租房配套体系，包括商业配套、一站式服务大厅、卫生服务中心、警务室和学校养老服务机构等配套设施，并已建成 12 个公租房公交首末站，截至 2018 年底，累计有 52 所配套学校同步使用，72 条公交路线、5 条轨道交通供居民出行。公租房管理方面，自 2015 年起探索开展公租房社区治理项目管理，打造就业创业孵化基地，将就业创业纳入社区治理考核中；组织关爱活动、专题学习和志愿服务等活动，丰富“公租房·百姓家”为内核的“家文化”，打造共建共治的社区治理格局，提升人民群众的幸福感。

棚户区改造方面，全国的棚改政策已经实现了从“一刀切”到“一城一策”的阶段性转变。2018～2020 年，重庆启动三年棚改攻坚计划，计划改造棚户区共 17.3 万户，而根据 2019 年 1 月发布的文件，重庆计划在 2019～2020 年间，投资 620 亿元进行棚户区改造，结合目前重庆楼市逐步转凉，房价在消化、回调的情况来看，推进棚改工作，能对当前的重庆楼市提供支撑，稳定楼市，避免房价出现太大波动。

## 三　2019年重庆市房地产市场发展形势展望

### （一）调控政策维稳或为大概率事件，在松紧之间贯彻“房住不炒”

近年来，我国一直处于经济结构转型和经济下行的双重压力中，全国经济

增长呈现平稳下行的趋势，而受地方经济转型，再加上汽车、笔记本电脑等产业增长乏力，2018 年重庆的 GDP 增速仅为 6.0%，相比 2017 年减少 3.3 个百分点，首次低于了全国水平，此时，房地产行业对于地方经济的支撑就显得更加重要。所以，2018 年重庆市的调控政策较为温和，基本上是延续了上一年的限价、限售、限贷、限外等调控政策，并规范了在建商品房抵押登记、“两江四岸”暂缓开发等控预售和控开发的政策，此外还加强了市场监管，对市场不规范行为进行违规通报，保证市场的运行秩序，而下半年市场逐渐降温后，政策开始出现了略微的松动。在土地市场上取消了熔断、竞配建、竞自持，取消预售时间限定，地方政府根据不同的市场环境，因城施策，灵活调控。另外，重庆也在不断地推进建设智慧社区，发展智慧城市，智能化概念成趋势，并受到市场关注。总体上，2018 年重庆房地产开发投资同比上升 6.8%，商品房新开工面积同比上涨 30%，竣工面积同比下降 19.2%，商品房销售面积减少 2.6%，住宅销售面积下降 0.5%。在政策持续不松绑，市场前热后冷的情况下，2018 年重庆市房地产市开发投资力度增强，新开工面积呈现上行态势，市场回归理性。

2018 年是房改二十年，也是“十三五”规划承上启下之年，而房地产市场的稳健运行关系着宏观经济平稳。从宏观上来看，2019 年无论是全国经济还是房地产行业，都将以“稳”为主，特别是面对当前产业结构转型，经济下行压力大，国内外形势多变的情况下。2019 年，经济运行仍将面临挑战，全国经济下行已成大概率事件；各项调控政策仍将以稳为主，同时也将更加强调因城施策、理性施策和结构优化；货币政策中性偏积极，继续定向降准概率大。此外，2018 年的中央经济工作会议亦强调 2019 年仍将坚持“房子是用来住的，不是用来炒的”的定位，并因城施策，落实政府主体责任制。

综上，在房地产市场保持稳定运行的前提下，2019 年全国房地产市场整体临压，但 2019 年“房住不炒”的大基调不变，在此基调下，预计 2019 年重庆楼市政策基调将保持不变，仍以“稳”为主，稳地价，稳房价，稳预期，政策微调放松或为大概率事件，继续因城因区实施精准化调控，在“房住不炒”的大前提下，对楼市政策进行微调，投资需求仍被打压，持续推进楼市乱象整治，强化市场监督，差别化实施信贷政策，增加“有效供给”，保障房地产市场平稳健康发展。

## （二）供过于求的市场矛盾犹存，重庆楼市有望平稳运行

据国家统计局统计，截至2018年年末，重庆市商品房竣工面积为4083.5万平方米，新开工面积达7386.2万平方米，销售面积6536.3万平方米，新开工面积陡增，带来供应惯性入市，随着供应补量，存量或将进入下一轮补量周期，而现今重庆主城区房地产市场出现下行趋势，加上经济结构转型进入攻坚期，购房需求释放动力不足，短期人口增量亦无法支撑楼市高速发展，库存压力有所增加。

2018年重庆大量楼盘集中面市，拉高供应量。上半年重庆房地产市场延续了2017年的热度，商品住宅存量持续下滑，下半年房企积极跑货补量，且下半年市场逐渐降温，进入平稳调整期，导致楼市供过于求，供求局面发生逆转，全年供应面积大增而成交面积微增。据克尔瑞统计数据，年底，房企为冲击年底业绩，加速推盘节奏，重庆商品住宅新增供应高达314万平方米，居全国榜首；成交量方面，得益于房企年底销售推加，市场热度不减，年底重庆市商品住宅成交量翘尾，环比增加39%，但同比下降39%；此外，2018年末重庆商品住宅供求比为1.63，市场供大于求，库存量为757万平方米，同比上涨119%，存量回升较为明显，但去化周期处在合理区间内。

据CREIS中指数据统计，2018年重庆九大主城区成交均价皆显著上涨，除沙坪坝区涨幅在20%以内，其余区域涨幅均超过20%，其中大渡口区以50.3%的涨幅居首；成交均价上，渝中区仍居首位，区位优势明显，住宅销售价格再创新高，均价为20369元/平方米，同比上涨28.67%，而沙坪坝区、巴南区和大渡口区因为受部分项目地理位置较为偏远、成交体量较大等因素影响，均价较低，江北、渝北、南岸三区住宅均价在12000元/平方米以上。2019年重庆交通新规划中，二环外将黔石高速公路预计在2019年竣工，茶园的重庆东站预计2021年建成开通，同时轨道交通也在不断推进，到2019年将形成“九线一环”城市轨道交通运营网络，并推进都市快线建设，在开工建设璧铜线的基础上，再新开工3条都市快线线路。随着交通网络的完善，未来重庆市新兴区域板块的商品房吸引力也逐渐增大，但是在“房住不炒”的背景下，预计2019年重庆市房地产市场成交量和房价将保持平稳或小幅上涨。

## （三）写字楼去化压力依旧，未来市场将继续承压

2018 年，随着“抖音”App 的火爆盛行，山城重庆的 8D 魔幻特色使其成为“网红城市”，带动重庆旅游业和商业的发展。据世邦魏理仕（CBRE）统计，2018 年重庆写字楼市场供应大幅度回落，新增供应 19.28 万平方米，同比减少 52.9%，部分楼宇延期入市，导致年度新增供应创八年新低。在供应显著回落的背景之下，市场需求同比继续回升，全年写字楼净吸纳量为 39.2 万平方米，同比增长 13.9%，因此拉动空置率同比下降 6.3 个百分点，同时促使业主大幅下调租金意愿降低，从而使租金跌幅持续收窄，同比小幅下降 1.9%，报人民币 80.1 元/（平方米・月）。在我国经济转型的大背景下，预计 2019 年宏观经济增长进一步放缓，而企业经营风险亦增大，经营预期的不明确性上升，写字楼市场则表现为办公需求的缩减以联合办公为代表的第三方办公运营商的接纳度上升，未来整体市场将继续承压，且随着竞争压力加剧，内外环境因素的不确定性，租金回调将面临挑战。

从区域市场来看，随着江北嘴核心 CBD 的成功塑造，办公氛围日益成熟，净吸纳量占比超五成，众多金融业及专业服务企业选址或搬迁于此。渝北区净吸纳量同比增长 44.7%。整体而言，城市商务重心北拓态势愈发明显，以江北嘴、观音桥、渝北为代表的“三北区域”对全市写字楼净吸纳量的贡献率超七成。在政策利好和房地产市场的带动下，重庆写字楼市场需求稳中有升，但重庆商业地产市场供过于求局面犹存。而且据戴德梁行预计，2019 年将有 6 个项目共计 46.6 万平方米的甲级写字楼入市，故短期内重庆写字楼市场将面临巨大的去化压力，空置率升高，从而加剧市场竞争，令租金上涨承压。

随着时代的进步，诸如商业消费趋势转变、电商发展，以及同质化严重等因素深刻地影响着商业地产的发展。时至今日，商业地产由重开发转向重运营，并以用户体验为驱动，向个性化，多元化以及方便快捷的方向转变。家庭体验式业态，亲子类业态逐渐受到欢迎。预计 2019 年体验式商业或将更受到市场青睐。随着居民消费水平的提升、城市中产力量的崛起，传统底商已不能满足商业升级的需求，现代化综合型的社区商业，正在成为地产开发商的新发力点，未来社区型商业地产变现潜力或将迎来“指数级增长”。消费升级时

代，社区商业的定位不仅仅是家庭的延伸，更是以商业的形式成为城市功能配套，塑造全新场景式社区商业模式。尽管重庆社区商业面临地块规划商业比例较高、外卖平台等电子商务迅速崛起及交通通达性的持续改善等诸多挑战，但社区商业因其立足于 15 分钟生活圈，聚焦消费者“最后一公里”需求的特性，前景仍较大。

### （四）建设智慧小区，推进发展智慧城市

建设智慧小区是重庆市发展以大数据智能化为引领的创新驱动发展战略行动计划的重要组成部分，能实现大数据、云计算、物联网和人工智能等技术与房地产的融合，加速建成智慧城市。

2018 年重庆正式启动智慧小区建设，计划在主城各区内打造 2 个以上智慧小区，其余非主城各区县建设 1 个以上智慧小区，并对实施智慧小区建设的房地产开发项目在其项目资本金监管、预售资金首付款监管以及房地产开发企业诚信评价上予以相应激励政策，颁布《智慧小区评价标准》，建立评价机制，完善相关制度。2018 年，重庆市共打造智慧小区 60 个，建筑面积达 1021 万平方米，超额完成建设目标，金科、龙湖、碧桂园和鲁能等房地产开发企业积极参与打造智慧小区。与此同时，智慧小区相关产业不断发展，智慧产业链初具规模；配套实施能力不断强化，智慧门禁、智慧安防、智慧平台等智慧产品为重庆智慧小区发展提供了重要支撑。2019 年，重庆将继续深入发展大数据智能化，大力推进智慧小区建设，实行“新建智慧小区 + 既有住宅小区智慧化改造双管齐下”的发展路径，积极拓展新建智慧小区，提高住宅小区智慧化水平和居住品质，加快推进智慧城市的建设。

### （五）聚焦城市品质，打造山水之城美丽之地

城市是人口汇集，产业商业发达，各种生产生活要素汇聚的地理区域。城市品质则是指一个城市的品位和质量，是城市的物质发展与精神发展有机结合的成果，它涵盖了城市的经济、社会、文化、政治和生态环境等多个方面，能够提升市民的获得感、幸福感和安全感，提升城市影响力和城市辐射力，集聚发展动能，增加城市魅力。

2018 年 1 月，重庆市政府工作报告中就曾两次提及“城市品质”这一关

键词，9月，重庆市出台《重庆市城市提升行动计划》，从城市规划、管理、交通、基础设施、自然、人文品质、传统文化、公共服务和城市创新能力九大板块布局，全面提升城市品质。而《2019重庆市政府工作报告》中更是提出要加快提升城市经济品质、人文品质、生态品质和生活品质，促进城市功能和品质全面提升，将重庆建设成为智慧驱动、绿色本底、人文内核的生命型城市。预计2019年重庆将保护和复兴历史城区、古建筑和历史文化，进一步展现巴渝文化、抗战文化、统战文化和三峡移民文化的特色，挖掘重庆之美，彰显城市文脉；保护生态环境，加强对污染物的处理，加快城市生态修复并加强其与城市规划、城市景观的深度融合；推进民生工程建设，以人为核心改善城市品质，提升优化生态宜居环境，提高人民群众生活品质；在大数据智能化的背景下，发展智慧城市、智慧城管和智慧交通等；加大基础设施规划建设力度，构建交通立体化体系，提升互联互通水平，改善交通拥堵问题，将重庆打造为山水之城美丽之地，“近悦远来”的美好城市。

B.17

# 2018年西安房地产市场分析与2019年展望

兰 峰 薛 颢 赵 晶 迟爱峰 邓莉莉 贾航燕 白 静*

**摘　要：** 2018年是中国房地产发展极为不平凡的一年，也是房地产市场调控政策出台最为频繁的一年，在中央“房住不炒”政策的引导下，全国多个城市出台楼市调控政策。西安市从土地、户籍、“限购、限售”和房贷等多方面出台调控政策，以此来保障西安市房地产市场平稳健康发展。本文从土地市场、商品房市场和房地产开发企业三方面对2018年西安市房地产市场运行情况进行分析，结合西安市整体发展规划及相关政策背景，展望2019年西安市房地产市场发展态势。

**关键词：** 房地产市场　土地　调控政策　西安

## 一　2018年西安市房地产市场政策背景分析

2018年，中央继续围绕“房住不炒”主旋律，以“稳地价、稳房价、稳预期”为调控目标，从土地、楼市、金融、税收等方面实施调控，坚持“因

* 兰峰，教授，博士生导师，西安建筑科技大学丝绸之路住房研究副所长，陕西（高校）哲学社会科学重点研究基地——房地产业绿色发展与机制创新研究中心主任，研究方向：城市建设与房地产投资，城市与房地产经济学；薛颢，西安天正房地产价格评估咨询有限公司总经理；赵晶，西安天正房地产价格评估咨询有限公司副总经理；迟爱峰，西安天正房地产价格评估咨询有限公司技术审核中心主任；邓莉莉，西安天正房地产价格评估咨询有限公司信息技术中心主任；贾航燕、白静，西安天正房地产价格评估咨询有限公司信息数据中心数据专员。

城施政”，促进地域性供求平衡，建立房地产行业的长效机制。在中央政策的引导下，2018 年上半年，西安市先后多次调整户籍政策，简化落户流程。户籍政策逐步放宽了学历和年龄的限制，充分体现了西安引进人才的迫切需要。下半年，“624”楼市新政，进一步规范了房地产预售交易管理，明确摇号购房规则，优先满足刚需家庭购房需求，进一步表明了维护房产市场平稳发展的决心。年底，城中村三年清零方案出台，进一步加快了西安市城市化进程步伐。

### （一）土地政策：土地供应渠道从单一到多元，棚改步伐加快

2018 年 1 月 15 日，全国国土资源工作会议提出，要改变政府作为居住用地唯一供应者的情况，非房地产企业依法取得使用权的土地作为住宅用地的办法，完善促进房地产健康发展的基础性土地制度，推动建立多主体供应、多渠道保障租购并举的住房制度，让全体人民住有所居。

2018 年 3 月 5 日，西安市人民政府发布《西安市深化土地供给侧结构性改革实施方案》的通知，对规范土地市场、土地储备管理和土地供给等方面做了明确规定。方案一方面反映出政府将逐步放弃对于土地市场的全面垄断。另一方面，政府将逐步推进土地市场化运营，利用市场杠杆作用，优化土地资源配置的目的。该方案的进一步落实实施，有利于西安市土地多元化供应格局的形成。

2018 年 5 月 14 日，西安市政府官网发布《关于进一步加强建设用地规划管理工作的通知》，规定要严格按照规划用地性质审批项目，强调所有非住宅类房地产项目均不得变更为住宅用地，并鼓励支持住宅用地变更为商业用地用于建设高品质特色酒店。

2018 年 12 月，《西安市绕城高速公路以内集体土地上棚户区和村庄三年清零行动方案（2018 ~ 2020）》公布，明确到 2020 年底，完成西安市位于绕城高速以内且 114 个城中村和 64 个村庄的“清零”工作。这一工作量相当于西安 2015 年及以前九年累计的棚改量，棚改力度可谓史无前例，按计划来看，3 年“清零”任务主要集中在 2019 年和 2020 年。棚改作为西安市主城区土地供应的主要方式，2019 年西安市主城区的土地供量将会比 2018 年再上一个台阶。

### （二）户籍政策：西安落户政策不断放宽，人口净流入量增大

西安逐步放宽落户条件。

2018 年 2 月 1 日，西安市公安局推出最新户籍新政新举措，全面公布户籍工作“一指南、两规范”，大幅简化落户流程，放宽直系亲属随迁、投靠限制。

2018 年 3 月 5 日，凭学历落社区集体户，一次都不用跑，只需通过网上掌上户籍室上传学历证、身份证照片即可。

2018 年 3 月 23 日，全国在校大学生仅凭身份证和学生证就可办理落户。

2018 年 4 月 10 日，西安户籍新政规定：国有企业最近连续 3 个纳税年度缴纳税额累计 100 万元以上，可申请其企业员工及配偶和子女落户；股份公司连续 3 个纳税年度缴纳税额累计在 10 万元以上，公司法人代表可申请企业员工及配偶和子女落户；个体工商户年度缴纳税额在 2 万元以上，其本人及配偶和未成年子女，可申请落户。

2018 年 4 月 26 日，西安市户籍政策再推重磅，全面放开 35 岁以下在西安创业的企业法人、股东和员工落户西安。

从 2017 年 3 月 1 日到 2018 年 4 月 26 日，西安市先后多次调整升级户籍政策，突显出其对人口流入的迫切需求。户籍政策不断放宽，导致西安市人口净流入量大幅递增，据华商网报道数据，截至 2018 年末，西安市全年累计新落户人口超 80 万人，常住人口比 2017 年末净增 38.7 万人，人口净流入量为近五年西安市年人口净流入之最。

人口作为支撑房地产发展的核心要素，它的规模影响住房需求总量。一般来讲，城市人口流入规模和流入速度将会影响住房需求进而影响房价波动，2019 年，在大西安发展规划下，西安市政府也许会继续加码户籍政策引进人口流入规模，加快西安进入国际化大都市的脚步。

### （三）限购限售政策：调控因城施政，房价回归理性

西安调控先紧后松，摇号时代正式到来。

2018 年 5 月 11 日，西安市住房保障和房屋管理局发布《关于重申公寓属限购类房屋的公告》中强调，凡是在房产证或者网签合同中规划土地使用用

途或者房产使用用途为公寓的，不管房产土地使用年限为40年还是70年，均列入限购范围，限购范围再次加大。

2018年6月24日，西安市政府下发《关于进一步规范商品住房交易秩序有关问题的通知》（以下简称《通知》），一则规范了商品房预售许可及交易管理，明确摇号规则，优先保障刚需家庭购房需求；二则，二手房交易条件由“满二满五”放宽至“满二满三”；三则，在限购范围内停止向企业和事业单位及机构销售住房。这一政策在一定程度遏制了恶意炒房团的投机炒房行为，与此同时又刺激了刚需家庭且存观望状态的购房者加紧入市，并将那些急需改善性住房，又因限购条件难以参与摇号的购房者引入二手房市场，导致二手房市场成交量大幅增加。政策出台以后，西安楼市出现“一房难求”现象，相对于需求侧，供给侧明显不足。

2018年7月6日，陕西省公证协会制定并出台《陕西省公证机构办理商品住房销售摇号公证实施细则》，要求商品住房在销售摇号阶段，必须遵循《细则》要求，确保商品房销售的公开、公平、公正。

2018年11月6日，西安市政府办公厅下发《关于规范商品住房交易有关问题的补充通知》放宽商品房预售条件，住宅低于3万平方米可申报。从供给侧调控，为稳定楼市创造了积极条件。

### （四）房贷政策：西安房贷利率持续走高，公积金贷款首付比例或有下调

2018年，西安多家银行多次上调首套住房贷款利率，据融360大数据研究院监测数据，2018年西安市银行房贷利率上浮一成到三成不等，贷款利率的提高将直接导致购房者成本加大，有利于抑制投资炒房，对稳定西安楼市具有积极作用。随着楼市的降温，2019年西安市房贷利率或有下调，但大幅度下调可能性不大。

2018年8月31日，住房城乡建设部、财政部与中国人民银行下发通知，对拥有1套住房并已结清相应购房贷款的居民家庭，为改善居住条件再次申请住房公积金委托贷款购买住房的，最低首付款比例由30%降低至20%。2018年西安市暂未下调公积金首付比例，2019年，在全国政策引导下，西安市公积金贷款首付比例或会下调。

### （五）楼市政策：楼市收紧，保障房、共有产权住房逐步入市

（1）楼市严打，房地产市场渐入平稳

2018 年 6 月 25 日，住房城乡建设部财政部联合七部委发布《关于在部分城市先行开展打击侵害群众利益违法违规行为治理房地产市场乱象专项行动的通知》，针对包括西安在内 30 个城市等房地产乱象重点整治，进一步表达了国家规范房地产市场的决心。2018 年 10 月 8 日，西安市委、西安市房管局等 11 部门联合发布《开展治理房地产市场乱象专项行动的通知》，其中明确提到：严厉打击虚假宣传、捂盘惜售、投机炒房等违法违规行为。房产市场整顿极大促进了西安市房地产市场交易秩序规范及稳定。

（2）租售并举，共有产权住房供应增加，供需矛盾稍有缓解

2018 年 5 月 28 日，西安市住房保障和房屋管理局下发《西安市商品住房项目配建租赁型保障房实施细则》（以下简称《细则》），要求按照不低于宗地住宅建筑面积 5% 的比例，实物配建租赁型保障房。

2018 年 9 月 14 日，西安市市政府办公厅发布《西安市深化住房供给侧结构性改革实施方案》，明确 20% 居住用地建设“公租房”，20% 居住用地建设“双限房”的工作目标，以此满足中低收入人群住房需求。

租赁性住房、公租房和共有产权房房源的供应，一定程度上能够缓解供需矛盾。

（3）精装上市，新建毛坯商品住宅将逐步退市

2018 年 12 月 28 日，西安市政府发布《西安市推进新建住宅全装修工作实施意见》，自 2019 年 1 月 1 日起，除蓝田县和周至县以外的其他行政区域内的新建商品住宅将推行全装修成品交房。精装交付取代毛坯交付，新建毛坯商品房将逐步退出新建商品住宅市场。

## 二　2018年西安市地产市场运行情况分析

### （一）土地市场分析

2018 年西安市土地供应量、成交量、成交均价均达五年来最高，住宅类、商业办公类和工业类用地量价齐升，增速放快。西咸新区是今年西安市土地市

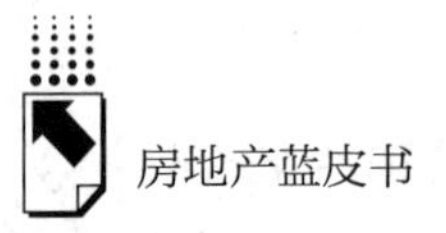



场的热点区域，不但供应量和成交量远超中心城区，土地成交单价也紧随其后。鄠邑、临潼高溢价地块抬高了区域土地成交均价。

1. 土地出让情况

从历年西安市土地供应面积看，2012 年和 2018 年土地供应量比较显著，分别为 2261.8 万平方米和 2233.3 万平方米，同比增长 83.7% 和 36.5%。在 2012 年土地供应面积大幅上涨之后，2013～2015 年，西安市土地供应量逐年递减，2016～2018 年，土地供应量逐年递增，增速加快，2018 年西安市全年土地供应面积达 2233.3 万平方米，接近十年来历史高点。

2018 年，西安市建设用地供应 430 宗，供应面积 2233.3 万平方米，同比增长分别为 35.2% 和 36.5%。其中：其他用地供应面积成倍上涨，出让 10 宗，合计 55.2 万平方米，占全年总出让面积的 2.5%，面积同比增长 497%，说明政府预加大保障房、共有产权房建设，以此保障中低收入人口住房，促进供需平衡，稳定楼市；工业用地出让 115 宗，合计 977.6 万平方米，占全年总出让面积的 43.8%，面积同比增长 42.9%；商业办公用地出让 117 宗，合计 305.7 万平方米，占全年总出让面积的 13.7%，面积同比增长 15.3%；住宅用地出让 188 宗，合计 894.8 万平方米，占全年总出让面积的 40.1%，面积同比增长 32.0%。

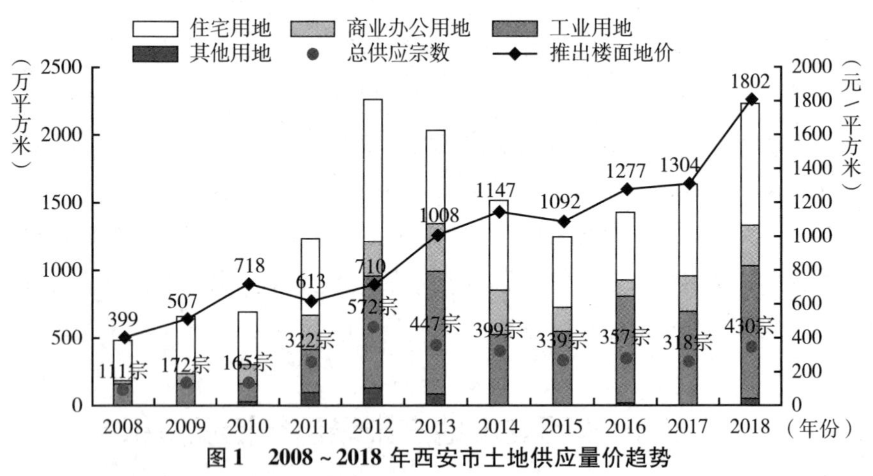


**图 1　2008～2018 年西安市土地供应量价趋势**

资料来源：中国指数研究院。

从各行政区域土地供应面积来看，2018 年西安市土地供应最多的是西咸新区，供应 168 宗，供应面积 909.2 万平方米，占总供应面积的 40.7%，其次

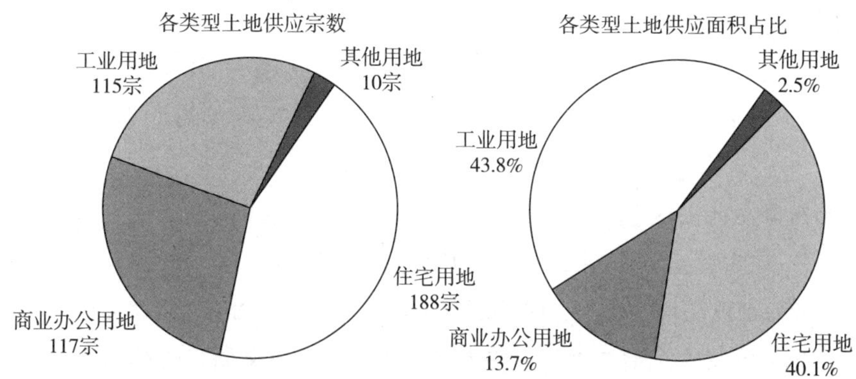


**图 2　2018 年各类型土地出让宗数和占比**

资料来源：中国指数研究院。

是高陵区和高新区，土地供应面积分别为 260. 8 万平方米和 179. 0 万平方米，占总供应面积的比例分别 11. 7% 和 8. 0% 。2018 年，随着西咸一体化进程加快和西安市区棚改力度加速，西咸新区、莲湖区、经开区、新城区土地供应面积大幅上涨，曲江新区、灞桥区、未央区、临潼区、长安区、高陵区、蓝田县、周至县、国际港务区土地供应面积较 2017 年有所下降。

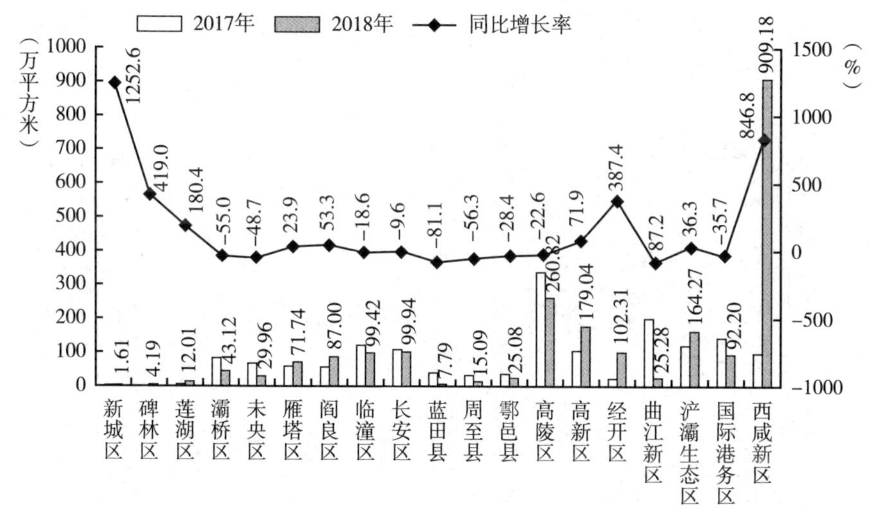


**图 3　各行政区域土地出让面积同比增长**

资料来源：中国指数研究院。

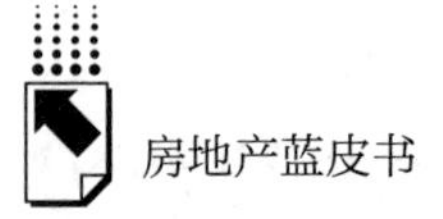


2. 土地成交情况

近十年，土地成交面积 3 次出现成倍增长，分别为 2009 年，2012 年，2018 年。除 2014 年出现了一次大幅度下降外，其余年份涨跌幅比较平稳。

2018 年，西安市土地成交 376 宗，合计成交面积 2013.9 万平方米，平均楼面地价 1708.1 元/平方米，同比增长分别为 57.3%、90.4% 和 18.5%。其中，工业用地成交增量较大，成交量与住宅成交量旗鼓相当，远超商业办公成交量，成交 97 宗，合计 848.7 万平方米，占全年总成交面积的 42.1%，面积同比增长 304.7%；商业办公用地成交 99 宗，合计 284.5 万平方米，占全年总成交面积的 14.1%，面积同比增长 16.4%；住宅用地成交 170 宗，合计 825.5 万平方米，占全年总成交面积的 41.0%，同比增长 38.9%；其他用地成交 10 宗，合计 55.2 万平方米，占全年总出让面积的 2.7%，面积同比增长 497.0%。

从历年西安市土地成交楼面地价来看，2015 年以前，西安市平均楼面地价平稳，自 2015 年起，平均楼面地价逐年递增趋势，2018 年大量新增落户人口直接拉动购房需求，各大房企争相入驻西安，土地作为稀缺资源，一度成为房企争相抢夺的香饽饽，供求矛盾直接抬高了西安市楼面地价，楼面地价不断被刷新，由以二环内土地成交楼面价表现最为明显，2018 年 11 月 7 日，金泰

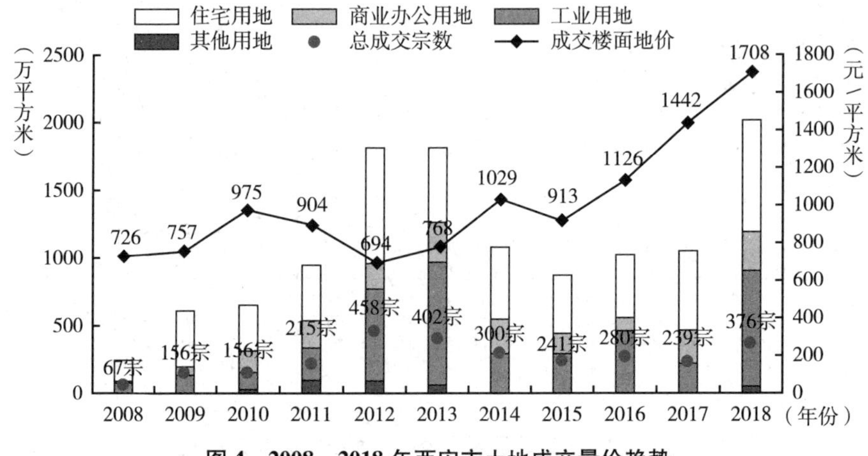


**图 4　2008～2018 年西安市土地成交量价趋势**

资料来源：中国指数研究院。

恒业拍下的青龙寺 YT6－1－85－1、YT6－1－86－1 地块单价为 9117 元/平方米，创 2018 年西安市住宅土地楼面地价新高。

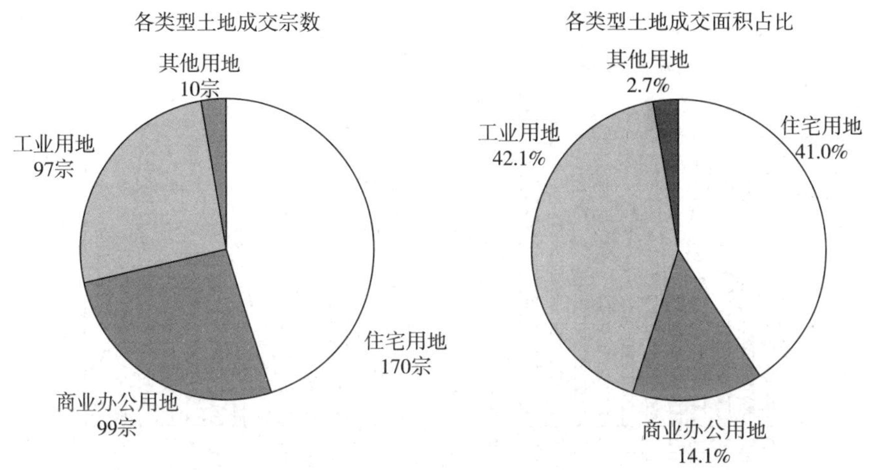


**图 5　2018 年各类型土地成交宗数和占比**

资料来源：中国指数研究院。

近年来西安市土地供应和成交逐渐由二环内向周边延伸。从各行政区域土地成交来看，土地成交主要集中在西咸新区、高陵县、高新区和浐灞生态区。其中：高陵县和高新区成交土地性质以工业用地为主；西咸新区和浐灞生态区成交土地性质以住宅用地为主。西安城六区土地出让成交主要集中在高新区、浐灞生态区和雁塔区，占西安市城六区总成交面积的 25.4%、23.1% 和 7.2%。从土地性质来看，住宅土地成交集中在西咸新区、浐灞生态区和国际港务区；商业办公用地成交集中在西咸新区、浐灞生态区和经开区；西咸新区、高陵区和高新区工业用地成交量显著；其他用地仅西咸新区，灞桥区和周至县有成交记录。从土地成交情况来看，以二年为一个建设周期推算，未来二年住宅用房、商业办公用房和工业用房将集中在西咸新区建成，2019 年，西咸新区商品房销量也会随之水涨船高。

3. 楼面地价趋势分析

通过 2008～2018 年西安市各类型土地楼面地价来看，2018 年，西安市住宅楼面地价 2554.1 元/平方米，同比增长 41.7%，增速放快；商业办公用地平均楼面地价 1353.1 元/平方米，同比增长 14.9%，增速由负转正；工业用地成交均价 348. 3 元/平方米，同比增长 42. 1%；其他用地成交均价 669. 3 元/平方米，同比下降 56. 1%。

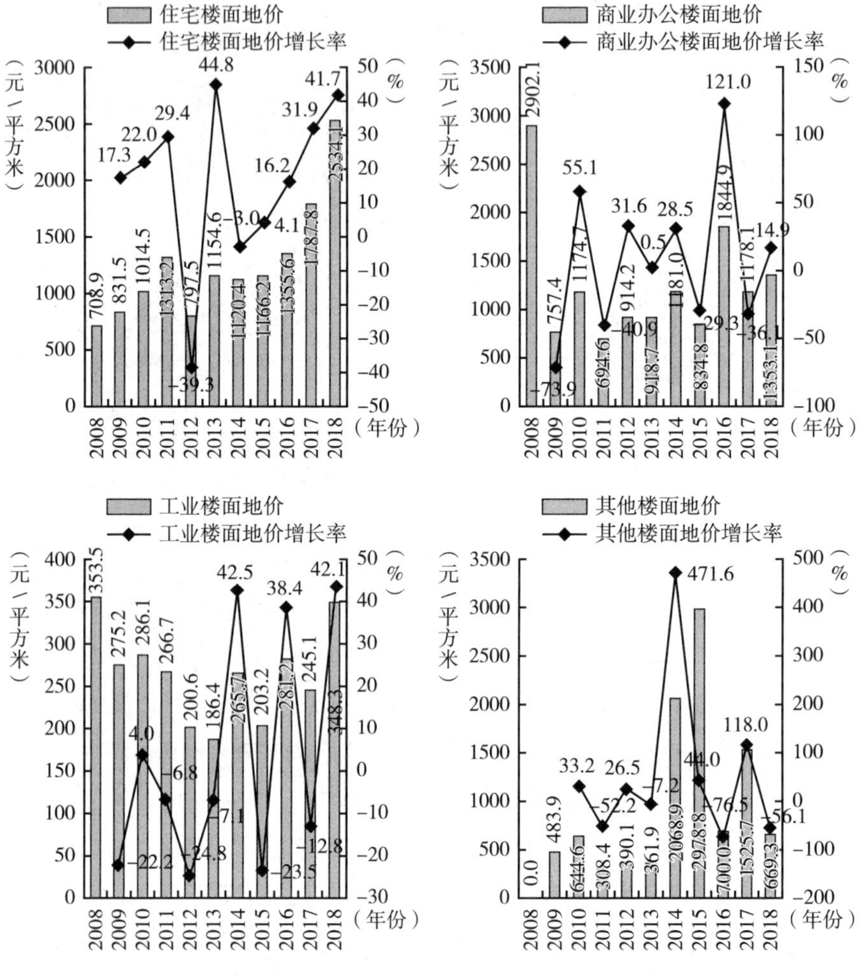

图 6　各类型土地楼面均价趋势

资料来源：中国指数研究院。

4. 土地收益分析

2018 年，西安市土地收益 711. 0 亿元，环比增长 78. 7%，同比 2008 年增长 1540%，土地溢价率达 13. 3%，处于全国土地溢价中等水平。

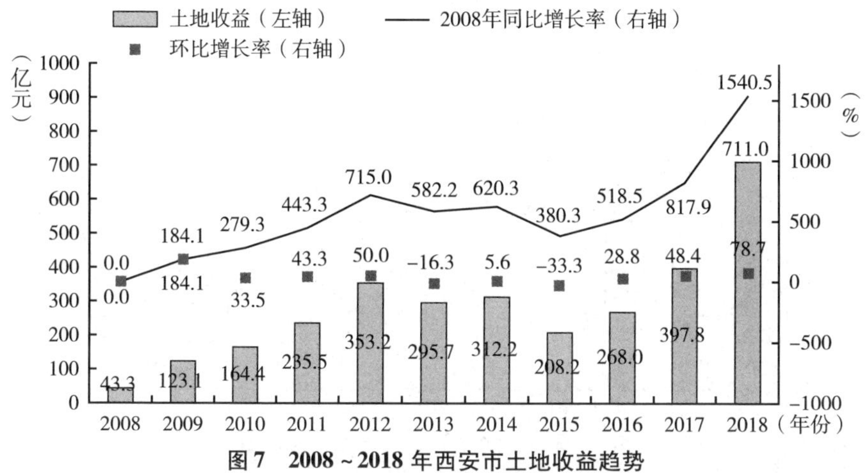

**图7　2008～2018年西安市土地收益趋势**

资料来源：中国指数研究院。

## （二）商品房市场分析

1. 总体情况

（1）趋势分析

2008～2018年，除2011年和2017年商品房销量分别出现了21.52%和21.46%两次较大的负增长，2014年出现了一次3.30%的小幅下降外，其余年份销量均为正向增长态势，2013年和2016年销量同比增长率分别达到23.01%和31.32%，涨幅达近十年高点。2008～2018年，除2015年销售均价下降9.19%外，其余年份销售均价均呈现上涨趋势，尤以2010年、2017年和2018年涨幅最为明显。2018年西安市商品房销售均价首次破万，同比2017年，销售面积扭转下跌趋势大幅上涨，销售均价保持增速不变。

（2）按月度

2018年，西安市新建商品房销售面积1930.3万平方米，销售均价11619元/平方米，同比增长分别为12.9%和20.4%。

从销售面积来看，受传统年影响，2月份销量低迷，销售面积环比下跌61.0%；5月，销售面积达全年最高234.3万平方米，环比上涨34.0%；分析原因主要因为户籍政策带来的人口涌入直接带动住房需求增加；7月，供销量双双走低，“624”政策效果显现。从供销比来看，2018年全年，西安市基本

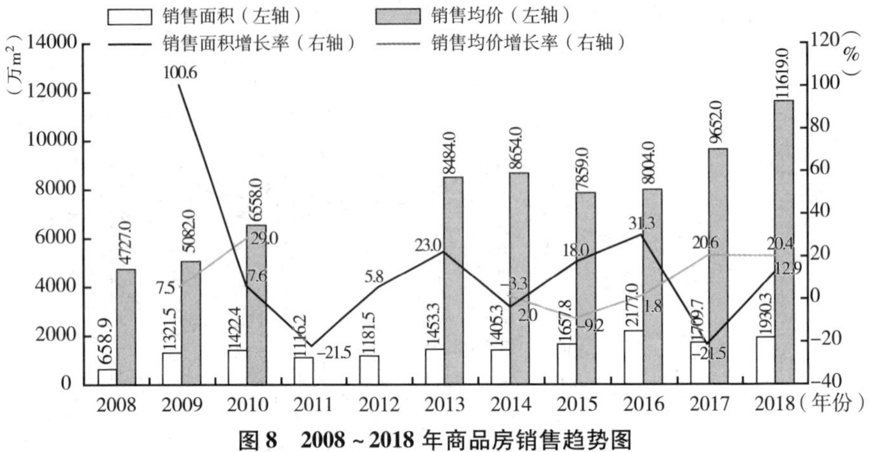


**图8　2008～2018年商品房销售趋势图**

注：2011年、2012年数据未公开，数据更新于2019年4月19日。
资料来源：中国指数研究院。

处于供销失衡状态，8月份以前市场显现出供不应求状态，以1月、3月、8月最为明显。2018年9月开始，随着市场供量的增加，系列性调控政策效果渐显，消费者回归理性，多持观望状态，市场表现出供过于求的状态，各大楼盘主动参与营销，直至年末供销基本平衡。

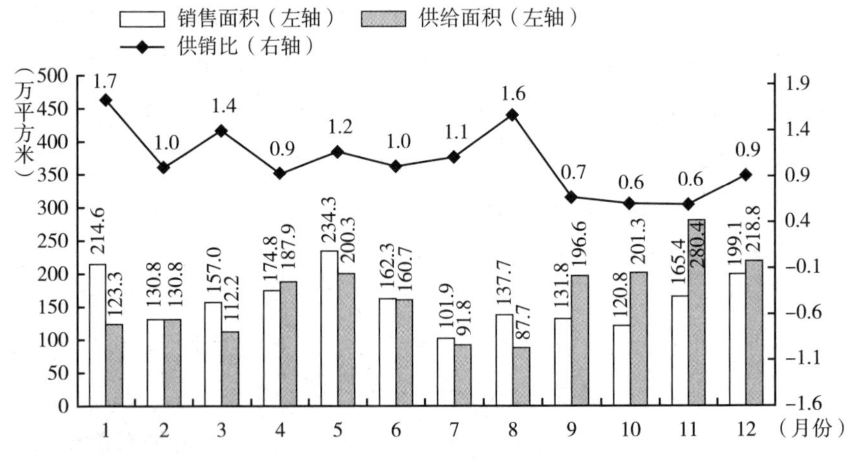


**图9　2018年西安市商品房供销走势**

资料来源：中国指数研究院。

（3）按区域

从各行政区域来看，2018 年西安市主城区全年商品房销售面积，浐灞生态区销售面积占比最高，达 19.1%，其次是经开区和曲江。三区累计销售面积达总销售面积的 52%。

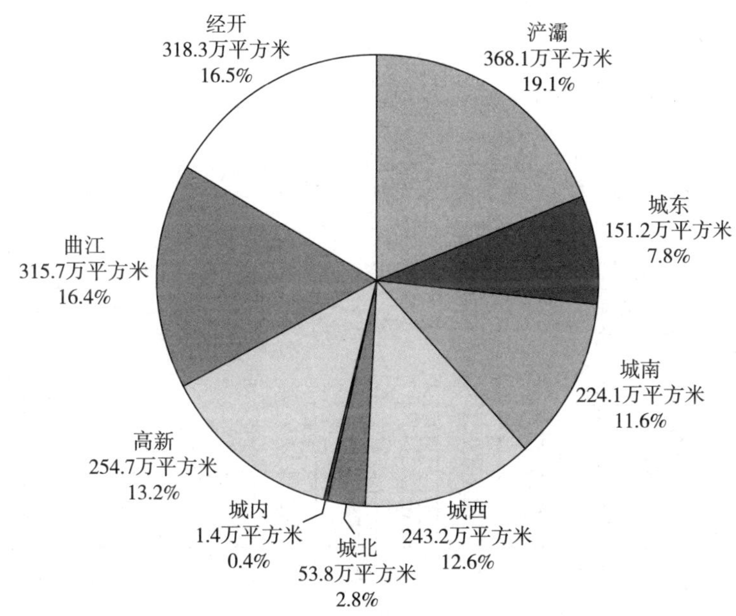


**图 10　2018 年西安市各行政区域商品房销售面积占比**

资料来源：中国指数研究院。

2. 住宅市场

（1）新建商品住宅

从销售面积来看，2018 年全年，西安市商品住宅销售 134387 套，销售面积达 1541.5 万平方米，同比增长分别为 12.2% 和 17.5%。2 月份，受农历年影响，市场较为冷清，销售面积环比下降 39.4%；5 月份，销售面积增加显著，处于全年销量最高点，环比涨幅约四成；6～7 月份，“624” 调控政策直接将投机客拒之门外，摇号政策及改善型住房需求家庭因为户型、面积等问题导致签约率降低，月销售量大幅下跌，7 月销量跌至全年最低。8～10 月，随着供应量增加，销量回到全年平均水平，但在限制性政策影响下，西安市房地产市场并未出现金九银十的热销场面，销售面积和销售均价均有小幅下降；年末在开发商年底业绩冲刺，资金回笼和观望者年底捡漏心态的多重作用下，12月销量翘尾。

从销售均价来看，11月前，新建商品住宅全年销售价格波动不大，1～4月，销售均价小涨小跌；5～8月，销售均价小幅稳定上涨；9～10月，销售均价略有下降；12月受精装交付政策影响，均价大幅上涨，环比增长11.9%，均价高达12336元/平方米，达全年最高。

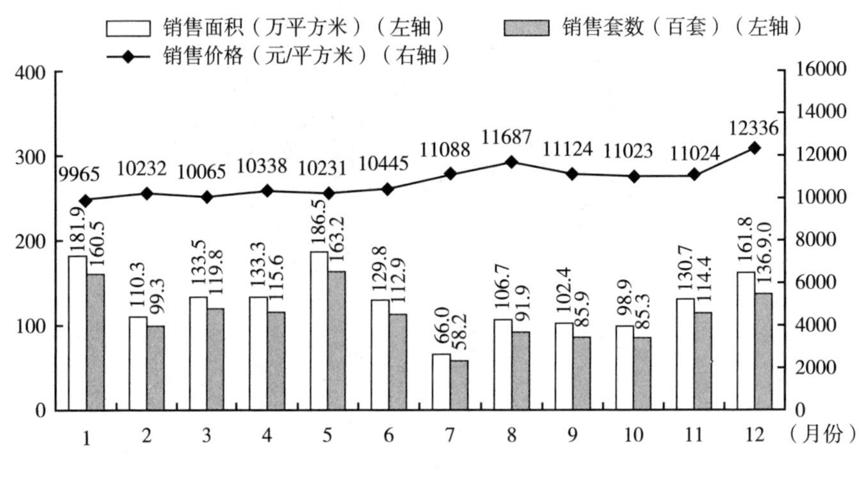


**图11　2018年新建商品住宅量价走势**

资料来源：中国指数研究院。

从销售面积来看，90～120平方米刚需户型仍是市场主体，其次是120～140平方米改善型住宅户型。

从行政区域来看，2018年，新建商品住宅销量前三的区域为浐灞生态区、曲江新区和经开区。绿城、碧桂园等品牌大盘直接带动区域全年销量。从涨幅来看，城东、经开、浐灞生态区商品住宅销售面积涨幅较大，其中：经开区销售面积253.1万平方米，同比增长39.5%；城东销售面积136.5万平方米，同比增长38.0%；浐灞销售面积311.7万平方米，同比增长23.8%。城北、城内销量大幅下降，其中：城北销售面积42.9万平方米，同比下降32.0%；因历史发展原因，城内土地供量几乎为零，新建商品房住宅相比其他区域可忽略不计，故在区域分析表中剔除（下文相同）。

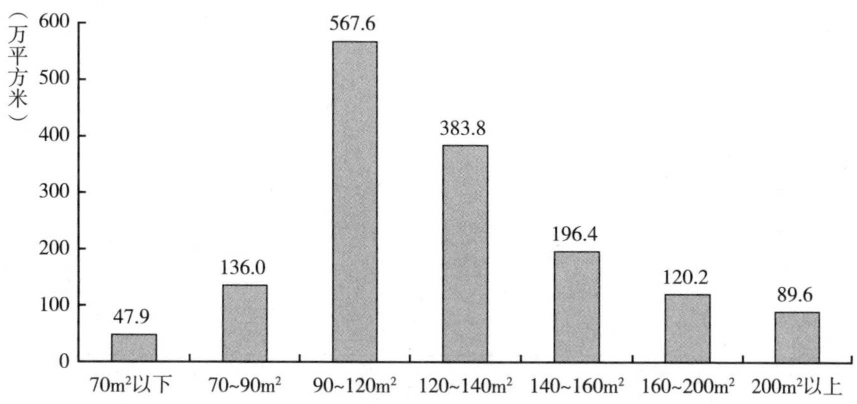


**图 12　2018 年各面积段商品住宅销售**

资料来源：中国指数研究院。

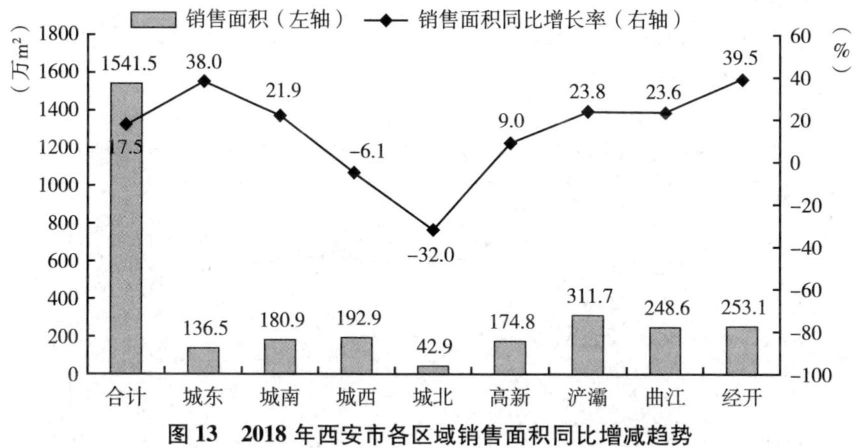


**图 13　2018 年西安市各区域销售面积同比增减趋势**

资料来源：中国指数研究院。

2018 年，高新区以 13423 元/平方米领跑西安新建商品住宅均价，同比增长 34.6%；其次是曲江和城南，销售均价同比增长分别为 20.1% 和 34.9%。同比 2017 年，城六区均价涨幅均在 20% 以上，其中：城东价格涨幅高达四成以上，经开区、高新区和城南涨幅均在三成以上。

（2）存量住宅

根据西安天正房地产价格评估咨询有限公司存量房成交均价数据监测，

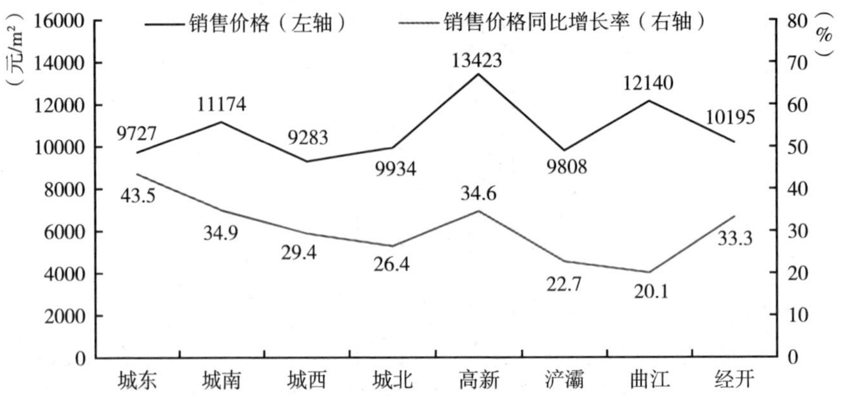


**图 14　2018 年西安市各区域商品住宅销售价格同比增减趋势**

资料来源：中国指数研究院。

2018 年受限购政策影响，新建商品房一房难求，带动存量房市场量价齐涨，最高均价涨幅达 15.9%。2018 年 9 月，存量房市场均价出现微降趋势。有个别月份，西安市房价出现倒挂现象。

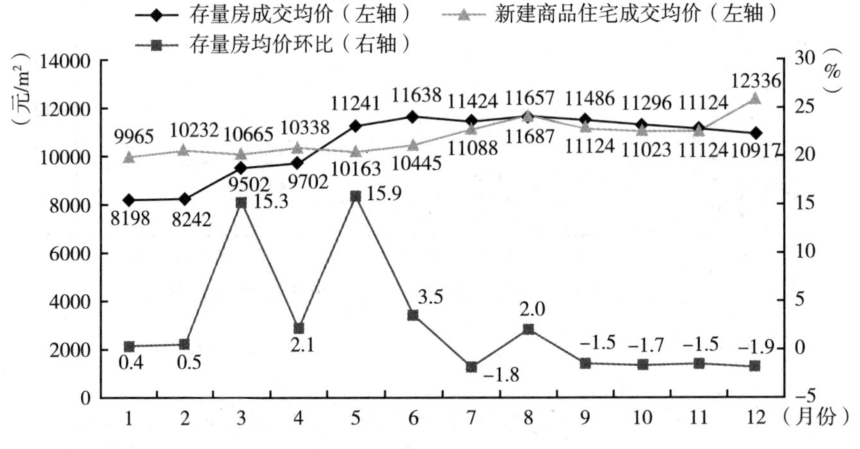


**图 15　2018 年存量房成交均价趋势**

资料来源：西安天正房地产价格评估咨询有限公司。

2015～2017 年，西安市二手房成交套数呈逐年快速增长趋势，2018 年西安市二手房成交套数与 2017 年基本持平，每年 3、4 月份二手房市场环比成交量会出现一次较大幅度增长，分析原因主要是由于每年 2 月份处于春节假期，买方市场不活跃，3 月份开始，市场逐渐进入正常状态。

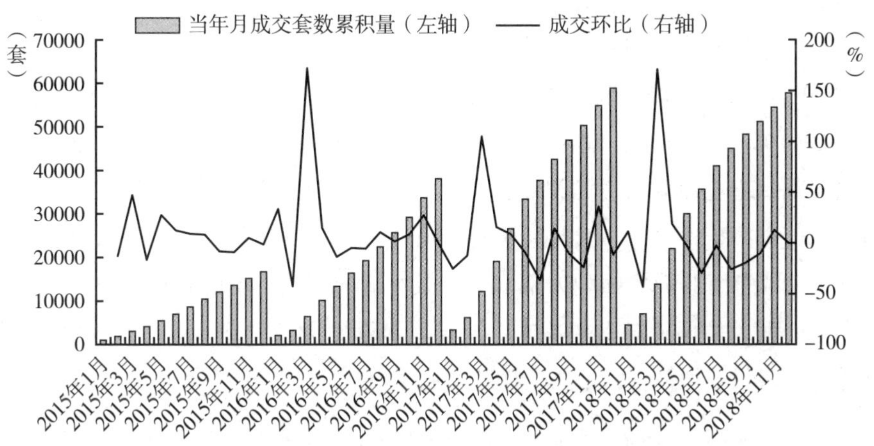


**图 16　2015～2018 年西安市二手房成交套数趋势**

资料来源：西安天正房地产价格评估咨询有限公司。

**表 1　西安市典型区域租金变化情况**

| 区　　县 | 2017 年租金（元/m² · 月） | 2018 年租金（元/m² · 月） | 同比增长 % | 2017 年套均租金（元/套 · 月） | 2018 年套均租金（元/套 · 月） | 同比增长 % |
|---|---|---|---|---|---|---|
| 碑 林 区 | 31 | 32 | 3. 2 | 2395 | 2449 | 2. 3 |
| 雁 塔 区 | 30 | 30. 8 | 2. 7 | 2533 | 2558 | 1. 0 |
| 莲 湖 区 | 28 | 28. 5 | 1. 8 | 2184 | 2230 | 2. 1 |
| 西咸新区 | 25 | 27 | 8. 0 | 1898 | 1937 | 2. 1 |
| 未 央 区 | 26 | 27 | 3. 8 | 2246 | 2370 | 5. 5 |
| 新 城 区 | 25 | 27 | 8. 0 | 2051 | 2171 | 5. 9 |
| 长 安 区 | 23 | 24 | 4. 3 | 2043 | 2114 | 3. 5 |
| 灞 桥 区 | 22 | 23 | 4. 5 | 1854 | 2000 | 7. 9 |

资料来源：西安天正房地产价格评估咨询有限公司。

（3）住宅租赁市场

2018 年，西安市单位租金比 2017 年同比增长 4. 1%。从区域来看，西咸新区和新城区单位租金同比增长最高，套均租金增长幅度最大的为灞桥区，其次为未央区和新城区。套月平均租金上涨 50 ~ 150 元，涨幅最高为 7.9%，与西安市人均可支配收入涨幅基本持平。

3. 新建商业市场分析

2018 年西安市新建商业销售面积 129.5 万平方米，同比增长 6.1%，销售均价 23619 元/平方米，同比上涨 1.5%。新建商业销售主要集中在曲江、经开和浐灞。新建商业销售面积增长较快的为城南和浐灞，销售面积同比增长分别为 100.6% 和 35.2%。城北新建商业销售面积降幅较大，销售面积同比下降 48.8%，城南商业销售面积大幅增长与西安市城南最新建设的莱安中心、西安国际中心等大型商业综合体相关。其他区域新建商业销售面积与 2017 年基本持平。

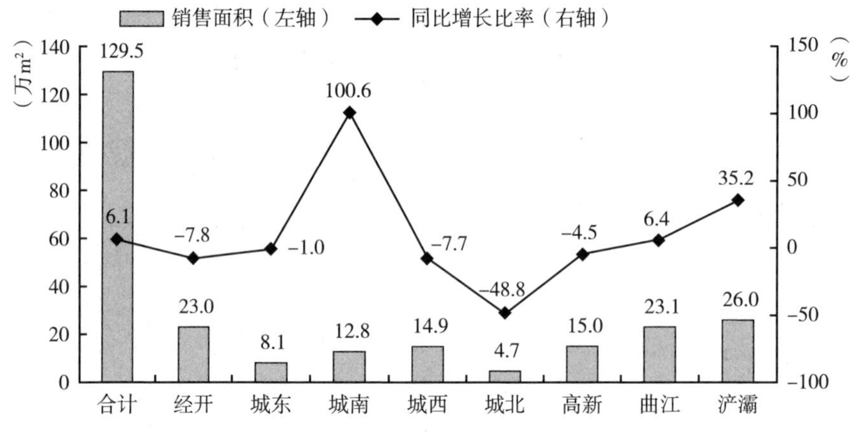


**图 17　2018 年西安市各区新建商业销售面积**

资料来源：中国指数研究院。

4. 新建办公市场分析

2018 年西安市新建办公销售面积 154.5 万平方米，同比下降 14.1%。销售均价 12436 元/m²，同比上涨 2.5%。新建办公主要集中在高新、经开和城西。城北、城西和曲江办公销量同比增幅较大，同比 2017 年增幅分别为 67.3%、34.3% 和 22.7%。城东、浐灞、城南和经开销量下降，其中城东降幅最大，同比下降 40.7%。

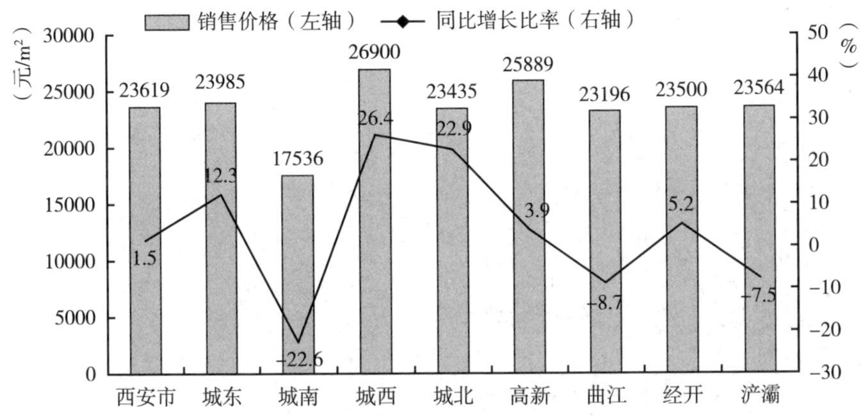


**图18　2018年西安市各区新建商业销售价格**

资料来源：中国指数研究院。

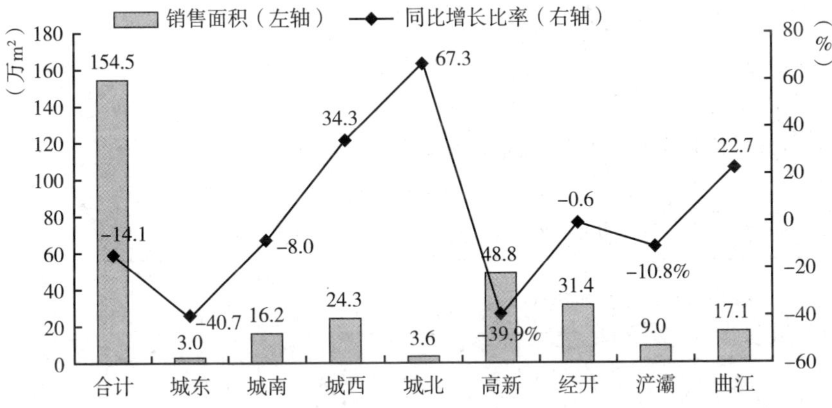


**图19　2018年西安市各区新建办公销售面积**

资料来源：中国指数研究院。

## （三）房地产开发企业分析

1. 企业投资及开发情况

（1）房企土地投资排名

2018年，各大房企纷纷看好西安房地产市场，知名房企争相拿地，土地成交面积达2013.9万平方米，同比增长90.4%；成交金额711.0亿元，同比

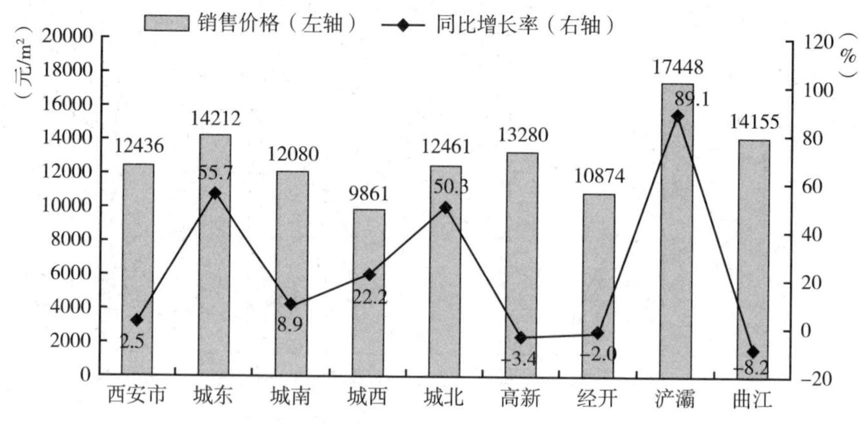


**图 20　2018 年西安市各区新建办公销售价格**

资料来源：中国指数研究院。

增长 1540.5%。成交面积和成交金额创历年新高。

2018 年，西安市房企拿地面积总量排名前十的企业如表 2，万科连续两年保持拿地面积第一，拿地面积 56.7 万平方米，土地投资金额 41.5 亿元。除万科外，连续两年进入拿地前十的企业还有绿地控股。

**表 2　2018 年西安市房企土地投资排名**

| 排名 | 企业名称 | 土地数量 | 总占地面积（万 m²） | 总规划面积（万 m²） | 土地总价（亿元） | 土地单价（元/m²） |
|---|---|---|---|---|---|---|
| 1 | 万科 | 9 | 56.7 | 1446888 | 41.5 | 2870 |
| 2 | 华润置地 | 5 | 48.3 | 1034333 | 38.7 | 3742 |
| 3 | 金泰恒业 | 6 | 43.5 | 1094591 | 65.3 | 5963 |
| 4 | 中国恒大 | 6 | 43.1 | 900068 | 9.1 | 1008 |
| 5 | 绿城中国 | 4 | 35.4 | 704140 | 15.1 | 2144 |
| 6 | 绿地控股 | 8 | 34.2 | 1702152 | 26.5 | 1554 |
| 7 | 华为投资控股 | 2 | 27.3 | 272733 | 1.5 | 543 |
| 8 | 中南建设 | 3 | 25.9 | 702225 | 14.2 | 2015 |
| 9 | 保利地产 | 2 | 22.4 | 755340 | 19.0 | 2512 |
| 10 | 西安高科 | 3 | 20.7 | 509008 | 19.1 | 3742 |
| 合计 | | 48 | 3573514 | 9121478 | 249.81 | 2739 |

资料来源：中国指数研究院。

（2）房地产开发企业房地产投资额、开发量及其增速

据陕西省统计局数据，2018 年，西安市房地产开发企业完成投资 2518.0 亿元，占全省房地产开发投资额的 71.2%，同比增长 7.9%，增速比1～11 月下降 1.7%。其中，住宅投资 1655.4 亿元，占开发投资总额的 65.7%，同比增长 5.7%，增速较 1～11 月下降 1.6%；商业营业用房投资 326.7 亿元，占开发投资总额的 13%，同比增长 2.2%；办公用房投资 208.26 亿元，占开发投资总额的 8.3%，同比下降 5.9%。

2018 年全年新开工面积、施工面积和竣工面积分别为 2433.41 万平方米、15238.1 万平方米和 969.69 万平方米，同比下降 2.3%、1.1% 和 38.3%。新开工面积连续两年下降，降幅收窄；施工面积近十年来首次出现下跌，竣工面积幅度达近年来最高。

（3）房地产开发企业到位资金

从房地产开发资金方面来看，2018 年西安市房地产开发企业到位资金 3426.4 亿元，同比增长 13.0%，增速比 1～11 月下降 1.6%。从资金构成来看，到位资金在 2018 年初跌到全年最低点，之后在自筹资金加快增长的作用下逐月回升，高位趋稳，总体趋宽松，而其他构成部分均比 2017 年有大幅回落，尤其国内贷款回落幅度最大。

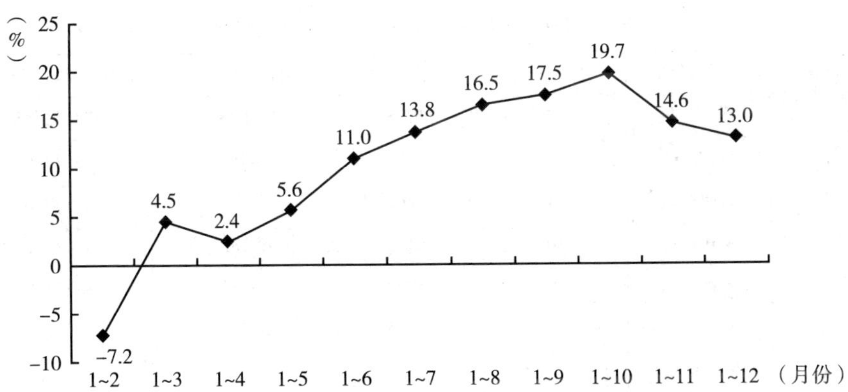


**图 21　2018 年西安市房企实际到位资金增速趋势图**

资料来源：西安市统计局。

**表 3　2018 年西安市房企开发资金组成**

| 到位资金项目 | 金额(亿元) | 占比(%) | 同比增长(%) |
|---|---|---|---|
| 总计 | 3426.4 | — | 13.0 |
| 其中:国内贷款 | 277.8 | 8.1 | -15.3 |
| 自筹资金 | 1506.3 | 44.0 | 22.3 |
| 其他资金 | 1642.3 | 47.9 | 11.6 |

资料来源：西安市统计局。

由上可见，2018 年西安市房地产企业虽然拿地面积大幅增长，但房地产开发企业投资增速有所放缓，新开工面积和施工面积持续两年下降，待出售面积也随之受到影响。开发投资资金自筹资金所占比例占比增幅较大。

2. 企业销售情况

2018 年西安房企销售排行情况如下。

(1) 总体排行

2018 年，万科、碧桂园、绿地控股、中海、保利等名企一直占领着西安市销售榜单，房企的品牌效应在销售中功不可没。

**表 4　2018 年西安市销售前 10 的企业排名**

| 排名 | 企业名称 | 项目数量 | 销售套数 | 销售面积($m^2$) | 销售金额(万元) |
|---|---|---|---|---|---|
| 1 | 万　　科 | 20 | 15703 | 1526764 | 1973712.45 |
| 2 | 碧 桂 园 | 5 | 7086 | 844819 | 839124.63 |
| 3 | 绿地控股 | 9 | 6743 | 767788 | 881238.67 |
| 4 | 保利地产 | 10 | 6181 | 561839 | 731179.53 |
| 5 | 金辉集团 | 9 | 5978 | 443524 | 548297.8 |
| 6 | 中海地产 | 13 | 5765 | 625769 | 847628.3 |
| 7 | 融创中国 | 10 | 5289 | 522277 | 830478.33 |
| 8 | 华远地产 | 5 | 4810 | 375004 | 440045.05 |
| 9 | 中南建设 | 3 | 4597 | 448101 | 523833.74 |
| 10 | 中国恒大 | 11 | 3988 | 308172 | 289218.52 |

资料来源：中国指数研究院。

（2）普通住宅销售排行

**表5　2018年普通住宅销售面积项目排名**

| 排名 | 项目名称 | 区县 | 成交套数（套） | 成交面积（$m^2$） | 成交均价（元/$m^2$） | 成交金额（万元） |
|---|---|---|---|---|---|---|
| 1 | 碧桂园凤凰城 | 经开 | 5628 | 720034 | 8685 | 625364.1 |
| 2 | 绿地新里公馆 | 城西 | 3455 | 383433 | 11329 | 434389.4 |
| 3 | 司法小区 | 城东 | 2318 | 311076 | 6317 | 196506.7 |
| 4 | 御锦城 | 浐灞 | 2037 | 213851 | 9461 | 202332.7 |
| 5 | 中海曲江大城·华宸 | 曲江 | 1906 | 275511 | 16049 | 442169.2 |
| 6 | 阳光城丽兹PLUS | 曲江 | 1876 | 228599 | 12286 | 280867.8 |
| 7 | 中南樾府 | 浐灞 | 1701 | 219302 | 11219 | 246042.2 |
| 8 | 中国铁建·万科翡翠国际 | 曲江 | 1696 | 217068 | 14004 | 303979.4 |
| 9 | 金地艺华年 | 曲江 | 1695 | 188152 | 12139 | 228399.6 |
| 10 | 招商依云曲江 | 曲江 | 1671 | 185227 | 10421 | 193025.2 |

资料来源：中国指数研究院。

在项目排名中，碧桂园凤凰城连续两年取得了西安市年度项目销售榜单，主要取决于其价格优势和品牌效应。消费者更倾向于品牌大盘，在品质上相对有保障。排名前10项目中有5个集中在曲江，2个集中在浐灞，从另一方面透漏出消费者对环境较好的曲江新区和浐灞生态区青睐度高。

（3）别墅销售排行

**表6　2018年别墅销售面积项目排名**

| 排名 | 项目名称 | 区县 | 成交套数（套） | 成交面积（$m^2$） | 成交均价（元/$m^2$） | 成交金额（万元） |
|---|---|---|---|---|---|---|
| 1 | 荣德·河与墅 | 浐灞 | 94 | 20778 | 26775 | 55633.18 |
| 2 | 阳光台365 | 城西 | 27 | 6399 | 27150 | 17372.49 |
| 3 | 绿地国际生态城 | 浐灞 | 24 | 7454 | 23587 | 17582.79 |
| 4 | 融创·揽月府 | 城南 | 17 | 5671 | 18539 | 10513.99 |
| 5 | 曲江公馆 | 曲江 | 10 | 4464 | 29065 | 12975.83 |
| 6 | 中海曲江大城·华宸 | 曲江 | 10 | 2343 | 20358 | 4770.11 |

续表

| 排名 | 项目名称 | 区县 | 成交套数（套） | 成交面积（$m^2$） | 成交均价（元/$m^2$） | 成交金额（万元） |
|---|---|---|---|---|---|---|
| 7 | 就掌灯 | 城东 | 10 | 1529 | 26570 | 4062.89 |
| 8 | 金地·湖城大境 | 曲江 | 8 | 3042 | 26497 | 8061.68 |
| 9 | 紫薇·永和坊 | 曲江 | 6 | 2448 | 16079 | 3936.84 |
| 10 | 湾流 | 浐灞 | 6 | 2317 | 19844 | 4598.5 |

资料来源：中国指数研究院。

别墅销量前10榜单中，7个集中在浐灞和曲江，荣德·河与墅远超其他项目位列别墅类住宅销售之冠，占别墅类项目销售面积的36.8%。成交套数94套，占前10总销售套数的44.3%，成交金额55633.18万元，占前十销售金额的39.88%。

（4）商业销售排行

商业销售前10榜单中在西安市城区分布较均匀，新城吾悦广场和华润·二十四城两个项目集交均价远超其他项目商业均价，这两个项目均为集商业、办公、住宅为一体的综合项目。成交面积最大的为城南莱安中心，占商业排名前10成交面积的26.79%。其次为西安华南城，占商业排名前10成交面积的22.18%。

**表7　2018年商业销售面积项目排名**

| 排名 | 项目名称 | 区县 | 成交套数（套） | 成交面积（$m^2$） | 成交均价（元/$m^2$） | 成交金额（万元） |
|---|---|---|---|---|---|---|
| 1 | 西安淘宝生态城 | 经开 | 812 | 34158 | 23164 | 79124.91 |
| 2 | 西安华南城 | 浐灞 | 699 | 76395 | 26121 | 199552.49 |
| 3 | 百寰国际 | 城北 | 406 | 12553 | 27017 | 33913.54 |
| 4 | 西安立达国际机电、五金、水暖博览城 | 城东 | 356 | 23756 | 10368 | 24631.1 |
| 5 | 新城吾悦广场 | 城西 | 352 | 19261 | 37560 | 72344.52 |
| 6 | 碧桂园凤凰城 | 经开 | 347 | 23060 | 23827 | 54945.25 |
| 7 | 华润·二十四城 | 城西 | 340 | 22538 | 35777 | 80632.71 |
| 8 | 城南莱安中心 | 城南 | 283 | 92256 | 15482 | 142826.8 |
| 9 | 东方亿象城 | 城东 | 283 | 29480 | 17425 | 51368.2 |
| 10 | 曲江汉华城 | 曲江 | 227 | 10893 | 29301 | 31916.39 |
| 合计 |  |  | 4105 | 344349 | 22397 | 771255.91 |

资料来源：中国指数研究院。

（5）办公销售排行

**表8　2018年办公销售面积项目排名**

| 排名 | 项目名称 | 区县 | 成交套数（套） | 成交面积（$m^2$） | 成交均价（元/$m^2$） | 成交金额（万元） |
|---|---|---|---|---|---|---|
| 1 | 华润·二十四城 | 城西 | 2304 | 119711 | 9352 | 111949.82 |
| 2 | 金辉·环球广场 | 曲江 | 1526 | 74413 | 11414 | 84938.97 |
| 3 | 旭辉·荣华·公园大道 | 浐灞 | 938 | 35295 | 13031 | 45993.56 |
| 4 | KingMall未来中心 | 城西 | 845 | 35350 | 10890 | 38496.15 |
| 5 | 海亮新英里 | 高新 | 756 | 31026 | 11009 | 34157.27 |
| 6 | 中国国际丝路中心 | 城西 | 518 | 23838 | 10526 | 25091.85 |
| 7 | 荣民时代广场 | 城北 | 517 | 25399 | 13899 | 35303.24 |
| 8 | 曲江·华著中城 | 曲江 | 516 | 20105 | 22601 | 45440.72 |
| 9 | 西安首创国际城 | 经开 | 423 | 53179 | 7081 | 37656.48 |
| 10 | 世融嘉轩 | 经开 | 356 | 23190 | 9166 | 21255.68 |
| 合计 | | | 8699 | 441507 | 10878 | 480283.73 |

资料来源：中国指数研究院。

2018年办公销量排名第一的为华润·二十四城，与我们预期的办公聚集地高新区、经开新区不太一致，随着西咸一体化进程加快，西安市办公聚集地将会向西边和北边移动。

## 三　2019年西安市房地产市场展望

### （一）多角度调控，共有产权房供量加大

从2018年西安市宽松的落户政策和严格的限购政策、楼市整顿政策来看，2019年西安市仍会以一松一紧调控政策为基调，从户籍、土地、限购多角度调控，建立西安市房地产市场健康发展长效机制。根据大西安发展规划来看，离2020年1200万落户人口目标仍有几百万人缺口，户籍政策或会进一步放松。土地政策将土地从单一化供应向多元化供应引导，在相关政策的引导下，长租公寓和租赁性保障性住房将快速发展。开发企业会将焦点聚集在如何满足改善性需求客户的需求上，与科技相关的个性化产品的推出将成为房地产企业开发的主流趋势。

### （二）土地供量不断加大，西咸规划前景好

2018 年，西安市土地市场成交涨幅增大，大量土地供应集中在西咸新区，土地供应量增加将会推动西咸新区新建商品房供应量。西咸新区在西安市发展中的地位将会大步提升。地铁线路的规划及延伸，将带动西咸新区房价保持上涨。2019 年，随着三年清零方案的推进，主城区土地供量将会有显著的提高，供给量的增加将会有效改善供需矛盾，有助于西安房地产市场稳定发展。

### （三）去库存红利渐退，房价回稳，租金向上

从 2018 年西安市房地产市场运行情况来看，西安市户籍人口城镇化加速红利，以及住房消费升级红利带动了西安市商品房市场量价齐涨。2019 年，去库存红利将逐渐消退，伴随着西安市棚改进程加快，一部分消费需求将会得到释放，房地产销售面积短期内或许会出现大幅度增加，增速或会放缓。随着市场供需达到平衡，精装上市整体会拉动西安市房价，根据历年西安市房价增长趋势来看，2019 年，西安市房价将会稳中有升。

2019 年，全国外部发展环境依旧严峻，中美贸易摩擦带来的影响将逐渐显现，房地产投资带来的经济拉动效应减退。随着新增人口的增加，就业及返工潮影响，将会带动西安市租赁市场，从以往数据来看，西安房租以半年至一年为一个周期稳定增长，租金涨幅或不及房价涨幅，但随着住房方式多元化的不断推进，住宅租赁市场租金的上涨态势必定是市场发展的大势所趋。

### （四）房企压力增大，投资力度将会继续放缓

2018 年西安市全年新开工面积、施工面积和竣工面积均表现出下降趋势，房企投资速度放缓。2019 年，开发成本的上涨以及融资难度的增加使得开发企业面临资金紧张，投资力度将会继续放缓。虽然随着三环内拆迁速度加快，土地供量会有所增加，但三环内土地相对稀缺，土地价格会随着拆迁成本的增加而升高，发展成熟中心区域高地价使得许多中小房地产开发企业望而却步，开发区域将被动向浐灞、经开、西咸新区等周边区域外扩，房地产企业将会更加注重房产品质的打造，从项目区位、周边配套资源占有等方面拉动房产自身价值，从而在“限价”前提下实现盈利。

B.18

# 2018年北京存量房市场分析及2019年展望

靳瑞欣*

**摘　要：** 2017～2018年房地产调控不放松，市场步入下行周期内，2018年北京二手房成交15.1万套，同比上涨12.96%。但较之2016年高峰期成交27.4万套，2018年成交量下降45%，成交量处于历年中等发展水平。2018年二手房成交价格仍上涨，但同比涨幅创新低，调控政策效果明显。2019年房地产政策仍会保持稳定发展，在市场供需结构的抗衡中，预计二手房量价平稳上涨。

**关键词：** 下行周期　成交量　价格涨幅创新低　政策维稳

## 一　宏观市场——政策调控不放松，步入下行周期

### （一）下行周期，2018年政策调控不放松

1. 2008～2016年政策刺激下的三年小周期变化

回顾北京房地产市场近年来的市场波动情况，与国内整体房地产波动趋势相同，有着三年小周期的变化规律。

2008年、2011年、2014年每隔三年出现一次市场低谷，表现为商品住宅（新建住宅+二手住宅）成交量为3年最低，存量新建商品住宅为三年最高。

* 靳瑞欣，房地产经营与管理专业，现任中原集团北京顾问中心经理。

在市场出现低谷后，随着房地产利好政策的出台，房地产市场随后则出现明显回暖。如“2008 年连续五次降息、2009 年四万亿救市，鼓励住房消费和房地产开发投资”；“2014 年连续 6 次降息、降至历史低位，重启救市模式、释放刚需和改善”。

这两轮救市从信贷、新政、税收多方位刺激楼市，北京楼市在随后出现明显回暖。但这种不区分刚需及投资需求的救市模式，也一定程度上导致房价普涨，投资需求入市进一步推高房价。2015 ~ 2016 年北京房地产市场经历了有史以来最大的一轮牛市，房价涨幅处于历史最高水平。从这一轮上涨趋势来看，此阶段北京房地产仍处于上行周期中，决定此时楼市的主要逻辑，主要观察的是各市场的成长性——有哪些利好因素，未来有多大的增长空间。

2. 2017 ~2018年房地产从严调控，市场步入下行周期

北京房地产市场 2017 年步入下行周期，2018 年末出现回暖现象，市场进入稳定、理性的运行周期，这主要受房地产从严调控不放松的影响。

在房价上涨，居高不下的情况下，北京市开启本轮严厉的房地产调控政策。不同于之前简单的刺激政策，2017 ~ 2018 年的房地产调控目标明确：以房价稳定为前提，鼓励自住，抑制投机。政策方向把自住、改善需求与投资、投机需求区分开。在确保房价稳定的情况下，鼓励自住和改善需求，而对投资投机需求则继续通过限购、限贷加以抑制。

政策限制不放松，购房门槛继续提高

2018 年 9 月 4 日，北京市住房公积金中心发布新政，提高公积金使用门槛，降低贷款额度。新政规定实行贷款额度与借款申请人住房公积金的缴存年限挂钩，每缴存一年可贷 10 万元，最高可贷 120 万元。另外，还更改了判定“二套房”的规定，变成与商贷一样“认房又认贷”；同时新政下调二套房贷款最高贷款额度，由 80 万元下调为 60 万元。这一举措，反映出北京购房政策限制不放松的趋势，未来北京市商品住宅销售依然面临较大压力。

金融端口收紧，严防资金流入房地产

金融端口继续收紧，2018 年北京市强化金融市场的监管力度，严防资金流入房地产。金融端口对房地产支持力度持续降低，“降杠杆”持续推进，严防金融对房地产的推波助澜作用。

**表1　北京住房公积金新政相关内容**

| 出台时间 | 政策文件 | 具体内容 |
|---|---|---|
| 2018年9月14日 | 1.《关于调整住房公积金个人住房贷款政策的通知》<br>2.《关于落实放管服、优化营商环境提升住房公积金归集服务水平的通知》 | ▶ 贷款额度与缴存年限挂钩,缴存超11年,才可贷120万二套房既认房又认贷。二套最高贷款额度降至60万<br>▶ 二套房认定标准:在本市仅有1套住房、全国仅有1笔住房贷款记录,在本市有1套住房,且为同一套住房、如果在本市有2套及以上住房,或全国有2笔及以上住房贷款记录,或有住房贷款记录及在本市有住房且非同一套住房的,则不予贷款 |

**表2　北京强化金融市场监管相关政策**

| 时间 | 措施 | 具体内容 |
|---|---|---|
| 2018年1月23日 | 强化金融市场监管力度 | 北京市住建委联合北京银监部门开展了专项执法,严查房地产经纪机构、金融机构等参与变相加杠杆、首付贷等违法违规行为 |
| 2018年2月28日 | 严防资金流入房地产 | 中信银行调整北京地区房地产信贷政策,严防资金违规流入房地产 |

## 二　市场特征——政策调控，二手房量价平稳

### （一）二手房成交占比超八成，存量特征明显

北京市从2008年开始进入存量住房市场，二手住宅交易量大于一手住宅交易量。二手住宅成交占比从2014年起，整体呈现上升趋势。2016年二手住宅占比达80%以上，2018年二手住宅成交套数占比高达82.2%，房地产市场存量特征明显。

### （二）2018年成交量同比上涨，但与2016年高峰相比下降45%

二手房交易活跃程度与信贷松紧有很大关系，2009年二手房交易量为26.6万套，相当于2008年的8倍有余，2009年如此大的交易量原因主要是4万亿投资，激活市场，资金潮下引发一波房产投资需求暴涨。2016年与之相似，春节后在货币宽松刺激下，节后楼市爆发，之后虽然930收紧政策出台，

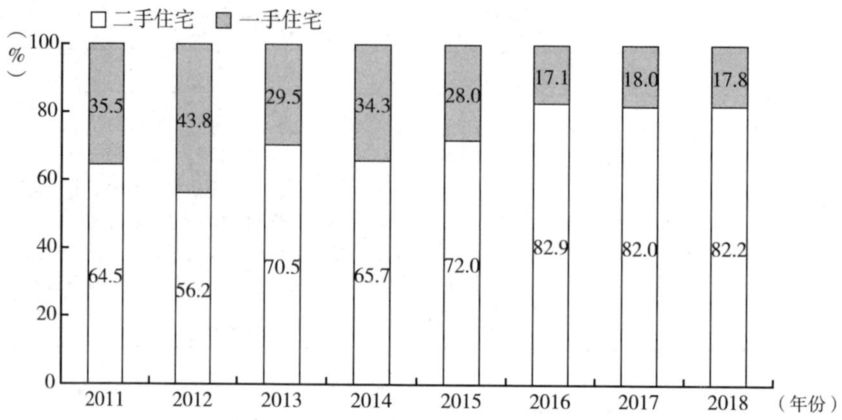


**图1 2011～2018年北京市一二手住宅成交套数对比**

数据来源：中原集团北京顾问中心。

但2016年整体宏观环境仍处资金潮下，在持续通货膨胀下，房产成为大家首选的保值增值产品，再加之学区房、改善购房需求暴涨，众多因素叠加助推2016年二手房成交量超27万套，创下历史新高。2017年在系列严厉政策打压下，交易量同比下滑近50%。

2018年，北京市二手住宅成交量呈“低开－高走－低收”态势，成交15.1万套，同比上涨12.96%。但较之2016年高峰成交27.2万套，2018年成交量下滑45%，成交量仍处历年中等发展水平。

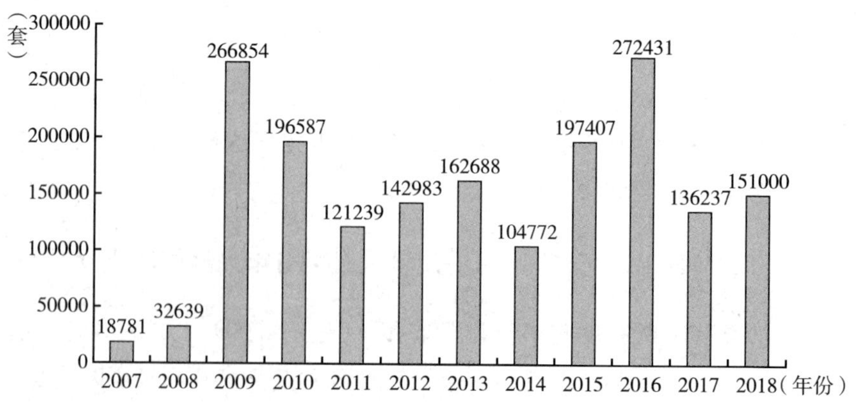


**图2 2007～2018年北京市二手房成交量走势**

数据来源：中原集团北京顾问中心。

### （三）成交均价涨幅创新低，调控政策效果明显

2013 年至今，北京二手住宅成交均价逐年上涨。2018 年二手住宅成交均价为 59035 元/平方米，同比涨幅仅为 0.60%，涨幅创近 6 年来新低。2018 年二手房价格趋稳，一方面是限购、限贷、二套房首付提高等严厉调控政策，减缓部分改善购房入市速度；另一方面在“房住不炒”的大背景下，新房以限竞房、共有产权房为主，价格上涨空间有限，这也给市场传递一种信息，消费者对价格上涨预期发生变化，观望人群居多，这些都促使二手房交易价格趋稳发展。

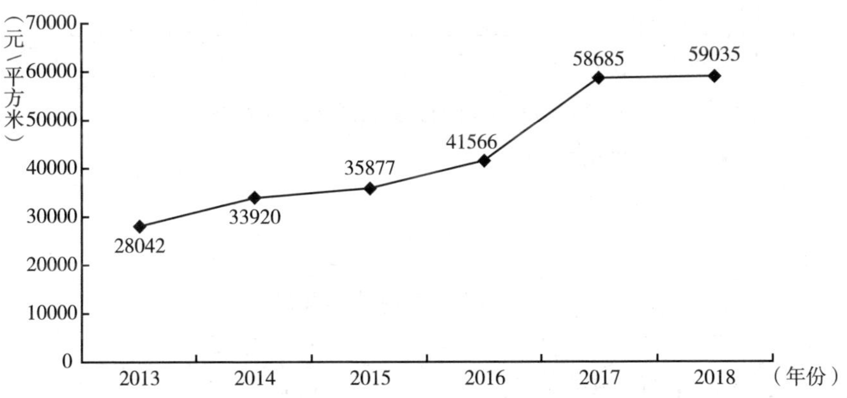


**图 3　2013～2018 年北京市二手房成交价格走势**

数据来源：中原集团北京顾问中心。

### （四）2018年租金仍上涨，年底比年初涨幅达8%

相对房价中蕴含的投资需求而言，租金水平代表的是真实居住需求。2018 年北京二手房租金仍呈上涨趋势，租赁市场有很强的季节性，毕业季、换工作潮后以及合同到期后都会引起价格的波动上涨，2018 年租金价格年底比年初上涨 8%。北京明确提出 2018 年供应 200 公顷的集体土地租赁住房用地用于缓解北京租赁市场需求，但北京作为国际化大都市，外来人口每年增加，房价居高不下，只能通过租赁住房解决居住需求，且客户在租房时普遍对区域要求较高，因此，对于交通便利、配套齐全、工作商圈周

边的区域，租金仍会呈上涨趋势，而对于一些郊区区域租金水平则相对会稳定一些。

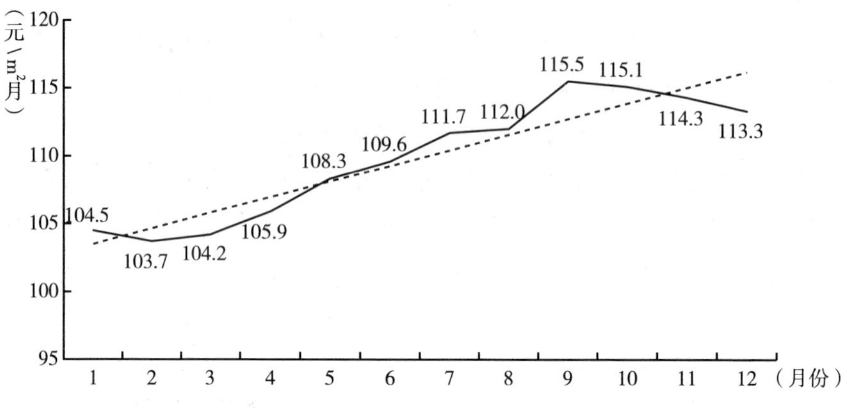


**图4　2018 年 1～12 月北京市二手房租金走势**

数据来源：中原集团北京顾问中心。

# 三　2019年市场展望

## （一）2019北京房地产进入“三稳”趋势

我国房地产市场发展速度受政策影响很大，属政策市，北京也不例外。进入 2019 年北京房地产发展趋势存在不确定性，在 3 月全国两会上，避谈房地产调控和房价等关键词，但这并不意味着调控会放松，相反 2019 年要确保房地产稳定发展，体现在“稳地价、稳房价、稳预期”，要保持政策的连续性和稳定性，防止大起大落。

2018 年北京楼市调控政策先趋严后趋稳，年内公积金贷款政策升级，二套房“认房又认贷”，目前政策强度已十分严厉，且已取得阶段性成效。从政策的连续性和稳定性角度考虑，未来政策加码或大幅放松的可能性较小；房地产长效机制尚未完全建立，同时北京市场潜在购房需求仍然旺盛，未来主体政策放松的可能性也较小。预计未来短期内，北京调控政策将以维持稳定为主，在避免大起大落之间，政策会适度收紧和放松。

### （二）2019年二手房绝对主力，量价平稳上涨

2018 年北京二手住宅成交量占比为 82.2%，为近几年高位水平。随着北京新建商品住宅供应不断郊区化发展，城区内购房需求仍集中于二手房，因此，2019 年二手房交易在市场上仍占据主力，占比有进一步扩大趋势。对于二手房量价而言，2019 年调控政策仍以维稳为主，二手房成交量价在 2018 年基础上会呈稳步上扬态势。

# B.19

# 2018年深圳市房地产市场解析与2019年展望

宋博通　朱证旭　陈卓远　张梦倩　黄舒婷　胡荣平　黄秀梅　赖如意*

**摘　要：** 2018年，深圳房地产开发投资稳步增长。住宅方面，受"三价合一"和"7.31"两轮政策影响，全年新房均价平稳，二手房均价微涨，两者成交皆较低迷，二手别墅较相邻普通住宅溢价明显。其他物业方面，商业用房整体成交微降；新建写字楼供需再创新高，南山区租金涨幅最大；湾区利好促进临深住宅成交。土地市场供应量微升，居住用地近五成用于建设纯租住房。

展望2019年，深圳经济高质量发展为房地产业提供支撑。住宅方面，在"房住不炒"的基调下，更加强调因城施策，诸多利好叠加有望促进成交量价以稳为主、温和发展。其他物业方面，商务公寓市场整体降温，可售公寓愈发稀缺；写字楼大宗交易将逐渐常态化，南山写字楼组团有望打造湾区经济新格局。土地方面，居住用地供应向租赁市场倾斜，工业用地开发实现价值深挖。"直管模式"促进深汕合作区发展提速。临深片区利好促进深圳住房外溢需求释放。深圳住房租赁新政出台将开启租赁市场规范治理。

* 宋博通，建筑学科博士后，深圳大学基建部主任，深圳大学房地产研究中心常务副主任，副教授；主要研究领域为住房政策、城市经济与房地产市场；朱证旭、陈卓远、张梦倩、黄舒婷、胡荣平、黄秀梅、赖如意，深圳大学土木工程学院硕士研究生。第二作者排名不分先后。

**关键词：** 房地产市场　土地市场　长租公寓　临深片区　深汕特别合作区

## 一　2018年房地产市场总览

### （一）房地产开发投资继续增长，占固定资产投资比重近年趋稳

从历年房地产开发投资额看（见图1），2007～2010年持续微跌，2011年以来稳步增长，2018年达2640.71亿元，同比上涨23.64%。

从历年房地产开发投资额占固定资产投资比重看（见图1），深圳自2010年始逐年增加，近三年趋稳。

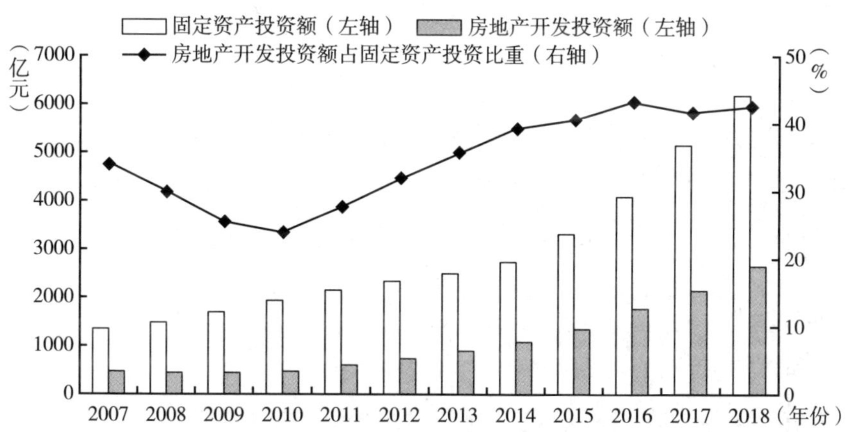


**图1　2007～2018年深圳市房地产开发投资情况**

数据来源：广东省统计局。

### （二）全市新建住宅均价稳中微跌，南山高位、龙岗垫底；二手住宅均价全年微涨，南山、福田小幅领涨

#### 1. 一线城市住宅价格指数方面深圳新房全年平稳，二手房小幅领涨

从2018年各月一线城市新建住宅价格指数走势看（见图2），京、沪、深

全年平稳，深、沪指数高位重合，穗指数四月起逐月小幅上涨。穗、京、深、沪累计涨幅依次递减，分别为9.46%、3.37%、1.11%、0.90%。

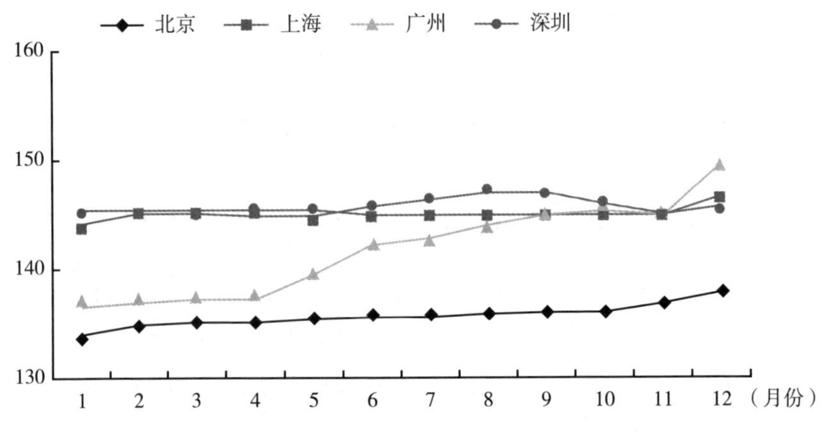


**图2　2018年各月京、沪、穗、深新建住宅价格指数走势**

* 定基以2015年价格为100

数据来源：国家统计局。

从2018年各月一线城市二手住宅价格指数走势看（见图3），深全年小幅领涨。深、穗小幅趋涨，累计涨幅为3.85%、2.81%；沪、京小幅趋降，累计跌幅为2.83%、1.02%。

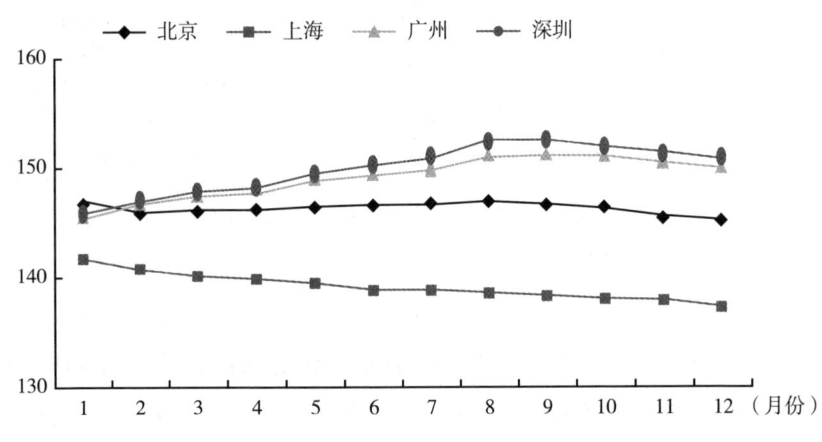


**图3　2018年各月京、沪、穗、深二手住宅价格指数走势**

* 定基以2015年价格为100

数据来源：国家统计局。

2. 近三年住宅均价受调控影响显著，新房稳字当头；二手房涨幅收窄；新旧房价“倒挂”趋大

从深圳新建住宅和二手住宅历年均价走势看（见图4），自2008年以来稳步上涨，从2011年开始新房与二手房均价出现“倒挂”（除2016年外）；2016年10月“深八条”出台后，在限购限价等调控政策影响下，新房均价的统计数据呈现21个月碎步式微跌，稳字当头，新房与二手房均价“倒挂”现象更趋明显。2018年新建住宅均价54120元/平方米，同比下跌0.60%；二手住宅均价61869元/平方米，同比上涨3.83%，涨幅收窄。

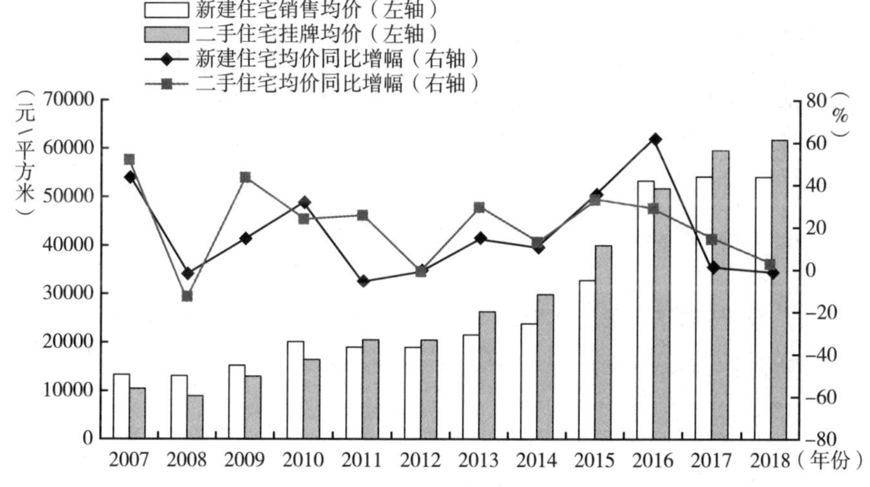


**图4　2007～2018年历年新建住宅、二手住宅均价走势**

数据来源：深圳市规划和国土资源委员会、深圳市房地产信息网。

3. 各月住宅均价总体平稳，限价和补丁政策力促新房统计数据高度平稳；“三价合一”引致二手房小幅波动；租金小幅上涨

从2018年各月新建住宅均价看（见图5），受制于限价政策，各月均价统计数据高度稳定。同时，由于新房与二手房价格“倒挂”趋大，增强了市场投资新房冲动，7月份及时出台的“7.31”补丁新政，从需求端限制了企业购房、短炒性购买新房和公寓、堵住了离婚买房漏洞，进一步稳定了新房市场价格。

从各月二手住宅挂牌均价走势看（见图5），全年小幅波动。3月出台的

“三价合一”政策，打击阴阳合同和利用高杠杆购房，致使5、6、9月二手住宅均价均出现小幅下滑；岁末再度翘尾，以63045元/平方米收官。

从各月住宅租金走势看（见图5），2018年租金延续上年涨势，鲜有下跌，全年累计上涨13.58%。5月租金达全年最低80元/平方米，12月升至近年新高92元/平方米，同比上涨12.20%。

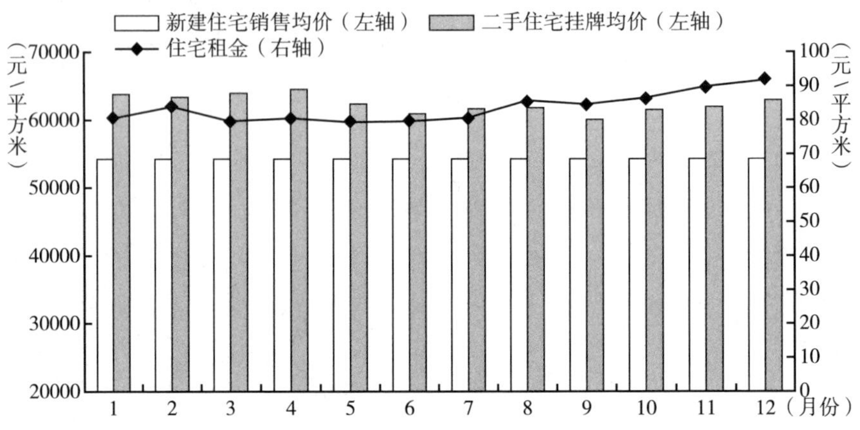


**图5 2018年各月新建住宅均价、二手住宅均价、住宅租金走势**

数据来源：深圳市规划和国土资源委员会、深圳市房地产信息网。

4. 各区[①]新建住宅月度均价南山上半年起伏明显，福田高位趋稳，龙岗全年垫底

从2018年各区新建住宅月度均价走势看（见图6），除南山外，其余各区月度均价相对平稳。南山上半年均价大幅起落，4、5月平价楼盘入市，两月累计降价37891元/平方米，6月明星楼盘入场，升至历史新高125798元/平方米，7~10月持续走低；福田自4月上涨28.84%后，基本保持平稳；罗湖、宝安、龙岗延续上年平稳态势；盐田从2017年7月开始，连续14个月零成交。

5. 各区二手住宅月度均价稳多涨少，南山福田全年领涨步调趋同，其余四区全年企稳

从2018年各区二手住宅挂牌均价月度走势看（见图7），两区上涨，四区

① 为方便与历史数据对比，指以往的罗湖、福田、南山、盐田、龙岗（指原龙岗区，含坪山区和大鹏新区）、宝安（指原宝安区，含龙华区和光明区）六区

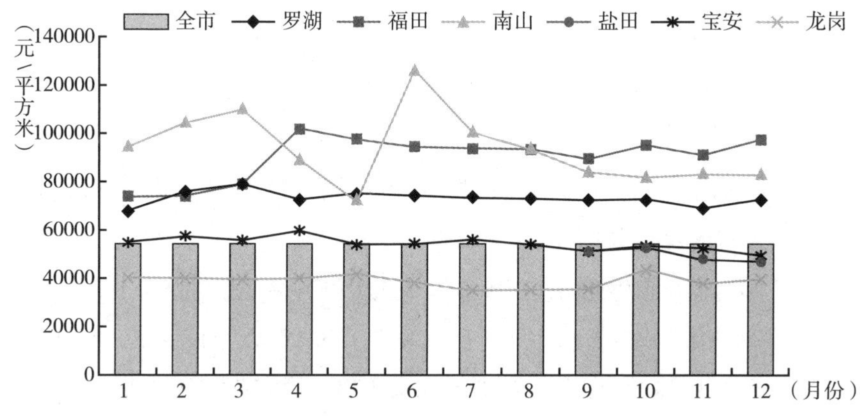


**图6　2018年各区新建住宅月度均价走势**

数据来源：深圳市规划和国土资源委员会、深圳市房地产信息网。

平稳。福田、南山全年领涨、走势相似，除6月份下跌5.00%左右外，其余各月多为上行，累计涨幅分别为21.14%、15.91%；罗湖、宝安、盐田、龙岗四区平稳，均价递减。

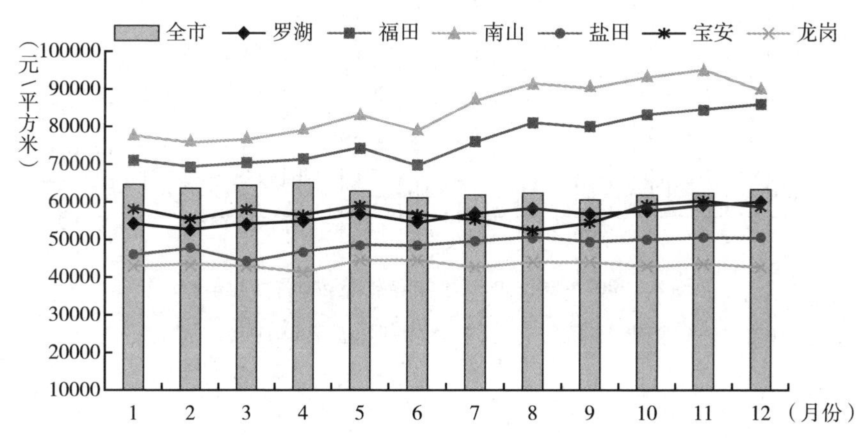


**图7　2018年各区二手住宅月挂牌均价走势**

数据来源：深圳市规划和国土资源委员会、深圳市房地产信息网。

### 6. 二手别墅较相邻普宅溢价明显，相邻普宅与全市二手住宅涨幅水平相当

在二手住宅价格企稳的大环境下，高档物业价值体现较为明显。选取深圳

部分二手别墅①、相邻普宅②，从二手别墅、相邻普宅、全市二手住宅涨幅看，2018 年分别为 10.88%、3.15%、3.83%。别墅物业通常具有较大建筑面积、宜人生态环境、完善小区配套，溢价较相邻普通住宅明显；而相邻普宅与全市二手住宅涨幅水平相当。

## （三）新建住宅供需全年止跌回升，“7.31”补丁政策对需求抑制明显，关外③成交稳居主力

### 1. 全年新建住宅供需面积迎三年首涨，销供比则进一步降低

从历年新建住宅供给来看（见图 8），2007～2008 年新建住宅批售面积稳居高位；2009～2011 年金融危机致市场受挫；2012～2015 年市场需求不断攀升，大量房源入市，同比涨幅均超过 10%；2016～2017 年批售面积连续大跌，跌幅均超过 30%；2018 年止跌回升，达 389.62 万平方米，同比上涨 39.87%，涨幅创十四年新高。

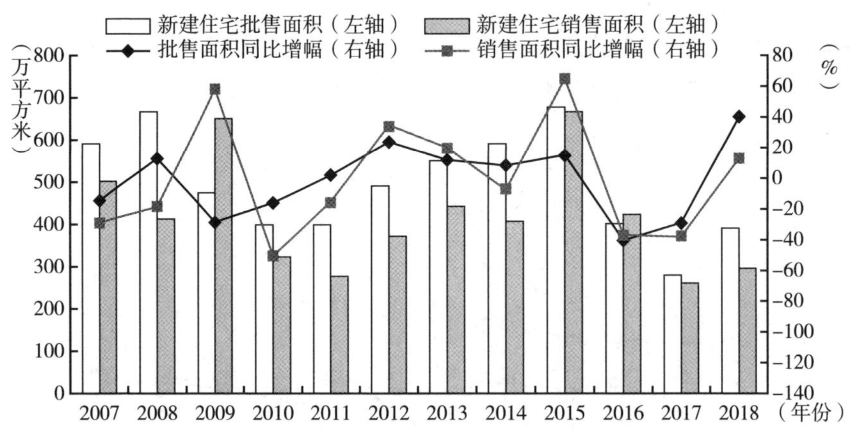


**图 8　2007～2018 年新建住宅批售及销售面积走势**

数据来源：深圳市规划和国土资源委员会、深圳市房地产信息网。

---

① 选取各区二手别墅样本：招华曦城别墅、波托菲洛纯水岸别墅、大南山紫园、月亮湾花园、棕榈泉别墅、莱蒙水榭山、深圳高尔夫别墅、香蜜湖一号别墅、倚山花园翠林别墅。

② 选取各二手别墅 500 米范围内的普通住宅样本：山语华庭、荔园新村、中海阳光玫瑰园、深物业前海港湾花园、鸣翠谷、万科金域华府、紫荆苑、天然居、新世界倚山花园溱澜小区。

③ 关外包括龙岗（指原龙岗区，含坪山区和大鹏新区）、宝安（指原宝安区，含龙华区和光明区）二区。关内包括南山、福田、罗湖、盐田四区。

从历年新建住宅需求来看（见图8），2008年市场遇冷，销售面积减少；2009年利好政策刺激房地产，需求释放，同比上涨近六成；2010～2015年波动上涨；2016～2017年政府调控层层升级，市场降温，销售面积锐减，累计减少406.59万平方米；2018年受史上最严调控政策（限购、限贷、限价、三价合一、限售、限离、限企、限商、利率上调等）影响，新建住宅销售面积增幅甚微，年销供比为0.75，较上年进一步降低。

2. 各月新建住宅成交量“7.31”补丁新政前呈上升趋势，新政后降温明显岁末翘尾

从2018年各月新建住宅销售面积看（见图9），2月受春节影响，销售面积大幅下滑，为年内最低；3～8月，受“三价合一”政策和前期政策消化的影响，部分二手住宅市场客户转向新建住宅市场，销售面积维持良好上升趋势；受“7.31”补丁新政影响，观望情绪浓厚，成交量急剧下滑，因网签数据滞后，虽于8月达到全年峰值35.39万平方米，但9～11月销售面积应声下跌；12月，由于大量新盘入市以及优惠幅度较大，销售面积骤涨77.27%，达34.59万平方米。

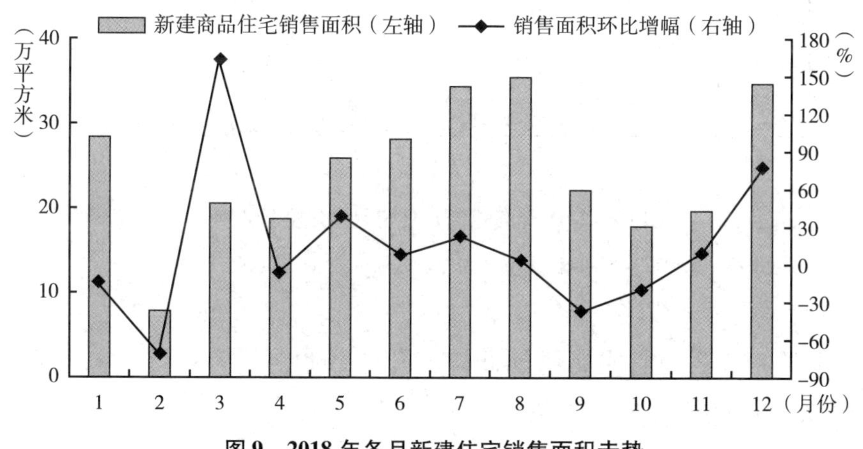


**图9　2018年各月新建住宅销售面积走势**

数据来源：深圳市规划和国土资源委员会、深圳市房地产信息网。

从2017、2018年深圳市新建住宅面积成交结构对比看（见表1），90平方米以下刚需户型继续主导市场；90～144平方米改善性户型需求增长近一半；144平方米以上享受型户型需求所有微调。

**表1　2017、2018年深圳市新建住宅面积成交结构对比**

单位：%

| 户型 | 2017年 | 2018年 |
|---|---|---|
| <90m² | 68.60 | 62.20 |
| 90~144m² | 21.50 | 30.50 |
| >144m² | 9.90 | 7.30 |

数据来源：深圳市规划和国土资源委员会、深圳市房地产信息网、深圳中原研究中心。

3. 各区新建住宅成交量月度走势类同，关外波动剧烈；关外成交稳居主力

从各区新建住宅月度成交量看（见图10），上半年以升势为主，受“7·31”新政影响8月后皆陷低迷，关外波动幅度远超关内，岁末再次回暖。

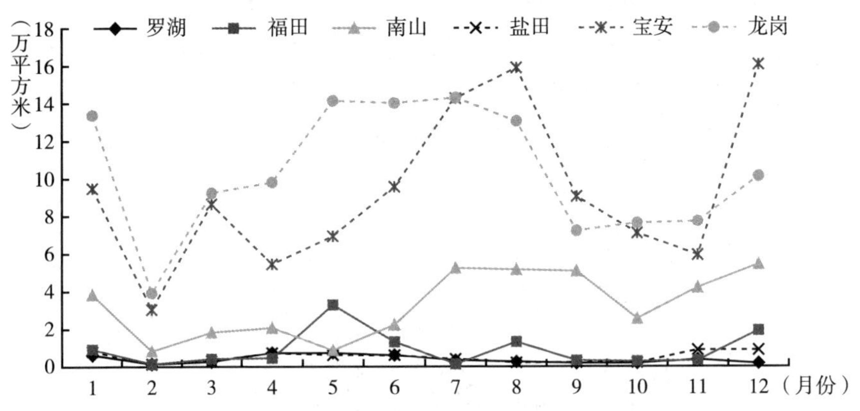


**图10　2018年各区新建住宅月度成交量走势**

数据来源：深圳市规划和国土资源委员会、深圳市房地产信息网。

## （四）二手住宅成交量创调控三年来新低，“7·31”新政后全线下跌；关内成交强于关外

1. 全年二手住宅成交量三连跌，跌幅收紧

从历年二手住宅成交面积走势看（见图11），受调控政策影响显著，近年在2016年“3·25”、“深八条”直至2018年“三价合一”、“7·31”等持续政策影响下，2016~2018年成交量持续回落，2018年仅成交609.49万平方米，创四年新低。

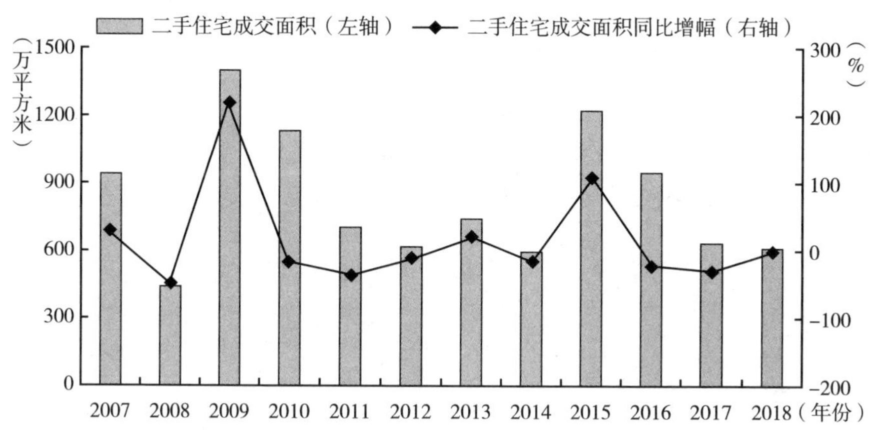


**图11　2007～2018年历年二手住宅成交面积走势**

数据来源：深圳市规划和国土资源委员会、深圳市房地产信息网。

### 2. 各月二手住宅成交面积3月后上涨温和，9月起再陷低迷

从2018年各月二手住宅成交面积看（见图12），2月二手住宅市场受春节因素影响，常规低迷，跌至全年最低34.02万平方米；3～8月延续2017年底高成交量，于8月达到全年峰值64.65万平方米；9月受“7·31”新政对需求限制的影响，市场再陷低迷，成交量大幅下滑；10～12月持续低位。

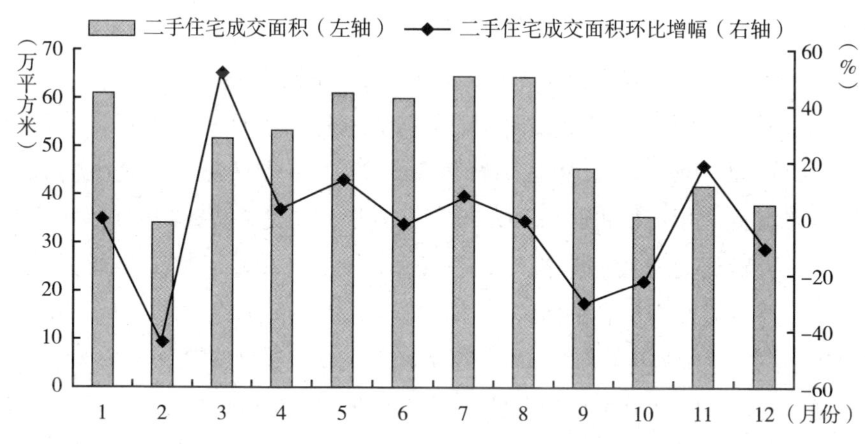


**图12　2018年各月二手住宅成交面积走势**

数据来源：深圳市规划和国土资源委员会、深圳市房地产信息网。

3. 各区二手住宅成交量月度走势类同，受“7·31”限需政策影响下半年持续低迷；关内成交强于关外

从各区二手住宅月度成交量看（见图 13），盐田全年低位平稳；其余五区走势趋同，2 月探底，4～8 月持续高位，9～10 月下行，12 月再度回落。其中，龙岗成交量领跑 8 个月。关内全年成交占比超过关外，达 56.22%。

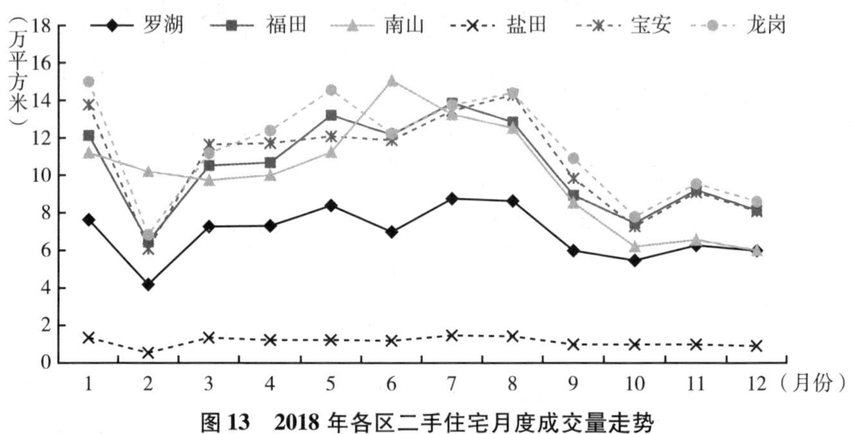


**图 13　2018 年各区二手住宅月度成交量走势**

数据来源：深圳市规划和国土资源委员会、深圳市房地产信息网。

## （五）新建商业用房关外成交持续走高，二手商业用房成交面积微跌

1. 新建商业用房供需双降，关外为成交主力，空置现象仍突出

从历年新建商业用房批售面积看（见图 14），2009～2011 年持续低位，2012 年起波动上涨，2015 年达到峰值 148.06 万平方米后，逐年小幅下跌。2018 年新建商业用房批售面积 135.70 万平方米，同比微跌 2.13%。

从历年新建商业用房销售面积看（见图 14），2009～2012 年低位平稳，2013～2015 年升至高位后小幅波动。2018 年受经济下行压力、“7.31”新政双重限售①影响，商业用房销售面积同比下跌 6.93%，为 79.93 万平方米。从历年吸纳率看，2011 年吸纳率达到峰值后大幅回落，2013～2015 年逐年攀升至高位后小幅震荡。2018 年吸纳率下跌至 58.90%，空置现象仍然突出。

① 双重限售指“7·31”新政内容“新建公寓只租不售、新购公寓限售 5 年”。

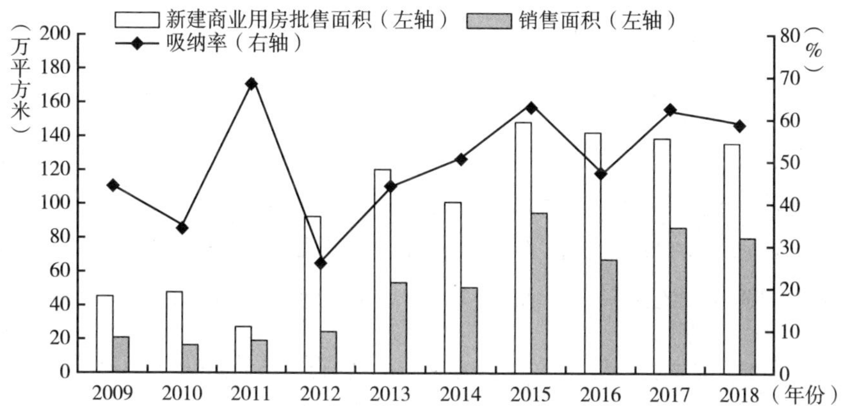


**图 14　2009～2018 年新建商业用房市场批售、销售面积走势**

数据来源：深圳市房地产信息网。

从各行政区新建商业用房成交面积看，关外为成交主力，占比高达七成。关内新建商业用房供应受限，成交占比较低。2018 年宝安、龙岗涌入大量投资商，成交面积领先全市、涨幅明显，分别为 33.27 万平方米、27.55 万平方米，同比分别上涨 17.79%、8.37%。南山成交面积大幅下滑至 10.29 万平方米，同比下降 54.96%。2017 年盐田新建商业用房零成交，2018 年成交量微涨，达 126.13 平方米。

从各行政区新建商业用房成交均价看，南山、福田商业环境发展成熟，成交均价分别为 90295 元/平方米、89256 元/平方米，同比分别浮动 -12.28%、12.89%。其他行政区同比基本持平，龙岗排名末位，成交均价为 34847 元/平方米。

2. 全年二手商业用房成交面积稳中有降，各区成交量福田居首，盐田最末

从历年二手商业用房成交面积看，2014～2016 年持续攀升，2017 年大幅下滑。2018 年在限售背景下，二手商业用房成交面积小幅收窄，为 35.75 万平方米，同比下降 9.01%。

从各行政区二手商业用房成交面积看，福田全年成交 11.96 万平方米，同比上涨 6.49%，居各区之首。盐田排名末位，成交面积为 2.04 万平方米，同比上涨 12.65%。龙岗、罗湖降幅明显，成交量分别为 6.84 万平方米、4.12 万平方米，同比下跌 40.69%、30.79%。

## （六）新建写字楼供给持续充足，二手写字楼成交持续降温，核心区域甲级写字楼租金平稳微涨

### 1. 全年新建写字楼供需再创新高，关外成交近七成

从历年新建写字楼批售面积看（见图 15），2010 年骤降至 15.70 万平方米；2011 年小幅下滑；2012～2018 年逐年增加，其中 2017 年增幅显著，同比上涨 58.81%；2018 年再创新高，达到历年峰值 117.17 万平方米，同比上涨 19.33%。

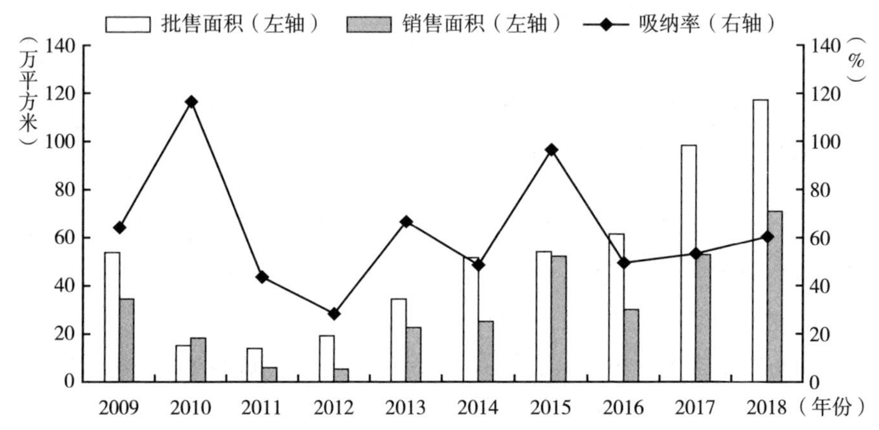


**图 15　2009～2018 年新建写字楼批售、销售面积走势**

数据来源：深圳市房地产信息网、中指数据库。

从历年新建写字楼销售面积看（见图 15），2009～2012 年持续下滑；2013～2018 年波动上升，2018 年同比上涨 34.46%，成交面积达 71.09 万平方米。从历年吸纳率看（见图 15），2009～2012 年波动较大，其中，2010 年达到历年高位 117.45%；2013～2018 年波动逐渐放缓；2018 年经济下行，写字楼市场依然保持较高热度，吸纳率为 60.67%，同比上涨 12.69%。

从各行政区新建写字楼销售面积看，关外为成交主力，宝安、龙岗分别占全市 42%、24%；关内南山占全市 16%，罗湖、福田一手市场趋于饱和，成交分别占全市 8%、10%。

### 2. 全年二手写字楼成交面积小幅下滑，福田、南山成交占比提高

从历年二手写字楼成交面积看，2013～2014 年稳中有升；2015 年大幅上

涨70.41%，成交23.55万平方米；2016～2018年成交面积持续下滑至13.54万平方米，2018年下滑趋势放缓，同比下跌5.64%。

从各行政区二手写字楼成交面积占比看，福田由2017年的42%升至52%；罗湖占比22%，基本保持稳定；南山因租金比成熟片区低及商业氛围日益浓厚，占比由8%升至13%；龙岗、宝安成交面积分别占比7%、5%，相比上年市场活跃度均有所下降。

3. 核心区域甲级写字楼租金福田领先，南山涨幅居前

从历年核心区域甲级写字楼租金看（见图16），总体保持上涨势头；罗湖由于物业相对陈旧等原因，2017年租金出现明显下跌，2018年小幅回暖至222元/（平方米·月）；福田作为深圳商务中心，租金保持绝对领先，2018年为310元/（平方米·月）；南山得益于新增高端物业，2018年租金领涨赶超罗湖，达223元/（平方米·月），同比上涨8%。

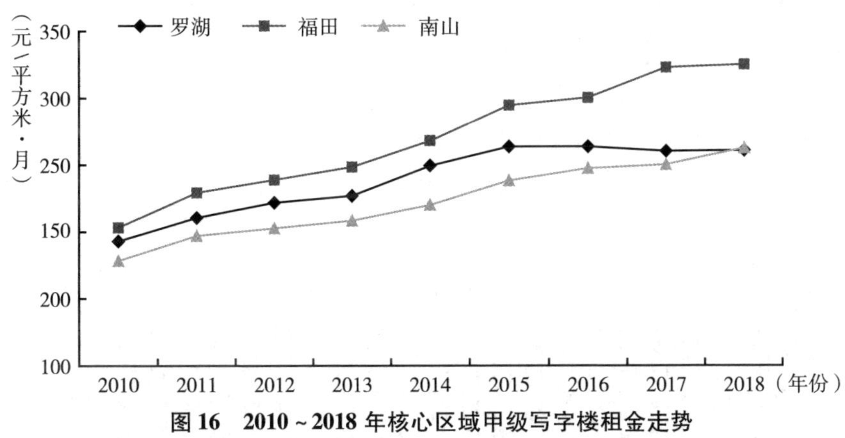


**图16　2010～2018年核心区域甲级写字楼租金走势**

数据来源：戴德梁行年报。

## （七）临深片区[①]住宅成交量总体看涨，涨幅不一，成交均价稳中有升

2018年莞、惠、中三市临深片区，在调控政策进一步加压背景下，住宅

① 临深片区指东莞市凤岗、塘厦、黄江、清溪片区，惠州市大亚湾、惠阳片区，中山市火炬、南朗、港口、东区、石歧片区。

成交量攀升势头得到抑制。其中，东莞市“严查社保”、“备案价限价”等政策调控力度加大，临深片区成交量小幅上涨，均价有涨有跌；惠州楼市降温回稳，临深片区成交量增速放缓，均价趋于平稳；中山市限签有所放松，临深片区成交量增幅明显，均价稳中有涨。

2018 年东莞市严格执行“三价合一”政策，二手房购买门槛提高，致使部分需求流向新建住宅。同时，在粤港澳大湾区规划稳步推进、穗莞深城轨加速建设等利好促进下，临深片区新建住宅成交总量达 6710 套，同比上涨 18.70%。

从东莞市临深片区商品住宅成交均价看（见图 17），受“因城施策，区域分化调整”等政策影响，临深片区成交均价走势分化明显。其中，凤岗、塘厦成交均价各月波动较大、涨幅不一，分别为 26009 元/平方米、23264 元/平方米，同比分别上涨 12.47%、0.76%；清溪成交均价除 7 月、9 月略有波动外，其余时段表现平稳，为 16333 元/平方米，同比上涨 1.36%；黄江成交均价整体保持平稳态势，为 18882 元/平方米，同比微涨 0.46%。

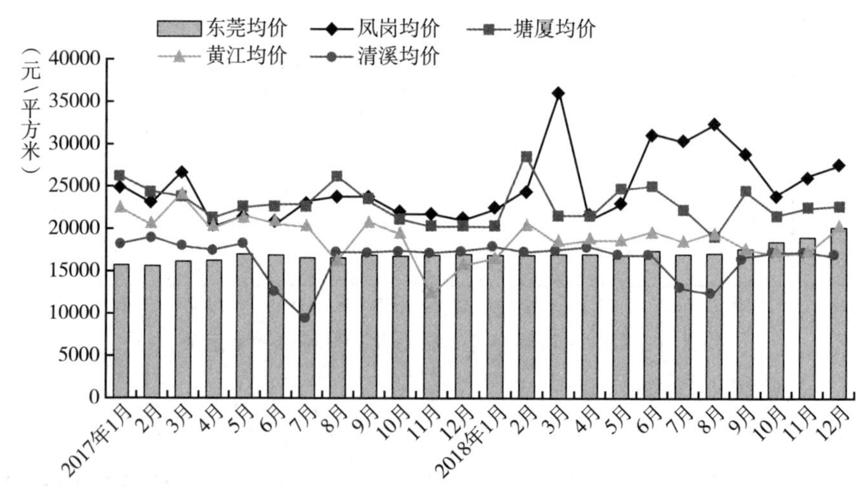


**图 17　2017 ~ 2018 年东莞市临深片区商品住宅成交均价走势**

数据来源：合富研究院、东莞市房产管理局。

惠州市作为临深三市中唯一不限购城市，与深圳市房价差距依旧明显。伴随深圳 14 号线接驳惠州、深惠城轨规划建设等利好不断释放，惠州临深片区仍主要承接深圳市住房外溢需求。但在限售政策不断深化、银行信贷持续收紧形势下，2018 年片区成交量增速放缓，同比涨幅 15.53%。从惠州市临深片区商品住宅成交均价看，随着限价调控不断精准化，大亚湾、惠阳成交均价回归理性、总体平稳，分别为 12456 元/平方米、12043 元/平方米，同比下跌 3.22%、10.80%。

中山临深片区受深中通道加速建设、限签政策放松影响，成交量大幅攀升，同比上涨 153.92%。从临深片区商品住宅成交均价看，2018 年湾区利好不断释放，加之公积金贷款新政①出台，促使片区内成交均价整体增幅明显。火炬、港口、石岐、南朗、东区成交均价分别为 18178 元/平方米、14527 元/平方米、15971 元/平方米、14886 元/平方米、20050 元/平方米，同比分别上涨 18.97%、20.83%、12.07%、33.72%、28.47%。

### （八）长租公寓发展受限盈利难题，资产证券化、轻资产等模式或有望实现破解

1. 长租公寓企业纷纷试水，盈利困局尚待破解

2018 年深圳市长租公寓企业参与踊跃，新增世联、链家等中介机构及部分依托“互联网 +”成长起来的创业企业抢滩长租公寓市场。从入住率看，长租公寓入住率基本均在 90% 以上，在一线城市中居于首位。

长租公寓市场虽蓬勃发展，但盈利模式不清晰仍是企业面临的主要障碍。目前国内长租公寓租金回报率不足 3%，远低于融资成本。为破解盈利困局，各类创新型融资产品相继入市试水。

2. 住房租赁资产证券化提速，轻资产模式或成企业新选择

2018 年 4 月，国内首个住房租赁资产证券化文件②出台，进一步规范了前期试点产品，并建立政策支持。据克而瑞研究中心统计，2018 年国内 50 家房企长租公寓资产证券化发行规模同比快速增长 168%。随着政策不断深入，加之大体量资金持续释放，将进一步助推长租公寓资产证券化的

① 《中山市住房公积金个人住房贷款实施细则》。

② 首个文件：中国证监会、住房城乡建设部联合印发《关于推进住房租赁资产证券化相关工作的通知》。

发展。

以收购或承租物业进行改造的重资产模式，企业投资回报周期长，利润承压；而轻资产模式以加盟、托管为核心，或可改善这一局面。乐乎、窝趣、自如、魔方等企业先后开启轻资产模式，预计未来将成为更多长租公寓企业的新选择。

### （九）深汕特别合作区由深圳全面主导，区内交通体系初步成型、产业布局初具规模

2018 年 12 月 16 日，深汕特别合作区正式揭牌，由深圳全面主导建设发展，标志着深汕特别合作区正式成为深圳第“10 + 1”区。区内全年共成交 13 宗土地，总面积达 55. 11 万平方米。其中工业用地 10 宗，成交面积为 34. 53 万平方米，均由深圳企业竞得，准入行业类别主要为高新技术产业及先进制造业。

目前，厦深高铁为连接深圳与合作区的主要通勤轨道，全程历时 1 小时，与鲘门站前公共交通枢纽无缝接驳，实现多种交通方式“零换乘”。受总体规划①指导及精准、全产业链招商政策影响，众多电子产品制造、大数据、新材料与新能源企业现“井喷”式进驻，如企业巨头腾讯、华为均将云计算数据服务中心迁入合作区，区内产业朝资金、技术密集型发展。

## 二 2018年土地市场概览

### （一）全年土地供应量微升，工业用地增幅显著、商服用地大幅下滑

从历年土地供应总面积看（见图 18），2010 年达到峰值 611. 40 万平方米；2011 年大幅缩水后持续小幅波动至 2015 年；2016 年回升至 300. 11 万平方米；2017 年骤跌至 109. 31 万平方米。2018 年谷底回升，全市共出让 67 宗土地，

① 总体规划：《深汕特别合作区总体规划（2017 ~ 2035）纲要》。

总供应面积为154.75万平方米。

从历年土地面积成交率①看（见图18），2009～2015年较为平稳，年均成交率为91.98%；2016～2017年起伏明显，分别为74.09%、101.55%。2018年共成交61宗，面积成交率回落至94.03%。

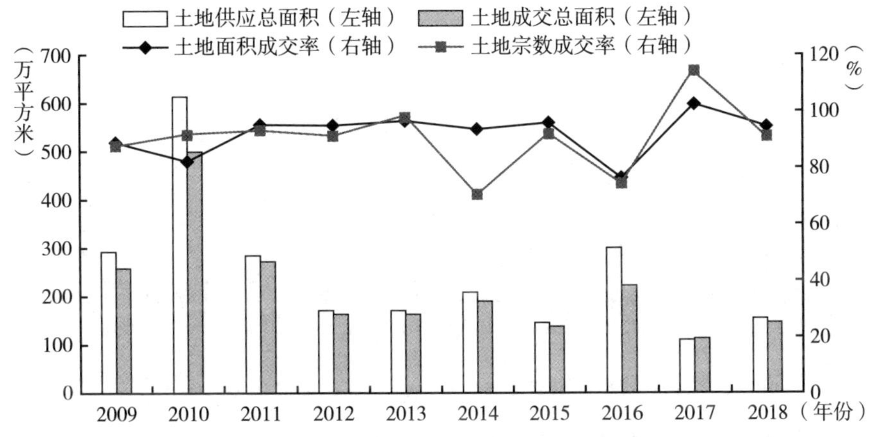


**图18　2009～2018年深圳市土地总出让、成交情况**

数据来源：深圳市规划和国土资源委员会、深圳市房地产信息网。

从土地供应类型占比看，因调控政策持续深化，土地市场供应端呈结构性调整。2018年居住用地②、工业用地③供应面积分别占11.45%、55.82%，同比上涨6.19%、32.40%；商服用地④占20.36%，同比大幅下跌45.36%。

## （二）全年居住用地出让面积涨幅显著，近五成用于建设纯租赁住房

从历年居住用地出让面积看（见图19），2009～2012年供应旺盛，年均57.65万平方米；2013年大幅跳水，2014年触底后逐步回升；2016年升至

① 土地面积成交率＝成交土地总面积/出让土地总面积＊100%。

② 居住用地包括纯居住用地、商住综合用地。全文下同。

③ 工业用地不包括包含工业用地在内的混合用地。全文下同。

④ 商服用地包括商业用地、商服用地、商服＋文化用地和工业＋商服用地。全文下同。

26.33 万平方米，2017 年再度骤降。2018 年显著增加至 17.72 万平方米，同比涨幅达 209.26%。

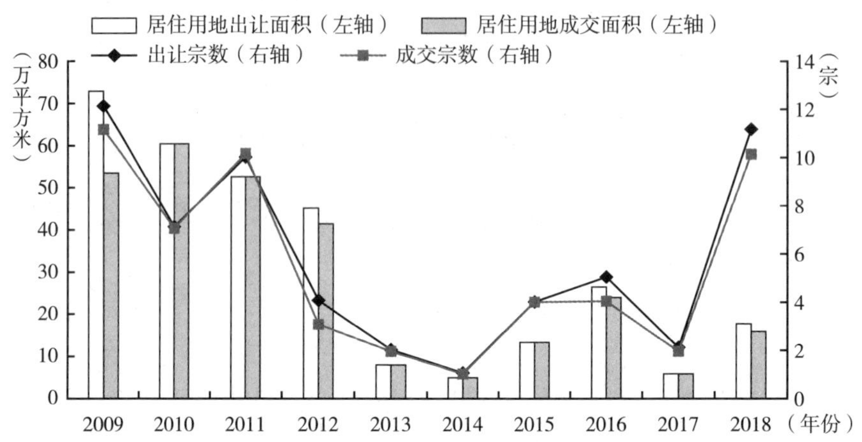


**图 19　2009～2018 年深圳市居住用地出让、成交面积和宗数走势**

数据来源：深圳市规划和国土资源委员会、深圳市房地产信息网。

深圳市政府为深化住房制度改革，加快建设“租购并举”的住房供应体系，居住用地向租赁市场倾斜。2018 年居住用地共成交 10 宗，面积为 15.86 万平方米；其中 6 宗由深圳市人才安居集团竞得，需建设全年期自持租赁住房，面积为 7.38 万平方米，占全年居住用地出让面积 46.51%；其余 4 宗采用“单限双竞”出让方式，均需配建公共住房且商品房部分 3 年限售。年末 1 宗土地因其地价高、体量小、用地类型多导致流拍。

## （三）近两年商服用地供需双降，全年面积流拍近二成

从历年商服用地供应面积看（见图 20），2009～2013 年低位供应，年均 13.89 万平方米；2014 年骤升至 135.92 万平方米，2015 年大幅缩水至 22.97 万平方米，2016 年反弹至 127.94 万平方米；近两年持续下滑，2018 年大幅降至 31.50 万平方米，同比下跌 56.15%。

从历年商服用地成交面积看（见图 20），2009～2013 年总体呈波动微升走势；2014～2016 年大幅震荡，2017 年小幅下跌；2018 年成交 25.24 万平方米，同比下跌 61.64%，全年商服用地共成交 17 宗，其中 7 宗位于前海桂湾片区，

竞得企业将建设总部大楼。“7·31”新政实施后，商业部分限整体转让，且竞买门槛较高，导致3宗流拍，全年面积成交率①为80.13%。

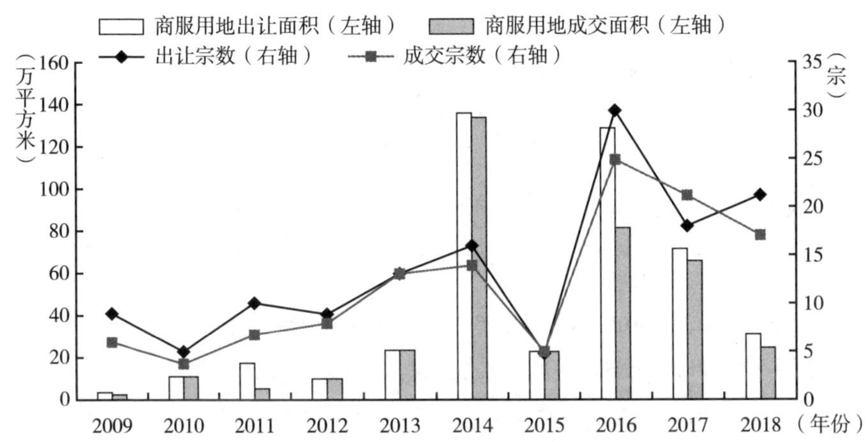


**图20　2009～2018年商服用地出让、成交面积和宗数走势**

数据来源：深圳市规划和国土资源委员会、深圳市房地产信息网。

## （四）全年工业用地成交量显著回升，新型产业用地需求旺盛

从历年工业用地成交面积看（见图21），近六年整体呈“W”形波动，其中2016年达到峰值114.18万平方米；2017年大幅下降至39.46万平方米。2018年回升至85.26万平方米，同比上涨116.02%。从土地成交宗数看，全年共成交27宗，同比上涨35.00%，其中17宗为新型产业用地。

从工业用地成交区域看，主要集中在坪山、光明和南山留仙洞总部基地，其中留仙洞总部基地成交宗数最多、出让金额最高，全年集中成交7宗新型产业用地，均由高科技创新企业竞得，总成交面积为4.56万平方米，总成交金额为26.69亿元，占全市总成交额的41.33%。年末龙岗一宗土地首次采用“先租后让”的竞拍方式出让，企业竞得后只取得承租权，当企业各项指标达到签约要求后再取得使用权，以此提高土地利用率。

① 面积成交率＝成交土地总面积/出让土地总面积＊100%。

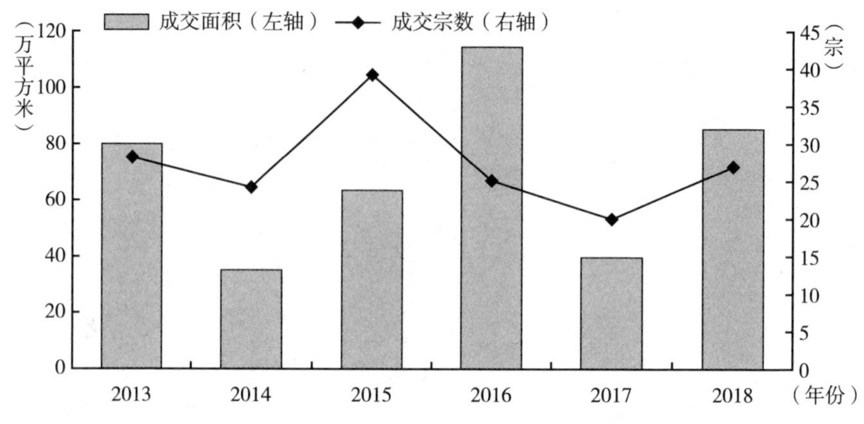


**图 21　2013～2018 年深圳工业用地成交面积和宗数走势**

数据来源：深圳市规划和国土资源委员会、深圳市房地产信息网。

## 三　2019年房地产市场展望

### （一）深圳 GDP 首超香港，房地产发展有支撑

从一线城市经济发展看（见图 22），按可比价格计算，2018 年北上深港 GDP 分别同比增长 6.5%、6.6%、7.6%、3.0%，深圳为 2.24 万亿元，首超香港，跻身亚洲前五，稳居内地第三。在国内外经济形势严峻的背景下，预计深圳市 2019 年 GDP 增速为 7%，位列北上广深之首。

深圳市 2018 年规模以上工业增加值增长 9.5%，先进制造业增加值增长 12%，第二产业占 GDP 比重保持在 40% 以上，以高端制造业为核心的实体经济更加稳固。2019 年深圳市将继续以供给侧改革为主线，把握粤港澳大湾区建设契机，落实“六个稳”① 部署，做好做优实体经济，构筑更具竞争力的现代产业体系，打造更具活力的创新之都，保证经济稳中有进，质量更好，为房地产平稳发展提供良好的城市环境。

① 稳就业、稳金融、稳外贸、稳外资、稳投资、稳预期。

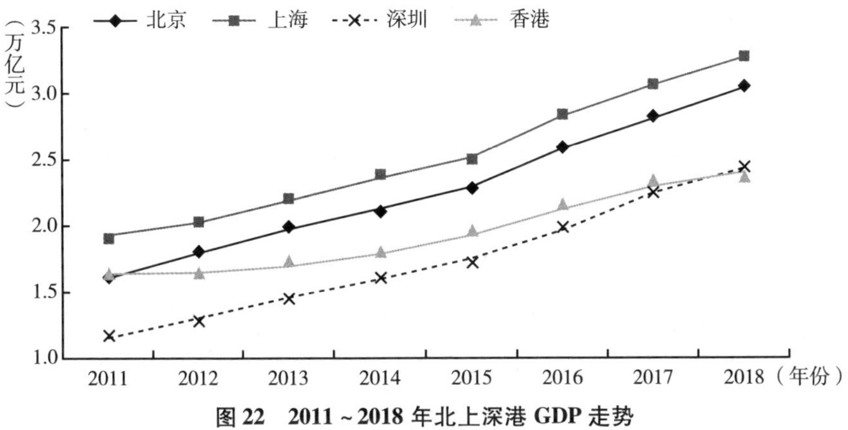


**图 22　2011～2018 年北上深港 GDP 走势**

数据来源：国家统计局。

### （二）住宅市场政府调控缰绳始终在握，利好叠加促进量增价稳

在“房住不炒”的调控背景下，深圳 2018 年住宅价格和成交表现稳定甚至出现低迷，初步实现了挤压泡沫的目标，为住房市场健康发展积蓄了动能。但同时更宏观的经济基本面也面临下行压力，为保障经济活力和金融系统健康发展、增进百姓对经济发展成果的获得感，接下来政府既要防止房价大幅上涨、又要预防房价大幅下降。

2019 年中央提出的“房住不炒”的调控大方向不会改变，更强调因城施策，增强地方政府的自主性，保证调控缰绳始终在握。随着百姓对调控政策的韧性和内容逐步适应、利率和税费等下调、粤港澳大湾区规划落地、人口持续增加等利好叠加出现，预期一些观望的改善性需求和刚需将逐渐入市；加之新建住宅库存并不充裕，且多位于关外边远地区等，深圳住宅成交量将温和发展，价格也将以稳为主，其中地段好、配套好、性价比高的住宅将引领价格和成交。

### （三）可售新建商务公寓受新政影响稀缺加剧，市场降温热门片区仍具引力

为有效抑制商业公寓市场投机现象，深圳发布“7. 31”新政①规定“企业

① 《关于进一步加强房地产调控促进房地产市场平稳健康发展的通知》。

限购公寓、新购公寓限售5年”。商务公寓成交均价6年来首跌，成交量有所增加但涨幅下滑。

对于新建商务公寓，“7·31”新政要求只租不售，新建可售商务公寓进入零供应时代，存量可售商务公寓愈发稀缺，去化加快，诸如深圳湾瑞府等热门片区的高性价比公寓更受青睐。从长远看，商务公寓市场未来投机现象将大幅减少，市场整体热度会持续降低。

### （四）城市经济活力和运营增值模式促进写字楼大宗交易常态化，南山写字楼组团协同发展打造湾区经济新格局

随着深圳市经济不断发展，国内外总部企业积极进驻，近5年来办公物业大宗交易超过20宗，累计交易面积超过60万平方米。相较于散售而言，大宗交易产权单一，统一运营管理，买家通过构建更合理的租户结构，提供优质的物业服务，可实现资产长期稳定的增值。未来在粤港澳大湾区等利好推动下，这种运营增值模式将促使写字楼大宗交易逐渐常态化。

根据戴德梁行预计，未来5年南山甲级写字楼供应量在全市占比76.8%，其中后海、深圳湾超级总部基地和前海是供应的集中地。定位于总部基地的后海片区，将成为聚集高端金融和科创产业的商务核心；定位于世界城市中心的深圳湾超级总部基地，将成为全球产业链条顶端企业的集聚地；前海深港合作区以其政策优势，将吸引众多港资企业注册。南山写字楼各片区独具特色，组团发力，空间聚集效应日益凸显，加之区域租金优势，有望打造湾区经济新格局。

### （五）租赁用途居住用地供应占比有望增加，工业用地开发将提速增效

2018年深圳市居住用地供给迎来小高峰，其中租赁用途占比近五成，同比增加近5万平方米。未来，深圳将通过“二次房改”①，提高“只租不售”用地比例，同时加速“棚户区改造”、“城中村综合整治”，实现有效增加租赁房源。

---

① 二次房改：《深圳市人民政府关于深化住房制度改革加快建立多主体供给多渠道保障租购并举的住房供应与保障体系的意见》。

2018 年深圳市土地供应端呈结构性调整，工业用地占比大幅提高，土拍市场出现“弹性年限”、“先租后让”、“联合竞买”等出让条件。为更好支撑实体经济发展，充分满足不同产业、不同主体、不同用地差别化的建设需求，未来工业用地将通过弹性出让、提高容积率等方式，加快开发速度，深挖土地价值，增加用地使用效果。

### （六）深圳住房外溢需求将持续上涨，临深利好叠加助推需求更多释放

据中原地产统计，2018 年末深圳投资客莞、惠、中三市临深片区占比由三成升至四成，临深住房市场进入升温阶段。伴随深圳客于莞中二市社保逐渐到期解绑、穗莞深城轨开通在即以及湾区规划落地等利好叠加，可以预见，深圳市住房外溢需求持续上涨并得到更多释放。

### （七）租赁新政规范长租公寓市场，公募 REITs 提升市场发展活力

针对长租公寓抢占房源推高房租、企业进村改造无序等问题，2018 年 12 月，深圳市正式出台租赁新政①，拟通过编制租金指导价、加大租赁住房供应量、降低企业改造和运营成本等措施规范住房租赁市场。随着住房租赁政策的不断深入，住房租赁市场监管体系将不断完善，长租公寓市场将迎来健康长足的发展。

作为住房租赁资产证券化的重要分支，REITs 在政策及市场的双重推动下不断发展，具有流动性强、回报稳定等特点的公募 REITs 呼之欲出。2019 年 1 月，深交所对外披露将加大力度推进公募 REITs 规则出台及业务试点。随着住房租赁资产证券化进程的推进，将有利于长租公寓企业盘活资产、提高收益率，进而促进规模化发展。

### （八）深汕合作区受益“直管模式”开发提速，承接产业腾挪提升土地效能

深汕特别合作区由深圳市直管后，对内承接深圳产业转移，致力发展产业

---

① 租赁新政：《市政府关于加快培育和发展住房租赁市场工作情况的报告》。

集群。伴随两地点对点轨道交通建设，区内基础设施与生活配套逐步完善，“半小时生活圈”将加快形成。在资源互补、联动发展下，合作区有望快速建成一个现代化产业新城，为粤港澳大湾区东部发展注入新动力。同时，通过产业腾挪，原特区土地短缺困境有望得到一定缓解，产业空间得以拓展，土地效能得到提升。

# 热 点 篇

Hot Topics

## B.20
## 农村集体经营性建设用地改革经验与政策建议

黄征学　滕　飞*

**摘　要：** 农村集体经营性建设用地是农村集体重要的资产。党的十八大以来国家已在全国33个地区开展试点，取得了部分可复制、可推广的经验。党的十九大进一步明确“深化农村土地制度改革”。《土地管理法》（修正案）已把集体经营性建设用地入市部分试点成果纳入修改范畴。2019年政府工作报告提出“推广农村土地征收、集体经营性建设用地入市、宅基地制度改革试点成果。”集体经营性建设用地入市在全国的铺开已呼之欲出。本文在全面回顾农村集体经营性建设用地入市背景和进展的基础上，分析了农村集体经营性建设用地入

* 黄征学，国家发改委国土开发与地区经济研究所研究室主任、研究员，主要从事区域经济、空间经济和房地产研究；滕飞，国家发改委国土开发与地区经济研究所副研究员，主要从事区域经济与城市发展研究。

市试点经验、存在问题，阐释了《土地管理法》（修正案）中农村集体经营性建设用地入市试点中的共识，探讨了集体经营性建设用地入市对各参与主体可能产生的影响，最后，针对试点中存在的问题及对各主体产生的影响从四个方面提出了政策建议。

**关键词：** 农村集体经营性建设用地　改革　入市

农村集体经营性建设用地入市不但可以增加农民收入，还推动了农村的建设与发展，推进了新型城镇化建设。梳理归纳试点地区的农村集体经营性建设用地入市的典型做法经验，可以为全国推进农村集体经营性建设用地改革提供有益借鉴。

## 一　农村集体经营性建设用地入市背景和进展

我国农村土地市场的巨大潜能还没有深入挖掘，需要改进农村土地政策，积极探索集体经营性建设用地入市政策。

### （一）政策背景

十八届三中全会以来，农村集体经营性建设用地入市成为备受关注的话题。中共十八届三中全会通过的《关于全面深化改革若干重大问题的决定》明确提出建设统一的建设用地市场。国家允许农村集体经营性建设用地出让、出租、入股，实行与国有土地同等入市、同权同价。2014 年中央颁布了农村土地制度改革试点工作意见。其核心要义是“三个不”：必须确保土地公有制性质不改变、耕地红线不突破、农民利益不受损。2015 年之后，中央 1 号文件再次确定了要慎重稳妥地推进农村土地制度的改革，2016 年，中央颁布了《关于农村土地征收、集体经营性建设用地入市、宅基地制度改革试点工作的意见》，此外，2016 年、2017 年和 2018 年中央 1 号文件均提及有关于农村集体经营性建设用地入市等内容。中共中央和国务院所印发的《乡村振兴战略规划（2018～2022年）》也确定了有关于农村土地管理制度的改革的内容。根据《关于农村土地征收、集体经营性建设用地入市、宅基地制度改革试点工作的意见》（中办发〔2014〕71号），从2015年初开始，全国33个县市开展了农村土地制度改革三项试点，全国人大常委会第七次会议又决定将改革试点继续延期至2019年年底。

**专栏1　全国33个农村土地制度改革试点县市区名单**

33个试点县市区分别是：北京市大兴区、天津市蓟县、河北省定州市、山西省泽州县、内蒙古自治区和林格尔县、辽宁省海城市、吉林省长春市九台区、黑龙江省安达市、上海市松江区、江苏省常州市武进区、浙江省义乌市、浙江省德清县、安徽省金寨县、福建省晋江市、江西省余江县、山东省禹城市、河南省长垣县、湖北省宜城市、湖南省浏阳市、广东省佛山市南海区、广西壮族自治区北流市、海南省文昌市、重庆市大足区、四川省郫县、四川省泸县、贵州省湄潭县、云南省大理市、西藏自治区曲水县、陕西省西安市高陵区、甘肃省陇西县、青海省湟源县、宁夏回族自治区平罗县、新疆维吾尔自治区伊宁市。

### （二）农村集体经营性建设用地入市实践

试点地区在农村集体经营性建设用地入市方面取得了明显的效果。截至2018年3月，全国33个试点地区共查明农村集体经营性建设用地约11.9万宗、141.5万亩，总面积1.6万亩，总金额为183亿元。试点地区的情况可以看出各地可入市土地面积、成交总价款以及每亩单价都有着巨大差距。为深入反映集体经营性建设用地入市的情况，需要对各试点地区进行具体分析。根据相关统计研究①，从可入市面积来看，广东南海、上海松江以及北京大兴名列前三名，分别为25.7万亩、7.96万亩、4.5万亩。从入市总成交价款来看，位于前三位的是佛山市南海区、北京市大兴区、广西壮族自治区北流市，分别

① 陈明：《农村集体经营性建设用地入市改革的评估与展望》，《农业经济问题》2018年第4期。

为53亿元、40亿元、4.3亿元。从各个试点的平均成交价格可发现“量少价低”的地区难有改革的积极性。

## 二　农村集体经营性建设用地入市试点经验

全国33个农村土地制度改革试点县（市、区）不但积极地探求了入市范围和入市主体，同时也探索了入市方式、交易市场、入市程序和收益分配等方面，取得了还权于集体、还利于农民、还需于市场的改革成效，为全国其他地区开展相关工作积累了经验。

### （一）确定入市范围

根据国家试点政策的标准和原则，目前，仅准许农村集体经营性建设用地入市，非经营性集体建设用地不得入市，农村集体经营性建设用地是指具有生产经营性质的农村建设用地。除13个利用集体建设用地建租赁住房试点地区外，政策上还不允许其他地区利用农村集体经营性建设用地从事房地产开发。并且农村集体经营性建设用地入市要符合规划、用途管制和依法取得的条件。浙江省德清县一直坚持集约高效利用和多规合一的原则确定哪些土地可以入市。对具备开发建设基本条件的农村集体经营性建设用地，允许就地直接入市。将分散或者零星的农村集体经营性建设性用地调整到乡镇产业集中区入市。辽宁省海城市开展了用地存量核查工作，按照意愿强、组织好、存量大、条件优、可先试、效率高的原则，规划确定发展方向，确定先行入市的预备地块。兼顾入市途径、土地用途、出让方式等方面试点的代表性，确定了地块和项目。而广东省佛山市南海区将存量集体经营性建设用地和征地留用地作为入市范围。

### （二）明确入市主体

目前在33个试点中，农村集体经营性建设用地主要的入市主体有村民委员会、股份经济合作社（联合社）、土地股份合作社或土地专营公司、集体资产管理公司等四种。

表1　农村集体经营性建设用地入市主体及典型地区

| 入市主体类型 | 典型地区 |
|---|---|
| 村民委员会 | 尚未成立集体经济组织的地区 |
| 股份经济合作社、联合社 | 已经推行产权制度改革、成立相应集体经济组织的地区，例如，浙江省德清县、广东省佛山市南海区 |
| 土地股份合作社、土地专营公司 | 村集体委托授权组建了专门机构，北京市大兴区 |
| 村集体资产管理公司 | 村集体委托授权组建了专门机构，四川省郫县 |

根据国家试点改革的要求，农民集体和农民集体委托授权的具有市场法人资格的机构都可以作为入市主体。

（1）尚未成立集体经济组织的地区由村民委员会作为入市主体。

（2）已经推行产权制度改革并成立集体经济组织的地区，通常通过股份经济合作（联）社作为入市主体，比如浙江省德清县、广东省佛山市南海区、贵州省湄潭县。南海区以村（居）集体经济组织作为农村集体经营性建设用地入市主体。贵州省湄潭县制定《湄潭县组建农村股份经济合作社的指导意见》，成立了村、组股份经济合作社作为集体经营性建设用地的入市主体。

（3）一些地区成立了由村集体委托授权的专门机构作为入市主体，例如，北京市大兴区以镇为单位组建了土地联营公司，在全国首次提出“镇级统筹、民主决策”集体经营性建设用地入市模式。

（4）有部分试点地区根据农村集体经营性建设用地权属存在差异的实际情况，制定了不同的入市主体规定，分类明确“谁来入市”。辽宁省海城市对于村集体所有的、镇集体所有的土地采取不同入市主体。

## （三）丰富入市方式

目前，农村集体经营性建设用地入市主要有三种方式：就地入市、城中村整治入市以及调整入市。（1）就地入市：就地入市需要符合规划、开发建设所需的基础设施、原址开发利用等条件。可分为直接出让（租赁、作价入股）和原址原主补办手续等做法。（2）调整入市：对于村庄内零星、分散的集体经营性建设用地经过了复垦之后，政府可根据计划而将其调整至该县（市、区）域范围内的产业集中区入市。根据国有土地储备制度，广东省佛山市南海区通过成立区、镇集体土地整备中心，采取了收购和托管等方式，将产业落后、零星分散、利用低效但符合入市条件的农村集体经营性建设用地进行整合、土地清理及前期开发，统一招商入市，实现集体土地的统筹综合利用。（3）城中村整治入市：城中村集体建设用地情况则比较复杂，需是按规定不予征收的集体经营性建设用地。才可以入市，例如，北京市大兴区农村集体经营性建设用地入市也是通过“就地入市”“整治入市”和“集中入市”三种不同的途径。

**表2　农村集体经营性建设用地入市方式及典型地区**

| 入市方式 | | 典型地区 |
| --- | --- | --- |
| 就地入市 | 直接出让 | 各试点地区普遍开展 |
| | 原址原主补办手续 | 辽宁省海城市、长春市九台区、佛山市南海区 |
| 调整入市 | 改变原计划调整 | 贵州省湄潭县（原属城乡建设用地增减挂钩项目） |
| | 村庄零星分散地复垦后调整 | 各试点地区普遍开展 |
| 城中村整治入市 | 地类变更、权属调整、连片开发、分割登记 | 广东省佛山市南海区 |

## （四）完善交易市场

试点地区按照国家“同等入市、同地同权”的要求，进一步完善市场运行机制，发挥市场在资源配置中的决定性作用。在地块交易过程中引入竞争性环节，同时根据公平、公正以及公开的原则采取出让、租赁以及作价入股等方式进行。广东省南海区构建了“一个平台、两级交易”的公开交易服务体系，建立了区、镇两级交易制度。创新性提出现场竞价方式。并且，建立了统一的农村集体经营性建设用地信息管理系统，进行实时动态管理。浙江省德清县坚持市场配置资源，针对农村集体经营性建设用地入市交易进行规范性和一体化管理。已经入市的土地采取拍卖方式以及挂牌方式交易的达到93%。

## （五）规范具体入市程序

试点地区出台了相关具体规定和办法，规范农村集体经营性建设用地具体入市流程，让入市交易更规范和顺畅。辽宁省海城市参照国有建设用地出让程序，确定了具体的入市程序：（1）入市主体提出申请并编制方案；（2）本集体经济组织村民2/3表决通过入市方案；（3）镇政府、县国土局审查方案；（4）县公共资源交易中心组织实施；（5）受让双方签订成交确认书及合同；（6）缴纳土地出让价款及土地增值收益调节金；（7）不动产登记部门核发集体经营性建设用地使用证；（8）办理项目规划建设等手续。北京市大兴区集体经营性建设用地入市的流程包括前期准备、整理开发、入市交易和项目建设四个阶段，并且还需要通过区发改委立项以及区相关部门审核两个过程。

## （六）完善收益分配方式

集体经营性建设用地入市收益分配的合理程度，是衡量土地改革试点成功或者失败的关键。县（市/区）的地方性政府要根据合理的比重收取农村集体经营性建设用地入市土地增值收益调节金，这一点也是中央改革方案所规定的。目前为止，全国并未建立统一的收益分配体系，很多方面仍需要地方政府来制定，例如，缴纳比例、分配比例和分配方式以及分配主体等。

在收益缴纳比例方面，山西泽州、浙江德清县、河南长垣县以及广西北流市所采取的征收方式各不相同，四个试点依次根据交易环节、规划区、土地的用途、土地级别以及入市方式来收取。河南长垣县根据土地的用途及土地级别按成交总额的5%～30%的比例计提调节金；山西泽州规定按交易环节收取调节金；广西北流市根据不同的入市方式收取不同的比例调节金，就地入市、调整入市和城中村整治入市分别按成交价款的15%、20%和10%收取调节金。

在收益分配方式方面，几个试点地区同样存在差异。广西北流市将70%作为集体资产，30%分给集体经济组织成员。山西泽州县将70%支付给集体经济组织成员，30%留给村集体。浙江德清县村不直接分配，通过折股量化来发展壮大集体经济，年底进行收益分红。湄潭县明确入市收益国家、集体、个人“三定一议”分配机制。北京市大兴区创新出了“一库一池”模式，“一库”是指全区集体经营性建设用地统筹指标库，“一池”是指全区集体经营性建设用地统筹资金池。由区政府牵头，通过腾退和整理效益低下的工业大院、闲置、零散的集体建设用地，将集体经营性建设用地指标上缴到“指标库”中，再以区级统筹的方式，将整合后的部分指标分配给区内有高效益的项目使用。通过集体经营性建设用地入市获得的资金全部存入“资金池”，而“资金池”中的资金一部分用做提供建设指标的乡镇的补偿款，另一部分用做全区的拆迁启动资金及基础设施建设资金。

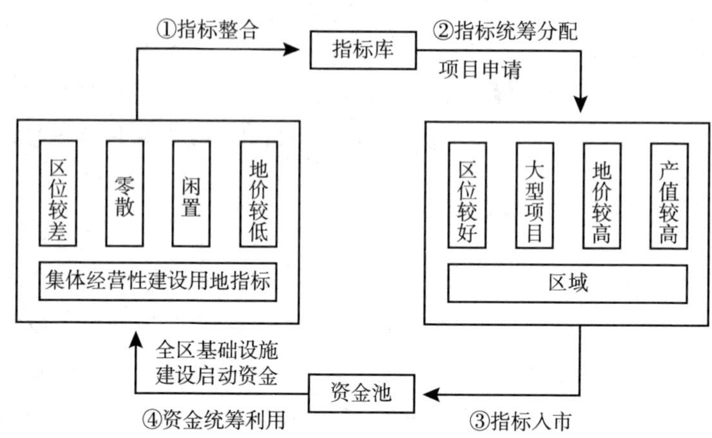


**图1　北京市大兴区“一库一池”全区统筹利用模式示意**

资料来源：赵之枫、赵欣晔：《农村集体建设用地统筹利用模式案例研究》，《小城镇建设》2018 年第 1 期。

## （七）异地调整入市及利益分配

异地调整入市是农村集体经营性建设用地入市途径之一，是整合集聚零星分散用地、优化生产力布局的重要抓手。海南省文昌市制定了《文昌市农村集体经营性建设用地异地调整入市实施办法》，规定了收益分配的方式和比例。重庆市地票交易模式也实现了土地异地调整，远郊区域的土地价值是由“地票”而提升的，根据“地票”交易让八成以上的“地票”净收益直接全部补给于农民手中。

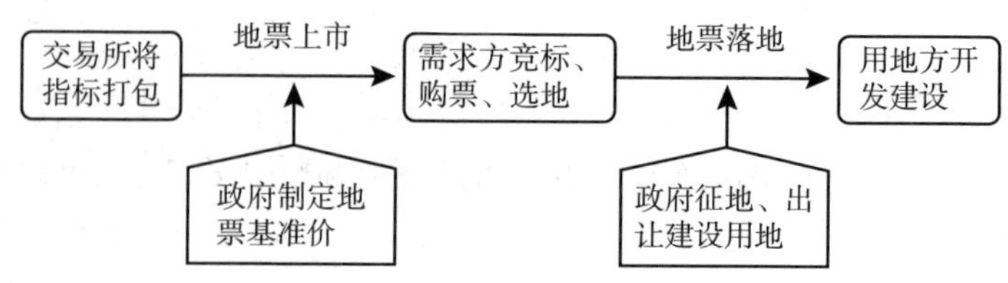


**图2　重庆地票交易模式**

## 三　农村集体经营性建设用地入市中的障碍

随着农民集体经营性建设用地改革的不断深入，现行农村土地制度与新型城镇化、城乡发展一体化不相适应问题日益突出。

### （一）农村集体经济组织成员未能明确界定造成股权分配矛盾

目前，农村集体成员资格缺乏明确界定，因为农村人口流动性较强，调整农村集体成员变化较大。例如，农村人口转为城镇常住居民后是否依然界定为农村集体成员，是否可以继续参与收益分配权益，值得商榷。试点地区的村集体采用以一定时间节点为基础，以户籍人口为基准，确定成员边界，采用“增人不增股，减人不减股”的方法，固化股权，这也造成新旧集体经济组织成员的矛盾日益突出。

### （二）土地增值收益分配机制仍需完善

从入市实践效果看，当前仍旧难以解决的问题之一是土地增值收益分配机制，尤其是地方政府与村（居）集体二者之间的利益冲突。探索兼顾国家、集体和个人利益的收益分配机制，是入市试点所亟须解决的难题。特别应当厘清如下问题：（1）地方性政府应当怎样参与土地收益的分配；（2）个人和农民集体二者之间的分配关系应当如何调整；（3）如何改善土地增值收益调节金的收入方法；（4）是否要调节土地增值收益调节金的比例和使用方向；（5）怎样合理地管理集体所获取的土地收益。

### （三）入市市场化程度仍显不足

农村集体经营性建设用地入市制度市场化程度还不够高，主要由政府主导，市场撬动力量不足。在入市过程中，出让时基本采取市场询价方式，土地溢价率不高。集体入市竞争不充分，买方市场对集体经营性建设用地的认知度不高。造成这一困境的原因在于长期以来农村土地价格评估机制的缺乏，土地价值功能未能完全显化，并且在法律、政策和操作层面存在诸多障碍，造成市场化程度不充分。

## 四 《土地管理法》修正案中集体经营建设用地入市的共识[①]

尽管集体经营性建设用地入市存在许多难以破解的难题，很多问题在试点中尚未达成一致意见，但33个试点地区也形成了部分可复制、可推广的经验。本次土地管理法修正案草案将33个试点地区中有共识部分及时纳入法律范畴，如，集体经营性建设用地入市、入市的条件、集体经营性建设用地使用权权能、违约责任等。土地管理法修正案草案第六十三条："县级土地利用总体规划、乡（镇）土地利用总体规划确定为工业、商业等经营性用途，并经依法登记的集体建设用地，土地所有权人可以通过出让、出租等方式交由单位或个人使用，并应当签订书面合同，明确用地供应、动工期限、使用期限、规划用途和双方其他权利义务"，"按照前款规定取得的集体经营性建设用地使用权可以转让、互换、出资、赠与或者抵押，但法律、法规另有规定或者土地所有权人、土地使用权人签订的书面合同另有约定的除外"。第六十四条："依法取得集体建设用地使用权的，土地使用权人应当严格按照土地利用总体规划确定的用途使用土地"，"集体建设用地使用权的出让、出租、转让、互换、出资、赠与、抵押，其最高年限、登记等参照同类用途的国有建设用地执行。具体办法由国务院自然资源主管部门制定"。将第六十五条改为第六十六条，增加一款，作为第三款："收回出让、出租、转让、互换、出资、赠与、抵押的集体建设用地使用权，依照双方签订的书面合同办理，法律、法规另有规定的除外。"将八十一条改为第八十二条，修改为："非法将农民集体所有的土地的使用权通过出让、出租、转让、互换、出资、赠与、抵押等方式交由单位或者个人使用的，由县级以上人民政府自然资源主管部门责令限期改正，没收违法所得，并处以罚款。"

但对尚未形成共识的部分，本次土地管理法修正案都暂时搁置。如，试点中集体经营性建设用地入市的主体有乡镇联营公司、村集体经济组织和村民委

---

① 以下内容主要参考黄征学、吴九兴：《集体经营性建设用地入市：成效与影响》，《团结》2019年第1期。

员会等几种类型，从基层政经分离的角度看，前两种模式更加符合农村产权制度改革的趋势，但从现实情况看，全国有58.94万个村委会，其中有32.04万个村集体没有任何集体经营性收入，占全部村庄总数的54.36%，集体经营性收入每年不足10万元的村集体组织有18.7万个，占总数的31.72%，村与村之间的情况千差万别，用一二种模式推而广之可能存在很多问题，还需要不断探索，找出更符合各地实际的模式。在本次土地管理法修正案草案中，这个问题暂时搁置。入市的途径有就地入市、异地调整入市和整治入市三种类型，如，广东南海探索了集中整治入市途径，重庆大足结合“地票”探索异地调整入市途径，贵州湄潭探索了“综合类集体建设用地分割登记入市模式”新路径，三种入市途径中异地调整入市的利益关系最复杂，目前尚未找到可复制、可推广的方案，土地管理法修正案草案也未将此问题纳入。入市土地增值收益调节金征收方面，也有不同的模式，如，上海松江依据不同土地用途征收土地增值收益调节金；浙江德清根据不同的规划区和不同的规划用途征收土地增值收益调节金。土地增值收益上缴的比例以及土地收益在集体和个人之间分配比例的差异也较大。对这些还需要进一步探索完善、形成社会共识的问题，土地管理法修正案草案都暂时回避。

尽管尚有诸多问题还未解决，但土地管理法修正案草案首次在法律层面明确了集体经营性建设用地可直接入市，打破了城市土地一级市场由政府垄断的局面，对地方政府摆脱土地财政依赖以及增加农民财产性收入都有重要的作用。为规范有序推进集体经营性建设用地入市，土地管理法修正案草案明确了入市的条件和入市后的用途都要符合相关的规划。同时，为盘活农村土地存量资产，鼓励土地权利交易，结合各地试点经验，法律赋予集体经营性建设用地出让、出租、转让、互换、出资、赠与、抵押等权能，并且明确了违约责任。法律对集体经营性建设入市相关问题的明晰，奠定了下一阶段试点和改革的基础。

## 五　集体经营性建设用地入市对各参与主体的影响[①]

《土地管理法》修改完成后，集体经营性建设用地入市在全国的铺开也呼

① 以下内容主要参考黄征学，吴九兴：《集体经营性建设用地入市：成效与影响》，《团结》2019年第1期。

之欲出。从各地试点情况看，政府让利多的地区总体推进比较顺利。因此，弄清各利益主体的诉求，协调好各方利益关系，调动地方政府、集体、农民、企业等各参与主体的积极性，将进一步深化集体经营性建设用地入市改革。

### （一）政府：长期利益大于短期利益

本次土地管理法修正案草案没有强调入市的建设用地必须是存量用地，只要是符合县、乡两级土地利用总体规划，且确定为工业、商业等经营性用途，经依法登记后均可以入市，短期内对土地市场会造成冲击。再加上集体经营性建设用地入市将影响地方政府财政收入，在经济下行压力加大以及财政增收困难的条件下，部分地方政府推动改革的动力可能不足。但从发展趋势看，集体经营性建设用地入市符合“同地同价同权”的改革目标，也便于城乡土地市场统一规范管理，将协助地方摆脱对土地财政的依赖，更加注重瞄准长远利益、加快产业发展、培育新的税源。实践表明，集体经营性建设用地入市对地方财政的影响是有限的。因此，设计好土地增值收益调节基金的比例至关重要。

### （二）集体：正面影响大于负面影响

农村集体经营性建设用地入市，部分土地收益将流向政府，集体利益似乎受到损害，但入市赋予集体经营性建设用地更多的权能，可以获得更多的经济利益，增强农村集体经济组织的公共财力。从试点地区的情况看，多数地方政府坚持“取之于地，用之于地”的原则，把征收的土地增值收益调节基金用于改善集体建设用地的基础设施配套，反过来又提升了集体建设用地的增值潜力。试点地区的实践也表明，农村集体经营性建设用地入市还会带来乡村产业形态、人口流动、生活方式等方面变化，改善了村庄的人居环境。如，集体经营性建设用地入市促进产业发展，产业发展吸纳人口就业，人口集聚产生对生活性服务业和生产性服务业的需求，对提升村庄生活品质、促进乡村振兴意义重大。

### （三）农民：长短期利益协调并存

集体经营性建设用地入市，让农民长期享有土地增值收益，增加了农民的财产性收入。从实践看，33 个试点地区将集体经营性建设用地出让、出租、作价入股（出资）获得的土地收益，除缴纳土地增值收益调节金之外，大部分留给农村集体经济组织和农民个人。农村集体经济组织在留下一定比例发展基金后，将剩余收益分配给农民，保障农民能获得持久稳定的收入流。例如，成都市郫县战旗村把集体经营性建设用地出让的收益扣除土地整治成本和入市缴纳的调节金后，将收益款分成两部分，一部分资金（20%）以现金方式分配给本村集体经济组织成员，剩下 80% 再细分为 30% 的公益金、10% 的风险金、40% 的公积金，很好地平衡了农民直接收益、社会保障、公共设施、集体发展等多方面的资金需求，既增加了农民当前现金收入，又考虑了农民长远预期收入。

### （四）企业：正面影响为主

《土地管理法》修改之前，企业流转村集体建设用地属于违法行为，权利不受法律保护。集体经济组织存在损害企业权利的机会主义动机。如，集体经济组织在不愿流转建设用地时，可以集体土地流转违法的理由，申请法院解除双方的合同，企业权利得不到保障。法律允许集体经营性建设用地入市后，企业的权利将受到充分的保护，积极性也会增加。同时，法律允许集体经营性建设用地抵押贷款，也缓解了企业资金压力，有利于企业更好发展。

因此，分析 33 个地区的试点实践以及《土地管理法》修改后可能产生的影响，我们认为集体经营性建设用地入市重点是坚持“三个不能变”，核心是协调好各方利益关系，关键是还权赋能，落脚点是提高农民财产性收入，让农民能带上嫁妆进城。但深层次的问题还需要加快试点，以期取得可复制、可推广的经验，真正实现“同地同价同权”的目的。

## 六　推进镇集体经营性建设用地改革的对策建议

针对集体经营性建设用地入市中存在的问题，建议从以下几方面予以改进。

### （一）通过固化股权和有偿购股促进股权合理配置

借鉴佛山南海的经验，适应集体经济组织成员边界不断变化的态势，变无偿配股为有偿购股，形成“固化股权、出资购股、合理流动”的新局面，量化给集体经济组织成员，允许股权继承和在一定范围内转让，但不能提取、买卖和抵押，建立健全集体收益分配权自愿有偿退出机制，让新增所有集体经济组织成员都有机会享受集体资产收益。主要设置集体股、个人股和募集股（现金股）。集体股是为保证组织运转开支和其他公共开支的需要而设置；个人股基本按合作经济组织成员户口性质、年龄、承包土地数量等因素将集体资产折股量化分配到个人；募集股就是按原值或现值一次性用现金等额认购的股份。

### （二）建立产业差异化发展导向的梯度地价（租金）控制体系

加快推进农村集体建设用地定级及基准地价构建工作。按照城乡建设用地同等入市、同权同价的要求，做好农村集体经营性建设用地基准地价与城镇建设用地基准地价对接。编制《产业发展用地目录》，以国家建设用地标准为基础，制定符合地区产业发展实际的投资强度、容积率和建筑密度等控制指标，明确土地准入门槛。根据产业发展的技术先进程度，建立梯度的地价（租金）控制标准，探索建立与国家工业用地最低价标准相适应的灵活实施方案，鼓励高新技术产业和现代服务业的优先发展；探索建立产业用地差别化年期的管理政策和操作规范，完善以租赁、作价入股等方式使用土地的具体管理政策。充分学习借鉴台湾产业用地供应机制，实行先租后买的产业用地配置机制，在企业用地初期考虑先期租赁 3 年，并对三年后用地单位的投资强度、产出额度、上缴税收、就业规模等具体事项进行事前约定，经考核合格后，再根据产业成长周期拟订长期租约（30 年）或出让给工业用地者，防止企业用地的炒卖和闲置。

### （三）完善土地收益分配机制

在不同层级政府之间、政府和集体经济组织之间，合理划分集体经营性建设用地入市的收益。原则上，绝大多数入市收益留给集体经济组织（或股份合作社），政府主要通过征收土地增值收益调节基金获取收益。按照“取之于地、用之于地”的原则，调节金优先安排用于出让方所在地基础建设、周转垫付农村集体经营性建设用地土地开发和土地整理资金，以提高增值收益调节金使用效益，提高入市收益分配的可持续性。制定土地收益管理办法，明确集体经济组织（或股份合作社）土地收益分配对象、分配方式、管理模式、监管责任等方面的内容，支持土地收益合理合规使用。借鉴四川郫县的做法，将一定比例的入市的集体经营性建设用地的价款作为土地增值收益调节金，向政府缴纳，增值收益调节金将统筹安排用于基础设施和公益设施建设，并且探索农民土地收益的长远机制，切实提高集体经济的实力，加强村内基础设施建设，保障村民社会福利。

### （四）按照政企分开的原则完善土地交易经营管理机构

坚持经济组织和政治组织适当分离的原则，实现政经分开、政企分开，成立土地股份合作社。明确村委会的主要职能就是行政管理和公共服务，而不再承担股份经济合作组织董事会的角色。董事会应由村民或股民投票选举产生，主要负责集体经济组织重大事务的决策和任命总经理人选。总经理可由本集体的成员担当，也可通过公开招聘的方式寻求集体外的贤能之士。借助市场化手段完善农村集体经营性建设用地使用权流转的政策咨询、信息发布、地价评估、交易代理、纠纷仲裁等相关服务。

## 参考文献

毕云龙、相洪波、徐小黎等:《海城集体经营性建设用地入市试点调查研究》,《中国国土资源经济》2018 年第 7 期。

陈明:《农村集体经营性建设用地入市改革的评估与展望》,《农业经济问题》2018 年第 4 期。

杜国明、刘春芳、王丽颖:《农村集体经营性建设用地入市研究》,《南方农村》2016 年第 5 期。

胡杰成:《“农地入市”的南海经验》,《中国经贸导刊》2018 年第 7 期。

江伟、郭宇:《面临的主要问题及对策研究当前我国农村集体经营性建设用地入市》,《农业与技术》2015 年第 11 期。

李东升:《安达市农村集体经营性建设用地入市政策保障研究》，东北农业大学，2017 年。

练勇:《贵州省凤冈县农村集体经营性建设用地的初步探索》,《农业工程》2015 年第 3 期。

刘文泽、郭若男：《集体经营性建设用地入市研究综述》，《改革与开放》2018 年第 3 期。

刘志超、强海洋、白天政：《贵州湄潭：以“五定”方式探索“入市”新路径》，《中国土地》2018 年第 9 期。

吕雪：《农村集体经营性建设用地入市研究》，安徽农业大学，2016 年。

史卫民、刘佳：《集体经营性建设用地出让制度构想》，《中国土地》2018 年第 9 期。

王芳：《农村集体经营性建设用地入市存在的问题及对策》，《环球人文地理》2016 年第 16 期。

王虹：《我国农村集体经营性建设用地入市困境及实现路径研究》，西南交通大学，2016 年。

王晓宁、陈育霞、李晓波：《北京市新型城镇化试点中集体土地利用模式探索》，《住宅与房地产》2018 年第 2 期。

吴金和：《德清加快推进以城乡统筹融合发展为特色的新型城镇化建设》，《湖州日报》2018 年 9 月 5 日。

严静：《我国农村集体经营性建设用地入市法律问题研究》，华东交通大学，2016 年。

杨岩枫、谢俊奇：《论集体经营性建设用地入市的实现途径——以北京市大兴区为例》，《农村金融研究》2016 年第 12 期。

叶红玲：《探索集体经营性建设用地入市新模式》，《中国土地》2018 年第 7 期。

张清军：《佛山市南海区农村集体经营性建设用地入市问题研究》，《广东土地科学》2018 年第 3 期。

赵之枫、赵欣晔：《农村集体建设用地统筹利用模式案例研究——以北京市大兴区和重庆市为例》，《小城镇建设》2018 年第 1 期。

黄征学、吴九兴：《集体经营性建设用地入市：成效与影响》，《团结》2019 年第 1 期。

**B**.21

# 新型城镇化背景下农民工住房保障渠道的拓展

焦怡雪　张璐*

**摘　要：** 农民工在我国经济社会发展中发挥了重要作用，有序推进以农民工为主体的农业转移人口市民化，是以人为核心的新型城镇化的重要内容。住房问题是当前影响农民工在城市定居和落户的重要制约因素，将符合条件的农民工纳入城镇住房保障体系是解决农民工住房问题的重要途径之一。本文分析了农民工住房保障的现状特征和面临困难，从有效发挥住房市场、用工单位、政府等不同主体的责任角度提出了建立健全分层次的农民工住房供应方式的基本思路，提出以公共租赁住房作为满足农民工住房保障需求的最主要方式，同时要因城施策，合理选择住房保障方式，完善配套制度，有效拓宽农民工住房保障渠道。

**关键词：** 新型城镇化　农民工　住房保障

## 一　引言

农民工是我国城镇化快速发展过程中的新型劳动大军，为我国现代化建设和工业化、城镇化发展做出了巨大贡献。然而，我国户籍人口城镇化率长期滞

* 焦怡雪，中国城市规划设计研究院住房与住区研究所，教授级高级城市规划师，主任研究员；张璐，中国城市规划设计研究院住房与住区研究所，高级城市规划师。

后于常住人口城镇化率，大量农民工并没有真正融入城市，而是在城乡之间呈“候鸟式”流动迁徙，这影响了我国城镇化的健康可持续发展。城市较高的生活成本和农民工较低的收入水平之间的矛盾，是制约农业转移人口完全城镇化的重要因素。

国家新型城镇化规划，强调以人为核心，要求从片面追求城镇化的速度转向着力提高城镇化的质量。当前，“有序推进农业转移人口市民化”已经成为推进以人为核心的新型城镇化的重要内容。

住房是农民工在城市生活、工作和发展的必备条件，也是其城市生活中弥合社会分割和加速社会融合的中间机制。由于收入低且家庭资产积累少，农民工在就业城镇的居住条件相对较差，不利于农民工建立对城市的归属感和稳定定居意愿，住房问题已经成为影响农民工在城市定居和落户的重要制约（李爱民、刘保奎，2018）①。在这一背景下，妥善解决农民工住房问题，拓宽农民工住房保障渠道，有利于促进农民工家庭在城镇安居乐业，对于促进农民工市民化、支撑国家新型城镇化，以及促进经济转型升级和持续稳定发展都具有重大意义。

## 二　农民工住房保障的现状情况

### （一）农民工住房保障的政策要求

我国自2006年起，开始加强对农民工住房问题的关注。“十二五”以来，更加快推进了以公共租赁住房为主的住房保障体系建设，并明确将外来务工人员群体纳入其中。《国家新型城镇化规划（2014～2020年）》的出台，进一步强调了以人为核心的城镇化，要求积极促进外来人口的市民化。此后国家相继发布了有关户籍改革、居住证制度等一系列政策（如表1所示），相关配套制度的完善，为改善外来人口居住条件打下了良好基础。

---

① 根据国家发改委宏观经济研究院课题组2016年开展的农民工落户问卷调查资料，无论是长期进城农民工还是非长期进城农民工，住房问题得不到有效解决在不愿意落户的原因中所占比例分别为48.1%和45.0%，是制约农民工在城市定居和落户的重要因素。

**表 1　关于农民工住房保障的主要政策一览表**

| 年份 | 政策 |
|---|---|
| 2006 | 国务院关于解决农民工问题的若干意见（国发〔2006〕5 号） |
| 2007 | 国务院关于解决城市低收入家庭住房困难的若干意见（国发〔2007〕24 号） |
| | 关于改善农民工居住条件的指导意见（建住房〔2007〕276 号） |
| 2009 | 国务院关于加大统筹城乡发展力度进一步夯实农业农村发展基础的若干意见（2009 年 12 月） |
| 2010 | 关于加快发展公共租赁住房的指导意见（建保〔2010〕87 号） |
| 2011 | 国务院办公厅关于积极稳妥推进户籍管理制度改革的通知（国办发〔2011〕9 号） |
| | 中华人民共和国国民经济和社会发展第十二个五年规划纲要（2011 ~ 2015 年） |
| | 国务院办公厅关于保障性安居工程建设和管理的指导意见（国办发〔2011〕45 号） |
| 2012 | 国务院关于印发国家基本公共服务体系“十二五”规划的通知（国发〔2012〕29 号） |
| | 公共租赁住房管理办法（2012 年住房城乡建设部令第 11 号） |
| 2013 | 中共中央关于全面深化改革若干重大问题的决定（十一届三中全会） |
| | 国务院办公厅关于继续做好房地产市场调控工作的通知（国办发〔2013〕17 号） |
| | 关于做好 2013 年城镇保障性安居工程工作的通知（建保〔2013〕52 号） |
| | 关于公共租赁住房和廉租住房并轨运行的通知（建保〔2013〕178 号） |
| | 国务院批转发展改革委关于 2013 年深化经济体制改革重点工作意见的通知（国发〔2013〕20 号） |
| 2014 | 国家新型城镇化规划（2014 ~ 2020 年） |
| | 城镇住房保障条例（征求意见稿） |
| | 国务院关于进一步推进户籍制度改革的意见（国发〔2014〕25 号） |
| | 住房城乡建设部财政部中国人民银行关于发展住房公积金个人住房贷款业务的通知（建金〔2014〕148 号） |
| | 国务院关于进一步做好为农民工服务工作的意见（国发〔2014〕40 号） |
| | 关于进一步推进户籍制度改革的意见（国发〔2014〕25 号） |
| 2015 | 关于放宽提取住房公积金支付房租条件的通知（建金〔2015〕19 号） |
| | 住房城乡建设部关于加快培育和发展住房租赁市场的指导意见（建房〔2015〕4 号） |
| | 关于印发《城镇保障性安居工程财政资金绩效评价暂行办法》的通知（财综〔2015〕6 号） |
| | 居住证暂行条例（国务院令第 663 号） |
| 2016 | 国务院关于实施支持农业转移人口市民化若干财政政策的通知（国发〔2016〕44 号） |
| | 中华人民共和国国民经济和社会发展第十三个五年规划纲要（2016 ~ 2020 年） |
| | 住房城乡建设部财政部关于做好城镇住房保障家庭租赁补贴工作的指导意见（建保〔2016〕281 号） |
| 2017 | 国务院关于印发“十三五”推进基本公共服务均等化规划的通知（国发〔2017〕9 号） |
| | 关于在人口净流入的大中城市加快发展住房租赁市场的通知（建房〔2017〕153 号） |
| | 国土资源部住房城乡建设部关于印发《利用集体建设用地建设租赁住房试点方案》的通知（国土资发〔2017〕100 号） |

总体上，近年来我国对解决农民工等外来务工人员住房问题有以下几方面的导向。

（1）强化用工单位的主体责任，多渠道改善农民工居住条件。2006 年，《国务院关于解决农民工问题的若干意见》就提出企业和园区可建设农民工集体宿舍，企业应为农民工缴纳住房公积金。2007 年，《关于改善农民工居住条件的指导意见》更明确“用工单位是改善农民工居住条件的责任主体”。

（2）以公共租赁住房为主，推进住房保障向常住人口全覆盖。“十二五”以来，国家积极推进基本公共服务逐步覆盖到符合条件的常住人口，鼓励将符合条件的农民工纳入城镇住房保障体系，并要求地级以上城市要把符合条件的、有稳定就业的外来务工人员纳入当地住房保障范围。在《城镇住房保障条例（征求意见稿）》、《公共租赁住房管理办法》等也已将“稳定就业的外来务工人员”列为保障对象。目前，公共租赁住房是保障农民工基本住房需求的主要制度安排。

（3）依托居住证制度，建立与居住年限等条件挂钩的住房保障供应机制。目前，居住证已经逐步成为我国城镇提供基本公共服务和申请户口的重要依据。《国家新型城镇化规划》、《国务院关于进一步推进户籍制度改革的意见》等重要文件，均提出把居住证作为申请登记居住地常住户口的重要依据，并以之为载体，建立健全与居住年限等条件相挂钩的基本公共服务提供机制。国家“十三五”规划明确要求“将居住证持有人纳入城镇住房保障范围”。

（4）完善和改革相关制度配套，提升农民工住房支付能力。住房公积金是支持居民改善住房条件的重要金融举措。国家近年来加快了住房公积金制度的改革，加大了这一制度对农民工改善居住条件的扶助力度，要求逐步将在城镇稳定就业的农民工纳入住房公积金制度实施范围。

### （二）农民工住房保障的现状特征和面临困难

#### 1. 农民工住房保障的总体覆盖水平有待提高

2012 年住房和城乡建设部发布《公共租赁住房管理办法》，提出在本地稳定就业达到规定年限的外来务工人员可以申请公共租赁住房。2013 年国务院办公厅发布《关于继续做好房地产市场调控工作的通知》，要求“2013 年底前，地级以上城市要把符合条件的、有稳定就业的外来务工人员纳入当地住房保障范围”。

此后，各地已根据国务院要求开展了相关工作，但由于需要制定实施细则、居住证制度建立后尚未达到保障要求的持有年限、政府财力制约等因素的影响，政策的实施落实还需要一定时间周期。截至 2016 年，购买保障性住房和租赁公租房的农民工不足 3%（国家统计局，2017），在全国总体层面上对农民工住房保障的覆盖水平仍有待提高。

从分区域情况来看，根据中国城市规划设计研究院对部分省份和城市的调研显示，以浙江为代表的农民工集中的地区，实际建成分配的公共租赁住房中已有 40% 以上分配给非户籍家庭居住，在杭州有 40% ~50% 的公租房住户是非户籍家庭，台州有 60% 左右的公租房住户是非户籍家庭，主要房源类型是由工业园区或企业兴建的公租房；而在中西部地区，实际享受到保障的非户籍家庭比例仍很低，部分省份地级以上城市的非户籍家庭在享受住房保障总户数中不足 1%。

2. 各地农民工住房保障政策存在明显差异

从目前各地的农民工住房保障政策来看，存在着较为明显的差异，可粗略分为三种典型类型。

（1）农民工申请住房保障门槛设置较低，典型地区：四川、重庆

自 2013 年起，四川省开展“农民工住房保障行动”，明确对农民工逐步取消户籍差别，按照城镇本地户籍居民同等准入条件、同等审核流程、同等保障标准申请享受同品质的住房保障，每年将当年竣工的公租房的 30% 定向供应农民工。截至 2016 年，四川省共向农民工提供公租房近 7 万套，20 多万农民工得到基本住房保障（罗之飏，2017）。

重庆提出，与用人单位签订 1 年以上劳动合同且在主城区连续缴纳 6 个月以上的社会保险费或住房公积金的人员，以及在主城区连续缴纳 6 个月以上社会保险费且居住 6 个月以上的灵活就业人员和个体工商户，在符合收入要求和居住困难条件的情况下，均可申请公共租赁住房。截至 2015 年底，重庆市公租房累计入住 21.4 万户、58 万余人，其中外来农民工是租住公租房的最大群体，占四成以上（史学斌，2018）。

四川、重庆农民工住房保障工作力度大的原因主要在于以下方面，一是商品住房市场价格较为平稳，常住家庭的住房可支付性总体较好，住房保障需求

相对较低；二是“十二五”以来保障性安居工程建设规模大，住房保障能力大幅提高；三是农民工的来源地大部分为本省、本市的农村地区，地方政府保障意愿较强。

（2）重点面向非户籍人才放开住房保障或给予特殊支持，典型城市：深圳、广州

2018 年 8 月，深圳市政府发布《关于深化住房制度改革加快建立多主体供给多渠道保障租购并举的住房供应与保障体系的意见》，明确公共租赁住房面向符合条件的户籍中低收入居民、为社会提供基本公共服务的相关行业人员、先进制造业职工等群体供应；同时重点面向符合条件的企事业经营管理、专业技术、高技能、社会工作、党政等方面人才供应住房。

广州对外地来穗人员申请公共租赁住房的门槛设置较高，需同时符合持有居住证 5 年以上、本市连续缴纳社保 2 年以上、与本市用人单位签订 2 年以上期限的劳动合同、收入和住房满足规定条件等要求。对于符合上述条件，同时具备相关职业资格的高技能人才、获市、区政府（不含部门和内设机构）授予荣誉称号的来穗人员、获市及以上见义勇为评定委员会表彰或奖励的来穗人员可给予优先配租。

深圳和广州均为外来务工人员集中的城市，同时城市产业结构也处于从劳动密集型向高技术、高附加值产业转型的过程中，从保障能力上说，全面放开农民工住房保障会带来较大压力；从保障意愿上说，也希望通过公共租赁住房政策调整吸引人才的结构，避免吸引过多低技能人员；因此采取了重点向产业、经济发展所需人才倾斜的政策。

（3）外来人口住房保障申请门槛设置较高，典型城市：北京

2017 年北京市开始在公租房和自住房中为新北京人（稳定就业的非京籍无房家庭）开展专项分配。非本市户籍的申请人要满足具有购房资格、所处行业符合北京市产业发展需要等条件，而非户籍居民购房资格的要求是“持有本市有效暂住证在本市未拥有住房且连续 5 年（含）以上在本市缴纳社会保险或个人所得税”，准入门槛设置较高。

总体来看，北京对农民工住房保障限制严格的原因主要在于：一是商品住房市场价格较高，保障性住房需求量大、供不应求，户籍家庭的保障需求尚未满足，无力向非户籍家庭放开；二是城市资源环境承载力有限，采取严格控制

人口增长的政策，地方政府向外来人口提供住房保障的意愿较弱；三是农民工流动性大，管理监督困难，住房保障管理部门需要投入更多人力物力，认为目前不具备向农民工提供住房保障的条件（中国城市规划设计研究院，2017）。

3. 面向农民工的公共租赁住房类型多样

从目前各地的农民工住房保障实践来看，提供公共租赁住房是主要保障方式，其中包括政府直接供应给个人、政府定向供应给企业并由企业管理、政府支持企业建设管理、政府支持其他社会力量建设管理等几种类型。

（1）政府直接面向符合条件的农民工提供公共租赁住房。此类公共租赁住房为政府直接投资兴建或收储的公共租赁住房，同时政府直接进行准入资格审查、配租、物业服务等管理，主要为面向家庭的成套住宅。

（2）政府面向企业提供公共租赁住房并由企业管理。此类公共租赁住房为政府直接投资兴建或收储的公共租赁住房，政府提供给申请企业，由企业面向员工进行分配和管理，配租家庭信息在政府备案。此类公租房主要为面向家庭的成套住宅。

（3）政府支持、企业建设管理的公共租赁住房。此类公共租赁住房为面向农民工提供住房保障的最主要类型，一般为政府提供土地、税费、审批等方面的支持政策，由企业投资、建设的符合面积、套型等要求的公共租赁住房，并主要面向本企业员工进行分配和管理，配租家庭信息在政府备案。此类公租房往往以宿舍类型为主，兼有一些成套住宅。

（4）政府支持，村集体等其他社会力量建设管理的公共租赁住房。此类公共租赁住房为在政府的支持下，由村集体、房地产开发企业等社会力量建设的符合面积、套型等要求的公共租赁住房。由投资的社会力量自主配租和管理，对准入资格和租金标准有较大的自主权利，但配租家庭信息在政府备案。

4. 农民工住房保障仍面临一些困难

（1）农民工自身特点和居住意愿方面

一方面，农民工大多受教育程度较低，对城市公共政策关注和了解不足，很多农民工并不了解当地住房保障政策，不知道公共租赁住房的申请条件和程序。如重庆市在面向农民工的定向公租房推出半年后，来自保洁、环卫、餐饮、建筑等各领域的农民工在接受记者采访时均表示对上述政策“一点不知情”（高柱、李娜，2015）。

另一方面，农民工大多收入较低，流动性大，对城市住房期望值和消费意愿均不高，而很多城市公共租赁住房价格高于城中村，且往往位置偏远，服务设施配套差，生活不方便，农民工不愿选择。如在绵阳市，以设施配备基本齐全的一居室为例，城中村住房的租金为公租房的60% ~70%、商品住房的40% ~50%，由于相当比例的城中村地处市区中心地段，出行条件良好，周边配套服务较为齐全，因此绵阳市城中村的住房对中低收入人群具有较强的吸引力，成为农民工的重要居住空间（住房和城乡建设部住房改革与发展司、中国城市规划设计研究院，2014）。

（2）城市保障能力、发展导向和管理能力方面

在保障能力方面，目前一些住房价格较高的大城市和特大城市，住房保障仍存在供不应求的问题，户籍家庭保障需求缺口仍较大，无力向农民工提供住房保障。

城市发展目标和导向也会对各地住房保障政策的制定产生影响。一些特大城市，如北京、上海等，在资源环境压力下采取严格限制城市人口规模扩张的政策，因此这些城市在人口政策上倾向于吸引高素质人才进入，因而对向农民工提供住房保障持保留态度。还有一些城市正处于产业发展转型阶段，采取产业升级发展的策略，更倾向于向所需高素质人才和市政员工提供住房保障，对于其他农民工则采取较严格限制措施等。

此外，由于农民工流动性大，收入核查难度大，相对于户籍家庭的住房保障，无论是实物保障还是租赁补贴，都要求城市住房保障部门具有更高管理能力和更多管理投入，从这一角度来看，很多城市还不具备全面向农民工放开住房保障的条件。

## 三　解决农民工住房问题的基本思路

### （一）突出多主体供给、多渠道保障，协同解决农民工住房问题

1. 充分发挥市场机制在农民工住房供应中的决定性作用

我国改革开放的实践证明，市场是引导资源配置最有效的方式，十九大也强调要让市场机制在资源配置中起决定性作用。目前，我国房地产市场机制基

本健全，商品住房租赁市场得到有效发展；同时，城中村等“非正规”住房也一定程度上弥补了正规租赁市场低租金住房的不足。国家统计局数据显示，通过市场途径租购住房的进城农民工比例高达 80.2%，市场已成为解决农民工住房的主要途径①（国家统计局，2017）。

在这种情况下，政府应加强引导，进一步发挥市场供应机制的作用，促进住房市场供应与农民工实际住房需求和消费能力相匹配。继续大力发展和规范租赁住房市场，积极引导社会机构和企业，开发建设、持有并经营低租金住房，面向农民工等中低收入群体租赁。鼓励增加中低价位、中小套型的普通商品住房供应。对城中村、城郊村、老旧住区等农民工集中居住地区，开展租赁房屋和居住环境的综合整治，确保农民工居住场所符合基本的卫生和安全条件，达到基本居住标准。

2. 积极引导用工单位向农民工提供低成本住房或住房补贴

居住场所是维持劳动力再生产的基本条件之一，用工单位支付给员工的劳动报酬中应包含基本居住成本，以满足获得符合基本卫生、安全的居住场所的需求。农民工选择住房十分看重与工作地点的距离，具有明显的“以业定居”的倾向。在以就业变换为主导的流动迁居情况下，通过就职单位解决住房问题最为高效可行，也能最大程度节省农民工的住房开支。值得关注的是，目前单位或雇主提供住房的农民工所占比例呈现下降态势，2016 年为 13.4%，比上年下降 0.7 个百分点（国家统计局，2017）。

未来，要积极鼓励用工单位特别是用工较多的企业采取无偿提供、廉价租赁等方式向农民工提供符合基本居住标准的居住场所，对于农民工自行安排居住场所的，用工单位应当给予一定的住房租金补助，并可在劳动合同中予以明确。同时，应加大住房公积金的管理力度，将农民工纳入城镇住房公积金的缴存和使用范围之内，提高农民工住房支付能力。

3. 政府主导、社会参与，多渠道向符合条件的农民工提供基本住房保障

目前农民工的居住水平虽有所提高，但仍有部分群体居住困难问题突出。2017 年，进城农民工人均居住面积为 19.8 平方米，显著低于城镇常住家庭人

① 根据国家统计局《2016 年农民工监测调查报告》，2016 年，在进城农民工中，租房居住的农民工占 62.4%，购房的农民工占 17.8%。

均36.6平方米的水平，人均居住面积5平方米及以下居住困难的农民工户占4.6%，并有13.0%的进城农民工户没有自来水、28.6%没有独用厕所（国家统计局，2018）。尽管基于低水平的居住条件，绝大多数农民工获得了“住所”，但这并不能视为基本住房权利的保障和“住有所居”的实现。

使城乡家庭获得符合安全、卫生和基本生活要求的适宜住房，是政府的重要公共职能。为保障基本住房权，促进“住有所居”的实现，政府有必要履行市场补位责任，应进一步扩大住房保障覆盖范围，量力而行、尽力而为，向在城市稳定就业居住的农民工提供城镇基本住房保障，改善农民工等低收入住房困难群体的居住条件。另外，积极探索政府与社会机构合作供应保障性住房的模式，通过土地、财税优惠政策，积极鼓励社会资本、用工较多的企业及产业园区、非营利机构等参与保障性住房建设和运营管理，可适当放宽就业年限等条件面向低收入群体进行供给，并纳入城市公共租赁住房平台统一进行监督管理。

## （二）建立健全分类型、分层次的农民工住房供应方式

综合考虑农民工在收入水平、住房现状和需求、在城市稳定居住就业情况等方面的差异性，基于市场、用工单位和政府在农民工住房问题上的角色分工，建立健全分类型分层次的农民工住房供应体系，多主体、多渠道满足农民工住房需求（如图1所示）。

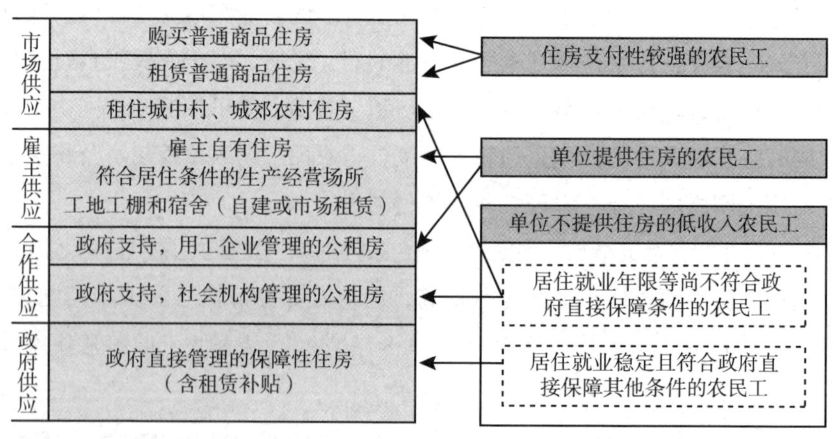


**图1　分类型、分层次的农民工住房供应方式**

（1）对于收入较高、具有较强市场支付能力的农民工，鼓励租赁或购买市场提供的各类商品住房，和城镇居民享有同等条件的信贷、金融、财政、税收等政策优惠。

（2）对于由单位（雇主）提供住房的农民工，其中包括绝大部分从事建筑业、制造业的农民工和一部分服务业从业农民工，应重点加强对用工单位所提供住房的管理，各地应制定并严格执行宿舍、工地临时宿舍、社会租赁房屋等基本标准，并强制推行，确保农民工居住达到安全、卫生等基本条件。

（3）对于单位不提供住房、在城市稳定就业居住的低收入农民工，应逐步纳入由政府直接提供的以公共租赁住房（含租赁补贴）为主的住房保障，公共租赁住房租金要充分考虑进城务工人员的支付能力。

（4）对于单位不提供住房、在城市短期务工或就业不稳定的低收入农民工，短期内主要通过社会提供的各类低租金住房解决居住问题，在有条件的地区可申请政府支持、社会机构管理的公租房；未来伴随就业类型、收入和居留时间的变化，逐渐进入其他住房供应渠道。

## 四　拓宽农民工住房保障渠道的策略

### （一）依托居住证制度，健全与居住年限挂钩的农民工住房保障提供机制

“以居住证为载体，建立健全与居住年限等条件相挂钩的基本公共服务提供机制”是国家明确提出的改革导向。

对农民工等外来人口提供住房保障，需要紧密结合国家户籍改革要求和各地居住证制度的具体实施措施。持有居住证，应当作为外来人口申请住房保障在内的基本公共服务的前置条件。在此基础上，应主要根据稳定就业居住的年限来设定申请住房保障的条件，并适当控制最长年限要求，根据城市保障能力和城镇化导向确定差异化实施政策。参考各级城市现有规定，建议以稳定就业居住满1年作为申请住房保障的适宜年限，省会城市可控制在2～3年，直辖市不宜超过5年。对于满足居住工作年限的农民工，应采取与户籍居民平等的住房、收入和财产状况等住房保障准入条件。对从事保障城市日常运营的环

卫、公交、市政等从业人员和各地经济产业发展需求的行业人才，应予以优先轮候或定向供给。

### （二）因城施策，合理确定实物配租与租赁补贴的保障方式

落实国家“十三五”规划中“将居住证持有人纳入城镇住房保障范围”、“把公租房扩大到非户籍人口，实现公租房货币化”等相关要求，扩大农民工保障覆盖范围，以公共租赁住房制度作为解决农民工住房保障需求的最主要方式，同时结合各地住房发展现状与需求、土地和财政保障能力等方面的具体情况，因城施策选择面向农民工的适宜保障方式。

市场租赁房源供应充足的城市，应主要采取租赁补贴方式。但其中既有保障性住房房源供应较为充足的城市，可优先考虑存量实物房源的消化利用，短期内仍应重点推行实物配租，同时积极制定完善租赁补贴的相关制度，逐步推广租赁补贴的使用。

市场租赁房源供需紧张的城市，仍需合理安排公共租赁住房的建设与筹集，继续开展实物配租，同时鼓励住房租赁市场发展，增加中小户型租赁住房供应，适度推进租赁补贴保障方式的发展。

在城市内部，也可根据产业布局特点考虑在不同地区采取不同保障方式。外来务工人员集中的产业园区周边仍应主要以实物配租为主，而对土地紧张、房源筹集困难的城市中心区，则可主要采取租赁补贴方式。

### （三）优化供应方式，多渠道增加公共租赁住房供应

盘活存量空置公共租赁住房。一些城市因种种原因存在着部分公共租赁住房空置的现象，对于这类城市，应积极盘活存量空置房源。一方面，结合地方实际情况适当放宽对农民工的准入条件，特别是一些临近产业园区的公共租赁住房，应优先面向农民工或园区企业供应。另一方面，对目前公共交通、公共服务配套不齐全的公租房项目，应尽快完善相关设施，增强申请、入住吸引力。

结合棚户区、城中村改造配建公共租赁住房。在棚户区、城中村改造时，应考虑农民工等低收入群体居住需求，在符合城市规划和土地利用规划的前提下，考虑配建一定比例的公共租赁住房，增加在城市内部的公共租赁住房数量。

收储和长租社会房源。有条件的城市可以将符合公共租赁住房户型条件的社会房源进行收储或长租，并定向分配给农民工。

集体土地建设公共租赁住房。逐步拓宽集体土地建设公共租赁住房的试点范围，允许农民工数量多、公共租赁住房供应不足、建设用地紧缺的城市，在集体土地建设公共租赁住房。

支持产业园区、用工单位、社会机构投资运营管理公共租赁住房。在努力增加政府直接保障的公租房对农民工供应的同时，继续支持产业园区、用工单位、社会机构投资、建设、运营和管理公共租赁住房，主要面向农民工等外来人口供应，政府对其建设标准、资格审核和运行管理实施备案和定期监管。

### （四）健全农民工住房保障的配套政策和支撑机制

将解决农民工住房问题纳入城市住房发展规划。目前，住房发展规划已经成为引导关联资源配置、促进住房市场健康可持续发展的重要长效调控机制。农民工数量多的城市把改善农民工居住条件作为城市住房发展规划的重点任务之一，对农民工流动特点、住房现状及需求等情况进行详尽调查，在住房建设总需求和住房保障需求中充分考虑农民工群体，并测算相应的建设任务和用地需求。

逐步将在城镇稳定就业的农民工纳入住房公积金制度实施范围。引导和鼓励用工单位为签订劳动合同、工作稳定的农民工缴存住房公积金，同时积极支持无雇工的个体工商户、非全日制从业人员以及其他灵活就业人员个人缴存住房公积金。在公积金使用方面，应促进农民工与城镇户籍职工享受同等的公积金提取和贷款条件。积极探索适应农民工流动与就业特征的公积金缴存和使用制度，逐步实现省内、跨省缴存的异地互认和转移接续。

强化住房保障的绩效考核与监管问责。结合财政资金绩效评价，完善综合性的住房保障绩效评价指标体系，将农民工住房保障成效作为考核评价内容之一。继续加强对保障工作的监管，落实信息公开，充分发挥社会监督作用。

## 五　结语：2019年展望

2018 年 12 月 24 日在京召开的全国住房和城乡建设工作会议，明确了

2019 年的重点任务，其中明确要求“持续提升公租房保障能力，将符合条件的新就业职工、外来务工人员纳入保障范围，对低收入住房困难家庭基本实现应保尽保”。

2019 年 1 月 28 日，十部委联合印发《进一步优化供给推动消费平稳增长促进形成强大国内市场的实施方案（2019 年）》（发改综合〔2019〕181 号），提出要补足城镇消费供给短板、更好满足城镇化需求，其中强调要“进一步满足农业转移人口市民化住房消费需求”，“将符合条件的农业转移人口纳入住房保障范围。支持部分人口净流入、房价高、租赁需求缺口大的大中城市多渠道筹集公租房和市场租赁住房房源，将集体土地建设租赁住房作为重点支持内容”。

可以预见，随着我国深入贯彻落实十九大精神，不断推进高质量发展和以人为核心的新型城镇化，2019 年将以提升公共租赁住房保障能力为重点，进一步扩宽农民工住房保障渠道，加快推进农业转移人口市民化进程。

## 参考文献

李爱民、刘保奎：《进城农民工住房问题的困境与出路》，《开发研究》2018 年第 3 期。

国家统计局：《2016 年农民工监测调查报告》，http：//www. stats. gov. cn/tjsj/zxfb/201704/t20170428_ 1489334. html，［2017 -04 -28］。

住房和城乡建设部住房改革与发展司、中国城市规划设计研究院：《城市住房发展规划编制指南（2014）》，中国建筑工业出版社，2014。

罗之飏：《四川“百万安居工程”晒出“成绩单”》，《四川日报》2017 年 5 月 16 日。

史学斌：《外来农民工公租房居住满意度及其影响因素研究——以重庆市为例》，《农村经济》2018 年第 1 期。

高柱、李娜：《公租房供应半年农民工“不知情”》，《领导决策信息》2018 年第 31 期。

国家统计局：《2017 年农民工监测调查报告》，http：//www. stats. gov. cn/tjsj/zxfb/201604/t20160428_ 1349713. html，［2018 -04 -28］。

## B.22

# 澳大利亚住房保障的供给侧改革和创新性实践

杨跃龙　韩笋生*

**摘　要：** 与许多国家类似，澳大利亚的住房系统也面临着可负担性住房供应不足的问题，且已成为政府急需应对的主要挑战之一。尤其在其人口不断增加、新建保障性住房相对滞后且存量保障性住房持续折旧的背景下，澳大利亚的可负担性住房缺口不断扩大。为应对这些问题，且受私有化、政府放权、放松管治等市场化改革的影响，澳大利亚的住房政策开始改变过去只注重从需求侧进行补贴的做法，尝试通过政策创新，激励市场和非营利组织增加可负担性住房的供应。本文梳理分析了澳大利亚住房保障制度、当前存在的主要问题，及联邦政府和各州级政府为应对住房保障问题所做的改革和政策创新，并重点对部分州所实施的共有产权住房政策进行介绍，以期能为完善中国的住房保障政策提供参考。

**关键词：** 保障性住房　创新　供给侧改革　共有产权住房　澳大利亚

## 一　引言

住房是人类的基本需求和权力。在澳大利亚，可负担的住房被视为影响全

* 杨跃龙，澳大利亚墨尔本大学建筑、建造与规划学院城市规划博士研究生；韩笋生，澳大利亚墨尔本大学建筑、建造与规划学院城市规划教授。

国经济和全民福祉、支撑经济和社会发展的关键性基础设施（Flanagan et al，2019）。澳大利亚政府充分尊重居民的住房权，将其看作是人权的一个组成部分，并实施了一系列的支持政策来帮助居民解决住房问题（AIHW，2018）。澳大利亚是世界上私人拥有住房比例较高的国家之一。根据最新的收入和住房调查数据，截至2016年，67.5%的澳大利亚家庭拥有自己的住房（ABS，2017）。澳大利亚政府鼓励居民拥有自己的住房，认为这样有助于社会健康稳定地发展，而住房建筑业可以带动相关产业的发展，为社会提供大量的就业岗位。

然而近年来，伴随住房价格的急剧增长，居民的工资水平却没有实现同步增长，这便导致购买和租赁住房变得比以往更加困难，这种情况在各个州（领地）① 的首府城市尤其突出（Raynor et al，2017）。住房成本高涨的一个直接结果就是很多人无力购买住房或者很难找到负担得起的租赁住房。相较于1970年，如今澳大利亚的房价中位数已经翻了两番，但实际工资却仅增长了一倍（Raynor et al，2017）。结果便是，年轻家庭想成为“有房一族”的愿望变得更加遥不可及。据统计，澳大利亚35岁以下住房持有者的比例从1980年代的60%已经下降为2016年的45%（Sheppard et al，2017）。即便是那些已经购买了住房的年轻人，他们的负债额度更大，生活压力也更大。住房可负担性下降还影响了人口在空间上的分布。较高的住房成本驱使低收入家庭搬移到就业、服务和基础设施不便的“边远地区”。这些地区距离工作岗位和优质教育服务更远。他们对汽车通勤的依赖度更高，家庭收入更低，住房抵押贷款的还款压力也更大（Raynor et al，2017）。

当前澳大利亚的住房问题是一系列因素相互作用的结果，例如长期的低利率水平及不断增长的住房贷款总量，以及房价上涨速度超过平均工资上涨速度等等（Raynor et al，2017）。人口增长和当前的税收安排也对持续恶化的住房可负担性问题产生了一定作用（Kahn，2011）。受私有化、政府放权、放松规制等市场化改革的影响，澳大利亚的住房政策在1970年代后开始比较注重依靠市场方式来配置住房资源（Pawson et al，2018）。政府比较关注从

① 澳大利亚有6个州和2个领地。6个州包括：昆士兰州、新南威尔士州、维多利亚州、南澳大利亚州、西澳大利亚州、塔斯马尼亚州，2个领地为首都领地和北领地。这6个州和2个领地共同构成了澳大利亚的8个州级政府。

需求方面着手去解决可负担性住房问题（Kahn，2011）。例如联邦租房补助（Commonwealth Rent Assistance，简称 CRA）和首次置业者补贴（First Home Owners Grants，简称 FHOG）等补贴政策都是通过货币补贴方式来减缓居民的购房压力或租房压力的。需求侧的补贴政策在支持居民满足居住需求方面发挥了重要作用，但在政府不干预市场租金且住房供应不足的情况下，居民为获取有限房源的竞争变得更加激烈，也导致了房价和租金的不断上涨（Kahn，2011）。

为缓解住房压力、解决可负担住房供应不足等问题，澳大利亚联邦政府及各州（领地）政府也都出台了不同的政策，在增加可负担性住房供应方面做了许多创新和尝试。本文将对这些“供给侧”政策实践进行梳理和总结，以期为中国的保障性住房政策完善提供参考。在对此进行详述之前，本文将首先对澳大利亚的保障性住房制度进行介绍，对其当前问题和产生原因进行剖析。

## 二　澳大利亚住房保障制度基本情况

澳大利亚住房保障的目的之一就是保障住房的可负担性。在澳大利亚，可负担性住房通常指的是那些能够满足政府所规定的可获得性（accessibility）和可负担性（affordability）要求的住房，包括：

- 租赁住房：租金低于市场水平，且专门供符合条件的中低收入家庭使用的住房；
- 自持住房：通过补助性贷款支持或共有产权安排来提供给符合条件的家庭的住房。

可负担性住房能够在满足中低收入家庭居住需求的同时，又不会因住房支出而影响他们其他必需的生活开支（Gurran et al，2018）。在澳大利亚，家庭收入不同，相对应的可负担性住房模式也不同，政府的补贴程度、干预水平也不尽相同。图 1 显示了澳大利亚不同收入群体可获得的住房形式。

### （一）管理体系：联邦和州两个层面

澳大利亚并没有专门的国家住房管理部，其住房政策散落在各个领域的法律法规中，涉及税收、货币、退休保障、金融等（Martin et al，2016）。这些分

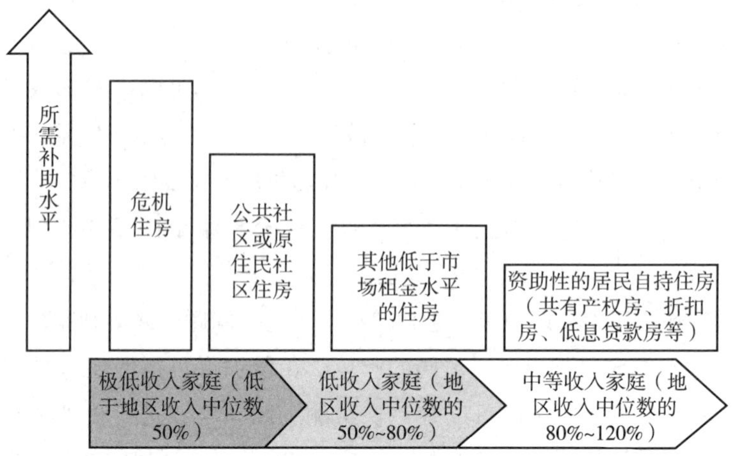


**图1　澳大利亚住房需求与可负担性住房供应类型**

资料来源：Gurran et al（2018）。

散的住房管理政策共同构成了澳大利亚的住房制度和住房保障制度。虽然没有住房管理部，澳大利亚联邦政府却一直都设有一个部长级别的住房管理要职（housing portfolio），且与建设、社会服务、地方政府、区域发展等管理领域有所交叉。但1996年，霍华德的“自由党－国家党”联合政府解除了这一职位，仅在社会服务部长的职责内保留了一条正式的、与保障性住房相关的住房职责。在2007～2013年的三任工党政府管理下，先后有六人担任住房管理要职，专门管理保障性住房并处理无家可归者问题。澳大利亚的住房政策在这段时间十分活跃，签订了“全国可负担性住房协议”（National Affordable Housing Agreement，简称NAHA）用以替代曾经的“联邦与州住房协议”（Commonwealth-State Housing Agreement，简称CSHA），实施了“全国租赁住房可负担性计划”（National Rental Affordability Scheme，简称NRAS），提出了作为全国经济建设刺激计划一部分的“保障性住房倡议”（Social Housing Initiative）。

但2013年，阿伯特政府再次废除了内阁中的住房管理要职，终止了新一轮的“全国租赁住房可负担性计划”，启动了“联邦改革白皮书”工作，标志着联邦政府进一步收紧了保障性住房政策。在2015年后特恩布尔执政时期，

“联邦改革白皮书”并没有得到继续执行，而联邦财政关系委员会（Council for Federal Financial Relations）则被委任以研究“可负担性住房政策与资助”的职责；与此同时，可负担性住房也成为新任城市和数字转换助力部长的职责之一。保障性住房政策重新成为政府的重点工作之一（Martin et al，2016）。

在州层面也有相似的政策和机构变化。长期以来，各州（领地）政府都设有住房部长和住房管理部。他们主要负责公共住房的提供和管理，而近来则主要负责社区住房提供者管理这一更小范围的职责。当前这些传统的机构安排也有所改变：塔斯马尼亚州不再单设住房部长，转而由公共事业部长负责住房事宜；新南威尔士州则只单设一个保障性住房部长；而南澳大利亚州则同时保留住房部长和保障性住房部长。现在的主流做法是将曾经单设的住房管理部门与社区服务或公共事务部门进行合并。

由于住房管理要职（部长）在联邦层面和州层面都被削减或削弱了，政府部门内的住房政策制定和实施的重要性也被大大降低了。例如，在联邦政府之后，新南威尔士州政府也逐步解散了原有的住房管理单位和机构，并辞退了许多经验丰富的住房管理人员。所以现在因为缺少专业人手，越来越多的政策研究和制定工作都委托给了咨询公司来做（Martin et al，2016）。

### （二）资助手段：补贴、税收和金融支持

虽然管理机构时常调整，但总体来看，澳大利亚的住房保障制度相对稳定，保障手段主要包括现金补贴、税收优惠和金融支持。

1. 住房补贴

澳大利亚政府对居民最重要的住房补贴包括联邦租房补助（CRA）、对保障性住房和可负担性住房的补贴，以及首次置业者补贴（FHOG）。

联邦租房补助是联邦政府支付的一种社会福利资金，主要支付给那些同时领取着其他社会福利且居住在非政府公租房的租房群体。租房补助将负担受资助者租金一定门槛值之上75%的租金费用（有资助上限）。作为一种缓解租金压力的方式，租房补助并不能解决所有受资助者的租房问题。这是因为租房补助的上限是根据消费者价格指数来测算的，而不是根据实际租金来测算的。所以，以新南威尔士州为例，受资助的人中仍有42%难以负担得起实际房租（Shelter），2014）。尽管如此，过去三十年中，租房补助的支出总额却超过了

联邦政府对保障性住房的补贴。

保障性住房和可负担性住房补贴是由联邦政府或州（领地）政府支付给住房供应者的资金支持，通过不同的项目来发放。其中最大规模是“全国可负担性住房协议”（曾经的“联邦与州住房协议”），旨在向各州（领地）的保障性住房提供者提供资金支持。如图 2 所示，联邦政府和各州（领地）政府还在边远地区原住民住房、无家可归者住房等方面有共同资助的项目。2008 年后，联邦政府和各州（领地）政府还开展了“全国租赁住房可负担性计划”，主要是鼓励机构投资者提供更多的可负担性租赁住房。该项计划会直接向社区住房提供者和私人住房提供者提供长达 10 年的配套资助。但 2014 年随着新任政府的上任和住房保障政策的收紧，该项计划被联邦政府叫停了。

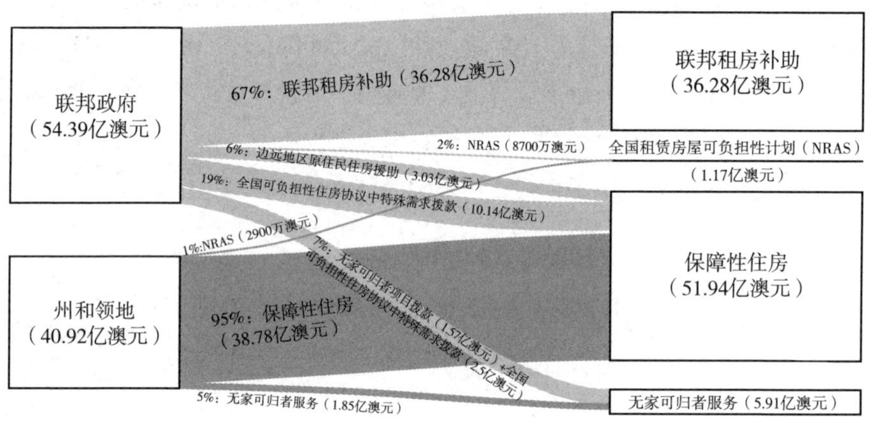


**图 2　联邦和各州级政府住房资助项目与相应份额**

资料来源：澳大利亚总理与内阁部（2014）。

首次置业者补贴由联邦政府资助（某些州和领地也会额外增加补助），由各州（领地）政府具体管理。当前的资助项目开始于 2000 年。当时政府把这项补贴当做对住房建设新开征的商品和劳务税（Goods and Services Tax）的返还措施（Martin et al, 2016）。这一项目也几经调整。当政府想要扩大建设开发时就增加补贴，而当市场太过活跃时（例如现在），政府就会通过限定房价的门槛值或房屋的区位来收窄补贴（Kahn, 2011）。

2. 住房相关税收

税收安排在澳大利亚的住房制度中发挥着重要作用。税收安排的调整能够最终影响住房需求和投资收益。如图3所示，税收优惠政策所带来的补贴效果远大于之上讨论的货币补贴。税收制度的调整能够影响住房领域的杠杆式投机行为（Martin，2016）。

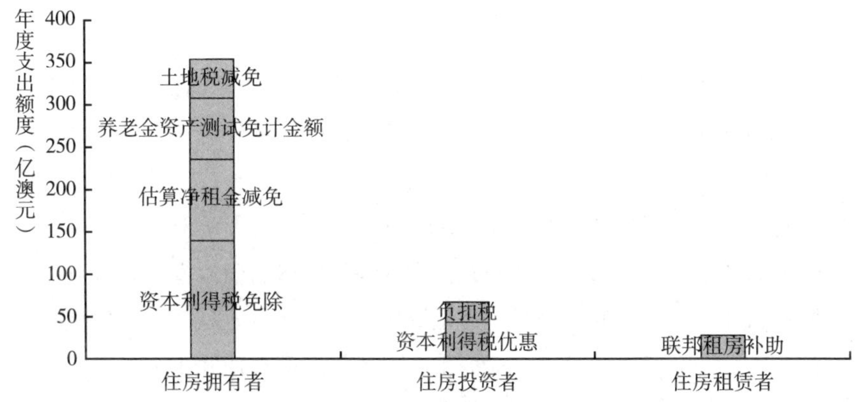


**图3　政府对不同住房需求者的税收优惠和住房补贴**

资料来源：澳大利亚统计局，格拉顿研究中心（The Grattan Institute）（2013）。

房主自用住房（owner-occupied housing）所享受的税收减免最多：房主自用住房的资本利得享受税收减免；如果该住房是房主的主要居所，那么在做养老金和土地税评估时，该套住房还可免于做资产评估。这些税收安排是为了鼓励房主将钱花在自用住房上，作为一种免税的保值财产。

租赁住房（rental housing）主要享受投资收益方面的税收优惠。首先，“负资产负债报税制度”（negative gearing tax return；或称负扣税制度）允许住房投资者将因投资房产所产生的持有成本（包括，贷款利息、税费、折旧等）从投资收益中扣除来获得税收优惠。其次，住房投资者在出售住房时，享受50%的资本利得税减免。以上两种税收安排使得房产投资在澳大利亚非常受欢迎，例如超过200万的纳税人（约占16%）同时也是租赁房产的持有人，而他们当中的2/3都将其账面上的房产投资收益设为亏损以免于交税（Martin et al，2016）。这种税收安排对高收入的投资者更为有利，因为他们的边际税负额度更高，可获得的负扣税额度也更高。直接结果就是，高价值的房产更受投资者喜爱，而低价值的房产则更多地被投资者排除，进而较少进入租赁市场。综合结果就是整体租金水平被抬高了（Kahn，2011）。

除此之外，房产交易的印花税（stamp duty）和土地税（land tax）安排也影响住房市场。印花税是房产交易环节的税赋，而土地税是对土地保有环节的课税。政府一般会通过调整印花税税率和减免政策来调控房地产市场，而通常土地税对自用住房有很大的减免①。

3. 住房金融

在澳大利亚，无论是房主自用住房还是租赁住房，个人投资者都非常依赖金融机构的贷款；但是，住房机构投资者所得到的金融支持却很少。金融机构直接借贷给住房机构投资者或者其他机构投资者通过股权投资的形式参与住房投资在澳大利亚都很少见（Martin et al，2016）。澳大利亚政府长期以来都想方设法鼓励养老金、主权财富基金和其他大规模的债权和股权投资者参与租赁住房的投资和开发。这样的好处是，为租赁住房开发提供充足资金、满足机构投资者长期稳定资金回报的要求、促进租赁市场的专业管理并为租户提供更加长期稳定的可负担性住房。虽然好处非常明显，且促成了2008年“全国租赁住房可负担性计划”的出台，但其政策目标至今尚未达成（Kraatz et al，2015）。

在目前的情况下，私人或家庭投资者仍然主导着澳大利亚的住房投资市场。近20年来，私人借贷与家庭可支配收入的比率几乎翻了一倍，而不断攀升的住房贷款是其上涨的主要推手（Martin et al，2016）。在家庭投资者增加其住房贷款的同时，银行和其他借贷机构也将更多的资金释放给了住房领域。截至2016年，澳大利亚银行业近2/3（2.3万亿澳元）的借贷资金都流向了住房及相关领域：40%为房主自用住房，23%为投资性住房（图4）（Martin et al，2016）。

由于银行系统向住房市场释放了太多的资金，政府开始担忧其中潜在的系统性风险。近来，澳大利亚审慎监管局（Prudential Regulatory Authority）已经采取了一系列的行动来遏制与住房相关的金融贷款的增加，包括提高资本金要求、进行实践指导、提高借贷标准等。

① 北领地是澳大利亚唯一一个不征收土地税的地区。

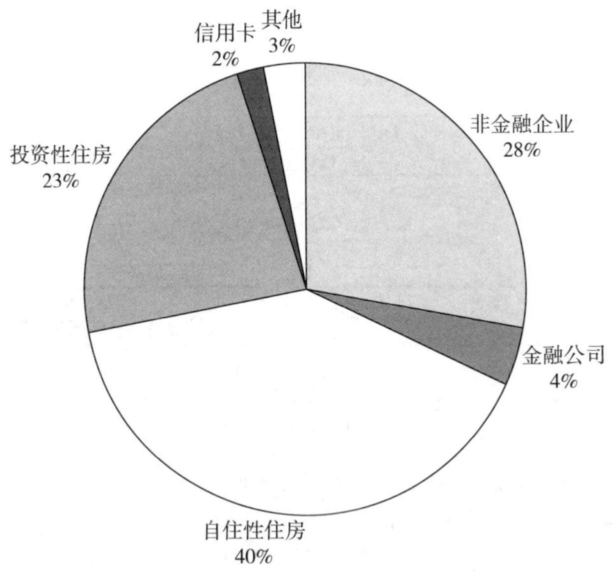


**图 4　澳大利亚住房贷款构成类型**

资料来源：澳大利亚审慎监管局（银行业月度统计数据，2016 年 3 月）。

## （三）保障方式：类型和构成

大多数澳大利亚低收入者都居住在私人住房内。只有在收入分布曲线底部 2/5 的家庭①中的 8% 需要依靠保障性住房。所以实际上保障性住房仅占所有住房总量的 4%（Martin et al, 2016）。

低收入家庭中的 2/3 都拥有自己的住房，而他们中的大多数都是老年人。因为他们的住房成本很低，所以即使他们收入很低或者仅依靠养老金和其他政府救济金生活，他们的生活水平也不会因住房而下降。这些低成本的住房大都是早期在住房还比较充足且价格不高的时候购买的。

低成本的租赁住房通常有以下几种。

低成本的私人租赁住房：这些住房大都属于比较老旧的房产，房主多是中老年人，且享受着之前所提到的资本利得税减免和负扣税等税收优惠。

---

① 在澳大利亚，处在收入分布曲线底部 2/5 的家庭被称为低收入家庭。

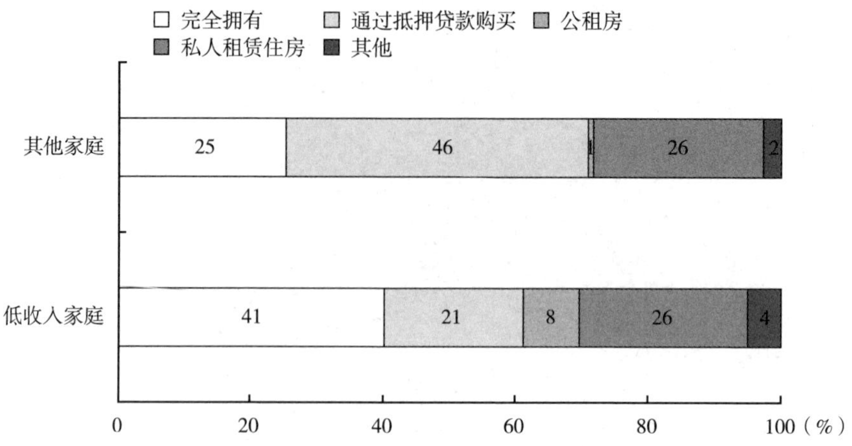


**图5　澳大利亚低收入家庭与普通家庭住房来源组成**

资料来源：澳大利亚统计局（2014）。

保障性住房（social housing）：指由政府或非政府机构（包括非营利组织）拥有的、提供给符合条件的低收入家庭的租赁住房。其房租依据居民的收入水平而定，通常低于市场租金，主要包括公共租赁住房（public rental housing），社区住房（community housing）和原住民住房（Aboriginal and Torres Strait Islander Housing）。

截至2017年6月，澳大利亚约有39.6万家庭居住在保障性住房内。其中，31.05万户居住在公共租赁住房，9600户在原住民住房，7.6万户在社区住房（AIHW，2018）。虽然近年来保障性住房的总量在增加（从2008～2009年的41.32万套增至2017年的43.57万套），但其在全国住房总量中的比重却一直在下降：从2001年的5.1%下降至2011年的4.8%，再下降至2016年的4.2%（AIHW，2018）。相类似的情况是，相较于全国家庭数量的持续增加，保障性住房的增长速度非常滞后：在2007～2008年，澳大利亚每百户拥有保障性住房量为5.1套，而在2016～2017年这一数据跌至4.6套（AIHW，2018）。

另有约3.8万套可负担性住房是在“全国租赁住房可负担性计划”框架下开发建设的（Martin et al，2016）。这些住房可获得为期十年的政府资助，每年将得到约8000澳元的税收返还和2000澳元的政府资助。虽然该项计划在2014年中断了，其已经建成的项目仍将收到政府连续十年的资金补助。

## 三　当前问题和原因剖析

近20年来，澳大利亚保障性住房的可获得性不断降低。这是因为随着住房需求的持续增长，保障性住房供应的增长速度却跟不上了。在1996～2016年间，全国保障性住房的供应增加了4%，但家庭数量却增加了30%（Randolph et al，2018）。与此同时，澳大利亚居民的住房可负担性也在不断恶化。最新的数据显示（2015～2016年），低收入家庭花费在住房上的成本已经占据了他们收入的21%（而这一数据在2009～2010年为19%），远高于全体家庭的平均值（14%）。而那些从市场上租赁住房的低收入者的住房花销甚至占据了他们总收入的32%（AIHW，2018）。

### （一）当前问题

1. 房价不断上涨，住房购买可负担性降低

在2008年国际金融危机爆发的时候，澳大利亚的住房价格已经很高，但它并没有像其他很多国家那样经历了房价暴跌，相反，其房价却在随后数年持续上涨（如图6）。2001年的时候，悉尼的房价中位数是当年其家庭收入中位数的5.8倍，而到2016年该比率上升到8.3倍。同期，墨尔本的这一比率从4.7上涨到7.1（Daley et al，2018）。这一问题不仅出现在少数几个大城市，几乎所有地区都在近些年经历了房价的快速上涨。结果便是，住房的可负担性和可获得性大大降低了。

2. 价格低廉的租赁住房不断减少，住房租赁可负担性降低

私人租赁住房（private rental housing）是澳大利亚住房租赁市场的主体，占有绝大比重。但近年来，市场中私人租赁住房的构成结构却在不断变化。住房投机行为极大地减少了低成本租赁住房的数量，也改变了住房租赁市场中的家庭构成结构。越来越多的高收入家庭步入了住房租赁市场，他们与低收入家庭竞争本已有限的低成本租赁住房（Hulse et al，2014）。因此，私人租房者的住房压力变得很大。但租赁住房的可负担性问题还没有达到购买性住房可负担性那样的公众关注度和政策关注度。所以政府的政策很少涉及低价格的租赁住房供应领域。虽然“全国租赁住房可负担性计划”在这方面作用显著，但却

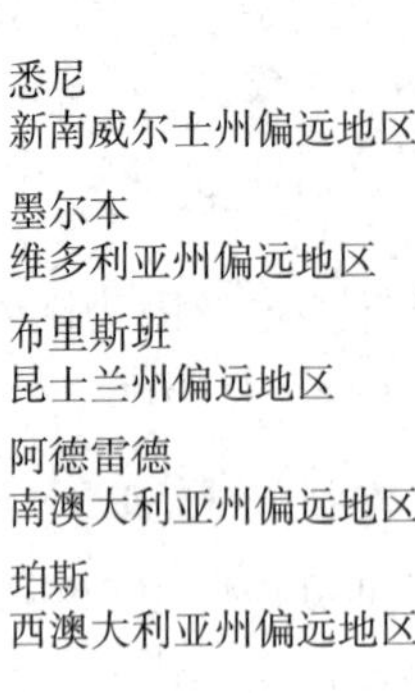


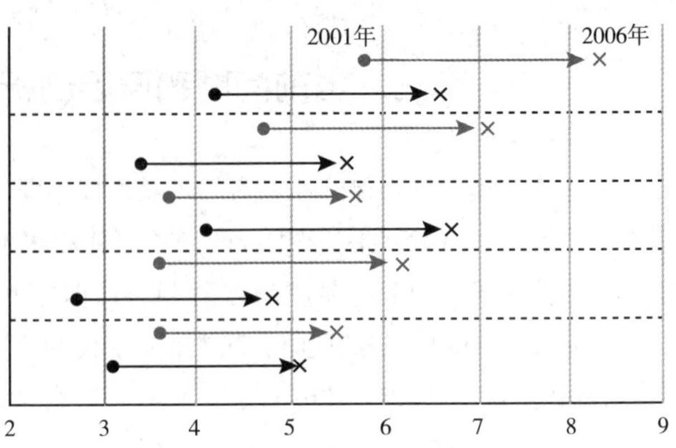


**图6　主要城市房价收入比变化**

注：该数值为房价中位数与家庭收入中位数比值。

资料来源：格拉顿研究中心（The Grattan Institute）（2018）。

在2014年因政府换届而被迫停止了。

3. 公租房供应不足，住房保障可获得性降低

澳大利亚各州（领地）的公租房都在减少：多年来投资建设的减少导致公租房市场份额的急剧下降，导致给最急需住房的群体的供给减少；这也就意味着这部分住房将面临更高的管理成本和更低的租金收益；从而导致在新建公租房和存量公租房养护方面的资金投入更少了；因此就只能通过出售存量公租房来换取资金以支付日常花销；从而导致公租房市场份额的进一步减少及相应资助的再次减少，最终形成恶性循环（Martin et al，2016）。

## （二）原因分析

供给和需求两方面的原因均对以上问题产生了影响。新古典经济学认为，需求的增加会向市场释放供应不足的信号，从而促使供应者增加供给（Kahn，2011）。但住房市场的特殊性，限制了这一自发机制的作用效果。首先，住房是缺乏灵活性的产品，这主要源于其高成本和长建设周期。当市场释放供应不足的信号时，也许需要通过数年才能实现供应量的增加。而一些制度性安排也会增加这种传导机制的复杂性（Kahn，2011）。不同于其他很多国家，在澳大利亚，建筑业和地产开发业是分离的。开发商购买土地后进行平整并提供基础设施，随后这些土地被出售给私人家庭，而各个家庭再与建筑商签订

合同进行房屋建设。这一制度安排限制了房地产开发的进度。此外，澳大利亚相对严格和复杂的规划和审批制度也限制了住房的有效供应（Pawson et al, 2018）。

需求方面的影响主要源于人口增长和制度性安排。澳大利亚的移民政策带来了人口的增长和住房需求的增加。而现行的税收安排有利于高价住房的投资，且助推了租赁住房和投资性住房的需求的扩大（Kahn, 2011; Martin et al, 2016）。针对房主自用住房的税收补贴，包括资本利得税、土地税、印花税等都是澳大利亚政府长期以来资助居民解决住房问题、增加住房可负担性的传统方法，但这些税收减免政策在近些年却发挥了相反的作用。他们鼓励人们将更多的资金用来投资房产，加之负扣税制度的存在，这些政策导致住房的过度消费和投资，最终抬升了房价。税收减免政策让高收入者和高价住房投资者获得了更大的好处，从而抑制了低价住房的投资和供应（Gurran et al, 2018）。

澳大利亚政府历来比较关注从需求方面着手去解决可负担性住房问题（Pawson et al, 2018）。这些政策在支持居民满足居住需求方面发挥了重要作用，但在政府不干预市场租金且住房供应不足的情况下，居民为获取有限房源的竞争变得更加激烈，也导致了房价和租金的不断上涨。因此，为解决当前的住房可负担性问题，缓解住房压力，从供给侧着手的、大规模的政府干预就显得尤为必要。

## 四　政策创新和实践

为应对住房可负担性下降问题，当前各级政府关注的核心就是如何通过政策激励来扩大非政府部门和其他市场主体对可负担性住房的供应，同时鼓励更多金融机构支持并参与可负担性住房的开发建设。基于此，他们尝试了不同的策略和模式，包括产权和管理方式创新、金融创新、规划激励等。本部分将就其中的代表性模式进行介绍。

### （一）共有产权住房

近些年来，共有产权住房项目在澳大利亚增长显著，使其成为共有产权住房项目最发达的国家之一。作为一种创新型的住房政策，共有产权住房在住房可负担性不断下降和中低收入家庭渴望实现住房需求的双重压力下，为政府开辟了一条新的道路（Thomson，2013）。虽然规模不尽相同，澳大利亚的很多州（领地）都开展了共有产权住房的实践。其中，南澳大利亚州的 HomeStart 项目和西澳大利亚州的 KeyStart 项目运转最为成熟。

**表 1　澳大利亚各地区共有产权住房制度开展情况**

| 州/领地 | 提供者 | 共有产权住房产品 |
| --- | --- | --- |
| 西澳大利亚州 | Keystart Home Loans | Access Disability Home Loan<br>SharedStart Home Loan<br>Good Start<br>First Start<br>Restart<br>Step Up Scheme |
| 南澳大利亚州 | HomeStart | HomeStart Loan<br>Breakthrough Loan<br>EquityStart Loan |
| 北领地 | Territory Housing | HOMESTART NT |
| 维多利亚州 | VicUrban/ Burbank Homes<br>Department of Treasury and Finance | Ownhome<br>HomesVic |
| 昆士兰州 | Queensland Department of Housing | Pathways |
| 塔斯马尼亚州 | Housing Tasmania | HomeShare |
| 首都领地 | Housing ACT 和 IMB Limited | Housing ACT |
| 新南威尔士州 | 尚无政策安排 | |

资料来源：基于 Pinnegar et al（2010）补充整理。

1. 定义

共有产权住房指由两个或两个以上权力主体按份享有所有权的住房（Pinnegar et al，2010）。购房人可以和共有权人共同分担购房成本。共有权人一般为住房保障机构，既可以是私营机构，非营利组织，也可以是政府的住房保障部门（Pinnegar et al，2009）。通常共有权人支付 20% ~25% 的住房价值，但也可能负担更多。作为回报，他们将享有一定份额的房产增值收益（或承担相应比例的贬值损失）。在共有产权制度下，购房者的首付金额较少，甚至无须支付首付。共有产权住房有以下几个优势：

• 与传统的抵押贷款相比，共有产权住房可以通过减少首付和还本付息成本来增加购房人的可负担能力；

• 它可以给按揭贷款放贷机构提供新的市场，并让共有权人能够不直接参与开发建设就能进行住房投资；

• 从政策角度来看，它让中低收入家庭获得了实现住房所有权的机会，还能撬动更多、更合适的可负担性住房的供应。

共有产权住房制度也存在风险，其可行性与优势取决于特定的金融和住房市场环境。相较于传统的按揭贷款，共有产权住房制度更为复杂。购买人和共有人不能仅就购入住房时的成本分担问题进行协定，他们还需对市场波动的各种情形下，各方保持所有权或进行所有权赎回时的情况进行周全的考虑，例如购买人和共有权人的权力义务、房产增值如何分配或损失如何分担、是否可以增持、是否有政府资助、政府资助的前提条件是什么、政府资助份额如何保留和偿付等等（Pinnegar et al，2009）。

2. 主要形式

共有产权住房主要有两种运作方式（图 7）。一种模式是“个人股权模式”（individual equity model）或称“转移模式”（transitional model），这种模式下，购房人通过贷款承担一定比例（通常是 70% 或更多的购房成本），而共有权人负担剩余部分。澳大利亚的大部分共有产权住房属于这种类型，通常由澳大利亚各州（领地）的政府机构来运作。在贷款期限内，购房人如果有能力就可以买入该住房更多比例的股权，直至完全获得该住房的所有产权。在房屋出售或再融资的时候，共有产权人可以获得他们相应份额的资金补偿及一定比例的资产收益。这种模式的共有产权住房通常为特定类型的住房，如新房或处在某些区位的住房（Pinnegar et al，2009；Pinnegar et al，2010；Wiesel et al，2017）。

另一种模式被称为“社区股权模式”（community equity model），或“持续模式”（continuing model）。这种模式下，购房人在共有权人的资助下购买住房。共有权人通常为非营利组织或住房管理部门。共有权人将持有较大比例的住房的所有权，并将持续拥有该住房收益所得。由于这种模式主要是用来资助中低收入者的，所以购房人需满足一定的收入要求。当购房人（实际的住房持有人）打算出售该房产的时候，任何房产的增值收益都要按照事先约定好的计算规则来确定，而不是由公开市场价格来决定。比如，购房人只能获得住房实际增值收益的25%。这样做的原因是，避免共有权人前期的补贴在房屋再出售时被消散。共有权人持续的所有权份额确保了这些住房在将来再出售给其他中低收入购房者时也还是可负担的（Pinnegar et al，2009；Pinnegar et al，2010；Wiesel et al，2017）。

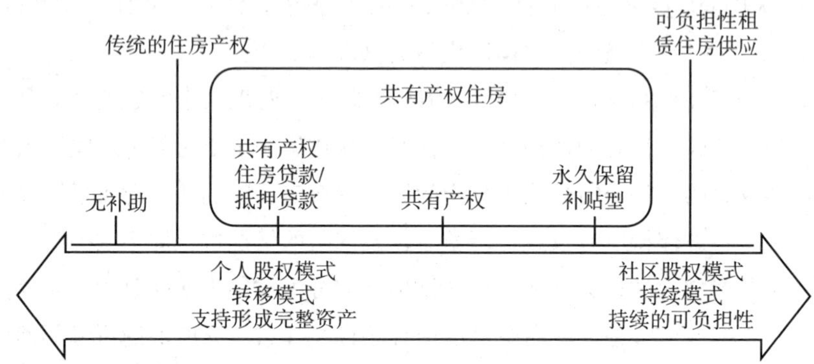


**图7　共有产权住房形式划分**

资料来源：Pinnegar et al（2009）。

这两种模式代表了两种对立的政策目标：

- 帮助购房者步入购房者序列，并通过不断购买所有权份额最终实现完整的住房所有权；
- 保留政府（或机构投资者）的所有权份额，永久性的持有这些有限的住房资源。

不同的政策目标决定了政府和其他共有权人在提供住房时的策略。受澳大利亚注重完整住房所有权传统的影响，“个人股权模式”更受市场欢迎，也占据更大比重。

3. 地方实践

在南澳大利亚州，HomeStart是向市场提供共有产权住房的法定机构，其职责是帮助中低收入家庭实现住房所有权，并向其提供低首付的抵押贷款。自1989年成立以来，HomeStart已经帮助6.6万户家庭（其中3.6万户为首次置业者）实现了住房梦。仅在2014～2015年间，它就资助了1360户家庭（Wiesel et al，2017）。HomeStart是一家商业性质的政府机构，通过经营为州政府赚取收益。2014 ~ 2015 年，它为州政府创造财政收入 4070 万澳元（Thomson, 2013; Wiesel et al, 2017）。

西澳大利亚州的 Keystart 创始于 1995 年，是由西澳大利亚州住房管理部全资拥有的一家非上市企业，向不同类型的家庭提供各式各样的共有产权住房贷款。Access Disability 家庭贷款是其早期向永久性的残障人士或照顾残障人士的监护人提供的一种资助性质的共有产权贷款产品。自 2010 年起，作为增加可负担性住房供应工作的一部分，州住房管理部及其附属的 Keystart 开始向普通中低收入家庭提供贷款，被称作 SharedStart 家庭贷款。州住房管理部以“批发价”向住宅开发者成批购买新建住房。政府购买住房的实际成本与市场价格之间的差价就成为政府的股权份额。随后，这些已购买的住房将通过 SharedStart 贷款项目进行出售，或者被用作“全国租赁住房可负担性计划”的住房储备。由于政府仅持有一定股权份额而不赚取差价，购房人仅需设法支付住房市场价格的 80%。这一政策创新使得政府能够批量供应可负担性住房而不用产生额外费用。所有通过这一政策安排建设的住房，其价格都处在较低水平（Thomson, 2013; Wiesel et al, 2017）。

其他比较有特点的共有产权住房项目包括：由维多利亚州 Housing Choices Australia 公司经营的混合股权项目（Mixed Equity Program），由首都领地（ACT）个体商人发起的旨在资助智障人士的混居共有产权住房项目——Project Independence，以及在维多利亚州的以私人股份公司形式运作的共居共有产权项目——Singleton Equity Housing Limited。

### （二）全国住房金融投资公司

全国住房金融投资公司（National Housing Finance and Investment Corporation，简称 NHFIC）于 2018 年 7 月成立，其主要职责是为可负担性住房投资者提供低成本的长期贷款，旨在推动机构投资者加大对保障性住房的建设，并通过提升规模和配套机制来改善融资情况。它有两大功能：可负担性住房债券聚合器和支持全国住房基础设施建设（Kraatz et al, 2015; Raynor et al, 2017）。

NHFIC 将向登记在册的社区住房供应者（community housing providers，简称 CHP）提供金融支持以强化他们的融资和管理能力。为了增加全国的可负担性住房存量，其债券聚合器功能将聚合各社区住房供应者的贷款需求，并向机构投资者发行债券以融得低成本的资金（Gurran et al, 2018）。所以 NHFIC 的职责之一就是对社区住房供应者的融资进行评估和集中处理。据估计，相较各社区住房供应者单独融资，NHFIC 的融资成本更低。更为重要的是，NHFIC 将会持续得到政府的支持和担保。NHFIC 委员会在聚合各住房供应者的贷款需求时，主要考察该项贷款的需求和目的、住房供应者的信用等级、贷款项目的投资回报及融资成本、是否可从公开市场融得资金，以及该项贷款能否与其他政府资金形成互补（NHFIC, 2019）。NHFIC 委员会可向聚合债券拨付 1.5 亿澳元的储备金以促使其顺利发行。这些储备金能够在债券首期发行前，为住房供应者提供有力的资金支持（Randolph et al, 2018）。

在支持住房基础设施建设方面，政府承诺提供为期 5 年、总额为 10 亿澳元的资金来帮助符合条件的项目建设与住房相关的基础设施。其资助形式将包括贷款、股权投资、资金补贴等。这些项目包括新建或升级基础设施及服务，包括自来水供应、污水处理、电力、交通、土地环境修复等（NHFIC, 2019）。NHFIC 不会直接资助住房建设以及社区设施建设，如公园和图书馆等。NHFIC 将与地方政府、各州（领地）政府、政府持有的公司，以及登记在册的社区住房供应者开展合作，并向他们提供贷款以支持住宅相关的基础设施建设。这些项目的申请者需要向 NHFIC 委员会阐明如果没有 NHFIC 的支持这些项目将很难展开，且这些项目的建成将极大地促进和增加住房供应（NHFIC, 2019）。

鉴于并非所有的机构投资者都愿意或有能力投资保障性住房。因此，成立 NHFIC 对协调融资模式为机构投资者提供资金支持来说至关重要。通过集中处理，NHFIC 的融资模式可大大提高融资效率。但如果在政府监管缺失的情况下，NHFIC 就有可能像“全国租赁住房可负担性计划（NRAS）”一样沦为项目协调者，仅承担帮助吸引投资的角色（Gurran et al, 2018; Randolph et al, 2018）。与 NRAS 一样，NHFIC 机制需要政府进行担保。在增加“保障性/可负担性住房”供应的过程中，租户的信用风险难以衡量，若没有政府担保，市场主体将会产生顾虑从而影响他们参与的积极性（Martin et al, 2016）。

### （三）规划激励

通过实践，澳大利亚政府发现大部分的供给侧激励政策所需资金量都比较大，因为政府需要直接投资兴建住房或为其他住房供应者提供资金或贷款支持，而运用规划手段的成本则相对很低（Randolph et al, 2018）。因此，诸如开发密度激励（density bonuses）、包容性分区规划（inclusionary zoning）等规划激励手段在澳大利亚变得越来越普遍（Breen, 2018；Kraatz et al, 2015），尤其是当城市更新逐渐成为当前的工作重心之后，创新性的政策激励和支持对可负担性住房的供应变得越来越重要（Kraatz et al, 2015；Randolph et al, 2018）。

包容性分区规划是一种低成本的增加可负担性住房供应的手段。南澳大利亚州和西澳大利亚州都采取了这一政策手段。这些增加可负担性住房供应的政策覆盖了小到宗地大到区块的各种住宅开发项目（Gurran et al, 2018）。这有点类似于中国的保障性住房配建模式。例如在南澳大利亚州，政府规定所有新建的住宅项目内必须包含不低于15%的可负担性住房。西澳大利亚州采取了相似的政策要求，但仅限于政府主导的开发项目和在政府土地上开发的项目。在实践中，政府之所以能够对这些宗地设定规划条件，往往是因为他们就是土地的所有人；换句话说，政府很难以规划管理者的身份去要求所有的住宅开发用地都满足这些附加条件。一些宗地之所以被设定了规划条件，是因为开发商从政府那里获得了地价优惠。因此，在进行这类政策实践时，也需将土地获得成本参考进来以从整体上考量某一项目的财务可行性（Randolph et al, 2018）。2005～2015年间，南澳大利亚州通过包容性分区规划共向市场提供了5485套可负担性租赁住房和低价位购买性住房，占据整个州住房供应量的17%（Gurran et al, 2018）。

规划激励（planning bonuses），或称可选择性规划让步（optional planning concessions）是一种类似于包容性分区规划的激励措施（Gurran et al, 2018）。所不同的是，如果开发者能够增加可负担性住房的比例，规划激励政策会给他们提供更多的选择：调整规划限制以提高开发收益（调整建筑限高和密度限制等），做出规划让步以降低开发成本（降低最低停车位数量标准等），或减少规划审批次数以降低持有成本（Randolph et al, 2018）。2009年新南威尔士州的一项规划激励政策向悉尼市提供了约2000套可负担性租赁住房，但这尚未占到当年该市住房总供应量的1%。但一些规划让步项目，包括允许更多更低成本的住房开发，例如附属住房（祖母房）和寄宿公寓（小型租赁型公寓，面积约12平方米）的开发，却带来了很好的市场供应（共建成约11000套附属住房和2280套寄宿公寓）（Gurran et al，2018）。

### （四）退休人群“大房换小房”计划

退休人群“大房换小房”计划（downsizing contributions into superannuation）于2018年7月开始实施，旨在通过放宽2016～2017年财政预算案中的税后养老金供款（non-concessional contribution）规定，鼓励澳大利亚老年群体实现“大房换小房”（downsizing），进而增加可负担性住房的供应（Dixon，2018）。通俗而言，澳大利亚老年群体今后可直接将“大房换小房”的收益以“税后供款”的形式存入养老金账户。这种激励政策能够促进老年群体腾退较大的住房，为住房市场增加更多供给，进而优化住房供应结构。

根据计划，自2018年7月1日起，年满65岁的个人可将房屋出售所得款以“税后供款”的形式存入养老金账户，每人最高不超过30万澳元。如果是夫妇同时满足条件，则他们一共可以向养老金账户注入60万澳元。政府此项政策的主要目的是鼓励老年人群置换到与他们住房需求更加匹配的“小房”中，从而为其他家庭腾换出更大的住房（Dixon，2018；SH Online，2019）。当然，为达到政策效果，政府还设定了一些前提条件以规避投机和违规逐利行为。比如，申请者必须满足出售前已经在该住房住满10年的规定，且每人只得申请一次以置换住房收益进行养老金供款，此外还有年龄、交易时间和期限限制等（SH Online，2019）。

## 五　讨论与启示

住房保障是一个系统性工程。虽然澳大利亚没有国家层面的住房管理部门，但其住房保障体系却是完善的。或许正因为缺少宏观层面的统一管理部门，住房政策在各个部门间的协调和联系才显得更为紧密。只有各个领域的政策相互配合才能够实现增加可负担性住房供应的目的。从当前情况来看，澳大利亚的税收安排过于支持住房投资，且其不均衡的补贴导向致使低价住房的供应受到抑制，而高价住房的需求和供应得到支持。从另一个角度来看，其需求侧的资助政策比较完善，供给侧的资助政策则略显不足，而这也正是当前各级政府努力改变的政策方向。鉴于此，中国的住房保障制度也要注重系统性建设，避免不同领域间的失衡及不同政策手段的失调。应该加强各个部门间的沟通与协调，以实现相关政策的配合与互补，形成合力。当前中国“大部制”改革的方向就是为了增强相关政策领域间的协调，实现政策的统一、协调和可持续。但相较而言，中国当前的住房制度仍需加强税收方面的改革和创新，为住房保障提供更多的抓手。

受澳大利亚联邦制这一政治制度的影响，澳大利亚各个州和地方政府在住房保障政策制定方面拥有很大的自主权。这增强了各地方政府在政策创新和尝试方面的积极性，形成了因地制宜、各具特色、百家争鸣的局面，无形之中也为国家层面的政策制定提供了天然的试验田和政策储备库。由此，中国的住房政策也要鼓励各级政府进行尝试和创新，并注重从各地的实践经验中进行总结和提炼，最终形成可在更大范围内进行推广的模式，或找到可以弥补住房系统空缺的关键政策。另外，也要避免任何政策都“全国一刀切”，而应结合中国幅员辽阔、地区差异较大的实际，鼓励地方政府结合当地情况制定切合实际的政策。

当前中国住房保障体系研究和政策制定的重点是保障范围、保障方式和保障资金来源。相较于澳大利亚，中国住房保障问题的研究视角和政策制定思路需要进一步拓宽，尤其要加强对住房可负担性问题的产生原因、影响机制，政府与市场的关系，第三方机构（非营利组织）的培育及对住房供应的影响等方面的研究和考量。此外，中国还应注重需求侧与供给侧政策的协调与配合。与澳大利亚不同，中国当前需求侧的政策主要是为了抑制需求（包括限购、提高贷款要求、减少住房投资等），而澳大利亚的需求侧政策主要是为了帮助居民实现住房需求（包括资金补贴、税收优惠和金融支持等）。这与两国不同的市场环境和历史背景有关，但可以借鉴的是对方的政策抓手和调控机制的创建。另外，与澳大利亚类似，中国也需要在供给侧方面进行改革和创新，以增加可负担性住房的有效供给和合理分配。

澳大利亚各级政府的创新型政策虽然在中国也有实践或试点（例如共有产权住房、保障房配建等），但在具体操作上，中国的相关政策仍可以完善和深化。以共有产权住房政策为例，澳大利亚在具体的运作模式（私人股权模式和社区股权模式）、运营主体（政府及私人部门）、服务对象（普通中低收入者、残障人士、智障人士等）、金融支持（低或零首付贷款）等方面更为成熟，政策内容也更为丰富。因此，澳大利亚的住房保障政策实践可以在产权设置、金融支持、规划激励和存量房挖掘等方面给中国提供诸多借鉴和参考。

## 参考文献


ABS（2017）Housing Occupancy and Costs, Australia, 2015 – 16. *ABS cat*, No. 4130. 0, Canberra: ABS.

AIHW（2018）Housing assistance in Australia 2018. *Australia's welfare series*, Canberra: AIHW.

Breen, K.（2018）Facilitating affordable housing through the planning system. *Planning News*, 44（2）, 16.

Daley, J., Coates, B. & Wiltshire, T.（2018）*Housing affordability: re-imagining the Australian dream.* Grattan Institute.

Dixon, D.（2018）*The hazards of downsizing in retirement*, The Sydney Morning Herald. 28/02/2019. Available online: https://www. smh. com. au/money/planning – and – budgeting/the – hazards – of – downsizing – in – retirement – 20180223 – p4z1ez. html.

Flanagan, K., Martin, C., Jacobs, K. & Lawson, J.（2019）A conceptual analysis of social housing as infrastructure, AHURI Final Report No. 309, Australian Housing and Urban Research Institute Limited, Melbourne.

Gurran, N., Rowley, S., Milligan, V., Randolph, B., Phibbs, P., Gilbert, C., James, A., Troy, L. & van den Nouwelant, R.（2018）Inquiry into increasing affordable housing supply: Evidence-based principles and strategies for Australian policy and practice, AHURI Final Report No. 300, Australian Housing and Urban Research Institute Limited, Melbourne.

Hulse, K., Reynolds, M. & Yates, J.（2014）Changes in the supply of affordable housing in the private rental sector for lower income households, 2006 – 11. *AHURI. Melbourne & Sydney, Australia, AHURI.*

Kahn, S.（2011）An Introduction to Australia's Housing Affordability Problem: Causes and Solutions. *Parity*, 24（3）, 6.

Kraatz, J. A., Mitchell, J., Matan, A. & Newman, P.（2015）Rethinking social housing: Efficient, effective and equitable. *Sustainable Built Environment National Research Centre Research Report*, 75.

Martin, C., Pawson, H. & van den Nouwelant, R.（2016）Housing policy and the housing system in Australia: an overview. Report for the Shaping Housing Futures Project, City Futures, UNSW, Sydney.

NHFIC (2019) *Home Page of NHFIC*, 2019. Available online: https://nhfic.gov.au/.

Pawson, H., Milligan, V. & Martin, C. (2018) Building Australia's affordable housing industry: capacity challenges and capacity-enhancing strategies. *International Journal of Housing Policy*, 1-23.

Pinnegar, S., Easthope, H., Randolph, B., Williams, P. & Yates, J. (2009) Innovative financing for home ownership: the potential for shared equity initiatives in Australia. *AHURI Final Report*, 137.

Pinnegar, S., Milligan, V., Randolph, B., Quintal, D., Easthope, H., Williams, P. & Yates, J. (2010) How can shared equity schemes facilitate home ownership in Australia? *Policy Bulletin Issue*, 124.

Randolph, B., Troy, L., Milligan, V. & van den Nouwelant, R. (2018) Paying for affordable housing in different market contexts, AHURI Final Report No. 293, Australian Housing and Urban Research Institute Limited, Melbourne.

Raynor, K., Dosen, I. & Otter, C. (2017) *Housing affordability in Victoria*Parliament Library & Information Service, Parliament of Victoria.

SH Online, S. H. (2019) *NEW Downsizing Legislation*, 2019. Available online: https://www.downsizing.com.au/.

Shelter), W. R. C. N. a. S. N. W. (2014) *The Impact of Rent Assistance on Housing Affordability for Low-Income Renters: New South Wales.*

Sheppard, J., Sheppard, J., Gray, M. & Phillips, B. (2017) Attitudes to housing affordability: pressures, problems and solutions. Australian National University. http://politicsir.cass.anu.edu.au/sites.

Thomson, M., Winter, I., Jones, K., Watson, R., Dresser, M. (2013) *A new approach to delivering shared equity opportunities in Western Australia: a case study evaluation*, AHURI Research Paper No. - Final Report, Australian Housing and Urban Research Institute Limited, Melbourne.

Wiesel, I., Bullen, J., Fisher, K. R., Winkler, D. & Reynolds, A. (2017) Shared home ownership by people with disability, AHURI Final Report No. 277, Australian Housing and Urban Research Institute Limited, Melbourne.

# B.23

# 新加坡组屋：从需求出发的多元化公共住房体系

张笑语*

**摘　要：** 新加坡的公有住房体系自20世纪50年代建立到现在已经历了近60年。截至2017年3月末，组屋存量超过100万套，超过80%的居民通过租赁或购买居住其中。政府除了大量建设组屋外，还致力于针对多样化住房需求提供多样化服务，并不断随社会经济状况发展改进组屋制度，尽量保证所有无法负担私有住宅的居民都可以买到适合自己的组屋。

**关键词：** 公有住房　保障房　组屋　租赁　新加坡

## 一　组屋的历史与发展

### （一）组屋的发展历程

新加坡组屋最早可以追溯到殖民时期。1927年，英国殖民政府为改善新加坡居民恶劣的住房条件，组织专业建筑设计师和承包商，建立住房改善信托（Singapore Improvement Trust，SIT）为普通居民建造低价的公共住房。但是殖民政府授予SIT的权力十分有限，因此SIT没有办法有效解决居民的住房问题。二战以后，由于战争的破坏，新加坡的住房问题进一步恶化。

---

* 张笑语，新加坡国立大学房地产系在读博士研究生，研究方向为公司治理，房地产与土地市场（电子邮箱：xyzxiaoyuzhang@gmail.com）。

1959 年新加坡取得自治权之后，为解决严重的住房问题，政府建立建屋发展局（Housing and Development Board，HDB）取代 SIT。建屋发展局建立之初的主要目标就是建造大量低成本住房。为达到这一目标，建屋发展局制定了五年建筑计划。面对稀缺的土地资源，政府明智选择高层高密度公寓，在 1960～1965 年间建造了超过 5 万套低价房屋，并且主要用于出租。在 1964 年，面对逐渐改善的住房条件，建屋发展局将工作重点放在提高住房自有率上。直到 1976 年，超过一半的新加坡人住进了建屋发展局建造的组屋，比 1959 年建屋发展局建立时增加了 4 倍多。除了 2007～2009 年期间，组屋建设量较低外，其他时间组屋的年均建设量均保持在 1 万套以上，甚至在 1983～1985 年，年均超过 5 万套（见图 1）。截至 2017 年 3 月末，组屋出售数量已超过 100 万套，出租数量则接近 60 万套（见图 2），为超过八成的居民提供住所。建屋发展局取得的成就离不开政府的资金支持，然而更重要的一点则是政府赋予建屋发展局足够的权力。为了保证新组屋建设的顺利进行，政府允许建屋发展局将贫民窟居民强制搬迁至新建组屋，极大提升了贫民窟重建的速度。

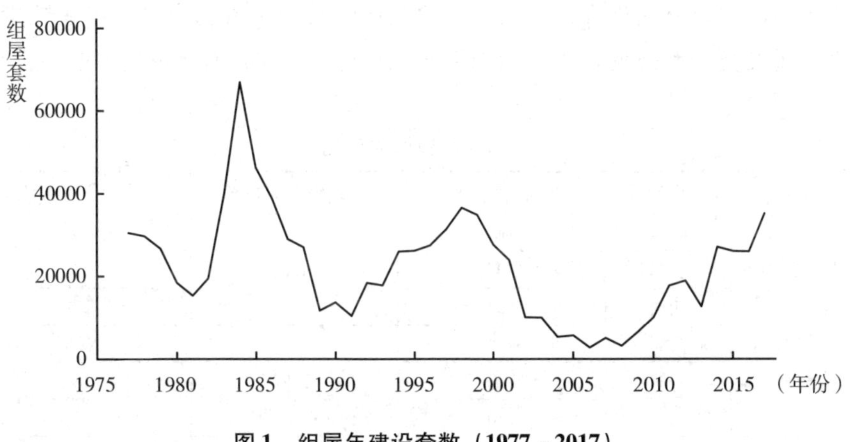


**图 1　组屋年建设套数（1977～2017）**

资料来源：新加坡建屋发展局（HDB）。

随着居民的基本居住需求逐渐得到满足，居民对住房质量的要求逐步提高。因此，建屋发展局工作重点从短时间内以较低成本建造组屋转移到为居民提供高质量的住房上，逐步提高房屋的设计水平，并改善小区配套设施与环境。随着居民收入的提高，家庭结构由早期的祖孙三代甚至四代同住变成了现

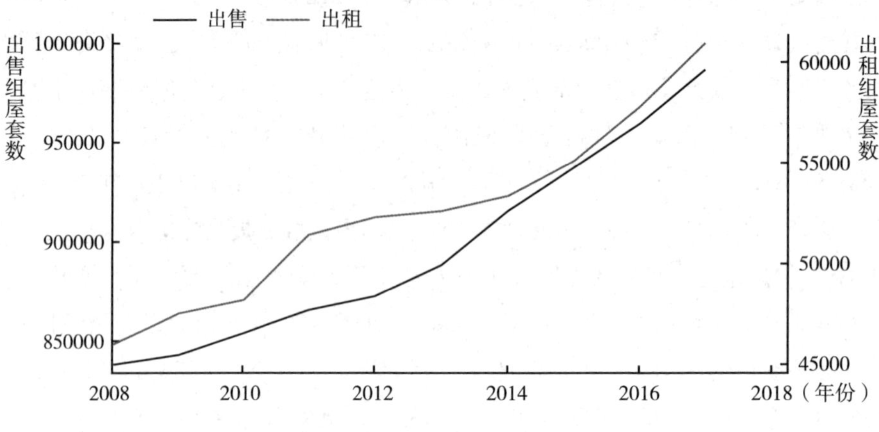


**图 2　组屋累计出售与出租套数（2008～2017）**

资料来源：新加坡建屋发展局（HDB）。

在的核心家庭模式，即父母与平均两个未婚子女同住。因此，组屋的面积逐步缩小。20 世纪 90 年代，建屋发展局推出的最小户型为 90 平方米左右的三居室[①]（见表 1）。然而现在，三居室的户型已经成为主流的户型，出售数量远高于其他几类户型（见表 2），并且每年的供应量增速是所有户型中最快的。

**表 1　组屋面积变化**

| 时期 | 户型 | 面积（平方米） | 平均家庭人口数 | 人均住房面积 |
|---|---|---|---|---|
| 20 世纪 80 年代 | 两居 | 69 | 4.6 | 15 |
| | 三居 | 105 | | 23 |
| | 四居 | 123 | | 27 |
| 20 世纪 90 年代 | 两居 | N/A | 3.9 | N/A |
| | 三居 | 100 | | 26 |
| | 四居 | 120 | | 31 |
| 2000 年后 | 两居 | 65 | 3.4 | 19 |
| | 三居 | 90 | | 26 |
| | 四居 | 110 | | 32 |

资料来源：新加坡建屋发展局（HDB）。

① 新加坡住房按照实际使用面积出售，下文中面积均为使用面积。

**表 2　分户型统计的组屋累计出售套数（2008～2017）**

| 年份 | 单间 | 一居 | 两居 | 三居 | 四居 |
|---|---|---|---|---|---|
| 2008 | 258 | 6240 | 217398 | 336739 | 209069 |
| 2009 | 258 | 6630 | 218056 | 339790 | 209765 |
| 2010 | 258 | 7270 | 219809 | 346661 | 211034 |
| 2011 | 258 | 8174 | 220111 | 354668 | 213321 |
| 2012 | 258 | 9806 | 220695 | 357667 | 214798 |
| 2013 | 258 | 10981 | 222357 | 366245 | 217553 |
| 2014 | 255 | 11995 | 226972 | 379687 | 224402 |
| 2015 | 255 | 13045 | 230558 | 390790 | 229829 |
| 2016 | 255 | 14239 | 234659 | 401659 | 235089 |
| 2017 | 600 | 19345 | 239092 | 413641 | 239972 |

资料来源：新加坡建屋发展局（HDB）。

2008 年以后三居室的出售数量增速快于其他四类户型，增速比整体出售增速快 5.1%（见图 3）。单间主要用于向低收入家庭出租，因此出售数量最小，2008～2017 年之间出售量仅增加不到 400 套。另外，随着结婚年龄的不断延后，政府还在 2012 年以后增加了一居室户型的供应，以满足未婚居民的居住需求。根据建屋发展局发布的数据，2012 年一居室新增出售套数是 2011 年一居室新增出售数量的 2.4 倍。

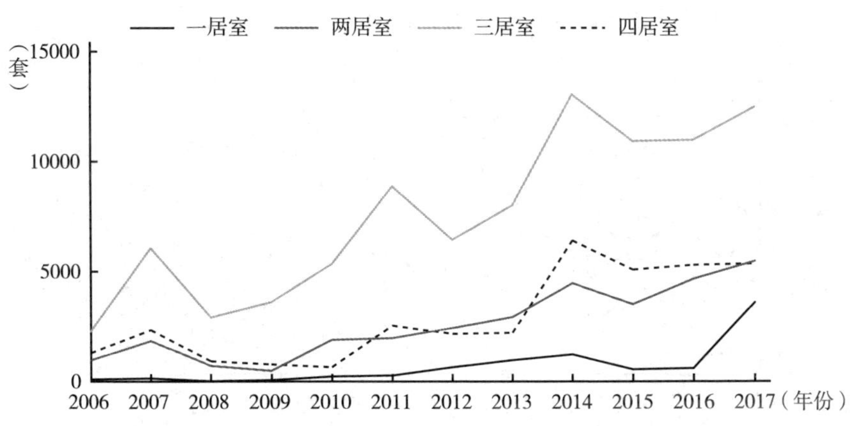


**图 3　新增出售套数（2006～2017）**

资料来源：新加坡建屋发展局（HDB）。

## （二）组屋的申请与购买

组屋的申请强调从需求出发，严格按照居民的需求进行建设，采取预购的模式（Build to Order，BTO）。具体来说，在组屋开工建设之前，建屋发展局会发布新闻，通知具有购房资格并有购房意向的居民进行预定。只有当65%～70%以上的公寓成功得到预定后，组屋区才会开工。通常开工后3～4年，居民才可入住。这一举措虽然降低组屋的空置，保证资金回流，但是也延长了居民等待入住的时间。因此作为补充，政府提出了空置公寓销售计划（Sale of Balance Flats，SBF），允许居民在已建成但尚未卖出的组屋中进行选择，并保证购房手续完成后可以立刻入住。这样两种模式的结合既降低了组屋空置率，减少对空置组屋的维护成本，使资源得到充分利用，又缩短了一部分居民等待入住的时间。

建屋发展局发布的数据显示，从1976～2017年，平均每年为居民提供22389套新组屋，而平均申请量则为35596套/年，可满足63%的需求。亚洲金融危机前夕（1991～1995），由于新加坡私人住宅房价暴涨，居民对组屋的需求量过大，建屋发展局仅能满足不到30%申请量。除1991～1995年外，建屋发展局可满足约67%的需求。

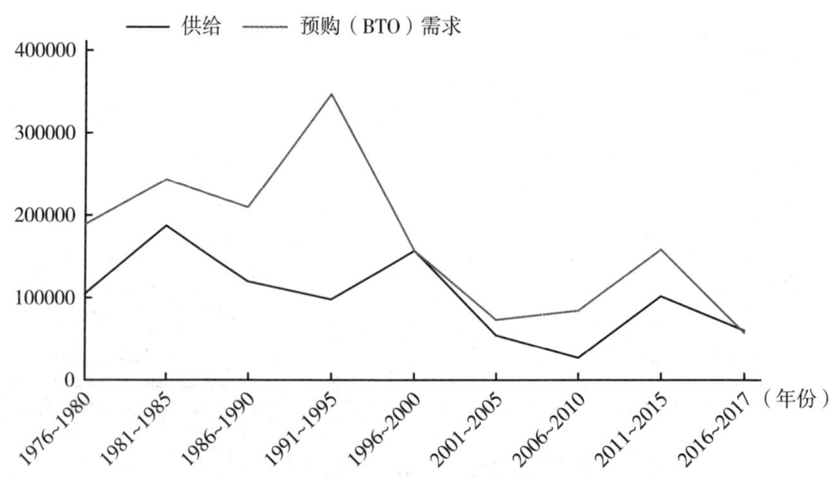


**图4　组屋的需求与供应量（1976～2017）**

资料来源：新加坡建屋发展局（HDB）。

新加坡居民通常选择抵押贷款的方式购房，因此除了向银行贷款外，居民还可以选择向建屋发展局贷款。购房者向银行贷款需要缴纳房款的25%作为首付，而建屋发展局只要求购房者缴纳房款的10%作为首付，并可以从公积金储蓄中支付。但是建屋发展局贷款的利率要比银行贷款利率高大约1%，最长贷款期限也要比银行贷款短5年。这样多样化的融资途径方便购房者自行选择适合自己的方案。

## （三）建设与规划

组屋的规划采取了“新镇”的规划理念。政府在全岛划定23个新镇，每一个新镇设有专门的管理机构，市镇理事会（Town Council），负责新镇内组屋的管理和公共设施的维护，例如垃圾处理，小区清洁等，并按照户型大小收取一定的管理费。每一个新镇都有完善的配套设施，包括商业设施，医院，学校。这一设计保证居民的基本日常活动都可以在新镇内完成，减少了不必要的交通，既缓解了拥堵，又方便居民日常生活。

由于政府的合理规划，组屋并没有因为其低廉的价格而牺牲其位置。新加坡的组屋在全岛均匀分布，除了自然保护区外，度假区和工业区内都有组屋的分布，组屋和私有住宅在整个城市内交错分布，相互融合。尽管房屋档次差异巨大，但组屋和私宅在地理位置上没有任何隔离。这样的规划，保证了中低收入群体和高收入群体良好的融合，有效避免贫民窟的产生。由于新加坡私家车牌照价格较高，最高时可达10万新加坡元，组屋居民很难负担，因此政府在每一个新镇内或附近都规划了地铁站。每栋组屋到地铁站的平均直线距离仅为655米，用地铁线路将组屋区和市中心紧密连接，保证组屋居民便利出行。

除此之外，建屋发展局在每一个组屋区都设置至少一个餐饮中心，一个小型商场，并在商场内配有超市和其他零售商店，保证居民在工作日上班前或下班后能方便地购物和就餐。组屋附近商业配套设施的土地由建屋发展局负责拍卖，因此建屋发展局可以选择在组屋开工前出售组屋周边的商业用地，保证商业设施在组屋交房后及时开放营业，既保证了商业设施有足够的客流量，也保证了新组屋居民生活的便利。

### （四）维护与翻新

建屋发展局除了负责组屋的建造和租赁组屋的管理，还同时负责组屋的翻新与维护。建屋发展局针对不同房龄的组屋制定了不同的翻新计划，具体包括邻里更新计划（Neighbourhood Upgrading Programme，NRP），家居改进计划（Home Improvement Programme，HIP），中期更新计划（Interim Upgrading Programme，IUP），电梯升级计划（Lift Upgrading Programme，LUP）等。大部分翻新计划的费用完全由政府出资，仅有少部分翻新计划由居民出资 5% ~ 10%。因此，保证翻新工作的必要性，保证政府投资效率非常重要。为此，建屋发展局对翻新计划的准入做了一定的限制。首先，建屋发展局对房屋的年龄有严格要求。邻里更新计划和家居改进计划均针对房龄超过 20 年的老房，而中期更新计划是针对房龄较小的组屋进行的简单维护。电梯升级计划仅针对电梯存在缺陷的住宅进行电梯更新。第二，建屋发展局会在翻新工作开始之前组织居民进行投票。仅当一栋楼中多数（ >75%）居民投支持票时，政府才会为这一栋楼制定翻新计划。尽管住户仅需承担翻新计划的一小部分费用，但是在投票时，住户会权衡施工带来的不便与污染，因此仅当居民认为有必要进行翻新时才会投支持票。

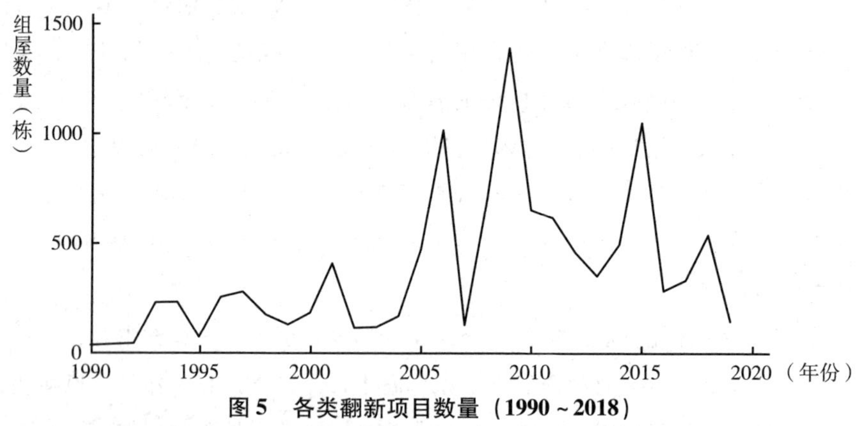


**图 5　各类翻新项目数量（1990 ~ 2018）**

资料来源：新加坡建屋发展局（HDB）。

从 1990 年首次推出家居更新计划以来，新加坡政府已经对超过 1 万栋组屋进行翻新。由于 20 世纪 80 年代初组屋建造高峰期建造的大量组屋房龄已超过25年，老化较为严重。再加上当时建造的组屋重视建造速度，对质量没有严格把关，因此最近15年，新加坡政府加大了组屋翻新的力度。根据建屋发展局年报，每年投资用于组屋的翻新和维护的费用护近10亿新加坡元。Agarwal，Sing和Zhang（2019）的研究发现，从新房到房龄21~30年的旧房，组屋与私宅的折旧率几乎相同，然而当房龄超过30年后，组屋的折旧率远低于私宅的折旧率，这很大程度上得益于建屋发展局对组屋高效率的翻新和维护。

## 二　针对特殊群体的公屋计划

### （一）租赁组屋

尽管新加坡超过70%的居民可以购买自己的组屋，但仍有一部分特殊群体因为种种原因无法购买组屋。有些家庭因为收入过低无法负担，还有些家庭处于"夹心层"的尴尬位置，既不满足组屋的购买资格，又无法负担昂贵的私宅。针对这两种家庭，建屋发展局推出了租赁组屋和执行共管公寓（Executive Condo，EC）这两种解决方案。

建屋发展局建设专门用于租赁的组屋，并由建屋发展局直接管理。约有10%的居民通过租赁的途径住进组屋。建屋发展局向居民提供两种组屋租赁模式，一种是针对低收入居民的公屋租赁（Public Rental Scheme，PRS），一种是针对有子女家庭的育儿短期住屋计划（Parenthood Provisional Housing Scheme，PPHS）。公屋租赁计划仅针对月收入低于1500新加坡元的家庭，并且只提供一居室（36~45平方米）和单间（仅一间房，面积23~33平方米）两种户型，以满足家庭最低居住需求为目的。育儿短期住屋计划是针对已经成功预定组屋，但组屋尚未完工，且子女年龄小于16岁的首次购房家庭提供的短期过渡计划。该计划推出的房屋租赁价格远低于市价，并且允许两个家庭合租一套两居室或更大的组屋。

从2008~2017年间，建屋发展局平均每年出租约5万套组屋（见图7），平均每年新增约3500套（见表4），其中多数为面积较小的单间和一居室，并且两居室以及更大户型的出租数量不断减少。这些组屋大部分租给月收入不到

1500新元的贫困家庭（注：根据新加坡统计局发布的数据，新加坡大约有10%的家庭月收入低于1500新元）。月租金根据家庭收入和房屋面积为26～275新加坡元不等。

**表3　租赁组屋租金（新加坡元）**

| 家庭月收入 | 第几次申请 | 月租金 | |
|---|---|---|---|
| | | 单间 | 一居室 |
| 800及以下 | 首　次 | 26～33 | 44～75 |
| | 第二次 | 90～123 | 123～165 |
| 801～1500 | 首　次 | 90～123 | 123～165 |
| | 第二次 | 150～205 | 205～275 |

资料来源：新加坡建屋发展局（HDB）。

执行共管公寓是由建屋发展局提供给“夹心层”的住房方案。在亚洲金融危机前夕新加坡房价迅速上升，这让很多原本可以购买私人公寓的住户变成了“夹心层”——既无法负担私人公寓，又不满足组屋的准入条件。为此，建屋发展局在1996年推出了执行共管公寓。这类公寓拥有和私人公寓一样的优质配套设施和较高建筑质量，同时由于政府土地供应价格的优惠，因此价格低廉。根据Lee和Ooi（2018），执行共管公寓新房售价比私人公寓价格低21%，

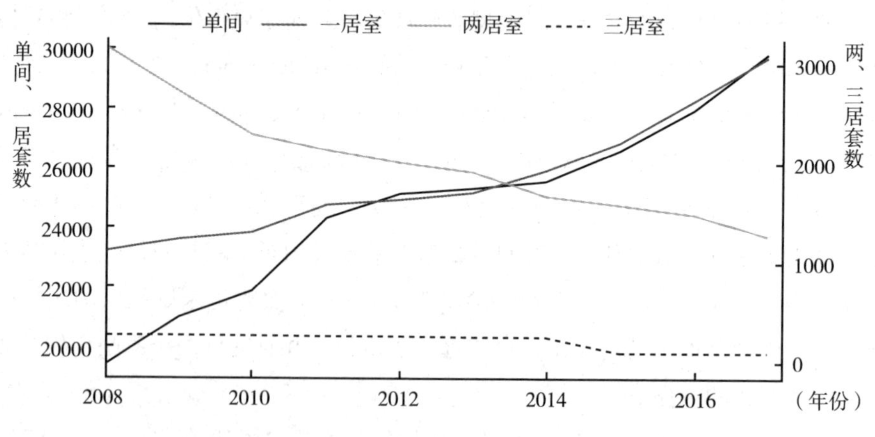


**图6　累计出租套数（2008～2017）**

资料来源：新加坡建屋发展局（HDB）。

**表4　新增出租套数（2006～2017）**

| 年份 | 单间 | 一居 | 两居 | 三居 | 四居 |
|---|---|---|---|---|---|
| 2006 | 1929 | 1417 | 688 | 3 | 0 |
| 2007 | 1147 | 1066 | 272 | 250 | 0 |
| 2008 | 1238 | 1200 | 12 | 0 | 0 |
| 2009 | 1744 | 1231 | 5 | 0 | 0 |
| 2010 | 2033 | 1380 | 1 | 0 | 0 |
| 2011 | 2455 | 1640 | 0 | 0 | 0 |
| 2012 | 2734 | 1695 | 8 | 14 | 0 |
| 2013 | 1592 | 1179 | 500 | 446 | 21 |
| 2014 | 1505 | 1308 | 52 | 154 | 74 |
| 2015 | 1642 | 1103 | 488 | 79 | 7 |
| 2016 | 1810 | 1565 | 307 | 113 | 4 |
| 2017 | 1773 | 1313 | 298 | 28 | 0 |

资料来源：新加坡建屋发展局（HDB）。

然而二手房市场的价格则比私人公寓仅低3%。巨大的价格差距吸引了大量投资者，因此政府规定，执行共管公寓必须住满5年才可转售给新加坡公民和永久居民。住满10年后才可转让给外国人。这一举措有效限制了执行共管公寓市场的投机需求，保证“夹心层”家庭的居住需求得到满足。

自1996年推出以来，执行共管公寓受到“夹心层”家庭的欢迎。图7为执行共管公寓1996～2018年期间的年新增出售套数。全球金融危机前夕（2004～2006年），开发商由于受到开发私宅高额的利润吸引，减少执行共管公寓的开发。而全球金融危机期间（2007～2009年），政府减少土地供应，因此在2004～2009年间，执行共管公寓供应萎缩。2010年后，由于外资大量流入新加坡房地产市场，同时外籍居民增加，新加坡私人公寓价格大幅增加，政府又重新增加执行共管公寓用地的供应。目前，由于其较低的价格和优质的居住条件，执行共管公寓已成为新加坡中等收入家庭首套房的第一选择。

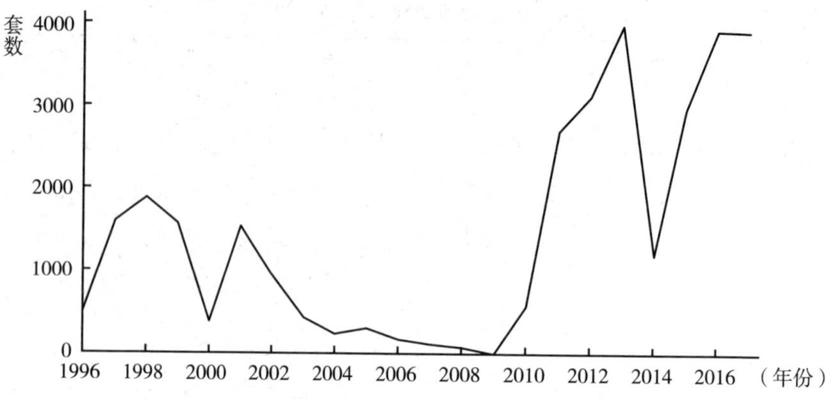


**图7　执行共管公寓新增出售套数（1996～2018）**

资料来源：新加坡建屋发展局（HDB）。

## （二）人口老龄化的应对

经过20世纪后期的人口爆炸，新加坡在2000年进入老龄化社会。根据新加坡统计局发布的人口数据，自2000～2018年，新加坡65岁以上老年人占总人口比例的增加了近7%，几乎翻倍（见图8）。为此，建屋发展局也专门为老年人制定了住房计划。

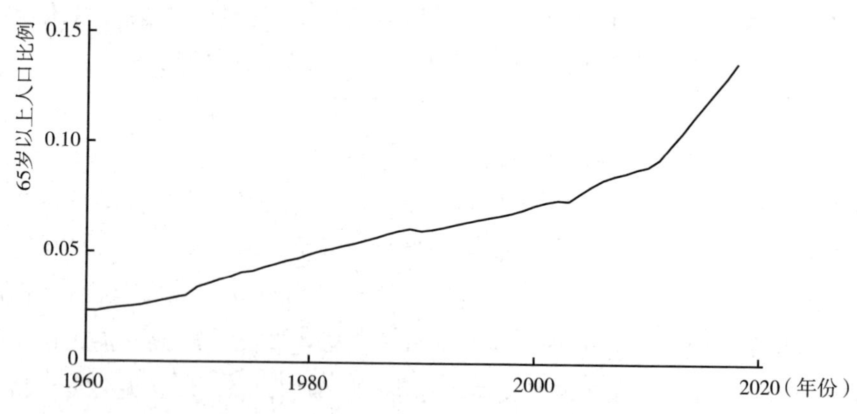


**图8　新加坡人口中老年人比例（1960～2018）**

资料来源：新加坡统计局（Department of Statistics）。

首先，作为房屋翻新计划的一部分，建屋发展局在2012年推出“乐龄易计划（Enhancement for Active Seniors，EASE）”，为有自理能力的老年人进行房屋改造，安装一些简单易用的设施，具体包括厕所和墙壁安装扶手，铺设防滑地砖，台阶处安装斜坡道等，保证老年人安全方便地生活。尽管乐龄易计划并非强制，但由于政府承担大部分成本，因此居民积极申请。截至2016年末，已有超过10万户家庭从中受益。

为保证老年人拥有足够的收入，建屋发展局还推出了租期回购（Lease Buyback Scheme，LBS）计划。该项目允许年龄超过65岁的低收入老年人将房屋的部分租期出售给政府，收入由政府按月发放，补贴老年人日常生活。由于新加坡组屋的租期为99年，因此大部分老年人拥有的组屋租期都超过40年。通过这一计划，老年人可将固定资产套现，用于日常生活开销，同时还可以继续居住在现有组屋中，省去了选房和搬家的麻烦。

建屋发展局还制定了与租期回购计划非常相似的乐龄安居花红（Silver Housing Bonus），鼓励老年人换购小户型的房屋，从现有的大户型组屋中套现。如果符合条件的老人卖掉现有组屋，购买更小的组屋，并将买房收入存入公积金账户，政府就会额外向其支付最多2万元新加坡元（相当于10万元人民币）的“花红”。除此之外，建屋发展局还大量推出一室一厅短租期的小户型，保证想要换购小户型房屋的老年人可以买到合适的住房。

## 三　经验借鉴

得益于其较小的人口基数和发达的经济水平，新加坡在提供公共住房方面比其他国家有很大的优势。但是新加坡与我国大城市在极高的人口密度和昂贵的私人住房市场方面较为相似，因此新加坡公共住房制度的经验还是值得我国发达城市借鉴学习。

新加坡组屋制度的成功有以下几方面值得学习。

### 1. 从需求出发，建立多元化住房体系

新加坡组屋制度最大的特点就是多样化，满足居民多样化的居住需求。针对低收入人群，有小户型的租赁房屋；针对中高收入人群，有执行共管公寓；针对老年人，有乐龄易计划和租期回购等服务。随着家庭结构的改变，建屋发

展局不断调整组屋的户型，增加三居室和一居室分别适应四口之家和单身人士的需求。除此之外，组屋的位置在全岛均匀分布，购房者可以根据自己的需求自由选择。

建屋发展局还为不同房龄的组屋提供多样化的翻新服务，并且由居民根据房屋的新旧情况自行选择是否接受翻新服务。家居更新计划和乐龄易计划包括强制更新项目和选择性更新项目。强制更新项目是对居民健康和居住安全有较大影响的项目，具体包括电路更新，管道维修等项目，而选择性更新项目则主要是不影响居住安全的非必要项目，如洗手间翻新，更换入户门等项目。

2. 政府的支持

建屋发展局的巨大成功离不开政府的支持。政府对建屋发展局的支持主要有两个方面，一方面是资金支持，另一方面是立法支持。

资金方面，根据建屋发展局发布的年报，2017/2018 财年其赤字共计 17 亿新加坡元（相当于人民币 85 亿元）。而 2014 到 2016 财年的平均赤字约为 13 亿新加坡元（人民币约 65 亿元）。巨额赤字均由政府津贴填补。

立法方面，新加坡政府通过多项法案以保证建屋发展局工作的顺利进行。1960 年，政府通过《住房发展法案（Housing and Development Act）》，成立建屋发展局。建屋发展局有权利强制贫民窟居民搬迁到新建组屋，并征收贫民窟所占用的土地。1966 年，新加坡国会通过《土地征用修正法案（Land Acquisition Act）》，允许政府强制以远低于市价的价格购买私人土地用于组屋及配套设施的建设，逐步将私有土地收归国有。一直到 2007 年，新加坡政府才修改土地征用法案，将征地补偿款设定为市场价格。在 1966 ~ 2007 年这 40 年间，国有土地的比例从 40% 左右增加到超过 80%。尽管如此，新加坡政府还是在不断进行土地征用，为不断增加的人口提供住房和基础设施。强制征地虽然保证政府有充足的土地进行城市建设，但也有较高的社会成本。2016 年 12 月末，新加坡著名高尔夫球场裕廊乡村俱乐部（Jurong Country Club）正式停止营业，土地被政府征用建设高铁站，征地补偿仅为俱乐部提议补偿的一半。此时该球场所占用土地仍有 10 年租期。由于其他俱乐部的会员担心自己的所在的俱乐部也会遭到政府强制征地，这次征地导致其他高尔夫球场会员费大跌，高尔夫行业损失惨重。尽管如此，新加坡政府仍坚持国家对土地的控制权，将大多数居民的利益放在首位。

3. 公开透明的体系

组屋的建筑，分配等程序非常公开。为节约成本并提高建设效率，组屋的建设以及建屋发展局其他所有采购项目均采取公开招标的方式外包给建筑商完成。招标公告和招标结果都会在网站上公示，保证招标过程公开透明。每财年年末，建屋发展局都会在网站上公布年报，并且需要经过审计部门的审计。另外，负责组屋区设施管理的市镇理事会（Town Council）在年末也要经过审计部门的审计，保证财务管理的透明度。

建屋发展局在其网站为购房者提供非常详细的信息，包括组屋的位置，规划，户型，各个户型的数量，保证居民掌握充足的信息，买到适合的组屋。同时还为现有居民提供有关房屋翻新计划进度，组屋区最新规划，停车位和配套设施等方面的信息。在组屋的分配方面，如果申请量大于供给，则分配完全由抽签决定，抽签结果公开，避免政府官员受贿。

4. 积极研发和采用新技术

建屋发展局非常重视科研与创新，通过与业界和学术界紧密合作，积极开发和采用新技术，不断改善居民的居住质量。建屋发展局还为相关专业成绩优异的本科生提供奖学金，并要求接受奖学金的学生毕业后为其工作，从而保证充足的人才储备。

除了与外部机构合作，建屋发展局还专门设有建筑研究中心（Centre of Building Research）进行技术研发。该中心的研究包括五个方面，能源、城市绿化、居住环境、垃圾和水资源管理以及建筑技术。响应新加坡政府智慧城市的号召，建屋发展局也推出了“智慧市镇（Smart HDB Town）”计划。该计划在组屋区内布设智能设施，包括老年人活动报警系统，智能电器，能源管理系统以及智能传感设施。目前部分组屋区已经安装了智能停车场，住户可以通过手机 App 实时了解组屋区内可用车位的数量。

## 参考文献

Agarwal Sumit, Sing Tien Foo, Zhang Xiaoyu. HDB flats above 30 years depreciate less than private housing as they withstand better against aging effects.［EB/OL］新加坡：新加坡国立大学，2019［2019－03－09］https：//www. channelnewsasia. com/news/singapore/hdb－flats－depreciate－better－private－non－landed－housing－nus－study－11237604.

Lee Kuan Ok；Ooi J. T. L.. Property rights restrictions and housing prices［J］. Journal of Law and Economics［J］. 2018，61（2）：335－360.

**B**.24

# 韩国住房保障政策的现状和课题

## ——以公共租赁住房的供给政策为中心

朴寅星（Park In-Sung） 朱俐斌*

**摘 要：** 20世纪60年代韩国的住房政策随着国家产业化的发展开始推进，但在当时韩国政府把发展的重点放在了实现经济效益上，为此几乎动员了所有的国家资源，所以属于生活领域的住房部门，实行的主要政策则是让国民自主推进住房所有和财产积累。20世纪80年代开始，经济增长成果逐渐积累并开始显现效果，经济方面逐渐自由化，政治方面也逐渐民主化，这两个方向都经历了结构性的变化。而1998年的外汇危机则大大促进了市场的自由和开放程度，新自由主义的经济基调也逐渐强化，住宅价格暴涨，使得原来处于弱势地位的社会稳定和住房保障问题得到了重视和发展。在这种趋势下，公共租赁住房的供应成为住房保障政策的核心内容，并且自卢泰愚政府（1988.2～1993.2）以来一直处于持续发展的态势，在此过程中，对公共租赁住房的认识也在不断变化发展，公共租赁住房的供应对象、供应类型和供应方式等方面也随之变化、发展、并变得多样化。本文以韩国政府的住房保障政策和公共租赁住房供给政策为中心，整理了其发展经验、最新动向、有关公共租赁住房供给的法规及制度、按类型划分的合作管理（Governance）的主要案例和应对低收入阶层居

* 朴寅星，韩国汉城大学不动产研究生院韩中不动产咨询专业主任教授（曾就职于浙江大学公共管理学院土地管理系、城市管理系教授）；朱俐斌，韩国汉城大学不动产研究生院韩中不动产咨询专业硕士研究生。

住地的分离和排斥等社会问题的政策。

**关键词：** 韩国住房政策　住房保障　公共租赁房　住房体制

## 一　韩国住房保障政策的特征和形成背景

住房保障政策的目的是满足保障对象的基本居住要求，并以此维持稳定的居住生活。根据保障对象范围的大小，住房保障政策有狭义和广义之分：狭义的住房保障政策的对象是市场上无法自行解决住房问题的国民，广义的住房保障政策的对象则是全体国民。可以说韩国的住房保障政策的范围正在从狭义向广义扩大。

包括韩国在内的东亚发展中国家（Development State），从20世纪60年代开始登上世界经济舞台，并且这些国家为了取得经济上的成就，需要动员国内的各项资源，因此政府介入住房市场的程度提高，并形成发展了国民自主推进住宅所有和财产积累的强大的资产基础保障系统（property-based welfare system）。韩国的住房政策正是在城市化快速发展、经济快速增长，以及随之而来的住房不足状况和房地产价格上涨的趋势下形成的。

从20世纪80年代开始，韩国经历了经济方面的自由化和政治方面的民主化两个方向的结构性变化。特别是1997年亚洲金融危机后，在国际货币基金组织（IMF）的强烈要求下，韩国在推进市场自主和开放的同时，新自由主义的经济基调也得到了扩大和强化，因此加快了公共租赁住房政策的衰落和一味追求住房自有的发展趋势。但是就像硬币的两面一样，随着住房价格的迅速上涨，社会上要求大力加强社会安全和完善住房保障的呼声越来越大，政府的政策压力也在逐渐加大。

在这种情况下，韩国政府虽然在大力推进经济市场自主化，但同时在住宅领域反而加强了介入力度。政府除了在实行促进私营住宅金融自主化的措施外，如发展抵押贷款（Mortgage Loan），同时也在对住房市场进行持续的限制，如扩大公共宅地的供应、实行购房申请制度、禁止转卖和改革税制等，特别是大幅增加了公共租赁住房的供给，而这与追求新自由主义经济的西方国家政策完全不同。也就是说，自 1997 年外汇危机以后，韩国政府在推进整体经济自由化的过程中，也维持了对住房政策部门进行介入的基调，这种介入甚至得到了进一步的加强。尤其是公共租赁住房领域，在 2012 年和 2017 年的总统选举和 2016 年的国会议员选举中，无论是执政党还是在野党、进步党还是保守党，都一致赞同继续扩大公共租赁住房供给量和保障对象范围，并且都顺着此发展方向提出了自己的选举承诺。由于政府出台住房政策的最优先目标是：对因价格暴涨暴跌而导致市场不稳定的情况进行管理，并能够持续扩大住房供给，所以韩国政府会根据住房市场的情况，对住房市场的限制时而放宽时而加强，反复交替进行，就像“在大众浴池里交替洗热水澡和冷水澡”比喻的那样。

## 二　韩国住房政策的变迁

如果按照不同的时期来区分，韩国的住房政策大致可以分为三个阶段。第一个阶段是从 1960 年开始到 1987 年结束。这一时期，经济开发进入白热化阶段，带来的结果是高度的经济发展和急剧的城市化，但同时也加剧了住房短缺等问题。尤其是作为首都的首尔，在 1960 年以后的 30 年间年均人口增长率达到了 5.4%，全国城市化率从 27.7% 增加到了 73.8%。因此，在这种慢性住房短缺的情况下，住房价格暴涨的问题周期性地反复出现。在这种状况下，“能够拥有自己的住房”成为大多数城市居民努力的梦想和目标。但是，当时的韩国政府把资源全部集中在经济开发上，认为住房建设不属于生产部门，而是属于生活部门的非生产性消费品，因此政府不仅没有进行直接投资，还对闲置资金流入住房建设领域进行了控制。主要原因是政府需要首先对产业基础构建、基础设施建设、与朝鲜的军备竞争等领域进行投资，所以降低了对社会保障财政支出的优先顺序。另外，在通货膨胀状态下，抵押贷款（Mortgage Loan）制度也没能发展起来。但同时期或同发展阶段下的新加坡和香港政府，却将住房部门作为经济增长和社会融合的媒介，这和当时韩国政府的做法正好相反。韩国实行的政策带来的结果是，住房问题只能由个人来解决，这同时也是非正式金融制度——全租（全租：傳貰）制度形成并发展的背景。另外，对于住宅市场不稳定的问题，韩国政府并不是通过直接供应住房或土地来解决的，而是通过多样化的需求管理及限制政策对市场进行管理。特别是在关于低

收入阶层的住宅问题上，政府的应对方式是默许无许可的不良住宅的存在。

第二个阶段是1988～2007年，这一期间是“供应大量住房用地和强有力的市场介入”的韩国型住房政策形成的时期。由于1960年以来的持续的经济发展，在这一时期实际消费开始增加。特别是在80年代初的所谓“三低（低美元、低油价、低利率）”的繁荣条件下，年平均经济增长率达到了9.5%（1983～1987），并且以1988年首尔奥运会为契机，多种消费活动也得到了促进。同时，自1987年6月民主化运动以后，不仅社会民主化取得了进展，劳动者的实际购买力也有所上升。带来的结果是，从1988年到1991年，年均居民消费增长率达到8.5%，为历史最高水平，但同时，住宅价格也随之暴涨，特别是首尔地区的商品房价格及全租房保证金价格暴涨，1988～1991年3年间，首尔商品房价格上升了93.7%，全租房保证金价格上升了71.5%。另外，从1983年开始，政府实行了大规模的无许可不良住房定居点的拆除再开发项目，致使低收入阶层支付能力范围内的库存住房数量大幅减少。受其影响，1990年初，由于无力承担暴涨的全租及月租费用，居民家庭自杀事件频发，一度成为严重的社会问题。

从此以后，韩国政府的住房政策发生了根本性的变化。韩国政府从1988年开始推进“第一期首都圈新城市开发项目”，致力于开发建设首都圈内的5大新城市（盆唐、一山、坪村、山本、中洞），同时通过扩大公共住房用地的供应，来扩大住房供应。虽然大部分的住房是通过民间私营部门供应的，但是商品房用宅地是政府征用土地后来进行建造和供应的，对在公共住房用地上建设、供应的住房，同时实施了限制最高出售价格、出售期房、购房申请存款制度、禁止转卖等多种限制手段。2009年，首都圈家庭中居住在公共宅地上的家庭比例在25%左右。在这一时期内，为解决住房不足问题，政府提出了“全国50万户，首都圈30万户，首尔10万户”的住房供应目标。为达到目标，每年新建住房供应量达到了16万户，但自1988年开始的20年间，新建住房供应量达到年均54万户，是之前供应量的3倍以上。

以前为代替无许可不良住宅定居点而建设了廉租房，但随着廉租房数量急剧减少，已经不能再推迟采纳和实施正式的住房保障政策了，在这种情况下，政府开始在面向低收入阶层的永久性租赁住房和再开发项目中纳入公共租赁住房的建设和供应的内容。此后约20年间，积极扩大住房用地供应、管理住房市场、通过供应公共租赁住房等住房保障政策，成为韩国住房政策的主调。1997 年外汇危机发生后，住房价格暴跌，政府曾暂时大幅放宽了对市场的限制，大力推行了自由主义政策，但进入 21 世纪后，物价开始恢复，住房价格也开始重新上涨，因此大部分限制性规定又重新开始实施。也就是说，即便顺应了新自由主义趋势，社会、经济各领域的限制规定得到了缓解，但韩国政府仍然继续着对住房领域的介入，甚至进一步加强了介入力度。原因是持续的住房供求不匹配和价格上涨问题，住房问题已经成为当时韩国最尖锐的政治问题。可以说在这个问题上，韩国的情况与其他东亚国家截然不同。

第三个阶段，是从 2008 年金融危机爆发，到目前为止。自进入 21 世纪后，韩国的房价连续 5 年持续上涨，但在 2008 年爆发金融危机后，房价开始下行向稳定的趋势转变，住房市场成交量和住房供应量也有所下降，原来以供应为主的住房政策开始出现变化。这反映了住房市场的大环境变化。也就是说，经过 20 多年以供应为主的政策的推行，住房绝对短缺的状况已经得到相当程度的缓解，目前更为紧迫的政策要求是甄别住房供应对象并确定优先顺序。因此，朴槿惠政府（2013. 2 ~2017. 3）将 2013 年末的长期住房供应目标量从上一年度的 49 万户减少到了每年 39 万户，下降了约 25%。住房政策的基调从供给优先政策向迎合消费者多样的住房需求的方向转变。因此赋税限制、禁止转售等对住房市场的各种限制政策也阶段性地得到了缓解。此外，这一时期媒体和政界还突出提到了所谓的“房困”（house poor）问题——居民贷款买房后却遭遇了房屋价格下降，为了偿还贷款利息而生活艰难。同时，受低生育、老龄化的社会环境影响，住房绝对短缺状况有所缓解，长期住房需求呈下降趋势。

在住房租赁市场方面，租金持续上涨，全租向月租的转换加快。因为人们对住房价格上涨的期待值下降，在这种情况下，房东利用全租保证金获得的金融收益等可确保的预期收益降低。这种情况再次加重了居民家庭的租金负担，因此社会对住房保障政策的要求变得更加强烈。

2012 年总统选举期间，朝野两党两名有力候选人都提出了扩大公共租赁住房供应和引入租金补助制度的主要承诺。朴槿惠政府制定了每年供应 11 万户公共租赁住房的计划，并在 2015 年引进了租金补助制度。住房保障不再仅仅是住房政策部门的事务了，俨然成为韩国政治的主要课题。表 1 整理了上述 3 个时期韩国住房市场条件和住房政策的主要内容。

**表 1　按时期划分的韩国住房市场环境和住房政策**

| | | 1960 ~ 1987 年 | 1988 ~ 2007 年 | 2008 ~ 现在 |
|---|---|---|---|---|
| 政治经济情况 | | • 权威主义政府<br>• 经济开发全面开展→城市化进程迅速<br>• 国家基础设施建设，南北军备竞赛 | • 3 低好景（低美元、低油价、低利率）<br>• 1997 年外汇危机时国际货币基金组织的救济金融<br>• 扩大政治民主化<br>• 扩大市场自律和开放 | • 2008 年金融危机<br>• 经济两极化，低增长<br>• 低生育及老龄化 |
| 市场情况 | | 住房短缺，周期性房价上涨 | 住房价格及租赁价格不稳定<br>供求不一致和投机性需求增加 | 解决住房绝对不足<br>稳定住房价格<br>全租（傳貰）保证金和月租上涨 |
| 首尔市年均人口（家庭）增加率 | | 5. 7%（6. 9%） | 0. 2%（2. 4%） | -0. 2%（0. 4%）<br>（2008 ~ 2014 年） |
| 首尔市地价上升率（年均） | | 13. 6<br>（1979 ~ 1987 年） | 5. 7% | 0. 9%<br>（2008 ~ 2014 年） |
| 公租房供应量（年均） | | - | 54437 栋 | 60659 栋<br>（2008 ~ 2014 年） |
| 保障政策 | | • 有限的社会保障<br>• 以企业保障为中心的阶层性质 | • 外汇危机后迅速构筑社会安全网<br>• 构建全民社会保险体系 | • 实施基本养老金<br>• 扩大社会服务<br>• 普遍保障（无偿供食）争议 |
| 住房政策 | 供应政策 | • 以土地区划整理工作为基本手段<br>• 1981 年制定了宅地开发促进法，但业绩甚微<br>• 默认未经许可的定居点，1983 年开始进行联合再开发 | • 首都圈第 1 期及第 2 期新城市开发<br>• 积极开发公共住房建设用地（供应 200 万户住宅）<br>• 公租房供应与扩大 | • “安窝房”供应后缩量<br>• 公租房多样化<br>• 减少长期供应目标：年 49 万户 ~39 万户 |
| | 需求管理政策 | • 根据市场状况抑制投机<br>• 实施销售价上限制、购房申请存款制度、预售、禁止转卖等制度 | 1989 年引入土地公开概念<br>根据市场情况反复强化和放宽控制<br>外汇危机后私营住宅金融自律化→引进 DTI 比率（Debt To Income Ratio） | 放宽税制及市场限制政策<br>追求景气活性化 |
| | 居住保障政策 | • 默认未经许可的不良住宅→当地改良而合法化<br>• 推进联合再开发时，对承租人提供有限援助<br>• 短期公租房及工人住房部分供应 | 从 1989 年开始提供永久租赁房→扩大为公租房 | • 公租房持续，追求多样化<br>• 正在准备引入租金补贴制度 |

## 三　韩国公共租赁住房的概念和历代政府的相关政策

### （一）韩国公共租赁住房的概念和类型

公共租赁住房（Public Rental Housing），狭义上可以定义为公共以租赁为目的拥有的住宅，广义上来看，即使不是公共所有的，通过公共支援供应的所有租赁住房也可以被定义为公共租赁住房。韩国《租赁住房法》中把租赁住房的类型分为建设后租赁住房、购买后租赁住房和全租后租赁住房。其中，“公共建设租赁住房”定义为公共建设的，或者得到了住房城市基金等公共资金或公共宅地支援而建设成的租赁住房。此外，在《关于公共住房建设等特别法》和《公共住房特别法》中，将公共租赁住房定义为“获得公共资金支持建设或购置、承租的租赁住房”，甚至租赁后以销售转换为目的的住房，也纳入公租房范围。公共住房项目的实行者是国家、地方自治团体、国土交通部下属的韩国土地住宅公社（LH 公社）、地方政府下属的公社、其他公共机关以及相关机关出资 50% 以上设立的机关和由住房城市基金出资成立的房地产投资公司等。

也就是说，韩国的公共租赁住房可以定义为得到公共财政或基金等的支援，以租赁为目的供应的住房。考虑到供应主体、受益对象、租金水平等因素，这项政策与欧洲国家的“社会住房（Social Housing）”概念类似。

**表 2　公租房类型**

| 公租房类型 | | | 内容 |
| --- | --- | --- | --- |
| 公租房业务处理指南 | 长期公租房 | 永久租赁住房 | 租期 50 年以上的租赁住房(《租赁住房法》第 16 条第 1 项第 1 号) |
| | | 国民租赁住房 | 义务租赁期为 30 年以上的租赁住房(《租赁住房法》第 16 条第 1 项第 2 号) |
| | | 购置后租赁住房 | 出租人通过买卖取得所有权后出租的住房(《租赁住房法》第 2 条第 3 项) |
| | | 幸福住宅 | 对国土交通部部长指定的对象供应的住宅(《关于公共住房建设等的特别法》第 40 条 2) |

续表

<table>
<tr><th colspan="3">公租房类型</th><th>内容</th></tr>
<tr><td rowspan="4">公租房业务处理指南</td><td rowspan="4">公租房</td><td>10 年租赁房</td><td>义务租赁期为 10 年的租赁住法(《租赁住房法》第 16 条第 1 项第 3 号)</td></tr>
<tr><td>分期付款租赁房</td><td>不需缴纳租赁保证金,分期缴纳预售转换金</td></tr>
<tr><td>长期全租住房</td><td>签订全租合同,租赁期限为 20 年的租赁住房(《租赁住房法》第 16 条第 1 项第 2 号 2)</td></tr>
<tr><td>5 年租赁房</td><td>义务租赁期为 5 年的租赁住房(租赁住房法第 16 条第 1 项第 4 号)</td></tr>
<tr><td colspan="2" rowspan="4">个别法令</td><td>再开发/居住环境租赁住房</td><td>由于居住环境整备项目及住房再开发项目的实施而建设的租赁住房(《城市及居住环境整备法》第 4 条第 2 项)</td></tr>
<tr><td>全租后租赁住房(现存住房/新婚夫妇全租租赁)</td><td>国家、地方政府、韩国土地住房公社、地方公社先以全租方式对住房进行租赁,然后转租给保障对象(《租赁住房法》第 2 条第 1 项)。对于保障对象意愿的现存住房,由韩国土地住房公社或者地方公社与房屋主人签订全租合同进行租赁后,再转租给供应对象(《现存住房全租租赁业务处理指南》第 2 条第 1 项)</td></tr>
<tr><td>职工租赁</td><td>用人单位以购买其他事业主体建设的住房,或者直接建设住房的方式,向职工供应的租赁住房(《职工住房供应及管理规定》第 2 条第 2 项)</td></tr>
<tr><td>50 年租赁房</td><td>以永久租赁(50 年)为目的建设的租赁住房(《租赁住房法》第 16 条第 1 项第 1 号)</td></tr>
</table>

### （二）历代政府的住房保障和公共租赁住房相关政策的促进过程

卢泰愚政府（1988. 2 ~ 1993. 2）初期，住房价格暴涨，低收入阶层的居住不安成为当时突出的社会问题，韩国政府在 1988 ~ 1992 年间制定了“200 万户住房建设计划”。作为该计划的一环，政府制定了建设 19 万户永久租赁住房等公共租赁住房供给计划。这可以说这是韩国政府正式地、系统地制定的首个公共租赁住房供给计划。“200 万套住房建设计划”中细化了居民住房供应对象、供应住房类型和项目主体等内容，为筹措资金，还制定了依靠政府财政、国民住房基金等的支持手段。政府为确保公共租赁住房建设用地价格低于一般市场上的土地整备成本，也完善了相关制度。这些制度成为以后韩国住房政策领域公共租赁住房供给政策和计划的规范范例。

按收入阶层区分供给住房类型，将收入阶层分为 10 个等级，对第 1

等级阶层提供永久租赁住房，对 2 ~ 4 等级阶层的职工提供职工住房，利用国民住房基金等资金支援对 3 ~ 5 等级阶层提供小型商品房和长期租赁住房。

**表 3　200 万户住房建设计划中按照供应住房类型划分的供应计划**

| 供应住房类型 | 规模（$m^2$） | 供应对象等级 | 最初计划量（千户） | 修订计划量（千户） |
|---|---|---|---|---|
| 永久租赁住房 | 23. 1 ~ 39. 7 | 1 等级 | 250 | 190 |
| 劳动保障住房 | 23. 1 ~ 49. 6 | 2 ~ 4 等级 | — | 150 |
| 员工租赁住房 | 23. 1 ~ 49. 6 | 2 ~ 4 等级 | — | 100 |
| 长期租赁住房 | 33. 1 ~ 49. 6 | 3 ~ 5 等级 | 350 | 150 |
| 小型销售用房 | 33. 1 ~ 59. 5 | 3 ~ 5 等级 | 250 | 310 |
| 总　计 | — | — | 850 | 900 |

资料：建设交通部，2002，住房白皮书，第 61 页。

注释："收入等级"是将按照家庭季度收入水平，按每 10% 的差异分成 10 个等级，第一档收入水平最低，第十档收入最高。

金泳三政府时期（1993. 2 ~ 1998. 2）中断了永久租赁住房的供应，制定了 5 年和 50 年租赁住房 10 万户的供应计划，并实际供应了 7. 5 万户的租赁住房。

金大中政府（1998. 2 ~ 2003. 2）为了解决 1998 年外汇危机引发的大规模失业和居住不稳定的问题，正式引入了旨在稳定居民居住状况的国民租赁住房计划，并于 1998 年 9 月，制定并全面推进了 5 万户国民租赁住房建设计划。此后国民租赁住房的建设目标逐渐提高：2001 年 4 月为 10 万户，同年 8 月为 20 万户，第二年（2002 年）5 月扩大到 100 万户，租赁义务期限也从原来的 10 年和 20 年延长到了 30 年。

卢武铉政府（2003. 2 ~ 2008. 2）在 2003 年 9 月出台了"居民中产阶层居住稳定支援对策"，将国民租赁住房 100 万户的建设计划具体化。另外，在扩大国民租赁住房供给的同时，还丰富了多户住宅的购置后租赁、全租后租赁等租赁住房的类型，并制定了供给计划，同时通过支援民间私营部门，制定了 10 年间建设公共租赁住房 50 万户的计划。

李明博政府（2008. 2 ~ 2013. 2）在 2008 年 9 月以《安窝房特别法》为基

础，将建设150万户“安窝房”[①] 的计划纳入《为了国民居住安全激活城市中心供给及安窝房建设方案》中。在安窝房供应计划中，提出将供应租赁费只为周边市价30%的永久租赁住房以及全租型合租型等多种类型的租赁住房共80万户，除此之外，还将供应比周边地区价格低15%的中小型销售用住房70万户。

朴槿惠政府时期（2013.2～2017.3.10）制定了幸福住宅[②]的建设供应计划，向大学生、新婚夫妇和刚步入社会的年轻人分配80%以上的住宅。

但是朴槿惠总统任期内受到弹劾，于2017年5月通过总统选举而就任的文在寅总统政府（2017.5.10～现在），为解决无住房市民的居住安全问题，推出每年17万户、5年间共计85万户“公共租赁住房”供应计划，而且对于其中的65万户住房，将作为长期租赁住房进行供给。所谓“公共租赁住房”，是指具有公共性质的租赁住房，除一般的公共租赁住房外，还包括私营建筑企业在获得政府基金或建设用地支持后，进行建设并供应的长期租赁住房。

从表4中可以看出，自卢泰愚政府以来，韩国的公共租赁住房供给政策在所有政权中都被列为主要政策，但每次政权交替及新政府上台时，该政策都会被变更或中断。20世纪80年代末，卢泰愚政府正式开始实施公共租赁住房供给政策，并提出“永久租赁住房”供应计划，但在金泳三政府执政后被改为“50年公共租赁住房”计划，金大中政府和卢武铉政府则将其改为“国民租赁住房”计划，之后李明博政府又将其改名为“安窝房”，朴槿惠政府又改名为“幸福住宅”。但是不管名字怎么改，公共租赁住房作为住房部门的主要政策项目一直被重视和推进。

每次政权交替时，为履行自己当时的竞选诺言，新上台的政府都会把政策制定的重点放在竞选时承诺的政策和计划上，而对前政府已经制定、批准和推进的计划项目置之不理的情况屡见不鲜。其结果是，与公共租赁住房保障对象等的相关法律法规体系变得越来越复杂和混乱。

---

① “安窝房”是李明博政府时期提出的保障性住房的名称。

② “幸福住宅”是朴槿惠政府时期提出的保障性住房的名称。

**表 4　历代政权的公共租赁住房供应政策主要内容**

| 历代政权 | 公共租赁房供应政策主要内容 |
|---|---|
| 卢泰愚政府(1988.2～1993.2) | 住房 200 万户供应计划,其中包括永久租赁住房 19 万户 |
| 金泳三政府(1993.2～1998.2) | 50 年公租房供应 8 万套 |
| 金大中政府(1998.2～2003.2) | 编制和实施国民租赁住房 100 万户供应计划 |
| 卢武铉政府(2003.2～2008.2) | 国民租赁住房 100 万户供应计划,并继承实施 10 年公共租赁住宅 50 万户供应计划 |
| 李明博政府(2008.2～2013.2) | 制定和实施 150 万套安窝房供应计划(含 80 万套公共租赁住房) |
| 朴槿惠政府(2013.2～2017.3) | 到 2017 年,制定并实施了包括 14 万户幸福住宅的 51 万户公共租赁住房的供应计划 |
| 文在寅政府(2017.5～现在) | 制定并推进公租房供应计划,每年提供 17 万套公租房,5 年内共提供 85 万套,其中 65 万套为长期租赁住房。 |

## 四　公共租赁住房的类型划分和主要案例

### (一)条件变化和相关政策模式的转变

以前的住房保障对象是无住房者和低收入阶层，韩国政府通过实施第二次长期住房综合计划，将住房保障政策对象的范围扩大到新婚夫妇、青年人、老年人等群体，并相应地将公共租赁住房的供应对象和供应住房类型实现了多样化。这使得公租房供应的目的从以前的以供应数量目标为中心，转变为按居民类型区分居住服务。

**表 5　随着条件变化，政策模式转变**

<table>
<tr><th>到目前为止</th><th>现状及条件变化</th><th>今后</th></tr>
<tr><td>部分无住房低收入阶层</td><td rowspan="2">• 国民对居住保障的期待增加<br>• 1～2 人家庭增加及老龄化加剧<br>• 增加针对需求者的居住支援的必要性<br>• 按家庭特性,居住要求多样化</td><td>全国民</td></tr>
<tr><td>以住宅为中心</td><td>以家庭为中心</td></tr>
</table>

续表

<table>
<tr><th>到目前为止</th><th>现状及条件变化</th><th>今后</th></tr>
<tr><td>重视物理环境</td><td rowspan="4">• 对社区的重视及增加对居住环境的关注<br>• 加强住房的生活空间作用，进化为尖端复合空间<br>• 维修需求增加及重视库存管理<br>• 随着城市空间利用模式的变化，扩大居住地更新<br>• 数量型住房短缺问题缓解<br>• 增加对环保及节能型住房的要求</td><td>同时考虑物理 + 社会环境</td></tr>
<tr><td>简单概念（住的房子）</td><td>复合概念（生活圈）</td></tr>
<tr><td>重视新建供应</td><td>重视新建 + 库存管理</td></tr>
<tr><td>住房数量的扩大</td><td>住房质量的提高</td></tr>
<tr><td>以供应者为中心</td><td rowspan="2">• 对住宅的要求和居住方式的多样化<br>• 局部供求失衡引发楼市动荡<br>• 楼市周期性涨跌及租赁市场动荡<br>• 追求以间接规制为中心的市场稳定</td><td>以需求者为中心</td></tr>
<tr><td>直接管制，事后应对</td><td>市场功能正常化，以提前应对为中心</td></tr>
</table>

资料：国土交通部、国土研究院《第二次长期（2013～22）住宅综合计划制定研究》，2014，第 66 页。

另外，随着 2014 年基础生活保障制度的补助体系的改革，利用原有的支援部分居住费用的居住补助制度和住房城市基金制度，政府提出并实行了住房金融支援制度——对购房费用和租赁所需的全租及月租费用进行贷款支持。并且住房改良支持政策会对老旧住房的设施维修进行资金支援，政府可以通过此政策，对社会弱势群体的住房进行改良及维修。

**表 6　住房保障政策现状**

<table>
<tr><th></th><th>面向供给方支持</th><th>面向需求方支持</th></tr>
<tr><td>国营</td><td>• 永久租赁住宅供应<br>• 购买，全租租赁供应<br>• 国民租赁住房供应<br>• 幸福住宅供应<br>• 公共租赁住房（5～10 年）供应<br>• 公共销售住房供应</td><td rowspan="2">居住补助（住房担保贷款）<br>全租租金贷款<br>购房贷款<br>面向第一次买房者的资金支援<br>公有抵押贷款<br>住房改良资金支援<br>月租抵扣所得税<br>政府对月租支付进行担保等金融支援<br>全租押金返还保证</td></tr>
<tr><td>私营</td><td>• 活化准公共租赁房<br>• 通过 REITs 提供租赁住房<br>• 培养专业租赁管理业</td></tr>
</table>

资料：国土交通部、国土研究院《第二次长期（2013～22）住宅综合计划制定研究》，2014，第 100 页。

韩国政府住房保障政策的对象原来是以特定阶层为中心，随着政策的改革，目前追求的是一种更为普遍性的保障，而且范围正逐渐扩大为面向全国民。因此，住房保障政策的手段也多种多样，在以前的住房保障政策中，公共租赁住房的供应被作为重要政策手段，政策目标也主要是达到公共租赁住房供应的数量规模。但现在，政府重视住房补助、金融支援等面向需求方的支持政策，政策目标也随之发生了变化。

### （二）韩国政府住房保障政策的最新动向

2017 年 5 月新上台的文在寅政府，在同年 11 月 29 日与相关部门合作发布了“住房保障路线图”，在该“路线图”中，住房保障政策的模式从以供给方为中心的片面单一的援助转向以需求方为中心的综合援助和社会融合型的住房政策，并以此为基础提出了以下四个发展目标和方案。

第一，对不同阶段不同收入水平的需求者给予有针对性的支持。为此该实践方案提出：按照个人不同的生涯时期，实行一系列适应居住需求的配套租赁房项目和住房支援项目。特别是为了积极应对低出生率、高龄化的趋势，形成住房梯队，住房支持的重点将集中在青年层、新婚夫妇、高龄层和低收入的弱势家庭上。

第二，将扩大对无房居民和住房实际需求者的住房供应。实践方案中提出：将扩大低租金长期居住的公共租赁住房和价格低廉的公共销售住房的供应。同时，也将供应强化了公共性的（公共支援的）私营租赁住房，强化公共性的手段主要有：限制初期租金和限制入住资格等。城镇居民大多数还生活在城市低层住宅中，在该住宅密集的地区将实施城市更新新政，该项新政可以活用低层住宅地的存量住宅，作为公共租赁住房供应给青年人和老年人，而且这项政策将与该地区居民创造就业岗位的项目联系起来。另外，为了扩大效益、减少居民负担和迅速推进项目，只要符合了项目实施主体的条件，就可以采用多种方式来促进项目的实施。

第三，将强化租赁市场的透明性和稳定性。对一直以来处于政府管理的死角地带的纯私营租赁（全租和月租）市场将进行更加稳定、透明的管理方式。特别要加强对承租人权利的保护，以此平衡承租人与租赁人的权利关系，并加强对租赁保证金的保护手段。

第四，构建合作性住房保障“管理机制（Governance）”[①]，强化支援力量。建立支持方案和合作机制，最大限度地利用地方政府和社会经济主体等民间力量。为使支援能有效地传达给需要者，改善传达体系，并且土地住宅公社（LH）的住房保障供应也将集中在对居民的住房支援上。

### （三）与公共租赁住房相关的管理机制构建案例

在韩国，公共租赁住房政策的思路和出发点主要是在选举期间由政党或政治集团作为承诺提出，由中央政府有关部门进行规划，再由公社或地方政府执行。虽然一直以来像这样的垂直型政策决定和执行方式对扩大公共租赁住房供应数量有着积极作用，但居住需求正变得日益多样化和个性化，为满足这些需求，需要有各种不同的主体参与的、水平型的管理体系，而目前的垂直型政策决定和执行方式对这种管理体系的构建的帮助十分有限。要克服这一局限，在公共租赁住房供给及管理相关领域，中央政府、地方政府、公共机关、盈利企业、非营利组织必须一起构筑合作性的管理体系。下面列出了最近首尔市和韩国土地住宅公社通过这种合作性管理体系推进公共租赁住房供给及管理的主要案例。

1. 首尔市案例

首尔市最近通过区政府、公共机关、盈利企业、非营利组织之间的合作，以多样化的方式运营公共租赁住房的供应及管理项目。接下来将对最具代表性案例进行介绍，这些案例分别是：“铜雀区单亲母子安心住宅”，“合作社型公共租赁住房”，“私营部门主导的社会租赁型共同体住房”以及“活用空置房的公共租赁住房”。

（1）单亲母子安心住宅

“单亲母子安心住宅”是首尔市铜雀区政府与首尔市、首尔住宅（SH）公社签订协议、从2015年9月开始供应的公共租赁住房的名称。

铜雀区政府根据管辖区公租房需求调查结果，将单亲家庭确定为支援对象，并向首尔市提交了公租房建设支援申请。铜雀区政府将项目委托给了负责SH公社委托项目的私营建设企业，SH公社对私营建设企业正在建设的住房进

---

① 这里所说的“管理机制（Governance）”是指，让与该政策有关的利害关系人参与到政策制定过程中，政府、私营组织和居民组织等各主体，用水平向的公共决策形式，为达到共同目标而进行的各种努力和合作机制。

行质量检查评估后购买，然后作为定制的租赁住房提供给铜雀区。铜雀区政府考虑到该住房是为单亲家庭提供的公共租赁住房，要求在设计中加入各种安全设施，比如，安装监控摄像头（CCTV），在栏杆高度设计上考虑儿童身高，加入消防员安心呼叫服务和女性安心快递等。

另外，建筑维修等工作由 SH 公司负责，保障服务及社区设施运营等软件设施的提供由铜雀区政府负责。所以入住居民向 SH 公司缴纳保证金和租金，而向铜雀区政府缴纳管理费。

（2）合作社型公共租赁住房

所谓“合作社型公共租赁住房”，是指为有共同生活目的的住户量身定做的公租房，以应对露宿者、育儿家庭、艺术家、大学生及青年群体、独居老人或残疾人等不同家庭类型的特殊需求。2014 年 9 月对目标人群开放供应，每户专有建筑面积为 49～60 平方米，供应户数为 25 户左右。设施管理和生活管理模式还在形成过程中，由居民组成非营利性合作组织，并且该组织的成员可以直接对住宅的维护和管理负责。

“合作社型公共租赁住房”依据住户的共同生活目的和类型，分为共同育儿型、艺术家型和青年型。首先，“共同育儿型”是以共同育儿为目的住房项目，业主组织可以设置幼儿园、课后教室、小菜摊等场所，通过非盈利的直接管理和运营来形成居住共同体。其次，“艺术家型”是为了使进行文化及艺术活动的住户通过艺术活动为地区做出贡献，同时利用居住空间形成艺术家共同体，而进行供应的公租房。最后，“青年型”是可以为自立基础薄弱的青年和初入社会的年轻人提供稳定居住环境、支援社区文化活动的公租房。为此，还需要提供一个可以开展交流活动的居民活动中心。首尔市的合作社型公共租赁住房按照类型划分的不同供给方式、专有建筑面积和供给户数等内容与表 7 相同。

**表 7　按类型划分的合作社型公共租赁住房的现状**

| 类型 | 供应方式 | 供应家庭数（户） | 专有建筑面积（$m^2$） | 占地面积（$m^2$） | 总面积（$m^2$） |
|---|---|---|---|---|---|
| 共同育儿型 | 建设后租赁 | 24 | 52.7～52.8 | 1261.8 | 2588.9 |
| 艺术家型 | 建设后租赁 | 29 | 22.2～54.3 | 1327.4 | 2577.9 |
| 青年型 | 购置后租赁 | 32 | — | — | — |

资料：国土研究院，2015，第 62 页。

但是，一般的合作社的性质和特点是成员自发地组织合作社、由各自出资等方式自筹资金、自主经营，而这与首尔市的合作社型公共租赁住房不同，首尔市的合作社型公共租赁住房是先由 SH 公社建设住宅，再提前确定住房的目的、规模、租赁费等内容，最后选定符合该标准的居民作为合作社成员的方式进行的。

（3）活用空置房的公共租赁住房

2015 年 2 月首尔市开始实施将空置房作为公共租赁房使用的示范项目。随着房地产发展停滞，原来政府指定的整顿项目地区也被解除了指定，导致该地区的空置房大量出现，同时首尔市内长期闲置的房屋数量也在增加，这些地区不仅在经济活力方面呈现衰退态势，物理环境方面也渐渐恶化，案件频发、社会问题突出。活用空置房的公共租赁住房项目的主体是社会性企业、住宅合作社和非营利组织（non-profit organization）等，他们查找出该地区的空置房，并与空置房的所有者签订租赁合同，然后获得首尔市的资金支援，对空置房进行改造，再以低于市价的租金出租给低收入阶层。区政府、开发商与空置房业主之间以全租或担保月租的形式签订三方协议，由首尔市政府提供项目资金，由区政府负责招募和筛选入住居民。社会性企业等社会主体如果要申请负责该项目，需要先使用首尔市的空置房资料库（Data Base）查找出空置房，然后制定改造计划和入住者管理计划，并提交给首尔市政府。改造后的空置房，将从残疾人或老年人住房、妇女安心住房、大学生及青年人、育儿共同体专用住房等住房保障政策的角度提供有针对性的住房。项目主体必须实际主导并完成从施工到管理的各项工作内容，同时可以征收月租金和管理费等费用。

（4）私营部门主导的社会租赁型共同体住房

私营部门主导的社会租赁型共同体住宅项目分为自有型和社会租赁型。其中社会租赁型是私营企业建设或购置后进行租赁、具有非营利性质、接受首尔市的支援以低于市价的租金来运营的住房类型。以青年、单人家庭等为对象，以共享住房（Share House）的形式提供。

2. 街道联系型小规模公共住房项目

“街道联系型小规模公共住房项目”是依据地方政府提出的费用负担计划等规定，在推进与街道整治相关联的城市近邻更新项目的同时，提供小规模廉租住房的项目。该项目的特点是：通过街道社区的连接来促进近邻居住区范围内的基础设施、交流设施等的整顿工作，地方政府对租赁住房的类型需求、费用分摊等内容提出方案，并采用自下而上的供给方式来推进；同时以居民参与为基础，在协作管理体系中，地方政府、开发商、中央政府部门需要分担并负责好自己的职责，通过这种管理体系来推进该项目的进行。

**表 8　街道联系型小规模公共住房项目的概念**

<table>
<tr><td>基本方向</td><td colspan="2">居民 – 地方政府 – 开发商 – 中央政府部门之间进行协作，通过街道社区规划来促进近邻居住区更新，并供给与地区需求相契合的小规模租赁住房</td></tr>
<tr><td>政策目标</td><td colspan="2">● 供给符合地区需求的租赁住房<br>● 通过体系化的街道社区规划实现“地区幸福生活圈”<br>● 完善以参与为中心的公共住房供应框架</td></tr>
<tr><td rowspan="2">促进方案</td><td>地方政府进行提案并分担费用<br>– 和开发商签订协约</td><td>供应自下而上的、符合需求的租赁住房<br>– 地方政府住房类型的需求进行提案</td></tr>
<tr><td>对街道社区规划的制定进行支援<br>– 地区参与及政府项目支援</td><td>供应可持续的租赁住房<br>– 减少开发商财务负担等</td></tr>
</table>

资料：国土研究院（2015），第 67 页，内部资料。

也可以说是由居民、地方政府和开发商共同制定街道社区规划，但之后主要由居民和地方政府来主导项目的实施。土地利用的相关费用由地方政府进行支援，建筑工程由开发商负责，审批、项目支持等制度上的支持由中央政府部门负责。公共住房要在与现有街道社区相邻、定居条件良好的地区进行供应，而且供应的租赁住房的类型要反映出地方政府的要求，类型有国民租赁住房、永久租赁住房、幸福住宅等。并且应该制定以公共住房为中心的步行圈区域的街道社区规划，而且街道社区规划内容中必须涵盖居民需要的设施和项目。地方政府承担用地保障、干线公路建设等项目的费用，制定街道社区规划的费用由地方政府和开发商协商承担。

**表 9　街道联系型小规模公共住房项目的角色分担**

<table>
<tr><td rowspan="2"></td><td colspan="2">街道社区规划</td><td colspan="2">住房建设</td><td>制度支援</td></tr>
<tr><td>规划制定</td><td>项目实施</td><td>用地费用等</td><td>建筑工程</td><td>批准、支援项目</td></tr>
<tr><td>主体</td><td>居民、地方政府、开发商</td><td>居民、地方政府</td><td>地方政府</td><td>开发商</td><td>中央政府相关部门</td></tr>
</table>

资料：国土研究院（2015），第 68 页，LH 内部资料。

项目推进的程序详见表10。即，如果地方政府对该项目做出提案，需要由国土交通部评价委员会进行审议，并确定地方政府的优先顺序，入选的地方政府与开发商签订协议，由开发商制定地区选定计划、住房项目计划、街道社区规划等项目方案，并向国土交通部提出申请，由国土交通部予以批准。

**表10　街道联系型小规模公共住房项目推进程序**

| 地方政府 | 国土部(评价委员会) | 开发商、地方政府 | 开发商 | 国土部 |
|---|---|---|---|---|
| 项目提出（开发商→国土部） | 确定地方政府的优先顺序 | 签订协约（与国土部事先协商） | 申请批准（制定街道社区规划） | 批准包含地区选定、地区规划、住房项目的方案 |

资料：国土研究院（2015），第69页，LH内部资料。

街道联系型小规模公共住房项目摆脱了之前由中央政府和LH公司进行主导的方式和体制，变为由地方政府主导、通过自下而上的合作过程来推进项目，因此地方政府参与积极性提高，与居民之间的矛盾和摩擦也得以减少，在建设公共租赁住房的同时，通过制定和实施街道社区规划，可以改善该地区的居住环境和定居条件，从这些方面来看，这一项目模式具有重大意义。

## 五　韩国住房保障政策的课题

目前在韩国，收入等级在第4等级以下的家庭中，无住房家庭约有440万户，其中115万户左右的家庭居住在国营的公共租赁住房，但其余的325万户家庭则要么通过民间私营的租赁住房来解决住房问题，要么暂居在类似塑料大棚、棺材房等这些非住宅内。因此，这325万户家庭应该成为韩国住房保障政策的主要对象，住房政策的目标应该是降低他们的居住费用，让他们能够过上更体面、更人性化的生活。

在此背景下，韩国住房政策的目标大体可分为两种。第一种是加强低收入家庭（收入等级为1～4等级）的居住稳定性。作为实现这一目标的政策手段，最具代表性的便是扩大公共租赁住房的供应，供应的住房类型包括购置后租赁住房、全租后租赁住房、永久租赁住房、国民租赁住房等。另一种是以中等收入阶层以上（第 5 等级以上）的居民为对象，支援他们购买自住住房，此政策的基调是加强房地产保有税政策并通过适当运用，使以投机为目的多住宅拥有者将其拥有的住房推向市场，增加住房市场的住房存量，或者引导并鼓励其将保有的住房转换为公租房。卢武铉政府把重点放在了第一个课题上，而李明博－朴槿惠政府则增加了第二个课题的政策比重，文在寅政府则把重点放在了扩大公共租赁住房的供给上，同时多样化供给对象和供应住房类型，并希望通过城市更新项目来扩大公共租赁住房的供应。

随着面向低收入层保障住房的供给扩大，在公共租赁公寓、永久租赁公寓、国民租赁公寓等低收入层住宅居住地，“社会排斥（social exclusion）”的问题越来越突出。在对“社会排斥”的现有定义进行综合研究之后，以此为基础，针对目前韩国公共租赁住房社区突出的问题，笔者对其做出了可操作性的定义：处于社会之中的特定群体或个人，在原本应该获得社会、经济、政治活动保障及其参与机会的阶段，由于特定因素造成了歧视，使他将无法享受一般大多数人享有的普遍的、适当的物质资料、服务及机会，并且还会受到来自政治、经济和文化多层面的排斥和剥夺，从而加剧和扩散这些特定群体的贫穷状况，这种情况便是“社会排斥”。如果这种社会阶层的分化以特定场所为媒介，那么“社会排斥”也将与空间特性密切相关。在相互关联的关系中，原因和结果相互影响、交替作用，形成了恶性循环。

在城市空间内，高收入阶层和低收入阶层的居住地区持续差别化，其差异如果在空间上开始表面化并呈现分离态势的话，高收入阶层的居住地作为具有较高价值的空间商品的形象将日益得到固化和加强，为了迎合高收入阶层居住者和包括他们的经济、文化、子女教育等内容在内的服务消费取向，高级的生活资料和服务将越来越在此地聚集，形成集成化效应；相反，低收入阶层居住者为了寻求与住房租赁费和生活必需品购买力等经济负担能力相匹配的低廉商品和服务，聚集在了低收入阶层居住地，这导致了该居住地向贫民窟化的方向发展，最终其结果就是被社会排斥，并被打上空间上的落后标签。

在韩国，公共租赁住房的供给对象是社会弱势群体和低收入阶层居民，因此在供应住房的位置和单位面积规模、装修材料及设备水平等物理标准上有很多的限制条件，在这种条件下建设并供应的住房被打上了“贫民居住地”的标签，并受到了社会的排斥，随之而来的是居住区的空间分化、居民的阶层分化和排斥问题的发生。韩国政府为应对上述问题而提出的解决方式有：第一，利用住房及土地政策手段，引导低收入层住房与中产层住房进行空间上的混合。其中典型是事例是政府探索并实验了把面向低收入层公共租赁住房和面向中产层商品房进行了可行性混合的方式。第二，在低收入群体住房和中产阶级住房混合的居住区，通过社会混合（Social Mix）来防止或缓解不同阶层之间的矛盾，为此政府正在探索相应的社会援助方案。但是，这些尝试还处于针对小规模群体的试验阶段，因此，如果要将其确定为国家或地方政府的政策模式，还需要更多的试验、分析、制度设计和实践经验的积累。

## 参考文献和资料

大韩民国国土交通部：《住宅业务便览》，2019。

大韩民国国土交通部：《构建社会统筹型居住梯子的住房保障路线图》，2017（2017.11.29）。

Jin，MiYoon 等：《寻找梦想的住宅政策》，五月的春天出版社，2017。

Kim，GeonYong：《研究公共租赁住房供应体系改善方案》，国土研究院。

Bae，SoonSug 等：《研究城市居住空间社会融合实现方案》，国土研究院。

Ha，SungKyu 等：《住宅、城市、公共性》，博英社。

# Abstract

China Real Estate Development Report No. 16 (2019) continues to uphold the objective, impartial and scientific neutral purposes and principles. Tracking the latest developments of China's real estate market, in-depth analysis of market hotspots, Looking forward to the development trend in 2018, actively planning coping strategies. The book is divided into general report, market, management, city and hot topics. The general report makes a comprehensive and comprehensive analysis of the development trend of the real estate market in 2018. The other chapters analyze the development and hot issues of real estate market from different perspectives.

After the "most stringent regulation year" in 2017, the real estate market in 2018 shows the upgrade of the game between the supply and demand sides under the control of the government. Specific manifestations are as follows: the growth rate of residential investment is further accelerated, the differentiation between residential investment and commercial investment is further increased, and the growth of real estate development investment is unbalanced among regions. The growth rate of land acquisition area, transaction price and average selling price declined in varying degrees. The growth rate of new housing construction area is rising, the growth rate of completed housing area is decreasing, and the development cycle is prolonged significantly. The growth rate of sales area of commercial housing has fallen sharply, the growth rate of sales price has rebounded, and the game between supply and demand is fierce. Real estate development enterprises' in-place funds account for a double decline in the growth rate of loans in China, and the pressure on housing enterprises' funds is rising. In short, in 2018, China's real estate market is facing the following prominent problems: Changing international and domestic economic situation, increasing uncertainty in the real estate market. The market of large and medium-sized cities is relatively stable, and the market risk of small and medium-sized cities has increased. The increase of land transaction price has been reduced, and the number of land flow scales has increased significantly. Enterprise loans and personal mortgage loans have both declined, making it more difficult for both suppliers and demanders to raise funds. Housing rental prices are steadily declining, and the rental market may face the impact of collective land rental housing.

Looking forward to 2019, under the framework of sound monetary policy, the central bank may further enhance the transmission efficiency of combined policy instruments to the market, effectively carry out "drip irrigation" from various dimensions such as flow, flow direction and duration, and prevent "flood irrigation". However, the space for further relaxation of monetary policy is gradually narrowing, and the stimulating effect on the property market is limited. In addition, the regulatory thinking of "housing is not speculated, because of city governance" has not changed fundamentally, and it is expected that the stable situation of the real estate market will not change substantially in 2019. The growth rate of commercial housing sales may continue to slow down, the overall price rise will fall, the land trading market will return to rationality, the real estate investment growth will further reverse, and the reverse market from cold to hot will not appear in the short term.

In 2019, the real estate policy will continue to adhere to the principles of "no speculation in housing" and "policy for the city", but may be moderately relaxed under the influence of internal and external demand factors in the industry. The keynote of real estate regulation policy is: maintaining stability, differentiation and decentralization. Healthy and stable development is the top priority of the real estate market; the differentiation of real estate regulation policy is the trend of the times; the "one city one policy" reflects the flexibility of the policy, and pays more attention to the expansion of the main responsibility and autonomy of local governments in real estate regulation. It is expected that the policy adjustment will be carried out in a structured way, and that the main responsibility of the city government will be brought into full play in all parts of the country. From bottom to top, the policy will be light and tight, and the local tentative fine-tuning will be implemented. The results of market operation in different cities will be obviously differentiated: first-and second-tier cities will focus on guaranteeing the just demand and improving the demand, properly loosen the over-tightened administrative control measures, under the improvement of the policy margin, the market transaction activity will be increased, and the sales area may grow slightly over the same period of last year; The third and fourth-tier cities will adopt different treatment and resettlement. Twelve cities will be supported by national financial incentives. Most of the areas that have completed inventory removal will gradually withdraw or reduce monetized resettlement. Due to the loss of strong policy underpinnings and the obvious overdraft of market demand, market sales are likely to return to the downward channel.

# Contents

## Ⅰ General Report



## Ⅱ Market



**Abstract**: In 2018, several key links in China's commercial housing market have undergone significant changes. In the construction sector, the new residential construction area increased substantially and the completion decreased substantially. In the investment sector, the growth trend of residential investment in the eastern, central and western regions and various types of cities is obviously differentiated. In the sales sector, the sales area of existing houses has dropped dramatically, the proportion of sales has decreased significantly, and the unit price of residential sales in the whole year is significantly higher than expected. Seventy large and medium-sized cities housing sales price index growth deviation increased. From all aspects of data changes, the real estate regulation abandons the "one-size-fits-all" and adopts the city-based policy, classified guidance mode. This is an important step in the process of building a long-term mechanism and a successful practice of regulating and managing the real estate market. According to the prediction analysis of the model, the core index structure of the housing market in 2019 may be further differentiated. Special attention should be paid to specific cities and indicators of abnormalities, and specific strategies and control plans should be formulated.

**Keywords**: Residential Market; Commercial Housing; Housing Price



**Abstract**: In 2018, the pressure of commercial real estate reform becomes more and more urgent, and the situation of traditional retail industry is still severe. Major indicators such as the investment in commercial real estate, the area of new construction and the scale of sales for the whole year decreased compared with the average annual average of 2017. The trade war between China and the America that lasted for nearly a year had an unpredictable impact on China's economy and the future. Facing such a situation, it is predicted that in 2019, the uncertainty of commercial real estate market will increase, market competition will intensify, business innovation will accelerate, stock updating will accelerate, and asset securitization will accelerate. The office market is similar to the ups and downs of China's economy in 2018, showing a trend of high first and low second, while Shared office continues to expand but the growth rate slows down. The hotel market continues the recovery momentum of 2017, with consumption differentiation, asset efficiency and technological innovation still being the focus of the industry. The supply of land for long-term rental apartments increased rapidly, the rent increased steadily, and the expansion speed slowed down as a whole. Asset securitization is very active, and 2019 is also expected to be a big year for the development of asset securitization in China.

**Keywords**: Commercial Real Estate; The Retail Business; Rent the Apartment; Real Estate Securitization

## B. 4 China Rental Housing Industry in 2017 and prospect of 2018

*Qiang Chai*, *Yining Luo* / 095

**Abstract**: Under a series of policies of promoting and developing rental housing market, the scale of the rental housing market is increasing, rental housing company is expanding. But at the latter half of the year, the rental housing industry is deeply bothered by increasing rent, rent loan, formaldehyde pollution, capital chain rupture, which caused the speed of expanding is slowed. We predict that the housing rental industry will keep the high speed of expanding and grow into a new stage of the brand quality competition. The policies of promoting and developing rental housing marketwill continues, at the same time the monitor and specification will be enhanced.

**Keywords**: Rental Housing; Supply Through Multiple Sources; Encourage Both Renting and Purchasing

## B. 5 Monitoring Report of China's Major Urban Land Prices in 2018 and Prospect of 2019

*National Urban Land Price Monitoring Group of China Land Surveying and Planning Institute* / 110

**Abstract**: In 2018, the growth rate of commercial land price witnessed a temperate enhance, while there was an obvious decline on the growth rate of the residential land price. For the industrial land, the growth rate of land price had a smooth rise. The residential land price growth rate in key monitoring cities is lower than it's in major monitoring cities for the first time. From a quarter-to-quarter perspective, the growth rate of commercial land price decreased continuously in major monitoring cities, and the residential and industrial land price growth rose first and fell then. Except the third-tier cities, the residential land price growth rate of all kinds of cities and regions have faced a general decline, there are only 6 cities had a rise in the growth rate of the residential land price among the 20 hot cities. The supply of land for various purposes in major monitoring cities increased compared to a year earlier.

The land supply of indemnificatory housing has increased dramatically, also the proportion has expanded. In 2018, the change of land prices is closely related and basically accorded with the trend of land market, the macro economy and policy leading of macro-control. Looking ahead to 2019, under the background of the complex and austere external economic environment, facing the pressure of economic downward, positive finance policy and tightening-moderate prudent monetary policy, the change of land market and land price will tend to be stable. The possibility of obvious fluctuation in housing and residential land price tend to be low due to the continuous orientation of the control policy of real estate, further optimization of control methods and the purpose of "stability-oriented". The continuous deepening of supply-side structural reform and the deeply integrated advanced manufacturing industry and modern service may lead to the increase in industrial and commercial land price.

**Keywords**: Land Price Monitoring; Land Market; Land Supply



**Abstract**: The growth of real estate investment and financing kept increasing in 2018, and its contribute rate to the growth of fixed investment is 28. 1%. Among which, the growth of residential and other property investment increased, while the official and commercial property investment decreased. The growth rate of real estate investment in the first-tier cities and the third-and fourth-tier cities increased, while it in the second-tier cities decreased. The willingness of real estate developers' land acquisition still kept high. On the financing condition in 2018, the financial pressure of real estate developers rose, the increase rate of financing fund decreased due to the tightening of bank credit. The real estate bond insurance increased rapidly, while the trust financing decreased. Forecasting the influencing factors in 2019, the monetary policy environment would be better, but the regulation of real estate financing would be stricter. With the coming of developers' debt repayment peak, the financing pressure would increase. We estimated that the growth of real estate investment would decrease to about 3%.

**Keywords**: Real Estate; Investment and Financing; Investment in Fixed Assets



**Abstract**: Under the policy background of "housing is for living in, not for speculation" and "Resolutely curb the rise of house prices", the individual housing loan market has maintained a steady and tightening trend. From the perspective of total volume, the individual housing loans balance of financial institutions was 25.75 trillion yuan at the end of 2018, and the year-on-year growth rate of individual housing loans balance decreased for eight consecutive quarters. From the perspective of price, the average interest rates of individual housing loans have stopped the upward trend for two consecutive years in December 2018. From the perspective of risk, although the debt service-to-income ratio of the household sector is rising faster than other countries, benefiting from the implementation of macro-prudential and diversified housing credit policy in China, the value ratio of the new housing loans is about 60%, which means that the mortgages for housing loans are sufficient and the risks are small. And the debt service ratio of household is at a medium level in the world, so the risk of debt repayment is low. In general, the risk of individual housing loans does not have a significant impact on financial institutions in the short term. Looking forward to 2019, we tend to believe that the policies for regulating the real estate market are not going to change fundamentally. The real estate market will maintain a steady trend or slightly rising. The growth rate of the individual housing loans balance in financial institutions will remain stable or slightly decline. The interest rate of individual housing loans for first-home buyers will fall sharply, and the interest rate of individual housing loans for second-home buyers will remain stable.

**Keywords**: Individual Housing Loan Market; The Average Interest Rates of Individual Housing Loans; The Risks of Individual Housing Loan

# Ⅲ Management



**Abstract**: In 2018, strict real estate market regulation policies proceeded to be implemented across the country, with the second-hand housing transaction volume declining and the industry supervision becoming stricter. Affected by this, the real estate brokerage industry scale growth slowed down; Competition intensified and performance declined; Head of enterprises explored mode transformation, small and medium-sized agency companies living space became under much pressure. In 2019, long-term regulatory policies are expected to be issued, and there may be major changes in the industry rules and modes. The brokerage industry will move forward in the face of drastic changes.

**Keywords**: Real Estate Brokerage; Agency; Small and Medium Brokerage Agencies; Franchise Mode



**Abstract**: In the year of 2018, The support policy of Housing leasing Asset securitization brought new opportunities to real estate Appraisal industry, but change of the people's Court determines the reference price rules for property disposal also brought some challenges to the development of the industry. In the year of 2019, Traditional real estate valuation business will continue to develop steadily, The role of real estate valuation services in the field of asset securitization will be reflected, and self-discipline management will be further strengthened.

**Keywords**: Real Estate Appraisal; Housing Lease; Asset Securitization

## B. 10 The Property Management Industry Development Report

*Yinkun Liu* / 186

**Abstract**: In recent years, China's property management industry has fully implemented the development concepts of "innovation, co-ordination, green, openness and sharing", and has made remarkable achievements in the process of transformation and upgrading to modern service industry. Government decentralization further activates the market, the requirement of high-quality development has improved the overall service level of the industry, the people's yearning for a better life has raised the quality consumption demand of residents, the wide application of the new generation of information technology has led to a new enterprise development model, and the continuous attention of capital has redefined the value of property management. The development of property management industry has entered a strategic opportunity period of transformation and upgrading to modern service industry.

**Keywords**: Property Management; New Pattern; New Action; New Environment; New Pressure; New Trend

## B. 11 The Causes and Performance of the Defects in American Property Management and Its Enlightenment to China

*Bei Chen* / 203

**Abstract**: Although the original intention of US public housing property management is to protect housing demands of low-income class with difficulties in housing problems, the property management of the US public housing revolves around the privatization of housing property rights; therefore, it shows excessive pursuit of profits and neglects its social responsibility, and brings low-income people into further difficult life, which in turn leads to many social problem; Fortunately, the US property management has not only 150 years of development experience and lessons, but the US government has also recognized the seriousness of those problems. All of these provide inspiration and reference to Young China's property management. This paper believes that one of the important revelations is that the improvement of per capita national income and social system governance are complementary, and the one-sided pursuit of GDP is not desirable from international experience in long-term.

**Keywords**: Public Housing Property Management; Private Equity Funds; Low-income Groups; Middle-income Traps



**Abstract**: In the process of establishing the housing system for rent and sale simultaneously, the characteristics of the rental market have changed significantly in the past few years: the policy environment has improved significantly and the rent and the same right of housing rent and housing purchase has been put forward; institutional renters have emerged, and the situation of multi-agent supply has basically taken shape; There have been obvious upgrades in products, and the influence of long-Rent apartments has been highlighted; the government-led rental information and service platform has been launched, and "real housing" has made substantial progress; auxiliary forces such as finance and capital have entered the rental market, and financing models have diversified. At the same time, several prominent problems in the rental market are as follows: there are considerable disagreements on the role of capital and financial power. The radical operation and lack of supervision of some brokerage companies have triggered new financial risks; the progress of collective construction land entering the leasing market has been slow; The leading rental platform still needs to further enhance the service function and improve the user experience; The commercial housing owned by the developer enters rental market is facing uncertainty. In the future, changes in the macroeconomic environment will lead to the adjustment of the structure of government public expenditure, consolidation of the public service foundation of the same right of rent and purchase, further release of policy dividends; further polarization of the urban system and further increase of rental demand brought about by population flow; the predominant market of the stock housing market will attract more market participants, and the rental institutional penetration rate will increase significantly.

**Keywords**: Rental Market; Rental Platform; Long-term Rental Apartment

## B. 13 Tenant Protection Legislation in Japan: The Land and Building Lease Act

*Yasuhiro Abe, Ningning Han* / 237

**Abstract**: This article explains the important provisions of tenant protection that are stipulated in the Land and Building Lease Act. The Act superseded the relevant lease contract sections of the Civil Code. Without the Act, for example, a new owner of the building would be allowed to demand the existing tenant to move out with no exception. In other words, the Act was legislated to improve the level of tenant protection, which was originally intended by the Civil Code. It was enacted for the purpose of fostering fairness for the landlord-tenant relationship. The author hopes that this article will be used as one of the resources by the reader when he or she considers the future of the building leasing markets in other countries.

**Keywords**: Japan; Tenant (Land); Tenant (Building); Tenant Protection; Land and Building Lease Act

# Ⅳ Cities

## B. 14 Guangzhou Real Estate Market: Review of 2018 and Prospect to 2019

*Junping Liao, Bin Xu, Jiasheng Lun and Zhenyang Gao* / 252

**Abstract**: Under the tough domestic economic conditions, the economy of Guangzhou also has seen trends amid with a clear downward pressure. Following the underlying changes of market, the government department of Guangzhou stayed the control philosophy—housing is for living in, not for speculation—to maintain the sound development of the real estate market in a steady manner. Guangzhou authorities implement relevant strategies based on their cities' specific situation, and move faster to put in place a housing system that ensures supply through multiple sources, provides housing support through multiple channels.

Look forward to 2019, there is a stabilizing expectation for the generally development objective of Guangzhou real estate market. To rely on the gradually improved surrounding transport network and infrastructures, the demand of real estate market will be rapidly spilling over, and the development of real estate industry will be more standardized and regularly.

**Keywords**: Guangzhou; Real Estate Market; Land Market; Housing Market



**Abstract**: In 2018, Shanghai property market adhered to the stability of regulatory policies. Market behavior gradually reverted to rationality, and the expectation of the main participants in the market was gradually stable. The relationship between supply and demand of land market tended to balance. New housing market gradually bounced back, stock housing market revealed buyers advantage, and the rental market developed rapidly. Since 2016, Shanghai property market has shown the effect of the new round of regulatory policies, and market has entered a relatively stable phase. Based on the expectation that policies will not change in 2019, we believed that property market will maintain regional and steady development.

**Keywords**: Property Market; Market Expectation; Housing Policy



**Abstract**: The thesis mainly reviewed the situation of Chongqing real estate market in 2018, and considers that the main factors affecting the operation of

Chongqing's real estate market in 2018 are as follows: Real estate supervision has been intensified, land supply side reform, population introduction measures, economic restructuring, the continuous release of urban vitality, the simultaneous development of urban and rural construction quality, the further standardization of the real estate market, and the continuous advancement of public rental housing and shelter reform. Combining with the macro and micro environment of Chongqing real estate market, it is predicted that the regulation and control policy of Chongqing real estate will be stable or probable in 2019. The market contradiction between supply and demand still exists, the real estate market is expected to run smoothly, the pressure of office building de-industrialization remains, the intensity of infrastructure planning and construction is increased, and the level of intelligence and residential quality of residential quarters will continue to improve.

**Keywords**: Chongqing; The Real Estate Market; Running State; Public Rental Housing

## B. 17 Xi'an real estate market: reviewing 2018 and looking to 2019

*Feng Lan, Hao Xue, Jing Zhao, Aifeng Chi,*
*Lili Deng, Hangyan Jia and Jing Bai* / 305

**Abstract**: In 2018, the real estate market in China seems to be dazzling, as a variety of regulatory policies has rolled out by local governments, a response to the central government's policy that houses are for living rather than speculating. This is also the case with Xi'an: for a stable and sound housing market, regulating efforts have been made on land supply, household register, restrictions on sales and purchases, as well as mortgage. In this paper, the 2018 performance of real estate market in Xi'an has been investigated in respect of land market, commercial houses and developers. Based on the municipal overall plan and policies concerned, we also explore the outlook of the market in 2019.

**Keywords**: Xi'an; Real Estate Market; Land; Regulatory Policy

## B. 18 Analysis of Beijing Stock Housing Market in 2018 and Prospects for 2019



**Abstract**: From 2017 to 2018, real estate regulation is not relaxed, and the market has entered a downward cycle. In 2018, 151, 000 second-hand housing units were sold in Beijing, up 12. 96% from the same period last year. However, compared with 274, 000 units traded during the peak period in 2016, the volume in 2018 dropped by 45% , and the volume is at the medium level of development over the years. In 2018, the transaction price of second-hand housing is still rising, but the increase rate is lower than that of the previous year, and the effect of regulation policy is obvious. In 2019, the real estate policy will continue to develop steadily. In the competition of market supply and demand structure, the price of second-hand housing is expected to rise steadily.

**Keywords**:

## B. 19 The Current Situation of Shenzhen Real Estate Market in 2017 and Prospect of 2018



**Abstract**: The residential market was affected by " unified transaction price, evaluation price and online sign price" and "731 new policy" obviously. The average price of new house was stable throughout the year, and the average price of second-hand houses rose slightly, and both transactions were lower. The premium of second-hand villa is more obvious than the adjacent ordinary house price. As to other property aspects, commercial housing transactions as a whole declined slightly. The supply and demand of new-built office hit a new high, and the rent of Nanshan increased the most. The advantages of Bay Area promote the sale of areas around Shenzhen. The supply of land market has increased slightly, and nearly 50% of residential land is used to build purely rented housing.

Looking ahead to 2019, Shenzhen's steady and progressive economy will provide support for the development of real estate. In terms of housing, under the tone of no speculation in the real estate market, More emphasis on implementing different policies in accordance with the city. The superposition of many advantages will is expected to promote stable and moderate development of turnover volume and price. As to other property aspects, the overall business apartment market will cool down, and available apartments will become scarcer. Driven by the vitality of urban economy, the bulk trading of office buildings will gradually normalize, and the Nanshan office building group will is expected to create a new economic pattern in the Bay Area. In land market, the residential land will be inclined to use in the rental market, and the value of industrial land will be digging deeper. After the Shenshan Special cooperation Zone was directly managed by Shenzhen City, which will Speeding up city's development. Good news of the areas around Shenzhen promotes the release of housing spillover demand in Shenzhen. The introduction of the new housing lease in Shenzhen will open the regulation of the rental market.

**Keywords**: Real Estate Market; Land Market; Long Rental Apartment; The Areas Around Shenzhen; Shenshan Special Cooperation Zone

# V Hot Topics



**Abstract**: Rural collective land for development purposes is an important rural collective asset. Since the 18th National Congress of the Communist Party of China, the country has carried out pilot projects in 33 regions and has obtained some experiences that can be copied and promoted. The 19th National Congress of the Communist Party of China has further clarified that "the reform of the rural land system will be deepened". The Land Administration Law (Amendment) has incorporated the use of practices proven successful through trials of marketing rural collective land for development purposes. The government work report of 2019 puts forward to expand the use of practices proven successful through trials of rural land requisitions, marketing rural collective land for development purposes, and reforming the system of rural residential land. The launch of marketing rural collective land for development purposes has been ready. Based on a comprehensive review of the background and progress of marketing rural collective land for development purposes, this paper analyzes the experience and problems of the trials of marketing rural collective land for development purposes, explaining the consensus in the Land Administration Law (Amendment) on the trials of marketing rural collective land for development purposes. After exploring the possible impacts of marketing rural collective land for development purposes on all the participants, the policy recommendations are proposed from four aspects.

**Keywords**: Rural Collective Land for Development Purposes; Revolution; Marketing; Experience; Policy Recommendations



**Abstract**: Migrant workers have played an important role in China's development, and promoting the urbanization of migrant workers is an important part of the new urbanization. The housing problem is a key factor affecting the settlement of migrant workers in cities, and providing housing security to qualified migrant workers is an effective way to solve this problem. This paper analyzes the Current status characteristics and difficulties of migrant workers' housing security, and proposes the establishment of a hierarchical housing supply system based on the different roles of housing market, employers and government. The public rental housing is the most important measure to meet the housing security needs of migrant workers. At the same time, it is necessary to rationally choose the housing security methods, improve the supporting system, and effectively expand the housing security channels for migrant workers.

**Keywords**: New Urbanization; Migrant Workers; Housing Security

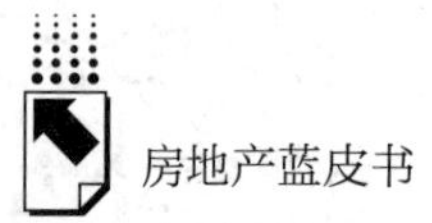



## B. 22 Supply-Side Reforms and Policy Innovations for Affordable Housing in Australia

*Yuelong Yang, Sunsheng Han* / 393

**Abstract**: Australia is similar to many countries in that it is experiencing severe shortage of affordable housing-one of the most pressing policy challenges to the government. A huge gap between the supply and demand of affordable housing has been emerging over the years in Australia, as a result of continuous population growth, slow increase of new affordable housing, and degradation of the existing stock. In response to the housing problem in an environment of market-oriented reforms such as privatisation, decentralisation and deregulation, housing policy in Australia has changed from the traditional demand-side-oriented intervention to innovative policies that encourage the private sector and Non-Profit Organizations to increase affordable housing supply. This paper outlines the policies and issues associated with affordable housing in Australia, with a focus on the innovative practices and reforms initiated by the federal and state governments. The shared equity housing scheme is discussed in the hope that the Australian experience may provide a useful reference for improving affordable housing policy in China.

**Keywords**: Australia; Social Housing; Innovation; Supply Side Reform; Shared Equity Housing

## B. 23 Public housing in Singapore: a diversified and demand-driven public housing system

*Xiaoyu Zhang* / 416

**Abstract**: The public housing system in Singapore was established in 1950s and has been working for nearly sixty years. As of March 2017, the Singapore government has built more than one million public housing units with more than 80% of the resident population living in these units as either homeowners or renters. Other than building public housing units on a large scale, the government endeavors to provide public housing units to every household who finds it hard to afford private housing units by providing diversified public housing services, and by continuously improving the public housing system with the socio-economic status.

**Keywords**: Public Housing; Singapore; HDB; Public Housing for Rent

B. 24 Current Status and Tasks of Housing Welfare Policy in Korea —*Focusing on the Public Rental Housing Supply Policy*



**Abstract**: Korea's housing policy, which began in 1960s with the national industrialization, was focused on encouraging people to own homes and accumulate assets in the housing sector in a situation where they had to mobilize all state resources to achieve economic achievements. Since the 1980s, when the results of economic growth were accumulated and its effects began to emerge, it has undergone structural changes in two directions: liberalization in economic and democratization in political aspects, especially market autonomy and openness in the face of the 1998 Asian financial crisis, expanding the neo-liberalistic economic stance and expanding the social safety net and housing welfare, which were originally weak since housing prices soared. In this trend, the supply of public rental housing has continued to expand since the Roh Tae-woo administration (1988. 2 – 1993. 2), with changes, developments and diversification taking place in the process of public rental housing awareness, supply targets and types of housing, and supply methods. In this context, the article outlined the experiences of the Korean government's housing welfare policy and supply policy for public rental housing, recent trends, laws and institutions related to the supply of public rental housing, major examples of governance cooperation types, and tasks to cope with the segregation of housing and social exclusion of low-income families.

**Keywords**: Korean Housing Policy; Housing Welfare; Public Rental Housing; Housing System

## ✧ 皮书起源 ✧

“皮书”起源于十七、十八世纪的英国，主要指官方或社会组织正式发表的重要文件或报告，多以“白皮书”命名。在中国，“皮书”这一概念被社会广泛接受，并被成功运作、发展成为一种全新的出版形态，则源于中国社会科学院社会科学文献出版社。

## ✧ 皮书定义 ✧

皮书是对中国与世界发展状况和热点问题进行年度监测，以专业的角度、专家的视野和实证研究方法，针对某一领域或区域现状与发展态势展开分析和预测，具备原创性、实证性、专业性、连续性、前沿性、时效性等特点的公开出版物，由一系列权威研究报告组成。

## ✧ 皮书作者 ✧

皮书系列的作者以中国社会科学院、著名高校、地方社会科学院的研究人员为主，多为国内一流研究机构的权威专家学者，他们的看法和观点代表了学界对中国与世界的现实和未来最高水平的解读与分析。

## ✧ 皮书荣誉 ✧

皮书系列已成为社会科学文献出版社的著名图书品牌和中国社会科学院的知名学术品牌。2016 年，皮书系列正式列入“十三五”国家重点出版规划项目；2013~2019 年，重点皮书列入中国社会科学院承担的国家哲学社会科学创新工程项目；2019 年，64 种院外皮书使用“中国社会科学院创新工程学术出版项目”标识。

## 中国社会发展数据库（下设 12 个子库）

全面整合国内外中国社会发展研究成果，汇聚独家统计数据、深度分析报告，涉及社会、人口、政治、教育、法律等 12 个领域，为了解中国社会发展动态、跟踪社会核心热点、分析社会发展趋势提供一站式资源搜索和数据分析与挖掘服务。

## 中国经济发展数据库（下设 12 个子库）

基于"皮书系列"中涉及中国经济发展的研究资料构建，内容涵盖宏观经济、农业经济、工业经济、产业经济等 12 个重点经济领域，为实时掌控经济运行态势、把握经济发展规律、洞察经济形势、进行经济决策提供参考和依据。

## 中国行业发展数据库（下设 17 个子库）

以中国国民经济行业分类为依据，覆盖金融业、旅游、医疗卫生、交通运输、能源矿产等 100 多个行业，跟踪分析国民经济相关行业市场运行状况和政策导向，汇集行业发展前沿资讯，为投资、从业及各种经济决策提供理论基础和实践指导。

## 中国区域发展数据库（下设 6 个子库）

对中国特定区域内的经济、社会、文化等领域现状与发展情况进行深度分析和预测，研究层级至县及县以下行政区，涉及地区、区域经济体、城市、农村等不同维度。为地方经济社会宏观态势研究、发展经验研究、案例分析提供数据服务。

## 中国文化传媒数据库（下设 18 个子库）

汇聚文化传媒领域专家观点、热点资讯，梳理国内外中国文化发展相关学术研究成果、一手统计数据，涵盖文化产业、新闻传播、电影娱乐、文学艺术、群众文化等 18 个重点研究领域。为文化传媒研究提供相关数据、研究报告和综合分析服务。

## 世界经济与国际关系数据库（下设 6 个子库）

立足"皮书系列"世界经济、国际关系相关学术资源，整合世界经济、国际政治、世界文化与科技、全球性问题、国际组织与国际法、区域研究 6 大领域研究成果，为世界经济与国际关系研究提供全方位数据分析，为决策和形势研判提供参考。